凝煉知識品味閱讀

吳光陸 編著

擬制民事司法書類

——民事案例研究

五南圖書出版公司 印行

自序

司法實務工作繫於二事，一為寫，一為說，「寫」即係撰寫書狀（包括檢察官製作之起訴書、不起訴處分書、法官製作之裁判書及當事人、律師製作之狀紙），「說」即係法庭之辯論，二者重要程度雖相近，但仍以前者為重要。蓋法庭辯論時間終究有限，欲將自己之意思完全呈現，仍需靠書狀。

關於書狀撰寫，除司法官訓練所有較完整之訓練，律師職前訓練有點綴式之書狀撰寫課程外，大學則視各校開課情形，或有或無，即或有之，亦不重視，迨至從事律師工作，因工作需要，始參考坊間書狀格式範例。然此等範例多著重在格式，少有注重實體法律關係，更無就一案件自始至終完整之書狀，有體系之說明。憶昔筆者在大學時上「擬制司法書類」，老師即以此等書狀範例教學，似中小學之作文課，雖囑同學習作，均僅係片斷，實不知為何要如此撰寫。事實上，撰寫書狀，不僅需兼顧程式，即合乎程序，更重要者須知悉為何如此撰寫，撰寫之目的。即每一書狀之撰寫，要達到撰寫之目的，使閱讀者了解並接受吾人所主張者。按司法實務工作在於認定事實，適用法律，即「認事用法」四字，亦即要能釐清事實，以正確適用法律。故書狀之撰寫，其目的即係表現此四字，說明認定之事實為何，如何適用法律。前者於說明事實之外，尚需輔以證據說明何以如此認定，後者基於認定之事實，說明適用何一法律，甚至更需闡明法律見解，以說明何以如此適用。是撰寫書狀並非易事，需長時間之訓練及經驗累積。記得當初在司法官訓練受訓派到法院實習時，有一位指導法官即告知多看最高法院裁判，因為最高法院法官經驗累積最多，所寫之裁判書，其用字之精美，法理之說明，均可為典範。

個人從事司法審判工作十年又一個月（自民國六十八年十月一日起至民國七十八年十月底止），

擔任律師迄今亦有十三年多（自民國七十八年十一月起），從事書狀撰寫多年，在台北大學（原中興大學）除教授強制執行法、破產法外，另在夜間部教授「擬制司法書類」，為使課程不至淪為作文課，均以案例研究型態教學，即以一案件自開始至結束，以雙方之書狀、法院之裁判書為教材，一方面使學生了解實務處理之程序、書狀撰寫之格式，另一方面加強學生思考法律之適用。尤其在認定事實，如何提出證據、如何判斷證據之證明力，就一案例能有一完整之說明。按民事訴訟法第二百二十二條第一項前段規定「法院為判決時，應斟酌全辯論意旨及調查證據之結果，依自由心證判斷事實之真偽。」、第三項規定「法院依自由心證判斷事實之真偽，不得違背論理及經驗法則。」，但此自由心證之形成，經驗法則、論理法則如何適用，民事訴訟法課程均少有涉及，然均可藉此「擬制司法書類」課程而體現。

茲以教學之案例編為本書，其目的亦在於提供一完整之訓練，撰寫本書是多年願望，然因工作繁忙，再因一些文稿撰寫，至今始能完成。本人雖從事實務工作多年，略有經驗，但秉於不進則退之古訓，仍需學習，故如對本書有指正者，歡迎賜教。

本書中個人之見解，僅供參考，並非真理。法院之裁判書雖未採個人意見，亦非表示其一定有誤，讀者可本於自已見解判斷。又各件案例書狀中引用之法條，均係當時者，現今法律更動頻繁，故請勿以現今法律條文認各該書狀、裁判書之條文有誤。

吳　光　陸

民國九十二年八月
於精誠法律事務所

作者簡介

吳光陸

學　歷：國立中興大學法律學系畢業，文化大學法律學研究所畢業，司法官訓練所司法官班第十六期結業。

經　歷：中興大學法律學系助教，台灣彰化、台中、台北地方法院法官、台灣台南地方法院庭長，台灣高等法院台南、台中分院法官。

中華民國仲裁協會仲裁人，律師職前訓練所講座。

中興大學、東海大學兼任講師；金融人員訓練中心講座；基層金融研究訓練中心講座。

著　作：

1. 論強制執行法拍賣之性質
2. 金錢債權之確保與實現
3. 民刑事訴訟法大意
4. 強制執行法精粹
5. 不動產抵押權之理論與實務
6. 民事官司怎麼打
7. 刑事官司怎麼打
8. 強制執行法拍賣性質之研究
9. 強制執行法學說與判解研究
10. 如何辦理強制執行工作
11. 審檢六法全書
12. 環保罰款催繳手冊

現　職：精誠法律事務所律師

台北大學（原中興大學法商學院）司法學系兼任講師

東海大學教育推廣中心兼任講師

目錄

第一章 緒論

第一節 前言

所謂司法書類即法律工作者，就某一法律個案表達意思所製作之文書，包括契約書、訴訟書狀、起訴書、裁判書等，亦可稱為法律文書。

上開文書或因法律規定有一定之程式，撰寫時必須符合，或因為必須表達一定之意思，足以服人，撰寫之內容必須妥適，故如何撰寫，實為習法者，尤其是從事法律工作者——法官、律師、法務助理所應研習之課程，此一研習，即「擬制」之謂，以便正式製作文書時，得心應手。

法律文書之製作除須合乎程式，必須將事實釐清，再闡明法律之適用，故藉由案例，針對具體案件研究有關文書，乃一便捷方法。又法律文書之適用法律，必須結合實務及法學理論，彰顯所欲表示之見解，惟因實務案例並不完全相同，各有不同背景，如何應用，並非易事。法律大體可分程序法與實體法，一件案例所涉及者，往往並非單純某一法律，常常是實體法與程序法交錯，甚至亦非單一法律，故如何應用，經驗之累積亦為重要。

當今社會除理論研究外，多看重實用性，故有所謂之應用數學、應用農業，法律亦然，坊間雖有書狀格式書籍，各種法律實例問題，但鮮有就具體案件，結合實體與程序，以書狀、裁判書自始完整說明，以爲完整學習，並爲啓發。子曰：「學而不思則罔，思而不學則殆。」，故能一方面思考法學理論，另一方面展現在具體案例，必有助於個人能力之增進。筆者於台北大學（原中興大學）夜間部法律系講授擬制司法書類，爲使學生有一整體性了解，皆以筆者經手辦理之案例爲教材，講解其中雙方之書狀及法院之裁判，俾學生了解每一案例自始至終之程序進行、雙方攻擊防禦方法，最後法院就其所爲之判斷，以免有見樹不見林之遺憾。茲將此等教材，再輔以其他價值但因時間關係未能講解之案例，編著爲本書，希有助於法律文書之製作及案例研究。

第二節　如何撰寫

成功的司法書類，必須能正確地表達制作者所欲表達之意思，讓他人能了解，故不僅在程序上應符合法定程式，且在實體上，內容必須認事用法無訛，用詞妥適，始能表達正確。如何撰寫，即應顧及程序與實體方面。

第一款　程序方面

法律就司法書類有規定一定之程式者，撰寫之際即應符合，以免因程式不合，不生效力。此等程式，因民事、非訟諸法規有不同規定者，固有不同，此屬個別規定，但亦有相同規定者，爲一般規定，茲分別說明之。

第一目　一般規定

凡向法院陳述，除法律別有規定者，應用司法狀紙。司法狀紙除法院服務處有出售外，個人亦可依規定之格式使用（參見司法狀紙規則）。至於委任訴訟代理人之委任狀，參照司法院院字第二四七八號解釋，毋庸用司法狀紙，目前法院服務中心均有印妥之制式委任狀，可供索取使用。

狀紙首頁稱謂欄，依書狀性質爲：原告、被告、上訴人、被上訴人、聲請人、相對人、法定代理人、訴訟代理人、代理人等。如因人數過多，不敷塡寫，可在次頁劃線使用，亦可以附表方式。

狀紙之書寫，可以打字，亦可手寫。爲方便閱讀，以打字爲宜。

實務判解

Δ司法院院字第二四七八號解釋：民事訴訟法第六十九條之委任書，爲證明授與訴訟代理權之文書，當事人之函電或其他文書載明授與訴訟代理權之事實者，即係委任書，委任書爲民事訴訟法所稱書證之一種，而非同法所稱之當事人書狀，故作成委任書無須購用司法狀紙。

第二目　民事司法書類

壹、判決書

判決書係由法院制作（按：指狹義之法院，即獨任制之法官或合議制之合議庭），依民事訴訟法第二百二十六條應記載下列事項：

一、當事人姓名、住所或居所：當事人爲法人或其他團體或機關者，其名稱及公務所、事務所或營業所。所謂當事人即該訴訟事件之原告及被告、上訴人及被上訴人（兩造均上訴，均記載爲上訴人），如有參加人，則記載參加人。當事人爲法人或非法人團體，須記載其名稱。當事人如爲財產管理人，除記載管理人姓名，並註明管理人身分。例如：○○○（即○○○破產管理人）、○○○（即祭祀公業○○管理人）。

二、有法定代理人、訴訟代理人者，其姓名、住所或居所：當事人爲未成年人者或禁治產者，應由法定代理人爲訴訟行爲，故應記載法定代理人。當事人爲法人或非法人團體者，亦應由負責人爲訴訟行爲，即以負責人爲法定代理人。如法定代理人同時亦爲當事人者，記載「兼法定代理人」，例如公司及負責人均爲被告，於載明公司名稱後，書寫「兼法定代理人」○○○。訴訟代理人如爲律師，實務上毋庸記載其住所、居所或事務所。

三、訴訟事件：判決經言詞辯論者，其言詞辯論結日期。

四、主文：即法院就訴訟事件所爲當事人勝敗判斷之表示。此一表示在當事人敗訴時，僅須記載「原告之訴駁回」、「原告之訴及其假執行之聲請均駁回」、「上訴駁回」、「兩造上訴均駁回」即可，在當事人勝訴時，原則上固須依其聲明判決，但應明確，以免無法強制執行。而法律對此應如何記載，並未規定一定之方式，須就個案斟酌情形記載。現舉例說明之：

㈠第一審法院記載範例

1. 給付判決

例(1)：全部勝訴：

被告應給付原告新台幣一百萬元及自民國八十三年一月一日起至清償日止，按年利百分之五計算之利息。

訴訟費用由被告負擔。

例(2)：全部勝訴，且有假執行者：

被告應將坐落台北市中山區民生段第五號土地上之建號三〇一號建物，即門牌台北市民生東路三段一號房屋遷讓，交還原告。

訴訟費用由被告負擔。

本判決於原告以新台幣五百萬元供擔保後，准假執行。但被告如於假執行程序實施前，以新台幣一千五百萬元供擔保後，得免爲假執行。

例(3)：一部勝訴一部敗訴：

被告應給付原告新台幣六十萬元及自民國八十三年一月一日起至清償日止，按年利百分之五計算之利息。

原告其餘之訴駁回。

訴訟費用由被告負擔十分之六外，餘由原告負擔。

2. 確認判決

例(1)：全部勝訴：

確認原告就坐落台北市中山區民生段第五號土地上之建號三〇一號建物，即門牌台北市民生東路三段一號房屋之所有權存在。

訴訟費用由被告負擔。

例(2)：一部勝訴一部敗訴：

確認被告執有原告民國八十三年一月一日簽發面額新台幣一百萬元票號〇一〇二〇三號本票債權其中五十萬元部分不存在。

原告其餘之訴駁回。

訴訟費用除由被告負擔二分之一外，餘由原告負擔。

3. 形成判決

例(1)：全部勝訴：

准兩造離婚。

訴訟費用由被告負擔。

例(2)：一部勝訴一部敗訴：

被告李〇〇於民國八十三年二月一日就坐落台北市中山區民生段第二號土地面積〇・三〇一〇公頃所設定新台幣一千萬元抵押權給被告王〇〇之行爲應予撤銷。

被告王〇〇應塗銷前開抵押權設定登記。

原告其餘之訴駁回。

訴訟費用除由被告負擔二分之一外，餘由原告負擔。

㈡第二審法院記載例

例1.：全部勝訴（被告上訴）：

原判決廢棄。

被上訴人在第一審之訴駁回。

第一、二審訴訟費用由被上訴人負擔。

例2.：全部勝訴（原告上訴）：

原判決廢棄。

被上訴人應給付上訴人新台幣一百萬元。

第一、二審訴訟費用由被上訴人負擔。

例3.：一部勝訴一部敗訴（被告上訴）：

原判決命上訴人給付超過六十萬元部分暨訴訟費用之裁判均廢棄。

右開廢棄部分，被上訴人在第一審之訴駁回。

上訴人其餘上訴駁回。

第一、二審訴訟費用除由上訴人負擔四分之三外，餘由被上訴人負擔。

例4.：一部勝訴一部敗訴（原告上訴）：

原判決關於後開第二項暨訴訟費用之裁判均廢棄。

被上訴人應給付上訴人新台幣六十萬元。

上訴人其餘上訴駁回。

第一、二審訴訟費用除由上訴人負擔四分之一外，餘由被上訴人負擔。

㈢第三審法院記載例

例1.：全部勝訴但發回者：

原判決除假執行部分外廢棄，發回台灣高等法院。

例2.：全部勝訴自為判決：

原判決廢棄。

被上訴人在第二審之上訴駁回。

第二、三審訴訟費用由被上訴人負擔。

五、事實：記載言詞辯論時當事人之聲明及其提出之攻擊或防禦方法。

六、理由：記載關於攻擊或防禦方法之意見及法律上之意見。

七、年、月、日：記載判決之日，有宣判者，即宣判之日。

八、法院：記載判決之法院，並由判決之法官簽名。

參考法令

△民事訴訟法第二百二十六條

民國九十二年修正前	民國九十二年修正後
判決，應作判決書，記載左列各款事項： 一、當事人姓名、住所或居所；當事人爲法人或其他團體者，其名稱及事務所或營業所。 二、有法定代理人、訴訟代理人者，其姓名、住所或居所。 三、主文。 四、事實。 五、理由。 六、法院。 事實項下，應記載言詞辯論時當事人之聲明及其提出之攻擊或防禦方法。 理由項下，應記載關於攻擊或防禦方法之意見及法律上之意見。	判決，應作判決書，記載下列各款事項： 一、當事人姓名及住所或居所；當事人爲法人、其他團體或機關者，其名稱及公務所、事務所或營業所。 二、有法定代理人、訴訟代理人者，其姓名、住所或居所。 三、訴訟事件；判決經言詞辯論者，其言詞辯論終結日期。 四、主文。 五、事實。 六、理由。 七、年、月、日。 八、法院。 事實項下，應記載言詞辯論時當事人之聲明，並

表明其聲明爲正當之攻擊或防禦方法要領。

理由項下，應記載關於攻擊或防禦方法之意見及法律上之意見。

一造辯論判決及基於當事人就事實上之全部自認所爲之判決，其事實及理由得簡略記載之。

△民事訴訟法第二百二十七條

民國九十二年修正後，將原修訂之推事修正爲法官

爲判決之法官，應於判決書內簽名；法官中有因故不能簽名者，由審判長附記其事由，審判長因故不能簽名者，由資深陪席法官附記之。

實務判解

△最高法院二十九年上字第九八號判例：參加人爲輔助當事人一造起見，提起上訴者，判決書當事人項下，應仍列爲參加人，將其所輔助之一造列爲上訴人。

△最高法院民國六十八年四月七日六十八年度第二次民、刑事庭長會議決議：民事兩造均上訴之案件，判決書兩造當事人均僅記明上訴人○○○，毋庸記載「上訴人即被上訴人」字樣。

△最高法院三十三年上字第三○七七號判例：給付判決，須使給付之範圍明確而後可，原判決主文命上

訴人將所有產業交付八分之五於被上訴人管理，作爲生活教育費用，並未指明其產業之種類與數量，致給付之範圍不能明確，於法自屬不當。

△最高法院七十年台上字第五九七號判決：給付判決之主文，就所命給付之標的物，必須記載明確，標的物如爲特定物，其記載之方法尤須具體而特定，以免將來執行時發生爭議。

於此附帶說明書，法官制作者，謂之「原本」，原本交由書記官，經打字、蓋法院大印，並經書記官簽名者爲正本，送達給當事人者爲正本。

貳、裁定書

裁定書依法律規定或由法院或審判長、受命推事爲之，例如依民事訴訟法第二百四十九條第一項，起訴之訴訟要件有欠缺者，由審判長裁定命補正，逾期不補，由法院裁定駁回。而裁定書，民事訴訟法並未規定一定之記載事項，亦未規定一定用書面，僅民事訴訟法第二百三十七條規定「駁回聲明或就有爭執之聲明所爲之裁定，應附理由。」，故裁定未製作裁定書，當庭諭知記明筆錄，或用書面均可，如用書面，一般皆參考判決書記載，如不同，亦無不可。

實務判解

△最高法院三十年抗字第七七號判例：法院作成附理由之裁定書，並無主文、理由必須分欄記載之限制，原法院將裁判主旨併入理由之中，亦無不合。

參、當事人書狀

當事人製作之民事書狀，有起訴狀、辯論狀、準備書狀、上訴狀、上訴理由狀、陳報狀，各有不同之目的，除法律另有特別規定應記載事項，亦有一般應記事項，茲分述如下：

甲　一般應記載事項

依民事訴訟法第一百十六條第一項規定，應記載下列事項：

一、當事人及住所或居所，當事人為法人或其他團體或機關者，其名稱及公務所、事務所或營業所（按：民國九十二年修正增加機關、公務所）。

二、有法定代理人、訴訟代理人者，其姓名、住所或居所及法定代理人與當事人之關係，如訴訟代理人為律師者，因委任狀已記載事務所地址，故可不記住所或居所。

三、訴訟事件，即此狀係何一事件，如確認界址、清償債務。

四、應為之聲明或陳述：即撰寫本訴狀所欲表示之事項。

五、供證明或釋明用之證據：即為聲明或陳述所提出證據，如係人證，應載明證人姓名、住居所，以便法院通知到場訊問。如請求鑑定，可載明鑑定人姓名、住居所，以便法院囑託其鑑定。如請求勘驗，只須於狀紙中陳明即可。

六、附屬文件及其件數：即提出之文件，例如書證、測量圖等。一般狀紙所附者為文書影本，原本於開庭時庭呈核對，無誤即發還原本。

七、法院：即受理此狀之法院。

八、年、月、日：即撰妥此狀之日期。

狀末具狀人處，應由當事人簽名或蓋章。如係由代理人撰狀者，由代理人簽名或蓋章。一般狀紙用打字者，此處當事人或代理人姓名亦用打字者，因此打字並非簽名，仍應簽名或蓋章。

又民事訴訟法第一百十六條第二項規定「書狀內宜記載當事人、法定代理人或訴訟代理人之性別、出生年月日、職業、國民身分證號碼、營利事業統一編號、電話號碼及其足資辨別之特徵。」，此可記亦可不記。

乙　特別應記載事項

民事訴訟法就特定之書狀，規定應記載事項，即屬特別應記載事項，茲分別說明如後：

一、參加訴訟

依民事訴訟法第五十九條第一項規定，參加訴訟，參加人應提出參加書狀給本訴訟繫屬之法院。至參加書狀應記載事項，依同條第二項規定爲：

㈠本訴訟及當事人：即指所欲參加之訴訟，其當事人及訴訟爲何，應予記載，其訴訟之載明案號即可。

㈡參加人於本訴訟之利害關係：即陳明參加人就本案訴訟有何利害關係。

㈢參加訴訟之陳述：即所欲表示之事實及法律意見。

二、告知訴訟

依民事訴訟法第六十六條第一項規定，告知訴訟，應以書狀表明理由及訴訟程度提出於法院，故告知訴訟狀應記載：

㈠理由：即自己敗訴第三人有何法律上利害關係。

㈡訴訟程度：即本訴訟進行至何一階段及其原因事實。

三、起訴狀

依民事訴訟法第二百四十四條第一項規定，起訴，應以訴狀表明下列事項：

㈠當事人及法定代理人。

㈡訴訟標的。

㈢應受判決事項之聲明。

定法院管轄及適用程序所必要之事項，準備言詞辯論事項，可記載，亦可不記載，一般均記載。

關於應受判決事項之聲明，即訴之聲明，甚爲重要，蓋依民事訴訟法第三百八十八條規定「除別有規定，法院不得就當事人未聲明之事項爲判決。」，判決主文應本於該聲明，不得超過，而此主文必須確定、可能、適法，以免將來不能強制執行，故聲明亦同，必須確定，可能、適法。吾人可多參考相關之判決主文，撰擬聲明。

茲就常見之範例列舉如下：

㈠給付之訴

1. 被告應給付原告新台幣一百萬元及自起訴狀繕本送達翌日起至淸償日止，按年利百分之五計算之利息[一]。

訴訟費用由被告負擔。

第一項聲明願供擔保請准宣告假執行[二]。

2.被告應將坐落台中市西區大屯段第二一號土地上之房屋（面積以實測爲準）拆除，將土地交還原告[三]。

訴訟費用由被告負擔。

3.被告應交付原告賓士牌三〇〇型引擎號碼〇〇一號之汽車，如無實物，即給付原告新台幣一百萬元。

訴訟費用由被告負擔。

願供擔保，請准宣告假執行。

一　遲延利息之利率若干，視法律規定及兩造有無特別約，例如票據法第九十七條第二項規定爲年利六釐，又如保險法第三十四條第二項即規定爲年利一分。至於起算日，除法律有特別規定，如上開二法條均有特別規定外，依民法第二百二十九條第一項「給付有確定期限者，債務人自期限屆滿時起，負遲延責任。」及第二項「給付無確定期限者，債務人於債權人得請求給付時，經其催告而未爲給付，自受催告時起，負遲延責任。其經債權人起訴而送達訴狀，或依督促程序送達支付命令，或爲其他相類之行爲者，催告有同一之效力。」，即以約定之清償日翌日，未約定清償日者，則以催告到達翌日或起訴狀繕本送達翌日起算。

二　是否需要假執行，視個人決定。又假執行之擔保，可以有價證券或保證書、保險公司、銀行出具之保證文件，此時如欲以此爲擔保，必須於聲明中表示。

三　土地等需測量者，聲明中可表示以實測爲準，待測量圖測出實際位置面積再根據該圖更正聲明。

㈡確認之訴

1.確認兩造間婚姻關係不存在。

訴訟費用由被告負擔。

2.確認被告持有　鈞院九十一年度票字第三〇〇號裁定所示之本票二紙對原告債權不存在。

訴訟費用由被告負擔。

㈢形成之訴

1.准兩造離婚。

訴訟費用由被告負擔。

2.被告張三將坐落台中市東區正義段二〇號土地贈與被告李四之贈與行為(包括債權行為、物權行為)均撤銷。

被告李四應將前開土地所有權登記塗銷，回復登記為被告張三所有。

訴訟費用由被告負擔。

四、答辯狀

被告對原告之起訴狀之請求，如不同意，即應答辯，雖民事訴訟法就此並無詳細規定，僅民事訴訟法第二百六十六條第二項規定「被告之答辯狀，應記載下列各款事項：一、答辯之事實及理由。二、前項第二款及第三款之事項。」，一般言之，其記載事項如下：

㈠當事人及法定代理人。
㈡答辯聲明。
㈢答辯之事實及理由。
㈣對原告之證據否認者之說明。
關於答辯聲明範例如下：
㈠原告聲明無假執行者：
1.原告之訴駁回。
2.訴訟費用由原告負擔。
㈡原告聲明有假執行者：
1.原告之訴及其假執行之聲請均駁回。
2.訴訟費用由原告負擔。
3.如受不利判決，願供擔保請准宣告免爲假執行。
又對於上訴人之上訴，亦應具答辯狀，其記載內容同前。

五、準備書狀

依民事訴訟法第二百六十五條第一項規定，當事人因準備言詞辯論，應以書狀記載其所用攻擊或防禦方法，及對於他造之聲明，並攻擊或防禦方法之陳述，此一書狀即爲準備書狀，故準備書狀不限於原告、上訴人提出，被告、被上訴人亦可提出。又因係準備言詞辯論，故使用於準備程序中。惟實務上，除合議庭有踐行準備程序，獨任制則較少踐行，致有人不用準備書狀名詞，採用其他名詞。一般言之，除原告第一次之起訴狀，被告第一次之答辯狀暨最後之辯論狀外，中間所進行者，均屬準備書狀。

依民事訴訟法第二百六十六條第一項規定，原告之準備書狀應記載下列事項：

㈠請求所依據之事實及理由。

㈡證明應證明事實所用之證據。如有多數證據者，應全部記載之。

㈢對他造主張之事實及證據爲承認與否之陳述；如有爭執，其理由。

至於被告之準備書狀雖法律無明文規定，第二百六十六條第二項雖指被告之答辯狀，實即爲被告之準備書狀，均應相同。

六、上訴第二審

依民事訴訟法第四百四十一條第一項規定，提起上訴，應以上訴狀表明下列事項：

㈠當事人及法定代理人。

㈡第一審判決及對於該判決上訴之陳述：即對何一判決不服而上訴。

㈢對於第一審判決不服之程度，及應如何廢棄或變更之聲明：即不服係全部或一部，請求上級審如何判決。

㈣上訴理由：依民事訴訟法第四百四十一條第二項規定，理由爲廢棄或變更之理由、事實及證據，此一理由如上訴狀未表明，亦無不可。

七、上訴第三審

依民事訴訟法第四百七十條第一項規定，提起第三審上訴，亦應以上訴狀表明前開六之事項，僅上訴理由依第二項規定爲：㈠原判決所違背法令及其具體內容。㈡依訴訟資料合於該違背法令之具體事實。

八、依民國九十二年修正民事訴訟法第五百一十條規定，支付命令之聲請，應表明下列事項：

㈠當事人及法定代理人。

㈡請求之標的及其數量。

㈢請求之原因事實，其有對待給付者，已履行之情形。

㈣應發支付命令之陳述。

㈤法院。

九、假扣押聲請狀

依民國九十二年修正民事訴訟法第五百二十五條第一項規定，假扣押之聲請，應表明下列事項：

㈠當事人及法定代理人。

㈡請求及其原因事實。

㈢假扣押之原因。

㈣法院。

十、證據

上開所有狀紙就主張之事實應負舉證責任，應於書狀表明證據，如爲人證，載明該人姓名、住居所，以便法院傳訊。如爲證據，則將書證之影本附於狀紙，正本開庭時呈送法院核閱。

第二款　實體方面

法律文書之內容必須符合下列原則，即：

一、文理順

法律文書必須扼要、平順、易讀，不要用生澀文字，尤不可有錯別字，目前並未要求一定要用文言文，但用白話文有拉雜之嫌，故參考法院之裁判，尤其最高法院之裁判，其文字精簡、易讀，可供參考。

二、事理明

訴訟係認事用法，即認定事實適用法律，前者尤爲重要，如不能釐清事實，自無法正確適用法律，故需將事理說明白，讓人了解，必要時可用附表、時程表，以明瞭事實經過。

至此事實，需有證據證明，故在撰寫時，應注意證據之取捨，是否符合經驗法則、論理法則。

三、法理通

法律之適用必須妥適，而妥適之適用，自需法理精通，否則法律關係不對，即不能獲得所欲結果，至於法律除指條文之本身，包括判例，最高法院裁判、決議、法律座談會，類似案例之他法院判決，學者論著。

綜合言之，法律文書係一推理之論理文，非抒情文，以三段論法，將事實釐清，再套上正確之法律，自可獲得滿意之結果。

第二章　強制執行案例

在強制執行程序中，當事人或第三人，因權益關係爭執，可依強制執行法第十二條之聲明異議等規定救濟，其類型甚多，茲介紹如下：

第一節　拍定後停止執行可否核發權利移轉證書

不動產拍定或債權人承受後，必須發權利移轉證書，始能取得所有權（參照強制執行法第九十八條第一項），但在拍定後，有停止執行之裁定者，其停止之效力是否及於核發權利移轉證書？本件案例即係就此爭執。

壹、背景說明

本件係債權人黃○華等四人持台灣彰化地方法院七十三年訴字第六九六號民事判決聲請執行債務人賴○成所有土地三筆及其中兩筆土地上之建物暨債務人賴○章所有上開一筆土地上之建物（即本件聲請核發權利移轉證書之建號一○二八號建物），賴○成之上開二筆土地、建物及另筆土地分別由第三人湯○○及葉○舜拍定，賴○章之建物由葉○舜拍定，即葉○舜分別拍定本件爭執之建物及基地（按：基地屬另一債務人賴○成所有）。

湯○○及葉○舜均繳足拍定價金，執行法院就賴○成之土地、建物已發權利移轉證書，但賴○章之建物，卻遲未核發，爲此葉○舜聲請核發。但賴○章迭以就上開執行名義已提起再審之訴，並已獲得法院停止執行之裁定，是在拍定後，拍定人繳足價金，尙未核發權利移轉證書時，此停止執行裁定之效力是否及於核發權利移轉證書時，爲本件爭議。

依強制執行法第十二條第一項規定「當事人或利害關係人，對於執行法院強制執行之命令，或對於執行法官、書記官、執達員實施強制執行之方法，強制執行時應遵守之程序，或其他侵害利益之情事，得於強制執行程序終結前，爲聲請或聲明異議。但強制執行不因而停止。」，葉○舜因執行法院不核發自可依此規定聲請核發，但執行法院認已停止執行，不應核發，爲此產生本件案例。

貳、書狀及裁定

台灣彰化地方法院民事裁定 七十八年度民執聲字第四五號

聲請人 即 拍定人 葉○舜 住彰化縣大村鄉○○號

相對人 即 債務人 賴○章 住彰化縣員林鎭○○號

右聲請人因本院七十三年度民執己字第三八八一號淸償債務強制執行事件，聲請發給權利移轉證書，本院裁定如左：

主文

聲請駁回。

聲請程序費用由聲請人負擔。

理由

一、聲請意旨略以：聲請人於七十四年五月二十九日標得前揭強制執行事件中債務人賴○章所有坐落彰化縣員林鎮莒光段七七九地號上建號一○二八號門牌員林鎮中山路二段九七號本國式加強磚造二層樓房一棟，價金依時繳清，拍賣程序應已終結，惟迄今尚未發給權利移轉證書。其間雖經債務人賴○章就執行名義，提起再審之訴，並提供擔保聲請停止執行，並獲勝訴，原執行名義遭廢棄確定，惟此與已終結之拍賣程序無關，依司法院院字第二七七六號解釋(二)之說明「執行標的物經拍賣終結而未將其賣得價金交付債權人時，對於該執行標的物之強制執行程序，不得謂已終結，第三人仍得提起異議之訴，但已終結之拍賣程序不能依此項異議之訴有理由之判決予以撤銷，故該第三人僅得請求交付賣得價金，不得請求撤銷拍賣程序。」可知拍賣程序既已終結，則不得撤銷。再依辦理強制執行事件應行注意事項第三十一項規定，若債務人於拍定後提出現款，經拍定人同意，始得請求撤銷查封，今聲請人始終不同意撤銷本件拍賣程序，拍賣程序既因拍定而終結，已屬不能撤銷，法院自應依法發給聲請人權利移轉證書云云。

二、惟查：當事人就標的物及其價金互相同意時，買賣契約即為成立；物之出賣人，負交付其物於買受人，並使其取得該物所有權之義務；買受人對於出賣人有交付約定價金及受領標的物之義務；

分別為民法第三百四十五條第二項、第三百四十八條第一項、第三百六十七條所明定，此為一般買賣之程序，於雙方均完成法定之義務時，買賣程序始為完成。法院強制執行之拍賣亦屬買賣之一種，除強制執行法有特別規定外，應適用民法之規定。準此，法院拍賣之拍定，與一般買賣契約成立相當，此時拍定人尚未繳付價金，法院亦未發給權利移轉證書，依強制執行法第九十七條但書，法院於買受人繳足價金後，有發給權利移轉證書，使買受人取得不動產所有權之義務，在未繳足價金，或雖已繳足價金，但未發給權利移轉證書之前，拍賣程序顯未終結，聲請人認為拍定後拍賣程序即已終結，容有誤會。而司法院上開解釋係就拍定人已繳足價金，法院且發給權利移轉證書，但價金尚未分配之情形而解釋，因價金是否分配給債權人，與拍定人及債務人間之拍賣契約無關，屬拍賣程序以外之強制執行程序。拍賣程序於拍定人繳足價金、法院發給權利移轉證書後終結。本件拍定人雖繳足價金，但於本院發給權利移轉證書之前，債務人賴○章提供擔保，聲請停止執行獲准，並對本件執行名義債務人賴○章部分提起再審，獲得勝訴之執行名義遭廢棄確定，為聲請人所不爭，並有各該裁判在卷可稽。其間聲請人雖數度聲請發給權利移轉證書，均為本院以強制執行程序停止中無從進行為由駁回，經二審確定。於強制執行程序停止中，債務人賴○章之再審訴訟是否勝訴不明之際，各審尚有認定不能發給權利移轉證書，於債務人賴○章勝訴，執行名義遭廢棄確定後，未終結之執行程序均應撤銷之情況下，舉輕以明重，更不能發給權利移轉證書，否則債務人賴○章聲請停止執行及提起再審等救濟程序將無意義。

三、綜上所述，本件此一部分拍賣程序尚未終結，並應撤銷此部分未終結之拍賣程序，從而聲請人聲請本院發給權利移轉證書，爲無理由，應予駁回。

據上論斷，應依強制執行法第四十四條、民事訴訟法第九十五條、第七十八條裁定如主文。

中　華　民　國　七十八　年　十二　月　二十　日

民事執行處

推　事　劉　亭　柏

右爲正本係照原本作成

如對本裁定抗告，須於裁定送達後十日內向本院提出抗告狀（應繳抗告費新台幣四十五元）。

法院書記官　梁　永　蒼

中　華　民　國　七十九　年　一　月　三　日

聲請人接到裁定後，於法定期間提起抗告，抗告理由因需詳細，並委託律師辦理，故抗告狀未載明，僅表示理由另外再補：

民事抗告狀

案號	原審法院：台灣彰化地方法院 七十八 年度 民執聲 字第 四五 號	承辦股別	
訴訟標的金額或價額	新台幣　萬　千　百　十　元　角		

稱謂	姓名或名稱 身分證統一編號或營利事業統一編號	性別	出生年月日	職業	住居所或營業所、郵遞區號及電話號碼 電子郵件位址	送達代收人姓名、住址 郵遞區號及電話號碼
抗告人	葉○舜				在卷	

相對人　賴〇章　　　　　在卷

爲不服台灣彰化地方法院民國七十八年十二月二十日七十七年民執聲字第四五號民事裁定，依法抗告事：

抗告聲明

一、原裁定廢棄。

二、原審法院應發給抗告人權利移轉證書。

三、聲請程序暨抗告程序費用由相對人負擔。

理由

原裁定理由有誤，特此抗告，理由容後再補。

謹呈

台灣彰化地方法院轉呈

台灣高等法院台中分院公鑒

證人姓名及其住居所	證物名稱及件數

中華民國七十九年一月十九日

具狀人　葉○舜　簽名蓋章

撰狀人　吳光陸　簽名蓋章

住址及電話

民事抗告理由(一)狀

案號	原審法院：台灣彰化地方法院　七十八年度民執聲字第四五號	承辦股別	
訴訟標的金額或價額	新台幣　萬　千　百　十　元　角		

稱謂	姓名或名稱 身分證統一編號或營利事業統一編號	性別	出生年月日	職業	住居所或營業所、郵遞區號及電話號碼 電子郵件位址	送達代收人姓名、住址 郵遞區號及電話號碼
抗告人	葉○舜				在卷	
代理人	吳光陸				住台中市○○路五六一號四樓之三	
相對人	賴○章				在卷	

爲不服台灣彰化地方法院七十八年度民執聲字第四五號民事裁定依法抗告，補提理由事：

聲明

一、原裁定廢棄。

二、原審法院應發給抗告人權利移轉證書。
三、聲請程序暨抗告程序費用由相對人負擔。

理由

一、拍賣之不動產，買受人繳足價金後，執行法院應發給權利移轉證書，強制執行法第九十七條定有明文。本件抗告人於民國七十四年五月二十九日參加原審法院七十三年度民執巳字第三八八一號清償債務強調執行事件之拍賣程序，標得相對人所有坐落彰化縣員林鎮莒光段七七九地號上之建號一〇二八號門牌員林鎮中山路二段九七號本國式加強磚造二層樓房一棟，價金於同年六月五日繳清，依首開說明，原審法院應發給該屋之權利移轉證書給拍定人（即抗告人）。惟迄今仍未發給付，爲此爲本件聲請。

二、原審判決違背前開規定，駁回抗告人聲請，其理由係以執行法院未發權利移轉證書以前，拍賣程序尚未終結，玆相對人於本件未發權利移轉證書以前，已提供擔保聲請停止執行獲准，且本件執行名義債務人部分復經相對人（即債務人）提起再審之訴，獲勝訴之判決確定，廢棄上開執行名義，未終結之拍賣程序均應撤銷，更不能發權利移轉證書云云。

三、惟查：

㈠按強制執行程序固可依強制執行法第十八條第二項裁定停止，惟此停止，須當事人向執行法院提出裁定，如有擔保者，尙須提供擔保（參照辦理強制執行事件應行注意事項九之㈣），故在未提供擔保並向執行法院提出裁定及提存書，執行程序仍不停止

㈡強制執行程序因當事人提出前開法定文件而停止時，不僅須其程序尚未終結，且所停止者，僅係尚未進行之強制執行程序，否則程序已終結，如何停止，此爲法理之當然。

㈢本件相對人係由原審法院於民國七十四年六月二十九日裁定供擔保後停止執行，相對人於同年七月十日提存，同年月十一日具狀提出法定文件陳報並聲請停止執行，此有其聲請狀附於執行卷可稽，而此時間均在抗告人於同年五月二十九日拍定及同年六月五日繳清價金之後，雖執行法院未依規定於價金繳清後五日內核發權利移轉證書（按：依當時有效現仍有此規定之司法院發布提示民事強制執行改進事項五之⑴規定：拍定人繳納價金後，應於五日內核發權利移轉證書），然此拍賣程序應已終結，其理由如左：

1.依我國目前實務見解，執行法院之拍賣爲私法上買賣之一種，由執行法院代債務人爲出賣人，不論認拍賣公告爲要約或要約之引誘，一經拍定，即認買賣合意而成立（最高法院五十五年六月二十八日民刑庭總會決議：「……按強制執行法上之拍賣，應依通說解爲買賣之一種，並認債務人爲出賣人，執行法院係代表債務人立於出賣人之地位……。」，同院四十七年台上字第一五二號判例：「強制執行法上之拍賣，應解釋爲買賣之一種，即以債務人爲出賣人，拍定人爲買受人執行法院即屬代債務人出賣之人……」）。茲拍定既屬買賣成立，則拍賣程序應爲終結，至以後繳納價金或發權利移轉證書，僅屬履行買受人及出賣人債務之問題，不能因此未履行，謂拍賣程序未終結，混淆買賣契約之成立與履行爲一事。

2.強制執行法第三十二條規定他債權人參與分配者，應於標的物拍賣終結前爲之，此拍賣終結，學者與實務見解皆指定而言（參照陳世榮著《強制執行法詮解》第四〇八頁、陳榮宗著《強制執行法》第二七九頁、楊與齡著《強制執行法論》第三一〇頁、辦理強制執行事件應行注意事項十七），由是觀之，一經拍定，拍賣程序即爲終結。此種見解，於前開拍賣終結，亦屬相同，否則一法之適用有前後不同解釋，有違其安定性及不可分割之原則。

㈣綜上觀之，本件執行案件，相對人於拍定且繳清價金後，即拍賣程序終結後，始提出擔保具狀聲請停止執行，執行法院所應停止者，僅應爲價金分配程序，至已終結之拍賣，不僅無從停止，且對非屬實現債權人權利之強制執行程序—核發權利移轉證書行爲仍應爲之，以免損及拍定人權益。學者陳世榮即謂：「……執行終結後，即無停止執行之餘地，如拍賣程序已終結者，祇得停止付款於債權人，至於發給權利移轉證書，則不得予停止。……」「……至於繳足價金後，則不因有停止執行之裁定而受影響，執行法院自不得停止權利移轉證書及其他書據之發給，惟買受人所交付價金，執行法院應依停止執行之裁定停止交付債權人」，學者黃永泉亦爲如斯主張。

四、按廢棄執行名義之裁判，已有執行力，例如廢棄確定判決之再審判決已確定廢棄，其裁判正本一經提出，執行法院即應停止強制執行，並撤銷已爲之執行處分，但強制執行程序若已終結，即無從撤銷已爲之執行處分，非另有執行名義，執行法院不能爲之回復執行前之原狀。業經司法院三十三年院字第二七七六號㈩解釋在案。茲如前述，拍賣程序既已終結，縱相對人再審之訴勝訴確定，亦無從撤銷已終結之拍賣程序，執行法院仍應依法發給權利移轉證書，學者陳世榮即謂：「……

撤銷雖有溯及效力，但執行處分有效時，其此已完結之效力不受影響者有之，例如執行標的物經拍賣終結而未將其賣得價金交付債權人時，對於該執行標的物之強制執行程序固不得謂已終結，但第三人異議之訴勝訴之判決確定時，即不能將已終結之拍賣程序予以撤銷……」。

綜上所述，本件原審法院未依法令於價金繳清後五日內（即民國七十四年六月十日前）發給權利移轉證書，已屬非是，茲更誤解法令，以拍賣程序須至權利移轉證書核發後始為終結，任意停止不發權利移轉證書，損及拍定人權益，更屬違法。為此抗告，請 鈞院明察妥適用法，為適法處理，逕令原審法院發給，或發回令其為適法之處理。

謹狀

台灣彰化地方法院 轉呈

台灣高等法院台中分院 公鑒

證人姓名及其住居所	
證物名稱及件數	陳世榮著《強制執行法詮解》三頁、黃永泉著《強制執行法實務析論》一頁。

中華民國七十九年一月十九日

具狀人 葉○舜 簽名蓋章

撰狀人　吳光陸　簽名蓋章

住址及電話

民事　抗告理由㈡　狀

案號	七十八年度民執聲字第四五號	承辦股別	
訴訟標的金額或價額	新台幣　萬　千　百　十　元　角		

稱謂	姓名或名稱	身分證統一編號或營利事業統一編號	性別	出生年月日	職業	住居所或營業所、郵遞區號及電話號碼電子郵件位址	送達代收人姓名、住址郵遞區號及電話號碼
抗告人	葉○舜					均詳卷	
代理人	吳光陸						
相對人	賴○章						

爲清償債務強制執行事件，謹具抗告理由㈡狀事：

一、按強制執行程序中，執行法院就執行標的物之拍賣，爲買賣之一種，買受人所出之最高價，一經執行法院爲拍定之意思表示，買賣契約即爲成立，除其拍定有無效或得撤銷之原因外，嗣後執行法院不得因執行債務人與債權人任意爲消滅執行名義之行爲，而撤銷已拍定之執行程序，爲最高法院七十八年度台上字第七七二號民事判決所採之見解（附件）。

二、本件執行債權人所執之執行名義，雖經債務人提起再審之訴（尚未確定），惟其所主張者，既係原執行名義之消滅原因，而非主張執行法院就系爭不動產爲拍定之意思表示有無效或得撤銷之原因，揆諸前揭實務上最近之見解，因難認有得撤銷已拍定之意思表示之事由。況本件拍定迄今未經撤銷，抗告人自非不得請求核發權利移轉證書，爰此，狀請

鈞院鑒核，賜准如抗告聲明所載，是所至感。

謹狀

台灣高等法院台中分院民事庭　公鑒

證人姓名及其住居所	證物名稱及件數
	最高法院七十八年度台上字第七七二號民事判決影本一份。

中　華　民　國　七十九　年　三　月　一　日

具　狀　人　葉○舜　簽名蓋章

撰　狀　人　訴訟代理人　吳光陸　簽名蓋章

住址及電話

台灣高等法院台中分院民事裁定

民國七十九年度抗字第七五號

抗告人　葉○舜　住彰化縣大村鄉○○號

代理人　吳光陸　住台中市○○路五六一號四樓之三

複代理人　賴蒼岳　住同右

右抗告人因於台灣彰化地方法院七十三年度民執己字第三八八一號清償債務強制執行事件中，聲請發給權利移轉證書事件，對於中華民國七十八年十二月二十日台灣彰化地方法院裁定（民國七十八年度民執聲字第四五號），提起抗告，本院裁定如左：

主　文

原裁定廢棄。

理　由

一、抗告意旨略以：1.依我國目前實務見解，執行法院之拍賣爲私法上之買賣之一種，由執行法院代債務人爲出賣人，不論認拍賣公告爲要約或要約之引誘，一經拍定，即認買賣合意而成立。茲拍定既屬買賣合意成立，則拍賣程序應爲終結，至以後繳納價金或發權利移轉證書，僅屬履行買受人及出賣人債務之問題，不能因此未履行，謂拍賣程序未終結，混淆買賣契約之成立與履行爲一事。2.強制執行法第三十二條規定他債權人參與分配者，應於標的物拍賣終結前爲之，此拍賣終結，學者與實務見解皆指拍定而言，由是觀之，一經拍定，拍賣程序即爲終結。此種見解於前開拍賣終結，亦屬相同，否則一法之適用有前後不同解釋，有違其安定性及不可分割之原則。本件執行事件，相對人即執行債務人賴〇章於抗告人拍定且繳清價金後，亦即拍賣程序終結後，始提出擔保聲請停止執行，執行法院所應停止者，僅應為價金分配程序，至於已終結之拍賣，不僅無從停止，且對非屬實現債權人權利之強制執行程序，核發權利移轉證書行為，仍應為之，以免損及拍定人之權益。又拍賣程序既已終結，縱相對人再審之訴勝訴確定，亦無從撤銷已終結之拍賣程序，執行法院仍應發給權利移轉證書。乃原法院竟誤解法令，以拍賣程序須至權利移轉證書核發後始為終結，任意停止不發權利移轉證書，應屬違法不當。況本件拍定迄今未經撤銷，抗告人亦非不得請求核發權利移轉證書。原裁定駁回抗告人之聲請，容有未洽，為此提起抗告，請廢棄原裁定，逕令原審法院發給權利移轉證書，或發回令其為適法之處理云云。

二、按強制執行程序中，執行法院就執行標的物之拍賣，為買賣之一種，買受人所出之最高價，一經執行法院為拍定之意思表示，買賣契約即為成立，除其拍定有無效或得撤銷之原因外，嗣後執行法院不得因有消滅執行名義之行為，而撤銷已拍定之執行程序（最高法院七十八年度台上字第七七二號裁判要旨參照）。本件抗告人於民國七十四年五月二十九日參與原審法院七十三年度民執己字第三八八一號清償債務強制執行事件之拍賣程序，拍定相對人所有坐落彰化縣員林鎮莒光段七七九地號上之建號一〇二八號門牌員林鎮中山路二段九七號二層樓房一棟，並已於同年六月五日繳清價金，嗣因相對人於同年七月十一日提供擔保具狀聲請停止強制執行，以致執行法院迄未發給權利移轉證書。查該事件執行債權人所執之執行名義，雖經相對人提起再審之訴，惟相對人所主張者，既係原執行名義之消滅原因，而非執行法院就系爭不動產拍定之意思表示有無效或得撤銷之原因，揆諸最高法院上開見解，上開已爲之拍定，是否得爲撤銷，尙無不斟酌之餘地。如不得撤銷，執行法院即不得再拒絕抗告人發給權利移轉證書之聲請。惟本件上開拍定，是否已經執行法院撤銷，依卷附資料，尙無從明瞭。抗告人執以指摘原裁定不當，尙非無理由。爰將原裁定廢棄，發回原法院再行調查，以作適法之處理。

三、依強制執行法第四十四條，民事訴訟法第四百九十二條第二項，裁定如主文。

中　華　民　國　七十九　年　三　月　五　日

民事第二庭審判長法官　陳　瑞　甫

法官　曾　煌　圳

法官　陳　滿　賢

右爲正本係照原本作成。

如不服本裁定，應於裁定送達後十日內向本院提出再抗告理由狀（須按對照人數附具繕本），並繳納再抗告裁判費新台幣四十五元及送達用雙掛號郵票（每份二十一元）份。

書記官　涂　錫　彬

中　華　民　國　七十九　年　三　月　六　日

最高法院民事裁定

七十九年度台抗字第一二九號

再　抗告人　賴　○　章　住台灣省彰化縣員林鎮○○號

右再抗告人因與葉○舜間執行聲請事件，對於中華民國七十九年三月五日台灣高等法院台中分院裁定（七十九年度抗字第七五號），提起再抗告，本院裁定如左：

主　文

再抗告駁回。

再抗告訴訟費用由再抗告人負擔。

理　由

按不服強制執行法第十二條第二項之裁定，依同條第三項之規定，得於五日內提起抗告。倘對於抗告法院就此項抗告所為之裁定再為抗告，自亦僅得於五日內為之。本件再抗告人與葉○舜間執行聲請事件，相對人葉○舜對於執行法院聲請發給不動產權利移轉證書，執行法院將其聲請駁回後，復據提起抗告，案經原法院認其抗告為有理由，將執行法院之裁定廢棄。經查此項裁定係於民國七十九年三月十五日送達，有卷附送達證書可稽，再抗告期間自送達裁定之翌日起，並扣除在途期間五日，自至七十九年三月二十六日即已屆滿（七十九年三月二十五日為星期日，應以次日為期間之末日），乃遲至七十九年三月二十八日始據再抗告人提起再抗告，既已逾上開得再抗告之期間，其再抗告自難認為合法。

據上論結，本件再抗告為不合法。依強制執行法第四十四條，民事訴訟法第九十二條第一項、第九十五條、第七十八條，裁定如主文。

中　華　民　國　七十九　年　四　月　二十七　日

最高法院民事第五庭

審判長法官　孫森焱

法官　楊慧英

法官　張福安

法官　吳啓賢

法官　朱錦娟

右正本證明與原本無異。

書記官　張瑞瑤

中　華　民　國　七十九　年　五　月　十一　日

民事聲請狀

案號：七十三年度民執己字第三八八一號　承辦股別：己

訴訟標的金額或價額：新台幣　萬　千　百　十　元　角

稱謂	姓名或名稱 身分證統一編號 或營利事業統一編號	性別	出生年月日	職業	住居所或營業所、郵遞區號及電話號碼 電子郵件位址	送達代收人姓名、住址 郵遞區號及電話號碼
聲請人	葉○舜				詳卷	
代理人	吳光陸					

爲聲請核發權利移轉證書事：

一、按拍賣之不動產，買受人繳足價金後，執行法院應發給權利移轉證書及其他書據，強制執行法第九十七條定有明文。

二、聲請人前於民國七十四年五月二十九日在　鈞院參加應買，標得坐落員林鎮莒光段七七九號地上之建號一○二八號門牌員林鎮中山路二段九七號房屋一棟，並已繳足價金，依上開說明，應予核發權利移轉證書。

三、雖聲請人前次聲請遭駁回裁定，但此裁定已予廢棄確定，茲拍賣程序既未撤銷，自應發給，爲此聲請，以爲德便（詳細理由可參閱抗告狀）。

謹呈

台灣彰化地方法院民事執行處　公鑒

證人姓名及其住居所	證物名稱及件數

中華民國七十九年六月十五日

具狀人　葉○舜　簽名蓋章

撰狀人　訴訟代理人　吳光陸　簽名蓋章

住址及電話

相對人民國七十九年六月十九日具陳述狀呈台灣彰化地方法院，其意旨如下：

一、裁定已確定者，只可聲請再審，不可再就同一事件為聲請。拍定人於民國七十六年已聲請核發權利移轉證書，經裁定駁回確定，茲再以同一理由聲請，顯然有違一事不再理原則。

二、對拍定人言，執行法院發權利移轉證書前，執行程序尚未終結，如有停止事由，仍受拘束，不可發權利移轉證書。

針對此陳述狀，聲請人再具聲請狀陳明理由。

民事聲請狀

案號	七十三年度民執己字第三八八一號	承辦股別	己
訴訟標的金額或價額	新台幣　萬　千　百　十　元　角		

稱謂	姓名或名稱 身分證統一編號 或營利事業統一編號	性別	出生年月日	職業	住居所或營業所、郵遞區號及電話號碼 電子郵件位址	送達代收人姓名、住址 ・郵遞區號及電話號碼
聲請人	葉○舜				詳卷	
代理人	吳光陸					

為聲請速發權利移轉證書事：

一、聲請人前於民國七十四年五月二十九日向　鈞院標得員林鎮中山路二段九七號房屋，並已繳足價金，依強制執行法第九十七條規定，　鈞院應發給權利移轉證書。

二、為聲請發給權利移轉證書，聲請人前次聲請，雖遭鈞院駁回，但此裁定，業經廢棄確定，有台灣高等法院台中分院七十九年度抗字第七五號裁定，最高法院七十九年度台抗字第一二九號裁定在卷可稽，依上開確定裁定意旨，並參照最高法院七十八年度台上字第七七二號民事判決意旨（均附抗告卷），　鈞院應發給聲請人權利移轉證書。

三、至債務人於民國七十九年六月十九日所提陳述狀，茲答辯如下：

㈠按訴訟標的於確定之終局判決中經裁判者，除法律別有規定外，當事人不得就該法律關係更行起訴，民事訴訟法第四百條第一項定有明文，此之謂既判力。雖其僅指裁判，但由不得更行起訴觀之，應指判決始有既判力，裁定不包括在內，此觀最高法院十九年上字第二七八號判例「訴訟法上所謂一事不再理之則，乃指同一事件已有確定之終局判決者而言。」可明。故債務人謂裁定有既判力誠屬誤會，所引最高法院四十六年台抗字第九〇號裁定，不僅非判例，且依此裁定內容（證一），係指訴之追加被駁回，不可再爲訴之追加，與本件係聲請而非起訴，亦迥然不同。另司法院三十三年院字第二七七六號解釋㈣：「聲明異議經裁定駁回確定後，當事人復以同一理由聲明異議，經認爲有理由者，法院得爲與前裁定相反之裁判。」，而聲請與聲明異議均爲強制執行之救濟方法，依此解釋，自仍可以同一理由爲聲請，法院亦可爲不同裁定，是債務人以一事不再理爲由陳述，自不可採。

㈡強制執行程序終結之意義，有指整個執行程序，亦有指個別執行程序，而拍賣程序，一經拍定即爲終結，此屬個別執行程序之終結，茲既已拍定，執行程序即爲終結，縱予停止執行，僅停止價金分配，已終結之拍賣，無從停止。學者陳世榮即謂「……執行終結後，即無停止執行之餘地，如拍賣程序已終結者，祇得停止付款於債權人，至於發給權利移轉證書，則不得予以停止……。」「……至於繳足價金後，則不因有停止執行之裁定而受影響，執行法院自不得停止權利移轉證書及其他書據之發給，惟買受人所交付價金，執行法院應依停止執行之裁定停止交付債權人。」（證二），是債務人就此陳述，爲無理由。

㈢上開裁定未援用司法院三十一年院字第二三四〇號解釋，故債務人以此陳述與本件無關。況依此解釋（證三），更應發權利移轉證書。

㈣本件聲請人自得標繳足價金迄今已五年多仍未領得權利移轉證書，請　鈞院體卹民困，速予核發，以疏民怨。

謹呈

台灣彰化地方法院民事執行處 公鑒

證人姓名及其住居所	證物名稱及件數
	1. 最高法院四十六年台抗字第九〇號裁定影本一件。 2. 陳世榮著《強制執行法詮解》第三頁影本。 3. 司法院三十一年院字第二三二〇號解釋影本一件。

中華民國七十九年七月十日

具狀人 葉〇舜 簽名蓋章

撰狀人 吳光陸 簽名蓋章

住址及電話

台灣彰化地方法院民事裁定

民國七十九年度民執聲字第二七號

聲請人
即拍定人 葉〇舜 住彰化縣大村鄉〇〇號

代理人　吳光陸　住台中市○○路五六一號四樓之三
相對人
即債務人　賴○章　住彰化縣員林鎮○○號

右聲請人因本院七十三年度民執己字第三八八一號淸償債務強制執行事件，聲請發給權利移轉證書，對於台灣高等法院台中分院民國七十九年度抗字第七五號裁定廢棄中華民國七十八年十二月二十日本院裁定（民國七十八年度民執聲字第四五號），本院更爲裁定如左：

主　文

聲請駁回。
聲請程序費用由聲請人負擔。

理　由

一、聲請意旨略以：聲請人於民國七十四年五月二十九日參與鈞院七十三年度民執己字第三八八一號強制執行事件所標售債務人賴○章所有坐落彰化縣員林鎮莒光段七七九地號上建物即門牌彰化縣員林鎮中山路二段九七號建號一○二八號本國式加強磚造二層樓房一棟，經以最高標得標拍定，並於同年六月五日繳足價金，拍賣程序應已終結，惟迄今尚未發給權利移轉證書，其間雖經債務人賴○章就執行名義提起再審之訴，並提供擔保聲請停止執行且獲勝訴將上開執行名義廢棄。然此與已終結之拍賣程序無涉，拍賣程序既已終結，則不得撤銷，自應依法發給權利移轉證書云云。蓋依司法院院字第二七七六號解釋(二)之說明「執行標的物經拍賣終結而未將其賣得價金交付債權人時，對於該執行標的物之強制執行程序不得謂已終結，第三人仍得提起異議之訴，但已終結之拍賣程序不能依此項異議之訴有理由之判決予以撤銷，故該第三人僅得請求交付賣得價金，不得請求撤銷拍賣程序。」另上開司法院解釋(一)之說明「對於某一執行標的物之強制執行程序雖已終結，債務人仍得提起異議之訴，但此項異議之訴有理由之判決，僅就執行名義所載債權未因強制執行達成目的之部分排除其執行力，不能據以撤銷強制執行程序業已終結部分之執行處分」。又強制執行程序中，執行法院就執行標的物之拍賣，爲買賣之一種，買受人所出之最高價，一經執行法院爲拍定之意思表示，買賣契約即爲成立，除其拍定有無效或得撤銷之原因外，嗣後執行法院不得因執行債務人與債權人任意爲消滅執行名義之行爲，撤銷已拍定之執行程序（最高法院七十八年度台上字第七七二號判決參照），本件執行債權人所執之執行名義，雖經債務人提起再審之訴，惟其所主張者，既係原執行名義之消滅原因，而非主張執行法院就系爭不動產爲拍定之意思表示有無效或得撤銷之原因，自難認有得撤銷已拍定之意思表示之事由，從而，應發給權利移轉證書云云。

二、經查本院受理七十三年度民執己字第三八八一號淸償債務強制執行事件，拍賣債務人賴○章所有坐落彰化縣員林鎭莒光段七七九地號其上建物即門牌彰化縣員林鎭中山路二段九七號建號一○二八號本國式加強磚造二層樓房一棟，固由聲請人拍定，並已繳足價金，惟債務人賴○章於執行程序中對據以執行之本院七十三年度訴字第六九六號民事確定判決執行名義提起再審之訴，並於聲請人繳足價金後權利移轉證書發給前之七十四年七月十一日提供擔保聲請停止執行，嗣該執行名義經台灣高等法院台中分院以七十六年度上更㈠字第一七八號判決廢棄確定，而依強制執行法第九十八條規定拍定人是否取得不動產所有權應以權利移轉證書之發給爲準，則對拍定人而言，執行法院於製發權利移轉證書之前，其執行程序尚難認已終結，本件執行程序既未終結，因債務人提出已確定之上開再審判決，執行法院自應即停止執行並撤銷已爲之執行處分並終結強制執行程序（最高法院五十五年台上字第三一〇〇號判例、司法院院字第二七七六號解釋㈩參見）。從而，本院七十九年度民執聲字第二六號裁定就系爭建物之執行程序予以撤銷，再本院於七十八年十二月二十日以七十二年度民執字第三八八一號裁定駁回債權人黃賴〇華等四人之淸償債務聲請強制執行事件，有該裁定附卷可稽，本件既因駁回強制執行聲請並撤銷已爲之執行處分，則聲請人聲請發給權利移轉證書即失所附麗。

三、另聲請人所引司法院院字第二七七六號解釋㈠、㈡之說明，係就拍定人已繳足價金，法院且發給權利移轉證書，但價金尚未分配之情形而解釋（同上解釋㈥㈦說明參見）。本件拍定人雖繳足價金，但於本院發給權利移轉證書之前，債務人賴〇章提供擔保聲請停止執行復對確定之執行名義提起再審獲勝訴判決，已如前所述，此與聲請人所引之上開司法院解釋有異，自難援引適用認執行程序業已終結。再本件係就已確定之執行名義提起再審之訴，於債務人提出已確定之再審勝訴判決，執行法院應即停止執行並撤銷已爲之執行處分並終結強制執行程序，亦已如前所述，此與聲請人所引最高法院七十八年度台上字第七七二號判決，執行債務人與債權人「任意」爲消滅執行名義之行，其情形有別。本件既非債務人「任意」爲消滅執行名義之行爲，於執行名義遭廢棄確定後，自應撤銷未終結之拍賣程序，聲請人聲請發給權利移轉證書，爲無理由，應予駁回。

四、結論：依強制執行法第四十四條，民事訴訟法第九十五條、第七十八條裁定如主文。

中　華　民　國　七十九　年　八　月　九　日

民事執行處

法　官　曾慶崇

右爲正本係照原本作成。

如對本裁定抗告須於裁定送達後十日內向本院提出抗告狀（須繳抗告費新台幣四十五元）。

書記官　施敏雄

中　華　民　國　七十九　年　八　月　十五　日

台灣彰化地方法院民事裁定

民國七十九年度民執聲字第二六號

聲　請　人　賴○章　住彰化縣員林鎮○○號

即債務人

相　對　人　黃賴○華　住台北市○○○號二樓

林賴○影　住基隆市○○○號

即債權人　楊賴○惜　住彰化縣員林鎮○○號

施賴○憧　住同右鎮○○號

右　四　人　　　住彰化縣大村鄉○○號
共同代理人　　卓　三　民律師
相　對　人
即　拍定人　　葉　○　舜

右當事人間因淸償債務強制執行事件，本院裁定如左：

主　文

本院七十三年度民執字第三八八一號，就坐落門牌彰化縣員林鎭中山路二段九七號即建號一○二八號本國式加強磚造二層樓房一棟，於七十三年十月十六日、七十四年五月二十九日所爲之執行程序應予撤銷。

聲請程序費用由聲請人負擔。

聲請程序費用由相對人即債權人負擔。

理　由

一、聲請意旨略以：本件相對人即債權人據以爲聲請強制執行之執行名義即本院七十三年度訴字第六九六號確定判決，業經台灣高等法院台中分院以七十六年度上更㈠字第一七八號判決予以廢棄確定，有上開判決確定證明書在卷可稽，債權人據以聲請執行之執行名義已被廢棄而不存在，則已爲之執行程序自應撤銷等語。

二、按聲請強制執行之執行名義經裁判廢棄確定者，其裁判正本一經提出，執行法院應即停止強制執行並撤銷已爲之執行處分並終結強制執行程序（最高法院五十五年台上字第三二〇〇號判例、司法院院字第二七七六號解釋參見）。本院受理七十三年度民執己字第三八八一號清償債務強制執行事件，查封拍賣債務人賴〇章所有坐落門牌彰化縣員林鎮中山路二段九七號即建號一〇二八號本國式鐵筋加強磚造二層樓房一棟，於七十三年十月十六日查封，而於七十四年五月二十九日由葉〇舜拍定，並已繳足價金。惟債務人賴〇章於執行程序中對據以執行之本院七十三年度訴字第六九六號民事確定判決執行名義提起再審之訴，嗣經台灣高等法院台中分院以七十六年度上更(一)字第一七八號判決廢棄確定，有上開判決及確定證明書在卷可稽，而依強制執行法第九十八條規定，拍定人是否取得不動產所有權應以權利移轉證書之發給爲準，則對拍定人而言執行法院於製發權利移轉證書之前，其執行程序尚難認已終結，本件既未終結，因聲請人提出已確定之上開再審判決，揆之前開判例說明，本院就債務人賴〇章所有坐落門牌彰化縣員林鎮中山路二段九七號即建號一〇二八號本國式鐵筋加強磚造二層樓房一棟，於七十三年十月十六日、七十四年五月二十九日所爲之執行程序應予撤銷。

三、結論：依強制執行法第十二條第二項、第四十四條，民事訴訟法第九十五條、第八十五條第一項前段裁定如主文。

中　華　民　國　七十九　年　八　月　九　日

民事執行處

法　官　曾　慶　崇

右爲正本係照原本作成。

如對本裁定抗告，須於裁定送達後十日內向本院提出抗告狀（須繳抗告費新台幣四十五元）。

書記官施敏雄

中華民國七十九年八月十三日

民事抗告狀

案號	七十九年度民執聲字第二六號	承辦股別	火
訴訟標的金額或價額	新台幣　萬　千　百　十　元　角		

稱謂	姓名或名稱 身分證統一編號或營利事業統一編號	性別	出生年月日	職業	住居所或營業所、郵遞區號及電話號碼電子郵件位址	送達代收人姓名、住址郵遞區號及電話號碼
抗告人即拍定人	葉○舜				彰化縣大村鄉○○路一八號	
相對人即債務人	賴○章				詳卷	

爲不服台灣彰化地方法院七十九年民執聲字第二六號民事裁定，依法抗告事：

聲明

原裁定廢棄。抗告費用由相對人負擔。

理由待閱卷後補陳。

謹狀

台灣彰化地方法院

台灣高等法院台中分院公鑒

證人姓名及其住居所	證物名稱及件數

中華民國七十九年八月十八日

具狀人 葉○舜 簽名蓋章

撰狀人 簽名蓋章

住址及電話

民事抗告狀

案號	七十九年度民執聲字第二七號	承辦股別	火
訴訟標的金額或價額	新台幣　萬　千　百　十　元　角		

稱謂	姓名或名稱、身分證統一編號或營利事業統一編號	性別	出生年月日	職業	住居所或營業所、郵遞區號及電話號碼電子郵件位址	送達代收人姓名、住址郵遞區號及電話號碼
抗告人即拍定人	葉○舜				彰化縣大村鄉○○路一八號	
相對人即債務人	賴○章				詳卷	

爲不服台灣彰化地方法院七十九年民執聲字第二七號民事裁定，依法抗告事：

聲明

一、原裁定廢棄。抗告費用由相對人負擔。

二、理由待閱卷後補陳。

謹狀

台灣彰化地方法院

台灣高等法院台中分院　公鑒

證人姓名及其住居所	

證物名稱及件數	

中華民國七十九年八月十八日

具狀人 葉○舜 簽名蓋章

撰狀人 簽名蓋章

住址及電話

民事 抗告理由 狀

案號	七十九年度民執聲字第二七號
承辦股別	
訴訟標的金額或價額	新台幣　萬　千　百　十　元　角

稱謂	姓名或名稱、身分證統一編號或營利事業統一編號	性別	出生年月日	職業	住居所或營業所、郵遞區號及電話號碼電子郵件位址	送達代收人姓名、住址郵遞區號及電話號碼
抗告人即拍定人	葉○舜				彰化縣大村鄉○○路一八號	
代理人	吳光陸					
相對人即債務人	賴○章				詳卷	

為不服台灣彰化地方法院七十九年度民執聲字第二七號民事裁定依法抗告，補提理由事：

聲明

一、原裁定廢棄。

二、原審法院應發給抗告人權利移轉證書。

三、聲請程序費用由抗告人負擔。

理由

一、本件經聲請原審法院發權利移轉證書被駁回後，抗告至　鈞院，　鈞院七十九年度抗字第七五號裁定，認拍定是否可撤銷，不無斟酌餘地，如不得撤銷，即應發權利移轉證書而發回原審法院確定在案。茲原審法院先予撤銷拍定，再予駁回抗告人之聲請，是除提起本件抗告外，對前開撤銷拍定之裁定，抗告人已另提抗告，合先敘明。

二、按拍賣之不動產，買受人繳足價金後，執行法院應發給權利移轉證書，強制執行法第九十七條定有明文。本抗告人於民國七十四年五月二十九日參加原審法院七十三年度民執己字第三八八一號清償債務強制執行事件之拍賣程序，標得相對人所有坐落彰化縣員林鎮莒光段七七九地號土地及其上建號一〇二八號門牌員林鎮中山路二段九七號本國式加強磚造二層樓房一棟，價金於同年六月五日繳清，依首開說明，原審法院應發給該屋之權利移轉證書給拍定人（即抗告人）。惟迄今仍未發給，為此為本件聲請。

三、原審法院違背前開規定，駁回抗告人聲請，其理由無非以執行法院未製發權利移轉證書以前，執行程序尚未終結，因相對人於執行法院未製發權利移轉證書以前，已對執行名義提起再審之訴，經獲勝訴確定判決，執行法院應撤銷已爲之執行處分，而該院已以七十九年度民執聲字第二六號裁定就系爭建物之執行程序予以撤銷並駁回該事件債權人強制執行之聲請，自不能發權利移轉證書云云。

四、惟查：

㈠上開拍定實不可撤銷，已由抗告人抗告在案，有理由書一件可稽。況參照最高法院七十八年度台上字第七七二號裁定意旨，標的物一經拍定，買賣契約即已成立，除拍定有無效或得撤銷之原因外，不得因有消滅執行名義之行爲，而撤銷拍定，本件拍定並無無效或得撤銷之原因，豈可因再審判決廢棄執行名義而撤銷。

㈡學者均謂動的安全較靜的安全保護爲重，蓋注重交易安全以保障善意第三人，茲拍定人爲善意第三人，信賴法院拍賣之公信爲力而參與應買，其既已拍定，依規定繳足價金，卻因執行法院未依規定於五日內製發權利移轉證書，拖延月餘，始有停止執行之事，就此觀之，本件拍定人實應受保護。

㈢本件雖前因停止執行程序而不發權利移轉證書，但查本件相對人係由原審法院於民國七十四年六月二十九日裁定供擔保後停止執行，相對人於同年七月十日提存，同年月十一日具狀提出法定文件陳報並聲請停止執行，此有其聲請狀附於執行卷可稽，而此時間均在抗告人於同年五月二十九日拍定及同年六月五日繳清價金之後，雖執行法院未依規定於價金繳清後五日內核發權利移轉證書（按：依當時有效現仍有此規定之司法院發布提示民事執行改進事項五之⑴規定：拍定人繳納價金後，應於五日內核發權利移轉證書），然此拍賣程序應已終結，其理由如左：

1.我國目前實務見解，執行法院之拍賣爲私法上買賣之一種，由執行法院代債務人爲出賣人，不論認拍賣公告爲要約或要約之引誘，一經拍定，即認買賣合意而成立（最高法院五十五年六月二十八日民刑庭總會決議：「……按強制執行法上之拍賣，應依通說解爲買賣之一種，並認債務人爲出賣人，執行法院係代表債務人立於出賣人之地位……。」同院四十七年台上字第一五二號判例：「強制執行法上之拍賣，應解釋爲買賣之一種，即以債務人爲出賣人，拍定人爲買受人（執行法院即屬代債務人出賣之人）……」）。茲拍定既屬買賣成立，則拍賣程序應爲終結，至以後繳納價金或發權利移轉證書，僅屬履行買受人及出賣人義務之問題，不能因此義務未履行，謂拍賣程序未終結，混淆買賣契約之成立與履行爲一事。

2.強制執行法第三十二條規定：他債權人參與分配者，應於標的物拍賣終結前爲之，此拍賣終結，學者與實務見解皆指拍定而言（參照陳世榮著《強制執行法詮解》第四〇八頁、陳榮宗《強制執行法》第二七九頁、楊與齡著《強制執行法論》第三一〇頁、辦理強制執行事件應行注意事項十七），由是觀之，一經拍定，拍賣程序即爲終結。此種見解，於前開拍賣終結，亦屬相同，否則不法之適用有前後不同解釋，有違其安定性及不可分割之原則。

㈣綜上觀之，本件執行案件，相對人於拍定且繳清價金後，即拍賣程序終結後，始提出擔保具狀聲請停止執行，執行法院所應停止者，僅應爲價金分配程序，至已終結之拍賣，不僅無從停止，更不可因執行名義消滅而撤銷，且對非屬實現債權人權利之強制執行程序—核發權利移轉證書行爲仍應爲之，以免損及拍定人權益。學者陳世榮即謂：「……執行終結後，即無停止執行之餘地，如拍賣程序已終結者，祇得停止付款於債權人，至於發給權利移轉證書，則不得予以停止。……」「……至於繳足價金後，則不因有停止執行之裁定而受影響，執行法院自不得停止權利移轉證書及其他書據之發給，惟買受人所交付價金，執行法院應依停止執行之裁定停止交付債權人」。學者黃永泉亦爲如斯主張。

五、按廢棄執行名義之裁判，已有執行力，例如廢棄確定判決之再審判決已確定廢棄，其裁判正本一經提出，執行法院即應停止強制執行，並撤銷已爲之執行處分，但強制執行程序若已終結，即無從撤銷已爲之執行處分，非另有執行名義，執行法院不能爲之回復執行前之原狀，業經司法院三十三年院字第二七七六號㈩解釋在案。茲如前述，拍賣程序既已終結，縱相對人再審之訴勝訴確定，亦無從撤銷已終結之拍賣程序，執行法院仍應依法發給權利移轉證書，學者陳世榮即謂：「……撤銷雖有溯力及效力，但執行處分有效時，其此已完結之效力不受影響者有之，例如執行標的物經拍賣終結而未將其賣得價金交付債權人時，對於該執行標的物之強制執行固不得謂已終結，但第三人異議之訴勝訴之判決確定時，即不能將已終結之拍賣程序予以撤銷……」。

六、按強制執行程序中，執行法院就執行標的物之拍賣，爲買賣之一種，買受人所出之最高價，一經執行法院爲拍定之意思表示，買賣契約即爲成立，除其拍定有無效或得撤銷之原因外，嗣後執行法院不得因執行債務人與債權人任意爲消滅執行名義之行爲，而撤銷已拍定之執行程序，爲最高法院七十八年度台上字第七七二號民事判決所採之見解。本件執行債權人所執之執行名義，雖經債務人提起再審之訴，惟其所主張者，既係原執行名義之消滅原因，而非主張執行法院就系爭不動產爲拍定之意思表示有無效或得撤銷之原因，揆諸前揭實務上最近之見解，應難認有得撤銷已拍定之意思表示之事由。

七、綜上所述，本件原審法院未依法令於價金繳淸後五日內（即民國七十四年六月十日前）發給權利移轉證書，已屬非是，茲更誤解法令，以拍賣程序須至權利移轉證書核發後始爲終結，任意不發權利移轉證書，損及拍賣人權益，更屬違法。爲此抗告，請　鈞院明察，賜爲裁定如抗告事項之所載，是所至感！

謹呈

台灣彰化地方法院轉呈

台灣高等法院台中分院公鑒

證人姓名及其住居所	
證物名稱及件數	證一：理由狀影本一件。 證二：最高法院七十八年度台上字第七七二號民事判決影本一則。

中華民國七十九年九月五日

具狀人　葉○舜　簽名蓋章

撰狀人　訴訟代理人　吳光陸　簽名蓋章

住址及電話

民事　抗告理由　狀

案號	七十九年度民執聲字第二六號	承辦股別	
訴訟標的金額或價額	新台幣　萬　千　百　十　元　角		

稱謂	姓名或名稱 身分證統一編號 或營利事業統一編號	性別	出生年月日	職業	住居所或營業所、郵遞區號及電話號碼 電子郵件位址	送達代收人姓名、住址 郵遞區號及電話號碼
抗告人 即拍定人	葉○舜				詳卷	
相對人 即債務人	賴○章				詳卷	

爲不服台灣彰化地方法院七十九年度民執聲字第二六號民事裁定，依法抗告，提出理由事：

一、按廢棄執行名義或宣告不許強制執行之裁判，已有執行力，例如廢棄確定判決之再審判決已確定廢棄、宣告假執行之本案判決已宣示（參照民事訴訟法第三百九十五條第一項）、認聲明異議有理由之裁定已宣示或送達（參照民事訴訟法第四百八十八條第一項）、或認異議之訴爲有理由之判決已確定時，其裁判正本一經提出，執行法院即應停止強制執行，並撤銷已爲之執行處分，此在強制執行法，雖未如他國立法例設有明文，亦爲解釋所應爾。但強制執行程序若已終結，即無從撤銷已爲之執行處分，非另有執行名義，執行法院不能爲之回復執行前之原狀，司法院三十三年院字第二七七六號解釋㈩著有明文。依此解釋執行法院可否撤銷所爲之執行處分，應視執行程序是否終結而定。

二、所謂強制執行程序終結有不同意義，一指整個執行名義所載債權全部達到目的，一指對執行標的物之執行終結，此觀上開二七七六號解釋㈠及最高法院七十二年台抗字第二四〇號裁定可明，惟參照上開二七七六號解釋㈠所謂「……故執行標的物經拍賣終結，而未將賣得價金交付債權人時，對該執行標的物之強制執行程序，不得謂已終結，但已終結之拍賣程序，不能依此項異議之訴有理由之判決而予以撤銷，故該第三人僅得請求交付賣得價金，不得請求撤銷拍賣程序……。」是在對執行標的物之強制執行程序終結前，尙有一拍賣終結，此由強制執行法第三十二條第一項規定：「他債權人參與分配者，應於標的物拍賣或變賣終結前……。」亦有拍賣終結可明。至此拍賣終結係指拍定，學者間皆無異議（證一），是一經拍定，拍賣程序即已終結。

三、本件拍定人於民國七十四年五月二十九日就坐落彰化縣員林鎭中山路二段九七號房屋及基地一併參加原審法院之拍賣而得標，並於同年六月五日繳清價金，因執行法院未依規定於價金繳清後五日內核發權利移轉證書（按：依當時有效現仍有此規定之司法院發布提示民事強制執行改進事項五之⑴規定：拍定人繳納價金後，應於五日內核發權利移轉證書），迨至相對人於同年六月二十九日取得停止執行裁定，七月十日提存，十一日具狀陳報停止執行，始拒發房屋權利移轉證書，姑不論此項遲誤爲可歸責執行法院之事由，依前開說明，上開標的物既已拍定，拍賣程序應已終結，在無另有執行名義前，執行法院應不可撤銷所爲之拍賣程序，遑論撤銷查封。

四、如准撤銷，因此拍賣程序爲合併拍賣，土地部分已發權利移轉證書，由拍定人取得所有權，且相對人起訴請求拍定人遷讓房屋，亦經　鈞院七十七年度訴更㈠字第九五號判決敗訴確定，彼不能請求返還，是此撤銷，適足以造成問題，故本件不論從法、理、情觀之，皆不應撤銷。

五、另本件相對人實住日本，不在台灣，此有戶籍謄本附於　鈞院七十九年抗字第七五號卷（或再抗告卷），其爲本件聲請並非本人所爲，應非合法，併此指明。

謹狀

台灣彰化地方法院轉呈

台灣高等法院台中分院公鑒

證人姓名及其住居所	證物名稱及件數

中華民國七十九年九月五日

具狀人　葉○舜　簽名蓋章

撰狀人　簽名蓋章

住址及電話

民事抗告補充理由狀

案號	七十九 年度 民執聲 字第 二六 號	承辦股別	
訴訟標的金額或價額	新台幣　萬　千　百　十　元　角		

稱謂	姓名或名稱 身分證統一編號或營利事業統一編號	性別	出生年月日	職業	住居所或營業所、郵遞區號及電話號碼 電子郵件位址	送達代收人姓名、住址 郵遞區號及電話號碼
抗告人即拍定人	葉○舜				詳卷	
相對人即債務人	賴○章				詳卷	

爲不服台灣彰化地方法院七十九年度民執聲字第二六號民事裁定已依抗告，茲補充理由事：

一、原審法院爲不利於抗告人之裁定，其理由爲在權利移轉證書未發給前，拍賣程序未終結，故可撤銷拍定，不發權利移轉證書，茲姑不論此一見解是否妥適（抗告人前次已具狀陳明此一見解不對）。即就本件拍賣係連同土地（即員林鎮莒光段七七九號應有部分百分之七）一併拍賣，其土地部分已因此次拍定於民國七十五年三月間而發權利移轉證書（證一）可謂終結，則此房屋部分拍賣程序亦因係合併拍賣，併應認已終結，否則同屬一次拍賣，土地終結，房屋未終結，實不合理，從而原審法院以此為由之裁定應有違誤，請廢棄改判如抗告聲明。

二、另　鈞院七十九年度抗字第七五號裁定廢棄原審法院不發權利移轉證書之裁定，經最高法院裁定駁回再抗告確定，原審法院即應遵此發給，始為正確，併此指明。

三、其餘引用在　鈞院七十九年度抗字第七五號之抗告理由狀及原審所提書狀。

謹呈

台灣高等法院台中分院　公鑒

證人姓名及其住居所	
證物名稱及件數	證一：權利移轉證書影本一件。 證二：鈞院七十九年度抗字第七五號民事裁定影本一件。 證三：最高法院七十九年度台抗字第一二九號民事裁定影本一件。

中　華　民　國　七十九　年　九　月　二十五　日

具　狀　人　葉○舜　簽名蓋章

撰　狀　人　簽名蓋章

住址及電話

台灣高等法院台中分院民事裁定

民國七十九年度抗字第五〇一號

抗告人　葉〇舜　住彰化縣大村鄉〇〇號

代理人　吳光陸　住台中市〇〇路五六一號四樓之三

相對人　賴〇章　住彰化縣員林鎮〇〇號

右當事人間因清償債務強制執行事件，聲請發給權利移轉證書，抗告人對於中華民國七十九年八月九日台灣彰化地方法院所爲裁定（民國七十九年民執聲字第二七號），提起抗告，本院裁定如左：

主　文

聲請駁回。

抗告程序費用由抗告人負擔。

理　由

一、抗告意旨略以：抗告人於民國七十四年五月二十九日參加原法院七十三年民執己字第三八八一號清償債務強制執行事件，標得相對人所有坐落彰化縣員林鎮莒光段七七九號土地及其上建號一〇二八號門牌員林鎮中山路二段九七號本國式加強磚造二層樓房一棟，價金於同年六月五日繳清，原法院本應於價金繳清後五日內核發權移轉證明書；遲未發給，竟以拍賣程序須至權利移轉證書核發後始爲終結，並以據以執行之執行名義遭廢棄確定，應撤銷未終結之拍賣程序，駁回抗告人權利移轉證書發給之聲請，自難甘服云云。

二、查原法院受理七十三年民執己字第三八八一號淸償債務強制執行事件，拍賣相對人賴○章所有坐落彰化縣員林鎮莒光段七七九號地及其上建物門牌員林鎮中山路二段九七號建號一○二八號本國式加強磚造二層樓房一棟，固由抗告人標買拍定，並繳納價金。惟相對人賴○章於執行程序進行中，對據以執行之原法院七十三年訴字第六九六號民事確定判決執行名義提起再審之訴，並於權利移轉證書發給前之七十四年七月十一日提供擔保聲請停止執行。嗣據以執行之執行名義經本院以七十六年上更㈠字第一七八號判決廢棄確定。相對人提出已確定之上開再審判決，請予撤銷執行處分，依最高法院五十五年台上字第三一○○號判例自應停止執行並撤銷已爲之執行處分並終結強制執行程序。抗告人引用最高法院七十八年台上字第七七二號裁定，謂標的物一經拍定不得因再審判決廢棄執行名義而爲撤銷。但所引最高法院七十八年台上字第七七二號判決：「……嗣後執行法院不得因執行債務人與債權人『任意』爲消滅執行名義之行爲，而撤銷已拍定之執行程序」。然本件並非債務人與債權人「任意」消滅執行名義之行爲，而係基於再審判決，其所爲之主張即不可採。

三、抗告人雖謂依司法院三十三年院字第二七七六號㈩解釋「……強制執行程序若已終結，即無從撤銷已終結之執行處分，非另有執行名義，執行法院不能爲之回復執行前之原狀。」然抗告人所引用上揭三十三年院字第二七七六號解釋㈠㈡說明，係就拍定人已繳足價金，法院且已發給權利轉移證書，而價金尚未分配之情形而言。本件抗告人雖已繳足價金，但原法院於發給權利移轉證書之前，抗告人賴○章提供擔保聲請停止執行，復對確定之執行名義提起再審之訴獲勝訴之判決。

而且上述三十三年院字第二七七六號解釋前段亦載明「按廢棄執行名義之裁判，已有執行力，例如廢棄確定判決之再審判決已確定廢棄，其裁判正本一經提出，執行法院即應停止強制執行，並撤銷已爲之執行處分。」。

四、查所謂強制執行程序終結，一指對執行標的物之執行拍賣或變賣終結，一指整個執行名義所載債權全部達到目的。前者強制執行法第三十三條第一項「他債權人參與分配者，應於標的物拍賣或變賣終結前……」。後者指執行標的物經拍賣或變賣，得標者繳付價金，執行法院發給權利移轉證書，並將拍賣或變賣價金分配與債權人，全部達到執行目的。本件抗告人拍定後，雖已繳足價金，但相對人賴○章於執行程序進行中對據以執行之原法院七十三年訴字第六九六號民事確定判決執行名義提起再審之訴，並聲請停止執行，原法院於七十四年六月二十九日裁定准供擔保後停止執行，而於同年七月十日相對人提供擔保後權利移轉證書發給前於七十四年七月十一日停止執行，未將價金交與或分配與債權人，未爲終結。嗣經本院七十七年六月十三日以七十六年更㈠字第一七八號判決將執行名義廢棄確定。相對人提出已確定之上開再審判決，執行法院即應撤銷已爲執行處分，並終結強制執行程序。原法院以七十九年民執聲字第二六號裁定就系爭建物之執行程序撤銷，又於七十八年十二月二十日以裁定（七十三年民執字第三八八一號）駁回債權人黃賴○華等四人之淸償債務強制執行之聲明，有該裁定書附卷可稽。本件既已駁回強制執行聲請並撤銷已爲之執行處分，原法院駁回抗告人權利移轉證書核發之聲請並無違誤。抗告人求爲廢棄原裁定更爲裁定難謂有理。

五、據上論結，本件抗告爲無理由，依強制執行法第四十四條、民事訴訟法第四百九十二條第一項，第九十五條，第七十八條裁定如主文。

中　華　民　國　七十九　年　九　月　二十四　日

民事第五庭

審判長法官　吳欲君

法官　王茂修

法官　楊龍溪

右爲正本係照原本作成。

不得再抗告。

書記官　吳厚勳

中　華　民　國　七十九　年　九　月　二十六　日

民事　聲請再審　狀

案號	年度　字第　號	承辦股別	
訴訟標的金額或價額	新台幣　萬　千　百　十　元　角		

稱謂	姓名或名稱、身分證統一編號或營利事業統一編號	性別	出生年月日	職業	住居所或營業所、郵遞區號及電話號碼、電子郵件位址	送達代收人姓名、住址、郵遞區號及電話號碼
聲請人	葉○舜				住彰化縣大村鄉○○路十八號	
相對人	賴○章				住彰化縣員林鎮○○街十號	

為對確定之　鈞院七十九年度抗字第五○一號裁定認有再審事由，依法聲請再審事：

聲明

一、鈞院七十九年度抗字第五○一號裁定及台灣彰化地方法院七十九年度民執聲字第二七號裁定應予廢棄。

二、台灣彰化地方法院應發給聲請人權利移轉證書。

三、聲請再審及聲請、抗告之程序費用由相對人負擔。

事實及理由

一、司法院大法官會議釋字第一七七號解釋謂（見證物一）：確定判決消極不適用法規，顯然影響裁判者，自屬民事訴訟法第四百九十六條第一項第一款所定適用法規顯有錯誤之範圍，應許當事人對之提起再審之訴，以貫徹憲法保障人民權益之本旨。又按最高法院五十七年台上字第一〇九一號判例（見證物二）：民事訴訟法第四百九十六條第一項第一款所謂，適用法規顯有錯誤，應以確定判決違背法規或現存判例解釋者為限……。即明示消極不適用法規定，顯然影響裁判者，或違背法規或現存判例解釋者，可對已確定之違法判決提起再審之訴以求救濟。裁定已經確定，而有民事訴訟法第四百九十六條第一項之情形者，依民事訴訟法第五百零七條之規定得準用再審程序聲請再審，以求救濟。

二、原確定裁定駁回聲請人抗告，其理由無非以拍定人（即聲請人）雖已繳納價金，執行法院未發給權利移轉證書，而債務人（即相對人）對確定之執行名義提起再審之訴，請求停止執行，後獲勝訴之判決。原拍賣程序因未發權利移轉證書，即尚未終結，嗣後如提出廢棄原執行名義之確定裁判，執行法院即應停止強制執行，並撤銷已為之執行處分。並將原拍定程序撤銷，駁回聲請人請求發權利移轉證書之聲請。

三、惟查：

㈠強制執行法第三十二條第一項：「他債務人參與分配者，應於標的物拍賣或變賣終結前……。」而此所謂拍賣終結，通說均認係指「拍定」之時而言（見證物三），又在同一法律中，所謂「拍賣程序終結」，應做同一解釋，否則同一名詞在同一法律中為不同解釋，殊有割裂法律適用之嫌，有違「法的安定性」。申言之：拍賣程序在「拍定」時即已終結（參照最高法院七十八年度台上字第七七二號裁定意旨：標的物一經拍定，買賣契約即已成立，……不得因有消滅執行名義之行爲，而撤銷拍定）。本件依上開說明，拍賣程序業已終結，何能因嗣後之再審判決，而將已終結之拍賣程序撤銷，債務人縱因拍賣受有損害，也僅能向債權人求償而已。是原裁定即有違背上開強制執行法第三十二條第一項規定之違法。

㈡依最高法院判例及民刑庭總會決議，強制執行之拍賣爲私法上買賣之一種，由執行法院代債務人爲出賣人，一經拍定，即認買賣合意而成立（參見最高法院五十五年六月二十八日民刑事總會決議（見證物四）：「……按強制執行法上之拍賣，應依通說解爲買賣之一種，並認債務人爲出賣人，執行法院係代表債務人立於出賣人之地位……。」又同院四十七年度台上字第一五二號判例（見證物五）：「強制執行法上之拍賣，應解爲買賣之一種，即以債務人爲出賣人，拍定人爲買受人（執行法院即屬代債務人出賣之人）……」。茲拍定既屬買賣成立，則拍賣程序應爲終結，至以後繳納價金或發權利移轉證書，僅屬履行買受人及出賣人義務之問題，不能因此義務之未履行，謂拍賣程序未終結，致混淆買賣成立與履行爲同一事，是有違背民法買賣規定、最高法院民刑庭總會決議、判例之違法。

㈢又依上開說明，既認拍賣係採私法買賣說，則拍賣程序何時終結，如認強制執行法未規定時，亦應類推適用之民法之規定，以確定當事人間之權利義務，今本件強認在執行法院未發給權利移轉證書前，拍賣程序並未終結，而將執行程序撤銷；將買賣成立與履行混淆；是有消極不適用民法買賣規定之違法。

㈣縱認「廢棄執行名義之裁判……一經提出，執行法院即應停止強制執行，並撤銷已爲之執行處分。」也係嗣後均不再爲執行而已，而原已成立生效之買賣行爲，無任何瑕疵，焉能予以撤銷，是所謂「撤銷已爲之執行處分」，非將雙方當事人表示一致之買賣撤銷。

四、如謂執行法院，在未發給「權利移轉證書」之前，拍賣程序尚未終結，則拍賣程序之久暫及終結與否，端視執行法院個人之意思表示，則有違程序之安定性，且亦容易發生勾結債務人之不法情事，對司法之公信，亦屬莫大傷害。

五、綜上所述，拍賣係當事人間私法上之買賣行爲，則其終結應在拍定（即雙方意思表示一致）時，則在此程序終結後，即不可再撤銷已終結之拍賣程序。今本件竟忽略拍賣之性質積極不適用強制執行法第三十二條第一項及消極不適用民法、判例、決議之規定，且結果顯然影響於裁判，依前開釋字第一七七號解釋，自可聲請再審。爲此狀請

鈞院鑒核，賜判如聲明，是爲德便。

謹狀

台灣高等法院台中分院　公鑒

證人姓名及其住居所

證物名稱及件數	證物一：釋字第一七七號解釋影本一份。 證物二：最高法院五十七年台上字第一○九一號判例影本一份。 證物三：林昇格、張登科強制執行法影本一份。 證物四：最高法院五十五年六月二十八日民刑庭總會決議影本一份。 證物五：最高法院四十七年度台上字第一五二號判例影本一份。

中　華　民　國　七十九　年　十　月　十八　日

具狀人　葉○舜　簽名蓋章

撰狀人　簽名蓋章

住址及電話

台灣高等法院台中分院民事裁定

民國七十九年度再字第五八號

聲請人　葉○舜　住彰化縣大村鄉○○號

相對人　賴○章　住彰化縣員林鎮○○號

右當事人間因清償債務強制執行事件，聲請人對於中華民國七十九年九月二十四日本院確定裁定（七十九年抗字第五○一號），聲請再審，本院裁定如左：

主　文

聲請駁回。

聲請程序費用由聲請人負擔。

理　由

一、本件聲請意旨略以：強制執行之拍賣爲私法上買賣之一種，由執行法院代債務人爲出賣人，一經拍定，即認買賣合意而成立。茲本件既屬買賣成立，則拍賣程序應爲終結，至以後繳納價金或發權利移轉證書，僅屬履行買受人及出賣人義務之問題，不能因此義務之未履行，謂拍定程序未終結，今本件強認在執行法院未發給權利移轉證書前，拍賣程序並未終結，而將執行程序撤銷，將買賣成立與履行混淆，是有消極不適用民法買賣規定之違法。縱認廢棄執行名義之裁判，一經提出，執行法院即應停止強制執行，並撤銷已爲之執行處分，亦係嗣後不再爲執行而已，而原已成立生效之買賣行爲，無任何瑕疵，焉能予以撤銷。如謂執行法院，在未發給權利移轉證書之前，拍賣程序尚未終結，則拍賣程序之久暫及終結與否端視執行法院之意思而定，則有違程序之安定性。綜上所述，拍賣係當事人間之買賣行爲，則其終結應在拍定前，在此程序終結後，即不可再撤銷已終結之拍賣程序。原裁定竟忽略拍定之性質不適用強制執行法第三十二條第一項、及消極不適用民法，判例，決議之規定，有民事訴訟法第四百九十六條第一項第一款之情形，爲此依民事訴訟法第五百零七條之規定，聲請再審，求爲將本院七十九年度抗字第五〇一號裁定及台灣彰化地方法院七十九年度民執聲字第二七號裁定應予撤銷。台灣彰化地方法院應發給聲請人權利移轉證書之裁定。

二、查台灣彰化地方法院受理七十三年度民執己字第三八八一號清償債務強制執行事件，拍賣相對人賴○章所有坐落彰化縣員林鎮莒光段七七九號地上及其上建物門牌員林鎮中山路二段九七號建號一○二八號本國式加強磚造二層樓房一棟，由抗告人標買拍定，並繳完價金。惟相對人賴○章於執行程序進行中，對據以執行之原法院七十三年訴字第六九六號民事確定判決執行名義提起再審之訴，並於權利移轉證書發給前之七十四年七月十一日提供擔保聲請停止執行。嗣據以執行名義經本院以七十六年上更㈠字第一七八號判決廢棄確定。相對人因提出已確定之上開再審判決請予撤銷執行處分，該執行法院依最高法院五十六年台上字第三一○○號判例意旨裁定停止執行並撤銷已爲之執行處分，暨終結強制執行程序。

三、茲抗告人以依司法院三十二年院字第二七七六號㈩解釋：「強制執行程序若已終結，即無從撤銷已爲執行處分，非另有執行名義，執行法院不能爲之回復執行前之原狀」之規定，執行法院應依法發給權利移轉證書云云。惟查抗告人所引用上揭三十三年院字第二七七六號解釋㈠、㈡說明，係就拍定人已繳足價金，法院且已發給權利移轉證書，而價金尚未分配之情形而言。本件抗告人雖已繳足價金，但原法院於發給權利移轉證書之前，抗告人提供擔保聲請停止執行，復對確定之執行名義提起再審之訴獲勝訴之判決。況上揭三十三年院字第二七七六號解釋前段亦載明：「按廢棄執行名義之裁判，已有執行力，例如廢棄確定判決之再審判決已確定廢棄，其裁判正本一經提出，執行法院即應停止強制執行，並撤銷已爲之執行處分」。按所謂強制執行程序終結，一指對執行標的物之執行拍賣或變更終結，一指整個執行名義所載債權全部達到目的。前者即強制執行法第三十二條第一項「他債權人參與分配者，應於標的物拍定或變賣終結前」。後者指執行標的物經拍賣或變賣，得標者給付價金，執行法院發給權利移轉證書，並將拍賣或變賣價金分配與債權人，全部達到執行目的。本件抗告人拍定後，雖已繳足價金，但相對人賴〇章於執行程序進行中對據以執行之原法院七十三年訴字第六九六號民事確定判決執行名義提起再審之訴，並聲請停止執行。原法院於七十四年六月二十九日裁定准供擔保停止執行，而於同年七月十日相對人提供擔保後權利移轉證書發給前之七十四年七月十一日停止執行，未將價金交與分配與債權人，依上揭說明，其強制執行程序尚未終結。嗣經本院七十七年六月十三日以七十六年上更㈠字第一七八號判決將執行名義廢棄確定。原執行法院即以七十九年民執聲字第二六號裁定就系爭建物之強制執行程序撤銷，又於七十八年十二月二十日以裁定駁回債權人黃〇〇華等四人之清償債務強制執行之聲請，有原執行法院七十三年民執字第三八八一號裁定書可稽。本件既已駁回強制執行聲請並撤銷已爲之執行處分。原執行法院因而駁回聲請人權利移轉證書核發之聲請，前審本院裁定予以維持，核無違反法規顯有錯誤之情形。聲請人以原確定裁定，有違最高法院四十七年度台上字第一五二號判例，五十五年六月二十八日民刑庭總會決議，積極不適用強制執行法第三十二條第一項，消極不適用民法有關買賣之規定，據以提起再審之聲請，非有理由。

四、依民事訴訟法第九十五條、第七十八條裁定如主文。

中　華　民　國　八十　年　一　月　十二　日

民事第四庭

右正本係照原本作成。
不得再抗告。

審判長法官　陳照德
法官　葉再興
法官　陳成泉

書記官　徐　丕

中　華　民　國　八十　年　一　月　十七　日

參、檢討與分析

一、關於不動產拍賣，拍定人繳足價金後，遇有停止執行之裁定固不可將價金分配債權人，但可否核發權利移轉證書，涉及拍賣程序是否終結?甚至事後執行名義廢棄，可否撤銷拍定，亦涉及拍賣程序是否終結?蓋執行程序已終結，即不能停止執行或撤銷拍定。

二、執行程序之終結，固有整個執行程序及各個執行程序兩種，在拍賣程序言，一經拍定即已終結，毋庸再為拍賣，在上開抗告狀等中，筆者一再闡明，此事關拍定人權益，故本法第五十八條第一項「查封後，債務人得於拍定前提出現款，聲請撤銷查封。」（按：該項條文係民國六十四年修正時增設，增設之規定為：「查封後債務人得於拍賣期日前，提出現款，聲請撤銷查封。」，嗣民國八十五年修正為現行條文，將拍賣期日改為拍定），蓋拍賣已終結。

三、學者就應否核發權利移轉證書，有停止說與不停止說。不停止說者，係爲確保拍定人權益，楊與齡（參閱楊氏著《強制執行法論》第五六七頁）、陳世榮（參閱陳氏著《強制執行法詮解》第三一四頁）、陳計男（參閱陳氏著《強制執行法釋論》第四三八頁）採之。停止說係爲避免執行程序終結，影響債務人權益，張登科（參閱張氏著《強制執行法》第三五七頁）、陳榮宗（參閱陳氏著《強制執行法》第四一九頁）採之。

四、本件執行法院在第二審法院廢棄原裁定時，指出拍定尚未撤銷，可否核發，應予研究，然執行法院即撤銷拍定。然苟如前述，拍賣之程序已終結，可否撤銷，仍待商榷。

五、愚意以爲土地已核發權利移轉證書，建物部分因執行法院遲緩核發，以致撤銷拍定，對拍定人影響甚大，執行法院實應慎重，否則造成本屬一人所有之土地、建物，因此成爲二人所有，其間之法律關係如何定位即是問題，僅延伸另一訴訟爭執，造成法律秩序之混亂。

六、本件如執行法院遵守規定，於五日內核發權利移轉證書，斯時尚無停止執行裁定，拍定人即無本件爭議。雖執行法院退回拍定價金，不僅因事隔多年，拍定人損失利息，且本可取得房屋所有權亦無從取得，受有損害，可否請求國家賠償，爲一有趣問題。

第二節　對待給付之證據

民國八十五年修正後之強制執行法第四條第三項規定「執行名義有對待給付者，以債權人已爲給付或已提出給付後，始得開始強制執行。」，在此之前，即本件案例發生時，僅有第二項規定「執行名義附有條件、期限或須債權人提供擔保者，於條件成就、期限屆至或供擔保後，始得開始強制執行。」，然學者及實務均仍認對待給付判決者，債權人必須爲此給付或提出，使條件成就始可開始執行。本件爭執在於債權人逕行提存，是否可使條件成就？

壹、背景說明

本件債權人蔡○生等人對債務人王○源取得之台灣高等法院台中分院七十八年度上更㈠字第一號民事判決，係命債務人應於債權人給付債務人二十萬一千二百四十元之同時，應將地上物拆除，將土地交還債權人。債權人爲聲請強制執行，必須給付上開金額。然因地上物拆除之強制執行需僱工，此等執行費用於執行終結後，可向債務人請求，苟債權人給付上開金額，將來向債務人求償執行費用無著時，豈不受損，爲此債權人一方面辦理提存，以提存書爲證，認已爲對待給付，條件成就可聲請執行，另一方面以執行費用債權假扣押此一提存款，不讓債務人領取，執行法院認此提存合法，對待給付之開始要件成就，即予開始執行。然因債務人認此提存不合法，不可開始執行，遂生爭執而聲明異議以爲救濟。

貳、書狀及裁定

台灣台中地方法院執行命令

中華民國七十八年十月二十六日
七十八年執十五字第六一三六號

受文者：債務人　王○源　住台北縣三峽鎮○○號
　　　　　　　　蔡○生　住台中縣清水鎮○○號

副本
收受者：債權人　蔡○○女　住同右
　　　　蔡○泰　住同右
共同代理人　蔡○○律師

主旨

台端應於收受本命令之翌日起十五日內依照台灣高等法院台中分院七十八年度上更㈠字第一號判決主文第二項所載「上訴人（即債務人）應於被上訴人（即債權人等）給付上訴人新台幣二十萬一千二百四十元之同時，將原判決第二項所命給付地上物拆除（即坐落台中縣清水鎮武秀段六二○地號Ａ部分○・一二三八公頃地上建物），將土地交還被上訴人。」履行，逾期即依法執行。

說明

一、院七十八年度執十五字第六一三六號強制執行事件，債務人應依主旨所載內容自動履行。

二、債權人應於期限屆滿時，陳報債務人履行情形。

三、債權人業依執行名義提存同額金錢於本院提存所（七十八年度存字第一五五八號）。

四、本件地上物拆除工程，據債權人提出之振富文通股份有限公司及振麟土木包工業預估工程費達新台幣二十萬元以上（詳如附件），如債務人不遵期履行，本院即命債權人自行僱工拆除，所需費用仍應由債務人負擔。

民事執行處

推事　洪舜帆

注意：㈠本通知與提存書正面各欄之記載應相同，請與提存書合併複寫或打字，以免不符。
㈡請求領取提存物應提出本通知。

提存通知書

七十八年度存字第一五五八號

提存物受取人姓名或名稱	王○源	住所事務	台北縣三峽鎮○○號
不知取人其事			
提存原因及事實	依據　鈞院七十七年度訴字第三八五號、台灣高等法院台中分院七十八年度上更㈠字第一號及最高法院七十八年度台上字第一八七二號民事裁判將應給付受取人王○源之金額辦理清償提存。（依判決意旨應在台中同時履行）		
提存物之名稱種類數量（有價證券應記載號碼）	新台幣二十萬一千二百四十元整。		
對待給付之標的及其他受取提存物所附條件	受取人王○源應依上開確定判決將坐落台中縣清水鎮武秀段六三○號面積○・二九四三公頃土地如一審民事判決附圖所示A部分○・一二三八公頃地上建物拆除將土地交還提存人，並取得提存人已受領點交之書面證明時始得領取提存物。		
證明文件	第一、二審民事裁判影本各一件。		
提存所名稱	台灣台中地方法院提存所	提存日期	中華民國七十八年十月十六日
提存人姓名或名稱	蔡○生　蔡○○女　蔡○泰　共同代理人　蔡○○律師　簽名或（蓋章）	住所或事務所	台中縣清水鎮○○號　住同右

民事聲明異議狀

案號	七十八年度執十五字第六一三六號	承辦股別	
訴訟標的金額或價額	新台幣　萬　千　百　十　元　角		

稱謂	姓名或名稱 身分證統一編號或營利事業統一編號	性別	出生年月日	職業	住居所或營業所、郵遞區號及電話號碼 電子郵件位址	送達代收人姓名、住址 郵遞區號及電話號碼
異議人即債務人	王○源				詳卷	
代理人	吳光陸					
相對人即債權人	蔡○生 蔡○○女 蔡○泰				詳卷	
共同代理人	蔡壽男律師					

為對　鈞院民國七十八年十月二十六日之執行命令聲明異議事：

按執行名義附有條件者，於條件成就後，始得開始強制執行，強制執行法第四條第二項定有明文。

經查本件相對人據以聲請強制執行之執行名義為台灣高等法院台中分院民國七十八年度上更㈠字第一號民事判決，依該判決第二項所載，異議人須於相對人給付異議人新台幣二十萬一千二百四十元之同時，將原判決第二項所命給付之地上物拆除，將土地交還上訴人。此一同時履行抗辯之對待給付，屬上開條件，相對人須履行使條件成就後，　鈞院始得開始執行。

次按債權人受領遲延或不能確知孰為債權人而難為給付者，清償人得將其給付物，為債權人提存之，是謂清償提存，此觀民法第三百二十六條規定可明，經查相對人爲履行上開條件係以清償提存方式爲之，有　鈞院執行命令說明三及提存書可稽。惟查自上開判決確定後，相對人並未向異議人給付，異議人無受領遲延情事，且相對人亦非不知異議人爲債權人，其提存與民法第三百二十六條規定不合，自不生效，從而上開條件難因不生效之提存而成就，　鈞院自不得遽予開始強制執行，爲此對首開執行命令聲明異議。

再上開地上房屋有部分非債務人所有，債務人無從拆除。另上開房屋，已建至一樓，遽予拆除，有損社會資源，如能由　鈞院協調，兩造以合理方式解決，亦屬正途，請　鈞院傳訊兩造，以便協商，併以陳明。

謹狀

台灣台中地方法院公鑒

證人姓名及其住居所	
證物名稱及件數	

中華民國七十八年十一月十五日

具狀人　王○源　簽名蓋章
訴訟代理人　吳光陸
撰狀人　簽名蓋章
住址及電話

台灣台中地方法院民事裁定

七十八年度民執十五字第六一三六號

聲明人即債務人　王○源　住台北縣三峽鎮○○號
代　理　人　吳光陸　住台中市○○路五六一號四樓之三
相對人即債權人　蔡○生　住台中縣清水鎮○○號
　　　　　　　　蔡○○女　住同右
　　　　　　　　蔡○泰　住同右
共同代理人　蔡　壽　男律師

右當事人間拆屋交地強制執行事件，債務人對於本院於七十八年十月二十六日所發命債務人自動履行之執行命令聲明異議，本院裁定如左：

主　文

聲請駁回。
聲明程序費用由聲明人負擔。

理　由

一、本件聲明異議意旨略以：本件相對人所據以聲請強制執行之執行名義即台灣高等法院七十八年度上更㈠字第一號民事判決，係命聲明人應於相對人給付聲明人新台幣二十萬一千二百四十元之同時，將原判決第二項所命給付之地上物（即坐落台中縣清水鎮武秀段六三〇號土地上之建物）拆除，將土地交還相對人。此係同時履行抗辯之對待給付，屬於強制執行法第四條第二項所稱之附有條件之執行名義，依上開條項規定，相對人須履行使條件成就後，　鈞院始得開始執行。本件相對人係以清償提存方式履行上開條件，然在上開判決確定後，相對人並未向聲明人給付，聲明人並無受領遲延情事，且相對人亦非不知聲明人爲債權人，是其提存與民法第三百二十六條所定清償提存之要件不合，自不生效，故上開條件既不因不生效之提存而成就，　鈞院自不得遽予開始強制執行，爲此對本院七十八年十月二十六日所發自動履行命令聲明異議等語。

二、按被告在裁判上援用民法第二百六十四條之同時履行抗辯權時，原告不能證明自己已爲給付或已提出給付，法院應爲原告提出對待給付時，被告即向原告爲給付之判決（最高法院二十九年上字第八九五號判例參照）。此項命原告爲對待給付之判決，性質上僅係限制原告請求被告給付所附加之條件，亦即債權人開始強制執行之要件（司法院第一廳七十三年七月二十日㈢廳民二字第五五三號函參照），故債權人須證明已爲對待給付（即已清償完畢）或已提出其給付（即使應受對待給付之債權人於已得受領時居於得隨時受領給付之地位），始得開始強制執行。經查本件相對人係提供土地與聲明人合建房屋，後因聲明人未於約定期間內建造完成，相對人乃解除契約，並訴請回復原狀，經判決確定聲明人應將所建地上物拆除後將土地交還相對人，但因聲明人曾為整地使相對人受益，並判決命相對人應同時給付聲明人受益費用二十萬一千二百四十元，依前開說明，本件判決即係附有債權人應為對待給付（同時履行）之條件之執行名義。又因兩造應為之給付係應同時履行，債權人所應為給付債務人者為金錢，債務人所應給付者包括二部分，一為將地上物拆除（即為一定行為請求權之執行）另為交還土地與債權人（即交出不動產之執行），且拆除地上物應先於交付土地，債權人之給付行為即時可畢，債務人之拆屋行為則需相當時間，本件債權人即相對人如欲聲請強制執行，得先將應付款項交付債務人（已為給付）或將該款項提出提存於提存所，使債務人於已履行其拆屋交地之債務時，居於可以隨時領取提存之地位（已提出給付）後，即得聲請執行。再查因兩造間合建契約履行地在台中縣，有關解除契約後兩造互負之回復原狀義務之債務履行地亦應在台中，故於本件相對人已將應為對待給付之標的物二十萬一千二百四十元提存於清償地之本院提存所，且本院提存所已將債權人提存之事實通知提存物受取人即本件聲明人（此有本院七十八年存字第一五五八號提存卷可資參考），聲明人於履行其拆屋交地之債務後即居於隨時可以領取該提存款之地位，應認為本件相對人應提出對待給付之條件已成就，而得開始強制執行。從而，本院據以核發命債務人自動履行之命令，即無不當，本件聲明人對之聲明異議，並無理由，應予駁回。

三、依強制執行法第十二條第二項、第四十四條，民事訴訟法第九十五條、第七十八條，裁定如主文。

中　　華　　民　　國　　七十八　　年　　十二　　月　　二十三　　日

台灣台中地方法院民事執行處

推事　洪舜帆

右爲正本係照原本作成。

如對本裁定抗告，須於裁定送達後五日內，向本院提出抗告狀。

書記官　吳定遠

中　華　民　國　七　十　八　年　十　二　月　二　十　九　日

民事抗告狀

案號	七十八年度民執十五字第六一三六號	承辦股別	
訴訟標的金額或價額	新台幣　萬　千　百　十　元　角		

稱謂	姓名或名稱 身分證統一編號 或營利事業統一編號	性別	出生年月日	職業	住居所或營業所、 郵遞區號及電話號碼 電子郵件位址	送達代收人姓名、住址 郵遞區號及電話號碼
抗告人	王〇源				台北縣三峽鎮〇〇號	
代理人	吳光陸				台中市〇〇路五六一號 四樓之三	

相對人	蔡○生 蔡○○女 蔡○泰				台中縣清水鎮○○號 住同右 住同右	

為不服台灣台中地方法院七十八年度民執十五字第六一三六號民事裁定，依法抗告事：

聲明

一、原裁定廢棄。

二、相對人強制執行之聲請駁回。

三、聲明程序費用及抗告程序費用由抗告人負擔。

理由

一、按執行名義附有條件者，於條件成就後，始得開始強制執行，強制執行法第四條第二項定有明文，而停止條件之成就，須其成就為合法正當，否則即不能視為成就，此觀民法第一百零一條第二項規定可明。

二、本件相對人據以聲請強制執行之執行名義係命抗告人應於相對人給付抗告人新台幣二十萬一千二百四十元之同時，將坐落台中縣清水鎮武秀段六三○號土地上建物拆除，將土地交還相對人（參閱　鈞院民國七十八年度上更㈠字第一號民事判決），此項對待給付，即屬停止條件，必須相對人為此給付，使條件成就，法院始可開始強制執行。經查相對人主張其已向台灣台中地方法院提存上開對待給付，據此認條件成就聲請強制執行，惟查此項提存有下列不合法情形：

1.依卷附之提存書記載，此項提存為清償提存，而清償提存依民法第三百二十六條規定，須債權人受領遲延，或不能知孰爲債權人而難爲給付者，始得爲之。茲相對人從未向抗告人給付而抗告人拒絕，自無受領遲延情形，且相對人依執行名義即知抗告人，亦無不知孰爲債權人情形，則其遽予提存，自不合法（最高法院七十一年台上字第三五五四號判決參照）。

2.依民法第三百二十七條規定，提存，應於清償地之提存所爲之。本件相對人所爲之給付，參照執行名義之判決所載係民法第二百五十九條第五款之回復原狀，此項回復原狀之義務係契約解除後所生，從而回復原狀義務與契約義務之履行爲不同之二事，此觀民法第二百六十一條規定可明（如屬一事，民法第二百六十一條即毋庸規定準用同時履行抗辯等規定），學者亦採如斯見解（參閱孫森焱著《民法債編總論》第五四〇頁）。另依民法第三百十四條規定，債之淸償地爲債權人住所地，茲債權人（即抗告人）住台北縣三峽鎭，從而依上說明，相對人縱不顧前開規定逕予提存，亦不得向非淸償地之台中地方法院提存。

綜上所述，本件相對人提存既不合法，自不生效，所爲對待給付之條件不能成就，從而其聲請強制執行不合法，原審法院所爲執行行爲自非適法。

三、原審法院駁回抗告人聲明異議之理由，係以兩造之給付爲同時履行，拆除地上物應先於交付土地，相對人給付行爲即時可畢，抗告人拆屋行爲需相當時間，相對人之提存，使抗告人於履行拆屋交地債務時，居於可隨時領款之地位。另合建契約履行地在台中縣，則回復原狀義務之履行地亦應在台中，向台中地方法院提存合法云云。惟查：

1.拆屋還地債務與給付金錢之債務，均屬債務，不因履行所費時間不同而有異，相對人自應合法履行。而強制執行復應遵守法律，茲提存既不合法，已如上述，自不能謂抗告人居於隨時可領地位（是否隨時可領，尚非無疑，本件該款已由相對人扣押，無從領取），即謂條件成就。況提存係清償提存，非擔保提存，自不能僅以有提存即可遽認條件成就。

2.回復原狀債務與契約履行債務不同，二者履行地亦不相同，俱如上述。是原審裁定殊為違法，請廢棄改判如聲明。

謹呈

台灣台中地方法院 轉呈

台灣高等法院台中分院 公鑒

證人姓名及其住居所	
證物名稱及件數	

中華民國七十九年一月六日

具狀人 王○源 簽名蓋章

代理人 吳光陸

撰狀人 簽名蓋章

住址及電話

民國七十九年抗字第一四五號

台灣高等法院台中分院民事裁定

抗告人　王○源　住台北縣三峽鎮○○號
代理人　吳光陸　住台中市○○路五六一號四樓之三
相對人　蔡○生　住台中縣清水鎮○○號
　　　　蔡○○女　住同右
　　　　蔡○泰　住同右

右當事人間拆屋交地強制執行事件，抗告人對於中華民國七十八年十月二十二日台灣台中地方法院民事裁定（民國七十八年民執十五字第六一三六號），提起抗告，本院裁定如左：

主　文

原裁定廢棄。

相對人在原審法院強制執行之聲請駁回。

聲請及抗告程序費用由相對人負擔。

理　由

一、抗告意旨略以：執行名義附有條件者，於條件成就後始得爲強制執行，強制執行法第四條第二項定有明文。而停止之成就，須其成就爲合法正當，否則不能視爲成就，民法第一百零一條第二項亦有明文。又稱相對人據以聲請強制執行之執行名義係命抗告人應於相對人給付新台幣二十萬一千二百四十元之同時將坐落台中縣清水鎮武秀段六三〇號土地上之建物拆除，將土地交還相對人，此項對待給付即屬停止條件，必須相對人爲此給付，使條件成就，法院始可強制執行。而相對人爲給付，須債權人受領遲延，或不能知孰爲債權人而難爲給付者，始得以提存方法爲之。茲相對人從未向抗告人給付爲抗告人拒絕，自無受領遲延，且相對人亦知抗告人爲債權人，其遽予提存，自不合法。況提存應於清償地之提存所爲之，抗告人住台北縣三峽鎮，相對人給付金錢亦屬債務，依民法第三百十四條規定，債之清償地爲債權人住所地，其向非清償地之台灣台中地方法院提存所提存亦不合法。原裁定駁回抗告人之聲明異議，即有違誤。求爲廢棄原裁定，駁回相對人強制執行法之聲請。證據最高法院七十一年台上字第三五五四號民事判，及孫森焱著《民法債編總論》第五四〇頁（均影本）。

二、本件相對人依本院民國七十八年上更㈠字第一號民事判決，據以聲請強制執行之執行名義係命抗告人應於相對人給付抗告人新台幣二十萬一千二百四十元之同時，將坐落台中縣清水鎮武秀段六三〇號土地上建物拆除，將土地交還相對人，此項對待給付屬停止條件，必須相對人爲給付，使條件成就，法院始可強制執行。相對人主張其已向台灣台中地方法院提存上開金額爲對待給付，可聲請強制執行。依卷附之提存書記載爲清償提存，惟清償提存依民法第三百二十六條規定，須債權人受領遲延或不知孰爲債權人而難爲給付者，始得爲之。本件並無上述任何一種不能給付之情形，相對人依提存方法爲給付，自不能認爲合法。況依民法第三百二十七條規定，提存應於清償地之提存所爲之，而拆屋還地債務與給付金錢債務，均屬債務，依民法第三日十四條規定，債之清償地爲債權人住所地。茲債權人即抗告人住台北縣三峽鎮，相對人亦不得向非清償地之台灣台中地方法院提存，相對人提存既不合法，即不生提存效力，所為對待給付之條件不成就，其聲請強制執行為不合法。原審法院以相對人給付行為即時可完成，抗告人拆屋需相當時間，相對人之提存使抗告人於履行拆屋交地時，隨時可以領取，及以合建契約履行地在台中縣，回復原狀義務履行地亦在台中，相對人向台灣台中地方法院提存並無不合法，將抗告人之聲明異議駁回，即難為洽。抗告人求為廢棄更為裁定為有理由。

三、據上論結，本件抗告為有理由，依強制執行法第四十四條、民事訴訟法第四百九十二條、第九十五條、第七十八條裁定如主文。

中　華　民　國　七十九　年　三　月　三十　日

民事第五庭審判長法官　吳　欲　君

法官　王　茂　修

法官　楊　龍　溪

右正本係照原本作成。

如不服本裁定，應於裁定送達後五日內向本院提出再抗告理由狀（須按對造人數附具繕本），並繳納再抗告裁判費新台幣四十五元及送達用雙掛號郵票（每份二十一元）八份。

書記官　吳　厚　勳

中　華　民　國　七十九　年　四　月　三　日

相對人不服上開裁定，於民國七十九年四月十三日提起再抗告，其再抗告理由摘要如下：

一、命原告為對待給付之判決，性質上僅係限制原告請求被告給付所附加之條件，亦即債權人開始強制執行之要件，故債權人只需證明已為對待給付（即已清償給付）或已提出其給付（即使應受對待給付之債權人於已得受領時居於得隨時受領給付之地位），即得開始強制執行。本件判決即係附有債權人應為對待給（同時履行）之條件之執行名義。又因兩造應為之給付係同時履行，再抗告人所應為給付相對人者為金錢，相對人所應給付者為拆屋交地，再抗告人之給付行為即時可畢，相對人之拆屋交地行為則需相當時間。再抗告人既已將應為對待給付之二十萬一千二百四十元提存於清償地之一審法院提存所，且提存所已將再抗告人提存之事實通知提存物受取人即本件相對人領取，此有一審法院七十八年存字第一五五八號提存卷可稽，相對人於履行其拆屋交地之債務同時即居於隨時可以領取提存款之地位，足證再抗告人已依債務本旨於適當之處所及時間，實行提出給付，相對人對於再抗告人已提出之給付拒絕受領，或不能受領，自提出時起，應負遲延責任（參見民法第二百三十四條規定及　鈞院四十八年台上字第二七一號判例意旨），自應認為再抗告人應提出對待給付之條件已成就，自得開始強制執行。

二、提存法係民法之特別法，應優先適用。再抗告人係依提存法之規定聲請辦理清償提存。又依該法第十七條規定：「清償提存之提存物受取人如應為對待給付時，非有提存人之受領證書、裁判書、公證書或其他文件，證明其已經給付或免除給付或已提出相當擔保者，不得受領提存物。」，相對人既應為對待給付（同時履行），而再抗告人本無先為給付之義務，茲再抗告人依據提存法之規定聲請辦理清償提存，俾使相對人於履行其拆屋交地之債務同時即居於隨時可以領取該提存款之地位，再抗告人自得聲請執行。

三、又清償提存事件，應向清償地法院提存所為之，固為民法第三百二十七條及提存法第四條第一項所明定。惟民法第三百十四條第二款所謂：「其他之債，於債權人之住所地為之」，係一補充規定，如法律另有規定或契約另有訂定，或另有習慣，或能依債之性質或其他情形決定者。即無適用該款規定之餘地，此觀該法之本文規定自明。查本件兩造間合建契約履行地在台中縣，有關解除契約後兩造互負之回復原狀義務之債務履行地，亦應在台中。且依本件執行名義之確定判決意旨，兩造亦應在台中同時履行，則再抗告人向清償地之一審法院提存所辦理清償提存，並無不當。

四、再按「撤銷或更正強制執行之處分或程序，惟在強制執行程序終結前始得為之，故聲明異議雖在強制執行程序終結前，而執行法院或抗告法院為裁判時，強制執行程序已終結者，縱為撤銷或更正原處分或程序之裁定，亦屬無從執行，執行法院或抗告法院自可以此為理由予以駁回。」（司法院三十三年院字第二七七六號解釋參照）。查本件強制執行事件應拆除之地上建地共二十八棟，除其中十四棟因第三人陳○志等提起執行異議之訴，並聲請裁定停止執行外，其餘十四棟之拆屋交地之強制執行程序於原審裁定前早已終結（見一審卷第八四頁起、第一○二頁至第一○七頁），原審未以此駁回相對人之抗告，依上開說明，自有未當。

最高法院民事裁定　七十九年度台抗字第一四五號

再　抗告人　蔡　○　生　住台灣省台中縣淸水鎭○○號
　　　　　　蔡　○　○女　住同右
　　　　　　蔡　○　泰　住同右

右再抗告人因與王○源間拆屋交地強制執行事件，對於中華民國七十九年三月三十日台灣高等法院台中分院裁定（七十九年抗字第一四五號），提起再抗告，本院裁定如左：

主　文

再抗告駁回。

再抗告程序費用，由再抗告人負擔。

理　由

本件原法院以：再抗告人以台灣高等法院台中分院七十八年度上更㈠字第一號確定判決爲執行名義，向執行法院聲請強制執行。查該確定判決係命相對人應於再抗告人給付新台幣（以下同）二十萬一千二百四十元之同時，將坐落台中縣淸水鎭武秀段六三○號土地上建物拆除，將土地交還再抗告人。自應由再抗告人爲對待給付，法院方得依該執行名義爲強制執行。經查相對人王○源並無受領遲延之情形，依民法第三百二十六條規定，再抗告人自不得提存該款以爲給付。再抗告人將該款項提存，尚難謂合。從而再抗告人於提存該款項後聲請准予強制執行，自非法之所許。因而將第一審所爲不利相對人之裁定廢棄，改爲駁回再抗告人強制執行之聲請，經核於法並無違誤。再抗告意旨，仍執陳詞，指摘原裁定不當，聲明廢棄，難謂有理由。

據上論結，本件再抗告為無理由，依民事訴訟法第四百九十二條第一項、第九十五條、第七十八條，裁定如主文。

中　華　民　國　七十九　年　五　月　十一　日

最高法院民事第五庭

審判長法官　孫　森　焱

法官　楊　慧　英

法官　張　福　安

法官　吳　啓　賓

法官　朱　錦　娟

右正本證明與原本無異。

書記官　洪　碧　楨

中　華　民　國　七十九　年　五　月　二十一　日

參、檢討與分析

一、在民國八十五年強制執行法修正前，強制執行法第四條第二項即現行之同項規定「執行名義附有條件……於條件成就……後，始得開始強制執行。」，此一條件一般均認爲包括對待給付（參閱陳世榮著《強制執行法詮解》第八四頁），民國八十五年修法時，以「執行名義載明債權人對於債務人之給付，應爲同時履行之對待給付者，須於何時始可對債務人開始強制執行，論者不一其說，爰參考日本民事執行法第三十一條第一項、德國民事訴訟法第七百二十六條第二項、第七百五十六條、第七百六十五條，增列本條第三項之規定，須債權人已爲給付或已提出給付後，始得開始強制執行，以杜爭議。」爲由，增訂第三項規定「執行名義有對待給付者，以債權人以爲給付或提出給付後，始得開始強制執行。」。

二、已爲給付及已提出給付係不同二事，前者係指已依債務本旨給付對方。後者係通知對方已爲準備給付（參照民法第二百三十五條「債務人非依債務本旨實行提出給付者，不生提出之效力。」及最高法院四十八年台上字第二七一號判例：「債權人對於已提出之給付，拒絕受領或不能受領者，自提出時起負遲延責任，固爲民法第二百三十四條所明定。惟所謂已提出之給付，係指債務人依債務本旨，於適當之處所及時期實行提出給付者而言。」）。

三、本件債權人因執行費用問題，始逕行提存，並於提存後，以執行費用之債權爲由假扣押執行該提存金，但此提存既爲清償，應符合民法規定，苟未合法，應不生清償效力，即不能認爲已給付，條件成就。故第二、三審法院之裁定無訛，第一審法院係認凡有提存即係合法之對待給付，實有誤會。雖然學者張登科（參閱張氏著《強制執行法》第九二頁）及陳計男（參閱陳氏著《強制執行法釋論》第一四六頁）均認提存可證明已爲給付，未區分提存是否合法，但清償必須符合債務本旨，同理提存亦需係合法者，否則，參照最高法院四十六年台上字第九四七號判例「因不能確知孰爲債權人而難爲給付者，清償人固得將其給付物爲債權人提存之，惟其提存，除有雙務契約債權人未爲對待給付或提出相當擔保之情形外，不得限制債權人隨時受取提存物，否則即難謂依債務之本旨爲之，不生清償之效力。」，不生給付效力。

四、民國八十五年修正後增加之強制執行法第一百三十條第二項「前項意思表示有對待給付者，於債權人已爲提存或執行法院就債權人已爲對待給付給予證明書時，視爲債務人已爲意思表示。」，似認提存即可證明已爲對待給付，未區分是否合法，應同前述，係指合法者而言。

第三節　除去租賃權

依民法第八百六十六條規定「不動產所有人，設定抵押權後，於同一不動產上，得設定地上權及其他權利。但其抵押權不因此而受影響。」，及辦理強制執行事件應行注意事項五十七㈣「不動產所有人設定抵押權後，於同一不動產上設定地上權或其他權利或出租於第三人，因而價值減少，致其抵押權所擔保之債權不能受滿足之清償者，執行法院得依聲請或依職權除去後拍賣之。」，則不動產設定抵押權後，抵押人將抵押物出租，抵押權人於拍賣時，可聲請除去租賃權，對此除去，如有不服，應聲明異議，因抵押權何時成立，以登記爲準，但租賃權成立毋庸登記，故實務上往往對租賃權究成立於抵押權之前或之後有爭執，金融業爲免困擾，往往均要求抵押人出具無租賃切結，代書辦理登記時亦同，此一切結是否即可爲證明，理論上並不一定，蓋是否成立於抵押權之後，應憑證據判斷，本件即係一有趣案例。

有關除去租賃權問題，可參閱拙文租賃與強制執行之拍賣（刊法學叢刊第一三四期，已收錄於拙編強制執行法學說與判解研究）、拍賣與租賃（楊與齡主編《強制執行法實例問題分析》第二四一頁以下）。

實務判解

△最高法院六十年台上字第四六一五號判例：抵押人於抵押權設定後，與第三人訂立租約，致影響於抵押權者，對於抵押權人雖不生效，但執行法院倘不依聲請或依職權認為有除去該影響抵押權之租賃關係之必要，而為有租賃關係存在之不動產拍賣，並於拍賣公告載明有租賃關係之事實，則該租賃關係非但未被除去，且已成為事實（拍賣）契約內容之一部。無論應買人投標買得或由債權人承受，依繼受取得之法理，其租賃關係對應買人或承受人當然繼續存在。

△最高法院七十四年台抗字第二二七號判例：執行法院認抵押人於抵押權設定後，與第三人訂立之租約，致影響於抵押權者，得依聲請或職權除去其租賃關係，依無租賃狀態逕行強制執行，執行法院所為此種除去租賃關係之處分，性質上係強制執行方法之一種，當事人或第三人如有不服，應依強制執行法第十二條規定，向執行法院聲明異議，不得逕行對之提起抗告。

壹、背景說明

債務人係開設百貨公司，在以建物（含土地）設定抵押權給銀行時，出具無租賃切結，保證未出租，但在拍賣時，百貨公司內之若干攤位承租人主張有租賃，依其租約其租賃均在抵押權設定前，執行法院依據切結書，認此租賃應在抵押權設定之後，予以除去，承租人不服，聲明異議。

貳、書狀及裁定

台灣台中地方法院民事裁定

八十三年執字第七八〇九號

聲明人即債務人　全〇〇股份有限公司　設台中市〇〇號
法定代理人　王〇麟　住台中縣沙鹿鎮〇〇號
聲明人　邱〇〇貞（即〇〇〇披薩店）　住台中市〇〇號
貳零〇〇育樂有限公司　設台中市〇〇號
法定代理人　李〇龍　住同右
聲明人　湯〇〇珠寶有限公司　設台中市〇〇號九樓之五
法定代理人　蘇〇交　住同右
聲明人　鬥〇〇股份有限公司　設台北市〇〇〇號十二樓
法定代理人　林〇龍　住同右
相對人即債權人　台灣省合作金庫　設台北市〇〇號
法定代理人　廖〇璧　住同右

右聲明人因債權人台灣省合作金庫與債務人全〇〇股份有限公司間請求拍賣抵押物強制執行事

件，聲明異議，本院裁定如左：

主　文

聲請駁回。

程序費用由聲明人負擔。

理　由

一、本件異議意旨略以：執行法院認抵押人於抵押權設定後與第三人訂立租約，致影響於抵押權者，固得依聲請或職權除去其租賃關係，唯該租賃關係必須影響抵押權且係於抵押權設定後所處分者始得爲之，本件聲明人鬥○○股份有限公司、貳零○○育樂有限公司、邱○○貞、湯○○珠寶有限公司之租賃權係成立於相對人抵押權設定前，　鈞院除去租賃權之裁定並不合法，爰依強制執行法第十二條之規定聲明異議。

二、按不動產所有人設定抵押權後，於同一不動產上得設定地上權或其他權利，但其抵押權不因此而受影響，民法第八百六十六條定有明文。又不動產所有人設定抵押權後，如與第三人訂立租賃契約而致抵押權之價金有所影響，該租賃契約對於抵押權人不生效力，抵押權人因屆期未受償，聲請拍賣抵押物時，執行法院自可依法以無租賃狀態逕予執行，司法院院字第一四四六號解釋，亦有明確說明。

三、查本件相對人主張債務人全○○股份有限公司以其所有坐落台中市西屯區中仁段第三二五地號土地上之建物即門牌號碼爲台中市漢口路二段一五一、一五三號之第一、二、六、八樓層房屋之不動產，於八十三年一月二十一日爲相對人設定新台幣（下同）四億七千一百六十萬元之最高限額抵押權，於設定上開抵押權時，債權人及債務人曾約定非經債權人同意，債務人絕不將擔保物出租，如於設定抵押權前，已有出租情事，債務人應本誠信原則以書面告知債權人（詳抵押權設定契約其他約定事項第三條約定），債務人並曾於八十三年二月一日出具切結書聲明於上開不動產提供設定抵押權時絕無出租第三人情事，有切結書影本一份附卷爲證，是上開不動產於設定抵押權予債權人時係無租賃關係之狀態至爲明顯，縱債務人事後有出租行爲，而此項不動產經本院以底價新台幣四億三千四百萬元定期八十三年十二月十三日拍賣，無人應買，此項租賃關係亦已影響其抵押權，債權人聲請將此租賃權除去後拍賣，本院予以准許，按諸上項說明，自無不合，聲明人之異議核無理由，應予駁回。

四、依強制執行法第十二條第二項、第四十四條、民事訴訟法第九十五條、第七十八條裁定如主文。

中　華　民　國　八十四　年　二　月　九　日

台灣台中地方法院民事執行處

法　官　陳　賢　慧

右爲正本係照原本作成。

如對本裁定抗告應於送達後五日內向本院提出抗告狀。

書記官　○　○　○

中　華　民　國　八十四　年　二　月　九　日

聲明異議人接到上開裁定，除債務人全○○公司外，均提起抗告，抗告狀摘要如下：

抗告聲明

一、原裁定廢棄。

二、相對人於原法院之聲請駁回。

三、聲請程序費用、異議費用及抗告程序費用均由相對人負擔。

理　由

一、抗告人早於民國八十二年十二月二十五日已與全○○公司成立租賃契約，有發票及轉帳傳票為證，足見全○○公司將上開不動產設定抵押予相對人前即與抗告人成立租賃契約。

二、提出租約及轉帳傳票為證據（按：依租約所載，期間自民國八十二年十二月二十五日起至民國八十七年十月九日，但有一件租約之立約日空白）。

三、債務人全○○公司未將已出租情事告知抵押權人，甚至為虛偽切結，係其對抵押權人違反約定及保證義務，與抗告人無涉。

抗告人另具狀補呈支票、開幕期間宣傳品等，證明於民國八十二年十二月十日已付第一期租金，主張承租日期更早。並提出出租人開立之統一發票，主張為租金收據，統一發票日期為民國八十三年一月三十一日。

抗告法院調執行卷，執行卷內之查封筆錄如下：

債權人　陳〇武

債務人　全〇〇股份有限公司

右當事人間八十三年度民執全六字第六三四號假扣押強制執行事件，由書記官督同執達員在詳如附表所載查封債務人所有不動產，茲記載其實施程序如左：

一、經債權人查報查封債務人全〇〇股份有限公司所有不動產，詳如後附物品清單。

二、查封於八十三年五月五日下午三時〇分開始至同日下午三時二十分完畢。

三、查封之標的物經債權人同意自行負責保管。

四、經告知刑法第一百三十九條所定損壞、除去或污穢查封標示，或為違背其效力之行為之處罰。

五、本日債權人來院引導至現場，債務人未在現場，其受僱人賴〇蕊在場，提示執行名義，告以要旨，並當場送達假扣押裁定正本。

六、債權人指封如指封切結所載，當場揭示查封公告完畢。

七、據在場賴〇蕊陳稱：查封之建物一樓目前均無營業，僅有一租金專櫃湯〇〇珠寶其租約未到期，但已沒有支付租金，二樓租金專櫃有一阿〇〇披薩店現營業中，租期到今年十月，三樓則有笠〇服飾，租期到今年十月，現沒有營業，有欠租金，四樓沒有租金專櫃，五樓租金專櫃為威〇家電，現沒有營業，租期結束，六樓租金專櫃為湯〇熊遊藝世界，人員尚未完全撤離，租期未到期，七樓為美食世界，人員已完全撤離，八樓為鬥〇〇西餐廳現暫停營業，租期尚未到期，另八樓債務人公司之辦公室，地下一、二樓原為債務人公司自營之超市，現已停業。

債權人 陳○武
債務人
保管人 陳○武
到場人 賴○蕊

中華民國八十三年五月五日

台灣台中地方法院民事執行處
法院書記官 張錦仙
執達員 賴秀蘭

指封切結及查封標的物清單（略）

民事答辯狀

案號	八十四年度抗字第二三一號	承辦股別	直
訴訟標的金額或價額	新台幣 萬 千 百 十 元 角		

稱謂	姓名或名稱 身分證統一編號或營利事業統一編號	性別	出生年月日	職業	住居所或營業所、郵遞區號及電話號碼 電子郵件位址	送達代收人姓名、住址 郵遞區號及電話號碼
相對人即債權人	台灣省合作金庫				均在卷	
法定代理人	廖○璧					

代　理　人　吳光陸律師
抗　告　人　貳零○○育樂有限公司
法定代理人　李　○
抗　告　人　湯○○珠寶有限公司
法定代理人　邱○○貞
右二人共同
代　理　人　蘇○交
　　　　　　陳賜良律師
抗　告　人　鬥○○股份有限公司
法定代理人　林○龍

為聲明異議事件依法答辯事：

經查債務人全○○股份有限公司於民國八十三年一月二十一日以系爭房屋及基地設定最高限額抵押權新台幣四億七千一百六十萬元登記給相對人前，不僅相對人前到現場調查，查明無租賃情事，有調查表一件可稽，並可傳訊調查員簡○宏為證，而抵押權設定契約之其他約定事項第三條約定：「擔保物非經　貴庫書面同意，絕不將其……出租。」，債務人全○○股份有限公司尚於民國八十三年二月一日出具切結書，聲明設定抵押權時，絕無出租，此均有契約書、切結書可證，是抗告人主張之租賃，應係在本件抵押權設定之後，故原審法院准予除去租賃權，駁回抗告人之聲明異議，應無違誤。

雖抗告人不服該裁定，以其租賃權在本件抵押權認定前成立及相對人以四億二千萬元承受，實際放款額僅三億九千萬元，本件租賃權應不影響抵押權云云爲辯。惟查：

一、貳零○○育樂有限公司所提供租金統一發票係民國八十三年三月者，在本件抵押權設定之後，自不能據此爲有利該公司之認定。而台灣省政府建設廳函及台中市稅捐稽徵處黎明分處函，僅表示政府准其營業，但與其租賃契約何時訂立無涉。所提租約，末尾並無日期。故均不能證明其租約係在本件抵押權設定前成立。

二、邱○○貞在系爭房屋係經營阿○○披薩店，此有查封筆錄可稽，所提欣中天然氣股份有限公司之收據，均載買受人爲夏威夷飲食店，並附該店之統一編號（按：爲扣稅使用），顯與阿○○披薩店無關。尤其其中民國八十三年一月份收據（計算期間爲十二月四日至一月四日），使用度數爲零，足見未使用，自不能以此爲有利抗告人之認定。至遷移啓事及支票登記簿爲其自行製作之私文書，相對人否認爲真正，亦不足以證明其爲本件租賃使用，此外並無證據足以證明其租賃係在本件抵押權設定前成立，依切結書所載，其租賃應非在本件抵押權設定前成立。

三、湯○○珠寶有限公司所提租約所載承租人爲榮華珠寶，與該公司名稱不同，自不能以此爲有利其認定。而統一發票不僅爲私文書，應非真正，且依該發票記載地址爲崇德路二段一二八號九樓之五，並非系爭房屋，更與租約所載地址爲北平路三段五五巷一七—三號四樓不符，故不能證明其租約在本件抵押權設定之前，依上開切結書，亦應認其租賃在本件抵押權設定後成立。

四、租賃權之除去，係源於民法第八百六十六條規定，只須有影響抵押權即可除去，與債權額無關。而本件抵押權設定爲四億七千一百六十萬元，法院第一次拍賣核定之底價爲四億三千四百萬元，已不足抵押物擔保價值，自應有影響。

綜上所述，其抗告應無理由，應予駁回。

謹呈

台灣高等法院台中分院 公鑒

證人姓名及其住居所	證物名稱及件數

中華民國八十四年六月十四日

具狀人 台灣省合作金庫

法定代理人 廖〇璧 簽名蓋章

代理人 吳光陸律師

撰狀人 簽名蓋章

住址及電話

準備程序筆錄

抗　告　人　　邱○○貞等

相　對　人　　台灣省合作金庫

右當事人間八十四年抗字第二三一號聲明異議事件，於中華民國八十四年六月二十六日下午三時二十分在本院民事第二法庭公開行準備程序，出席職員如左：

受　命法官　陳　滿　賢

法院書記官　涂　錫　彬

通　　　譯　蘇　昭　文

朗讀案由

抗　告　人　　鬥○○股份有限公司

法定代理人　　林○龍

訴訟代理人　　陳○○玉

相　對　人

訴訟代理人

本程序進行要領及記載明確之事項如左：

法官：訊問陳○○玉。

與全○○公司之契約何時訂？

抗告人訴訟代理人徐○○玉：八十二年十月三日訂約，訂約後開始裝潢，同年十二月二十五日開幕，我再另補資料。

法官：訊問全○○公司負責人王○麟。

問王○麟這份切結書是否你出具（提示）。

王○麟：是。

法官：內容是否實在？

王○麟：是因當時銀行人員說手續要這樣辦，才寫這份切結書，事實上鳳○百貨公司於八十二年十二月二十五日開幕，銀行人員也知道。

法官：那照你所講你公司與貳零○○育樂公司、門○○公司、邱○○貞所訂租約都真正？（提示）

王○麟：是的。

法官：八十四年五月十一日，邱○○貞狀附支票影本及登記簿（提示支票影本）這部分是什麼錢？

王○麟：有的是裝潢費，有的是租金，公司均有收到，支票登記簿上所蓋公司章是公司的。

法官：本件另候核辦。

台灣高等法院台中分院民事第二庭

書　記　官　涂　錫　彬

受命法　官　陳　滿　賢

八十四年度抗字第二三一號

台灣高等法院台中分院民事裁定

抗　告　人　邱○○貞（即阿○○披薩店）　住台中市西區○○號

湯○○珠寶有限公司　設台中市○○號九樓之五

法定代理人　蘇　○　交　住同右

右二人共同代　理　人　陳賜良律師

抗　告　人　貳零○○育樂有限公司　設台中市○○號

法定代理人　李　○　住同右

代　理　人　林　○　雄　住台中市○○號

抗　告　人　鬥○○股份有限公司　住台北市○○○號一二樓

法定代理人　林　○　龍　住同右

代　理　人　陳○○柱　住台中縣豐原市○○號八樓

右抗告人因與相對人台灣省合作金庫與債務人全○○股份有限公司間拍賣抵押物強制執行，經執行法院裁定除去租賃權，聲明異議事件，對於中華民國八十四年二月九日台灣台中地方法院裁定（八十三年度執字第七八○九號），提起抗告，本院裁定如左：

主　文

原裁定關於駁回抗告人邱○○貞、貳零○○育樂有限公司、門○○股份有限公司之聲明異議部分、暨程序費用之裁判廢棄。

抗告人湯○○珠寶有限公司之抗告駁回。

聲明異議及抗告程序費用，由抗告人湯○○珠寶有限公司負擔四分之一，餘由相對人台灣省合作金庫負擔。

理　由

一、本件抗告人等於原法院聲明異議意旨略以：伊等分別與債務人全○○股份有限公司訂立之租賃權，均係成立於相對人台灣省合作金庫與債務人於八十三年一月二十一日設定抵押權之前，執行法院所爲除去伊等租賃權之裁定，依法自屬不合，爲此依強制執行法第十二條之規定聲明異議。原法院審理結果，以債務人所有坐落台中市西屯區中仁段第三二五地號土地上之建物即門牌號碼台中市漢口路二段一五一號、一五三號之第一、二、六、八樓層房屋之不動產，於八十三年一月二十一日為相對人設定新台幣（以下同）四億七千一百六十萬元之最高限額抵押權，於設定當時係無租賃之狀態，債務人縱事後將之出租予抗告人，但其租賃權之存在已影響抵押權，乃依相對人之聲請，予以除去租賃權，依法並無不當，聲明異議為無理由，予以駁回。

二、按不動產所有人設定抵押權後，於同一不動產上得設定地上權或其他權利，但其抵押權不因此受影響。又不動產所有人設定抵押權後，如與第三人訂立租賃契約而致抵押權之價金有所影響，該租賃契約對於抵押權人不生效力，抵押權人因屆期未受償，聲請拍賣抵押物時，執行法院自可依法以無租賃狀態逕予執行，固有民法第八百六十六條之規定及經司法院著有院字第一四四六號解釋可據。惟此係指於抵押權設定後始訂立之租賃契約之情形而言；如抵押權設定前，不動產所有人已與第三人訂立之租賃契約者，則無適用，此觀上開法條及解釋文義甚明。故倘抵押權設定前，早已成立之租賃關係，執行法院尚不得逕予裁定除去。

三、經查：本件相對人台灣省合作金庫與債務人全○○股份有限公司（以下稱全○○公司）就前述不動產設定抵押權之時間，係八十三年一月十八日訂立抵押權設定契約書，同年月二十一日完成抵押權設定登記，此有本件執行案卷所附抵押權設定契約書及土地、建物登記簿謄本之記載可稽。惟抗告人等主張其占有使用系爭不動產，係基於租賃關係，其租賃契約成立於上開抵押權設定前云云。是否屬實，茲分述如下：㈠關於邱○○貞部分：業據提出與債務人全○○公司於八十二年十一月二十日訂立之租賃契約書為證（見執行卷第一宗第二四九頁至第二五二頁），租賃期間一年十個月。而邱○○貞於訂立該租賃契約後，即依所訂契約第五條之約定，一次繳交契約期間各月租金支票即「分別開立各月每月租金新台幣四萬元正支票及押金三個月共十二萬元之支票」予全○○公司收受，亦據提出全○○收受該支票之登記簿及已經全○○公司提示兌現之支票影本五張（前四張票載期日分別爲82.、12.、10.、82.、12.、10.、83.、1.、1.、83.、2.、1.）爲證（見本院卷八十四年五月十一日狀附證物）。又邱○○貞於該租約訂立後，於八十二年十二月十三日向欣中天然氣股份有限公司繳納在系爭不動產現址裝置瓦斯之保證金，並於同年十二月二十五日在該址開幕經營阿○○披薩店，此亦分別有其提出之欣中天然氣公司之收據及遷移啓事可按（見同上證物）。堪認邱○○貞所稱爲真實。㈡關於貳零○○育樂有限公司（下稱貳零○○公司）部分：業據提出其與全○○公司訂立之租賃契約書爲證（見執行卷第二宗第六七頁、本院卷抗證一），雖該契約書未書寫訂立日期，但其契約第二條第一項記載合約期間自八十二年十二月二十五日起至八十七年十月九日止，可見最遲應係八十二年十二月二十五日訂定。而該公司於訂立該契約後，於八十三年一月十一日以系爭不動產現址向台灣省建設廳申請設立登記；並於同年二月一日向台中市稅捐稽徵處黎明分處申請核定自八十三年一月二十日開業暨願遵法令規定代徵報繳娛樂稅款等情，亦有其提出之台灣省建設廳八三建三癸字第一○四○六七號函、台中市稅捐稽徵處黎明分處83.、2.、7.黎明分四字第一九八四號函在卷足憑（見本院卷八十四年五月四日代理人林○雄提出之證物）。其時間均在抵押權設定之前；且果無該租賃行爲，該公司亦無向上開政府機關申請設立登記或核定之理，是亦堪認貳零○○公司所稱爲真實。㈢關於門○○股份有限公司（下稱門○○公司）部分：業據提出八十二年十月三日與全○○公司訂立之合約書爲證（見執行卷第二宗第六〇頁），約定合約期限自八十二年十二月二十五日起至八十七年十二月二十四日止以五年爲期。此項合約之真正，並經全〇〇公司負責人王〇麟到庭證述屬實，且王〇麟並稱：伊公司在系爭不動產經營鳳〇百貨公司，於八十二年十二月二十五日開幕等語，並參酌前列二抗告人所述事實，亦堪認鬥〇〇公司所稱爲真正。㈣雖相對人於本院調查時，提出其內部職員所作之徵信資料（不動產調查表），謂抵押權設定前確無抗告人等承租情事云云，但查該等徵信資料，核係八十二年九月二十日所製作，此有該調查表附表之記載可明，而上開抗告人與全〇〇公司之訂立租賃契約，則均係在該日期之後，八十三年一月二十一日完成設定抵押權之前，故該調查表並不足以作爲抵押權設定前無租賃關係之證明。至於相對人與債務人全〇〇公司於抵押權設定契約書其他約定事項第三條所載，如於設定抵押權予相對人之前，已有出租或出借情事，義務人應本誠信原則以書面告知相對人等語，及債務人全〇〇公司於八十三年二月一日所出具之切結書聲明於上開不動產提供設定抵押權時絕無出租第三人情事乙節，該切結書內容之真實性，已據全〇〇負責人王〇麟到庭否認，且本院核諸前述抗告人所提相關證據，亦堪認該切結書內容之不切實際。故上開約定及切結內容，涉債務人對相對人是否真實誠信之問題，自不能僅以有該約定及切結書，即謂上開不動產於設定抵押權之前確無出租情事。綜上，上列三抗告人主張其租賃關係成立於上開抵押權設定之前，堪認爲真正。則依前段說明，執行法院尚不得逕予除去該各租賃權。茲執行法院予以除去，該三抗告人之聲明異議，應認爲有理由。原裁定未予詳察，遽爲駁回其聲明異議，抗告論旨指其不當，爲有理由，應由本院關此部分予以廢棄，由原法院另爲適法之處理。

四、關於抗告人湯〇〇珠寶有限公司部分，查此抗告人雖亦主張其租賃權成立於上開抵押權設定之前，然並未提出其所述之租賃契約書為據，雖於本院提出廠商合約書影本一份為證，然查該合約書之當事人為瑩〇珠寶蘇〇交，並非湯〇〇珠寶有限公司。核係二個不同之人格主體，故該合約書自不足作為有利湯〇〇珠寶有限公司之認定。從而其提起抗告，應認為無理由，予以駁回。

五、依強制執行法第四十四條、民事訴訟法第四百九十二條第一項第二項、第九十五條、第七十八條、第八十五條第一項後段，裁定如主文。

中　華　民　國　八十四　年　六　月　二十九　日

民事第二庭審判長法官　王　德　水

法官　李　彥　文

法官　陳　滿　賢

右為正本係照原本作成。

相對人得抗告。

湯〇〇公司不得抗告。

如不服本裁定應於裁定送達後五日內向本院提出抗告理由狀（須按他造人數附具繕本），並繳納抗告裁判費新台幣四十五元及送達用雙掛號郵票十份（每份二十八元）。

書記官　涂　錫　彬

中　華　民　國　八十四　年　七　月　三　日

民事再抗告狀

案號	原審案號台灣高等法院台中分院八十四年度抗字第二三一號	承辦股別	直
訴訟標的金額或價額	新台幣　萬　千　百　十　元　角		

稱謂	姓名或名稱 身分證統一編號或營利事業統一編號	性別	出生年月日	職業	住居所或營業所、郵遞區號及電話號碼電子郵件位址	送達代收人姓名、住址郵遞區號及電話號碼
再抗告人即債權人	台灣省合作金庫					
法定代理人	廖○璧					
相對人	貳零○○育樂有限公司					
法定代理人	李　○					
相對人	邱○○貞（即阿○○披薩店）					
相對人	鬥○○股份有限公司					
法定代理人	林○龍					

為聲明異議事件不服台灣高等法院台中分院民國八十四年六月二十九日八十四年度抗字第二三一號民事裁定，依法提起再抗告事：

再抗告聲明

一、原裁定不利於再抗告人部分廢棄。

二、右開廢棄部分，相對人在原審法院之抗告駁回，或發回台灣高等法院台中分院更為審理。
三、抗告及再抗告程序費用由相對人負擔。

理由

本件債務人全○○股份有限公司已提出切結書表示並無租賃，其負責人王○麟於　鈞院否認切結書之真正，實不合理，原審法院予以採信，應有違誤。

其他理由容後補呈。

謹狀

台灣高等法院○○分院　轉呈

最高法院　公鑒

證人姓名及其住居所	證物名稱及件數

中華民國八十四年七月十日

具狀人　台灣省合作金庫

法定代理人　廖○璧　簽名蓋章

撰狀人　　簽名蓋章

住址及電話

民事再抗告補充理由狀

案號	原審案號台灣高等法院台中分院八十四年度抗字第二三一號	承辦股別	直
訴訟標的金額或價額	新台幣　萬　千　百　十　元　角		

稱謂	姓名或名稱 身分證統一編號或營利事業統一編號	性別	出生年月日	職業	住居所或營業所、郵遞區號及電話號碼 電子郵件位址	送達代收人姓名、住址 郵遞區號及電話號碼
再抗告人即債權人	台灣省合作金庫				均在卷	
法定代理人	廖○璧					
代理人	吳光陸律師					
相對人	貳零○○育樂有限公司					
法定代理人	李　○					
相對人	邱○○貞（即阿○○披薩店）					
抗告人	鬥○○股份有限公司					

法定代理人　林○龍

爲聲明異議事件已依法提起再抗告，補充再抗告理由事：

本件原審法院廢棄第一審法院裁定，認相對人主張其租賃關係成立於再抗告人抵押權設定之前，執行法院除去租賃權不當，聲明異議有理由，發回第一審法院另爲適法之處理，係認相對人所提租賃契約等證據可採。另債務人全○○股份有限公司（以下簡稱全○○公司）之切結書，已經該公司負責人王○麟到庭否認內容真實，再抗告人之徵信資料係民國八十二年九月二十日製作，上開租賃契約係在該日期之後製作，故徵信資料之調查表不足以證明抵押權設定前相對人無租賃關係存在。

按抗告，得提出新事實及證據，民事訴訟法第四百八十九條定有明文，此一規定，於再抗告亦適用之，此觀最高法院七十二年台抗字第三二三號裁定：「民事訴訟法第四百八十九條規定：抗告得提出新事實及新證據。又此所謂之抗告包括再抗告在內。」可明。

經查系爭房屋本係金○○建設股份有限公司所有，早於民國八十年五月八日即已設定抵押權給再抗告人，嗣該公司於民國八十三年一月二十一日以買賣爲由，將系爭房屋移轉登記給全○○公司，全○○公司再於民國八十三年一月二十一日又設定抵押權登記給再抗告人，而依建築改良物登記簿謄本所載（再抗證一），其移轉登記全○○公司原因發生日期爲民國八十二年十一月二十九日，則在此之前，全○○公司就系爭房屋應無任何權利，則相對人邱○○貞主張係民國八十二年十一月二十日訂立租賃契約，付租金，相對人門○○股份有限公司主張係民國八十二年十月三日訂立租約，即有疑問。況全○○公司已於民國八十三年二月一日出具切結書，聲明未出租，何以能憑其法定代理人王○麟到庭片面否認真實性，未通知再抗告人表示意見，即不予採信切結書。況再抗告人亦曾具狀聲請訊問證人簡○宏（參見原審卷民國八十四年六月八日狀），然原審法院未予調查，即認再抗告人所提調查表不足證明租賃權在抵押權設定之後，亦有速斷。

次查貳零○○育樂有限公司所提租金統一發票係民國八十三年三月者，在本件抵押權設定之後，自不能據此為有利該公司之認定。而台灣省政府建設廳函及台中市稅捐稽徵處黎明分處函，僅表示政府准其營業，但與其租賃契約何時訂立無涉。所提租約，末尾並無日期。故均不能證明其租約係在本件抵押權設定前成立。

再查邱○○貞在系爭房屋係經營阿○○披薩店，此有查封筆錄可稽（再抗證二），所提欣○天然氣股份有限公司之收據，均載買受人為夏○○飲食店，並附該店之統一編號（按：為扣稅使用），顯與阿○○披薩店無關。尤其其中民國八十三年一月份收據（計費期間為十二月四日至一月四日），使用度數為零，足見未使用，自不能以此為有利抗告人之認定。至遷移啓事及支票登記簿為其自行製作之私文書，再抗告人已否認為真正，應由其舉證證明真正，在未證明前不能以此證明其為本件租賃使用，此外並無證據足以證明其租賃係在本件抵押權設定前成立，自應認其租賃應非在本件抵押權設定前成立。

又查門○○股份有限公司所提合約書，係全○○公司提供八樓供其經營餐飲業，並非租賃契約，其主張租賃在抵押權設定之前，亦無理由。

綜上所述，系爭房屋相對人之租賃均係在本件抵押權設定之後，第一審法院准予除去，並駁回相對人聲明異議，核無違法，請廢棄改判如聲明。

謹狀

台灣高等法院〇〇分院轉呈

最高法院公鑒

證人姓名及其住居所	
證物名稱及件數	再抗證一：建築改良物登記簿謄本影本六件。 再抗證二：筆錄影本一件。

中華民國八十四年七月十八日

具狀人　台灣省合作金庫　簽名蓋章

法定代理人　廖〇璧

撰狀人　簽名蓋章

住址及電話

最高法院民事裁定　八十四年度台抗字第四四二號

再抗告人　台灣省合作金庫　設台北市〇〇路七七號

法定代理人　廖　○　璧　　住右同

代　理　人　吳光陸律師

右再抗告人因與相對人邱○○貞等間強制執行聲明異議事件，對於中華民國八十四年六月二十九日台灣高等法院台中分院裁定（八十四年度抗字第二三一號），提起再抗告，本院裁定如左：

主　文

原裁定關於不利於再抗告人部分廢棄，其中相對人邱○○貞（即阿○○披薩店）及門○○股份有限公司部分，應由台灣高等法院台中分院更為裁定。

相對人貳零○○育樂有限公司之抗告駁回。

抗告及再抗告程序費用除發回部分外，由相對人貳零○○育樂有限公司負擔。

理　由

按不服執行法院依強制執行法第十二條第二項規定就同條第一項之聲明異議所為之裁定者，其抗告期間為五日，同條第三項定有明文。本件相對人貳零○○育樂有限公司（下稱：貳零○○公司）就再抗告人（債權人）與債務人全○○公司股份有限公司（下稱：全○○公司），間拍賣抵押物強制執行事件之「聲明異議」，經執行法院即台灣台中地方法院（下稱：台中地院）以裁定駁回後，已於八十四年二月十五日送達該裁定，有送達證書可稽（見：台中地院拍賣抵押物執行卷第二宗第九五頁）。抗告期間自裁定送達之翌日起（貳零○○公司住居於台中地院所在地，無須扣在途期間），算至八十四年二月二十日止，即告屆滿。乃貳零○○公司遲至同年二月二十二日始提出抗告狀（見：抗告法院卷第七頁），顯逾上開不變期間，其抗告自非合法。抗告法院不察，猶就其抗告而為不利於再抗告人之裁定，即屬可議。再抗告意旨，雖未指摘及此，仍應廢棄此部分之抗告法院裁定，並駁回貳零〇〇公司對台中地院裁定之抗告，以臻適法。
次查前述強制執行事件，台中地院依債權人即再抗告人之聲請，以裁定將相對人邱〇〇貞（即阿〇〇披薩店）、門〇〇股份有限公司（下稱：門〇〇公司）等二人對執行標的物即債務人全〇〇公司所有坐落台中市〇〇路二段一五一、一五三號建物第二、八樓之「租賃權」予以「除去」，並駁回相對人之「聲明異議」後，抗告法院依相對人邱〇〇貞提出之租賃契約書、支票影本、欣中天然氣股份有限公司（下稱：欣中公司）之保證金收據及相對人門〇〇公司提出之合約書等件，再參酌全〇〇公司負責人王〇麟之證言，認定相對人二人與債務人全〇〇公司就系爭執行標的物所成立之租賃關係，均在再抗告人之抵押權設定登記之前，揆之民法第八百六十六條規定及司法院院字第一四四六號解釋，執行法院尚不得以裁定除去租賃權，因將台中地院駁回相對人等二人「聲明異議」之裁定予以廢棄（按：另湯〇〇珠寶有限公司，對台中地院裁定之「抗告」部分，已由抗告法院駁回確定），固非無據；惟觀之台中地院八十三年度執全字第六三四號假扣押執行卷所附系爭執行標的物之建築改良物登記簿謄本記載，債務人全〇〇公司於八十三年一月二十一日登記取得該執行標的物之所有權前，對該執行標的物似尚無所有權或其他物權存在，其是否可能以「所有人」身分，於八十二年十一月二十日八十二年十月三日將之分別出租與相對人等二人，據以指稱該租賃權均成立在再抗告人之抵押權設定登記前，而謂執行法院不得以裁定除去該租賃權，非無疑義。且相對人邱〇〇貞提出之欣中公司收據五張，僅其中一張係以邱○○貞爲「買受人」，其餘四張之「買受人」均記載爲「夏○○飲食店」（見抗告法院卷第六二頁至第六四頁），則邱○○貞是否確爲承受人？至相對人門○○公司所提出者，係其與全○○公司之「合約書」，非租賃契約書（見：台中地院拍賣抵押物執行卷第二宗第六○頁至第六四頁），內載全○○公司「提供」系爭標的物之八樓予門○○公司經營餐飲業，全○○公司「抽成」不再收取「租金」之旨。是否即爲雙方成立「租賃關係」之契約？尤待澄清。抗告法院疏未查明，遽就相對人二人之抗告部分，廢棄台中地院之裁定，而爲不利於再抗告人之裁定，殊非允洽。再抗告意旨，指摘此部分之抗告法院裁定不當，求予廢棄，非無理由。

據上論結，本件再抗告爲有理由，依強制執行法第四十四條、民事訴訟法第四百九十二條第二項、第九十五條、第七十八條，裁定如主文。

中　華　民　國　八十四　年　八　月　十七　日

最高法院民事第三庭

審判長法官　范　秉　閣

法官　朱　錦　娟

法官　蘇　茂　秋

法官　朱　建　男

法官　楊　鼎　章

右正本證明與原本無異。

書記官　張玉娟

中華民國八十四年八月三十一日

民事答辯(一)狀

案號	八十四年度抗更(一)字第七六八號	承辦股別	草
訴訟標的金額或價額	新台幣　萬　千　百　十　元　角		

稱謂	姓名或名稱 身分證統一編號或營利事業統一編號	性別	出生年月日	職業	住居所或營業所、郵遞區號及電話號碼 電子郵件位址	送達代收人姓名、住址 郵遞區號及電話號碼
相對人即債權人	台灣省○○金庫				均在卷	
法定代理人	廖○璧					
代理人	吳光陸律師					
抗告人	邱○○貞（即阿○○披薩店）					
抗告人	鬥○○股份有限公司					
法定代理人	林○龍					

為聲明異議事件依法答辯事：

本件相對人就系爭房屋之第二、第八樓之租賃權經執行法院處分除去後，抗告人聲明異議，執行法院認無理由，裁定駁回，抗告人提起抗告， 鈞院前審認抗告有理由，廢棄執行法院裁定，經相對人向最高法院提起再抗告，主張：系爭房屋本係金○○建設股份有限公司所有，早於民國八十年五月八日即已設定抵押權給相對人，嗣該公司於民國八十三年一月二十一日以買賣爲由，將系爭房屋移轉登記給全○○股份有限公司（以下簡稱全○○公司），全○○公司再於民國八十三年一月二十一日又設定抵押權給相對人，而依建築改良物登記簿謄本所載（參見第三審卷再抗證一），其移轉登記全○○公司原因發生日期爲民國八十二年十一月二十九日，則在此之前，全○○公司就系爭房屋應無任何權利，則抗告人邱○○貞主張係民國八十二年十一月二十日訂立租賃契約，付租金，抗告人鬥○○股份有限公司（以下簡稱鬥○○公司）主張係民國八十二年十月三日訂立租約，即有疑問。況全○○公司已於民國八十三年二月一日出具切結書，聲明未出租，何以能憑其法定代理人王○麟到庭片面否認真實性，未通知相對人表示意見，即不予採信切結書。況相對人亦曾具狀聲請訊問證人簡○宏（參見鈞院前審卷民國八十四年六月八日狀），然 鈞院前審未予調查，即認相對人所提調查表不足證明租賃權在抵押權設定之後。又邱○○貞在系爭房屋係經營阿○○披薩店，此有查封筆錄可稽，所提欣○天然氣股份有限公司之收據，均載買受人爲夏○○飲食店，並附該店之統一編號（按：爲扣稅使用），顯與阿○○披薩店無關。尤其其中民國八十二年一月份收據（計費期間爲十二月四日至一月四日），使用度數爲零，足見未使用，自不能以此爲有利抗告人之認定。至遷移啓事及支票登記簿爲其自行製作之私文書，相對人已否認爲真正，應由其舉證證明真正，在未證明前，不能以此認其爲本件租賃使用，此外並無證據足以證明其租賃係在本件抵押權設定前成立，自應認其租賃應非在本件抵押權設定前成立。鬥〇〇公司所提合約書，係全〇〇公司提供八樓供其經營餐飲業，並非租賃契約，其主張租賃在抵押權設定之前，亦無理由。最高法院則以：「……依建築改良物登記簿謄本記載，債務人全〇〇公司於八十三年一月二十一日登記取得該執行標的物之所有權前，對該執行標的物似尚無所有權或其他物權存在，其是否可能以『所有人』身分，於八十二年十一月二十日、八十二年十月三日將之分別出租與相對人等二人，據以指稱該租賃均成立在再抗告人之抵押權設定登記前，而謂執行法院不得以裁定除去該租賃權，非無疑義。且相對人邱〇〇貞提出之欣〇公司收據五張，僅其中一張係以邱〇〇貞爲『買受人』，其餘四張之『買受人』均記載爲『夏〇〇飲食店』（見：抗告法院卷第六二頁至第六四頁），則邱〇〇貞是否確爲承租人？至相對人鬥〇〇公司所提出者，係其與全〇〇公司之『合約書』，非租賃契約書（見：台中地院拍賣抵押物執行卷第二宗第六〇頁至第六四頁），內載全〇〇公司『提供』系爭執行標的物之八樓予鬥〇〇公司經營餐飲業，全〇〇公司『抽成』，不再收取『租金』之旨。是否即爲雙方成立『租賃關係』之契約？」爲由，廢棄　鈞院前審不利相對人裁定，發回鈞院更審。

經查債務人全〇〇公司於民國八十三年一月二十一日以系爭房屋及基地設定最高限額抵押權新台幣四億七千一百六十萬元登記給相對人前，不僅相對人之職員簡〇宏前到現場調查，查明無租賃情事，有調查表一件可稽，並可傳訊調查員簡〇宏爲證，而抵押權設定契約之其他約定事項第三條約定：「擔保物非經貴庫書面同意，絕不將其……出租。」，債務人全〇〇公司尚於民國八十三年二月一日出具切結書，聲明設定抵押權時，絕無出租，此均有契約書、切結書可證，是抗告人主張之租賃，應係在本件抵押權設定之後，故執行法院准予除去租賃權，駁回抗告人之聲明異議，應無違誤。

次查邱○○貞在系爭房屋二樓經營阿○○披薩店，此有查封筆錄附於執行卷可稽，並為邱○○貞在　鈞院前審承認在卷（參見　鈞院前審卷民國八十四年六月五日筆錄），然所提欣○天然氣股份有限公司之收據（參見　鈞院前審卷抗告人民國八十四年五月十一日狀所附證物），有記載夏○○飲食店者，亦有記載邱○○貞者，兩者並不相同，然均非查封筆錄所載及其現所主張經營之阿○○飲食店。尤其其中在抵押權設定前之收據，即民國八十三年一月十七日收據，計費期間為十二月四日至一月四日者（被證一），所載夏○○飲食店之地址為三民路三段一二五號B一樓，用戶號碼為○一四一○一九七，登記號碼為一二九四四九，均與其他收據所載為漢口路二段一五一號二樓，用戶號碼為○四四三○三四六，登記號碼二三七八四一不同，足見此收據與系爭承租房屋無關。至所提另兩紙收據，一為裝置工程費，一為保證金（被證二），參諸前者收據所載裝置地址為漢口路二段五一號，與系爭房屋為漢口路二段一五一號二樓不同，故亦不得為有利抗告人之認定。尤其上開一月十七日收據，使用度數為零，足見未使用，更不能以此證明在本件抵押權設定前已有租賃事實。至遷移啓事及支票登記簿為其自行製作之私文書，相對人否認為真正，亦不足以證明其為本件租賃使用，此外並無證據足以證明其租賃係在本件抵押權設定前成立，依切結書及約定事項所載，其租賃應非在本件抵押權設定前成立。

再查門○○公司具狀主張係民國八十二年十月三日訂立租賃契約，期間自民國八十二年十二月二十五日至民國八十四年十二月二十四日。然依其所提合約書所載，係全〇〇公司提供已具備政府核發餐廳使用執照之八樓部分（位置面積詳如附圖）予鬥〇〇公司經營餐飲業，此位置面積視營業予以調整變更，雙方更表明抽成，不收租金，則此合約顯非租約，與其現主張出租者不同，故苟有出租，亦非以此合約爲據，其既不能提出有利之租約，依切結書及約定事項所載，則其租賃應在抵押權設定之後成立。

至證人王〇麟於 鈞院前審證言應非實在，蓋如切結書不實，則其顯有詐欺，相對人並非至愚，不可能到場查明，知有租賃，切結不實，仍予貸款。

其他理由，容後再補。如須闡明，請 鈞院定期開庭調查，俾到庭陳明。

謹狀

台灣高等法院台中分院 公鑒

證人姓名及其住居所	
證物名稱及件數	證一：收據影本一件。 證二：收據影本一件。

中 華 民 國 八十四 年 十 月 三 日

具狀人　台灣省〇〇金庫
法定代理人　廖〇璧　簽名蓋章
撰狀人　代理人　吳光陸律師　簽名蓋章
住址及電話

抗告人邱〇〇貞於民國八十四年十月五日具狀，摘要如下：

按依民法第三百七十三條規定：買賣標的物之利益及危險，自交付時起，均由買受人承受負擔，但契約另有訂定者，不在此限。抗告人於民國八十二年十一月二十日與全〇〇公司簽訂租賃契約書，出租人曾出示其與出賣人之買賣契約書，內載八十二年七月出賣人點交買賣標的物予承買人，因而承買人全〇〇公司依據前揭民法之規定，自得將系爭標的物出租予抗告人。其次，最高法院認債務人全〇〇公司對該執行標的物似尚無所有權或其他物權存在，將之出租予抗告人，而認租賃權是否成立在抵押權設定登記前，不無疑義，惟出租人並不以所有權人為限，最高法院似尚有誤會。再者，抗告人邱〇〇貞係夏〇〇飲食店之負責人，而夏〇〇飲食店係獨資商號，故邱〇〇貞即夏〇〇飲食店亦即本執行標的物之承租人，應無疑義。

並提出租賃契約為證（按：租約載明租期自民國八十二年十二月十日起至民國八十四年十月九日）。

又邱〇〇貞於民國八十四年十月十六日再具狀，意旨如下：

為對於相對人於八十四年十月三日所提出之答辯狀，再予答辯如下：

相對人主張其職員簡○宏曾到現場調查，查明無租賃情事，有調查表可稽，且債務人全○○公司尚於民國八十三年二月一日出具切結書，聲明設定抵押權時，絕無出租。惟查債務人全○○公司於系爭標的物所在經營「鳳梨百貨」，並將之出租予抗告人及其他承租人，此等事實有報紙之招募人員廣告及開幕海報可證，應非虛僞。至於相對人所稱抵押權設定契約約定，擔保物非經貴庫（即相對人）書面同意，絕不將其三出租及債務人全○○公司所具之切結書，此等事項皆係貸款契約之定型化規定，其效力如何實有待斟酌。

其次，相對人主張抗告人所提瓦斯公司收據（計費期間爲十二月四日至一月四日），使用度數爲零，因而認定抗告人未承租系爭標的物。惟查，「鳳梨百貨」開幕時間爲八十二年十二月二十五日，然開幕初期諸多事項尚未就緒，爲爭取時效即使用公司所提供之電烤箱調理食物，此等事實應不致影響租賃契約之有效與否。

並提出報紙及宣傳海報爲證據。

民事答辯(二)狀

案號	八十四年度抗更(一)字第七六八號	承辦股別	草
訴訟標的金額或價額	新台幣　萬　千　百　十　元　角		

稱謂	姓名或名稱 身分證統一編號或營利事業統一編號	性別	出生年月日	職業	住居所或營業所、郵遞區號及電話號碼 電子郵件位址	送達代收人姓名、住址 郵遞區號及電話號碼
相對人	台灣省合作金庫				均在卷	
法定代理人	廖○璧					
代理人	吳光陸律師					
抗告人	邱○○貞（即阿○○披薩店）					

聲明異議事件就抗告人邱○○貞答辯狀，續爲答辯事：

抗告人邱○○貞具狀主張其於民國八十二年十一月二十日與全○○公司簽訂租賃契約，出租人曾表示其與出賣人之買賣契約內載民國八十二年七月出賣人點交買賣標的物予承買人，承買人自得依民法第三百七十三條規定，將系爭標的物出租抗告人。又出租人不以所有權人爲限。再邱○○貞係夏○○飲食店負責人，該店爲獨資商號，故邱○○貞即夏○○飲食店，即承租人。

經查依建物登記簿謄本所載（附最高法院卷再抗證一），全○○公司移轉登記之原因發生日期爲民國八十二年十一月二十九日，即買賣日期應爲該日。故抗告人邱○○貞主張民國八十二年十一月二十日承租時，全○○公司曾提出買賣契約，應非實在，蓋該日尚未成立買賣，如何可能有買賣契約。

次查出租人固不以所有權人爲限，但無所有權，如何能交付租賃標的物？又邱○○貞抗告狀即自稱「即阿○○披薩店」，查封筆錄亦如斯記載，均未表明係夏○○飲食店，故其主張其爲夏○○飲食店負責人，不論是否真實，均與系爭房屋無關。況所提租約之首頁，承租人記載夏○○飲食店陳○中，亦非邱○○貞，自不能以此租約認抗告人邱○○貞之承租係在本件抵押權設定之前。

謹狀

台灣高等法院台中分院　公鑒

證人姓名及其住居所	證物名稱及件數

中　華　民　國　八十四　年　十　月　十六　日

具狀人　台灣省○○金庫
法定代理人　廖○璧　簽名蓋章
代理人　吳光陸律師

撰狀人　簽名蓋章

住址及電話

民事答辯(三)狀

案號	八十四年度抗更(一)字第七六八號	承辦股別	草
訴訟標的金額或價額	新台幣　萬　千　百　十　元　角		

稱謂	姓名或名稱、身分證統一編號或營利事業統一編號	性別	出生年月日	職業	住居所或營業所、郵遞區號及電話號碼、電子郵件位址	送達代收人姓名、住址、郵遞區號及電話號碼
相對人	台灣省合作金庫				均在卷	
法定代理人	廖○璧					
代理人	吳光陸律師					
抗告人	邱○○貞（即阿○○披薩店）					

爲聲明異議事件就抗告人邱○○貞答辯狀，續爲答辯事：

抗告人邱○○貞具狀主張全○○公司於系爭房屋經營鳳梨百貨，並出租抗告人，有報紙、海報、廣告可證。又鳳梨百貨開幕期間爲民國八十二年十二月二十五日，因開幕初期，諸多事項尚未就緒，爲爭取時效，使用公司提供之電烤箱，故瓦斯公司收據爲零度云云。

惟查抗告人固有向全○○公司承租系爭房屋，但本件所爭執者，係承租時間在本件抵押權設定前或後，故抗告人上開主張，均不足以證明係在抵押權設定之前。其既不能證明，參照抵押權設立契約書及切結書，自應認係抵押權設定之後承租。

謹狀

台灣高等法院台中分院 公鑒

證人姓名及其住居所	證物名稱及件數

中華民國八十四年十月二十三日

具狀人 台灣省○○金庫 簽名蓋章

法定代理人 廖○璧

代理人 吳光陸律師

撰狀人 簽名蓋章

住址及電話

準備程序筆錄

抗告人 邱○○貞 到

相對人 台灣省合作金庫

右當事人間八十四年抗字第二三二號聲明異議事件，於中華民國八十四年十一月二十三日下午三時二十分在本院民事第二法庭公開行準備程序，出席職員如左：

受　命法官　袁　再　興
法院書記官　謝　雅　惠
通　　　譯　朱　賢　福

抗　告　人　邱○○貞　到
相　對　人　未到
代　理　人　吳光陸律師到

本程序進行要領及記載明確之事項如左：

法官問邱○○貞：阿○○披薩店及夏○○飲店店是你開設？

邱○○貞：一、提出台中市政府營利事業登記證影本等件。二、稱阿○○是外來語不能登記，以夏○○飲食店登記，事實上二家是同一家。

法官：爲何以夏○○飲食店申請之營利事業登記證上負責人是陳○中？

邱○○貞：他是股東之一，用他的名義登記。

法官：爲何二家地址不同？

邱○○貞：原來在來來百貨以夏○○飲食店名義開店，七十年左右，在三民路三段一三五號地下一樓，八十二年十二月二十五日遷到○○路二段一五一號二樓鳳○百貨經營。

法官：何時才有阿○○披薩店之出現？

邱○○貞：沒有以該名稱登記，「阿○○」只是商標而已，在「來來」第三年經營後才出現阿○○之名稱，我們賣披薩，用阿○○名稱，剛開始用來○美食街美式漢堡，後來賣披薩後才用「夏○○飲食店」之名稱登記，但在來來百貨掛「阿○○餐飲」之招牌。

法官：大○路那家是以何名義登記？

邱○○貞：用歐○飲食店登記，用我先生名義去登記，大○路這家也是以「阿○○」名義使用。

法官：點呼證人入庭並訊年籍等項。

證人：簡○宏男（四十四年三月十四日）住台北市○○○號。

法官：證人與兩造間有無親戚、同居、僱傭關係。

證人：我是合作金庫南豐原支庫人員。

法官告知證人無庸具結，但仍應據實陳述不得匿、飾、增、減。

法官：漢○路二段一五一、一五三號當初是否由全○○公司設定給你們，是否你前去辦理？

證人：是。

法官：知否他們當時有無出租給別人？

證人：八十二年九月去看，有幾個人在那裡裝潢，沒有在營業，沒有看到掛夏○○餐飲、阿○○披薩店及鬥○○公司之招牌，不知有無出租。

法官：當時全○○公司有無租給抗告人二家公司？

證人：不知道，八十二年九月將估價送到總公司，八十三年一月才核准辦理設定。

法官：兩造對證人前述證言，有何意見？

相對人代理人：無意見。

抗告人：我們是在設定前訂契約，十二月二十五日便開始營業。

法官：宣示本件延展於八十四年十二月十一日下午三時再另通知抗告人鬥○○公司，本法庭續行準備程序兩造自行到庭不另通知法定代理人林○龍。

台灣高等法院台中分院民事第三庭

法院書記官　謝　雅　惠

受　命法官　袁　再　興

準備程序筆錄

抗告人　邱〇〇貞（即阿〇〇披薩店）等

相對人　台灣省合作金庫

右當事人間八十四年度抗更(一)字第七六八號強制執行聲明異議事件，於中華民國八十四年十二月十一日上午十時四十五分在本院民事第三法庭公開行準備程序，出席職員如左：

受　命法官　袁再興

法院書記官　謝雅惠

通　　　譯　朱賢福

朗讀案由

抗告人　邱〇〇貞　到

相對人　未到

訴訟複代理人　李和音律師到

本程序進行要領及記明確之事項如左：

法官：七十年你在來〇百貨以何名義營業？

抗告人：來〇小吃街美式漢堡？

法官：營利事業證記證負責人爲何是陳〇中？

抗告人：他是我們的股東。

法官：全○○公司於八十三年一月二十一日登記才取得該執行標的物之所有權，爲何於八十二年十一月二十日與你訂租約？

抗告人：那是合作金庫放款的作業程序，全○○公司是鳳○百貨，在八十二年十二年二十五日便開幕了，有廣告單可證（庭呈）。

法官：提示前開廣告單予相對人訴訟複代理人，並問有何意見？

相對人人訴訟複代理人：待閱卷後陳述。

法官：欣中天然瓦斯公司收據爲何有一份是你的名義，那一份是用夏○○飲食店名義？

抗告人：我那份是因繳保證金，原來由我申請工程及繳保證金才用我名義，後來因要用公司名義才能報稅才改爲夏○○飲食店。

法官：你與全○○公司的契約，爲何不用夏○○飲食店名義？而以你的名義簽？

抗告人：因夏○○飲食店當時還在來○百貨，會計師說不能有二個地址，因是獨資，不能用二個地點同個名稱，才以我名義簽約。

台灣高等法院台中分院民事第三庭　法院書記官　謝　雅　惠

受　命法官　袁　再　興

民事答辯㈣狀	案號	八十四年度抗更㈠字第七六八號			承辦股別	草
	訴訟標的金額或價額	新台幣　萬　千　百　十　元　角				
稱謂	姓名或名稱 身分證統一編號或營利事業統一編號	性別	出生年月日	職業	住居所或營業所、郵遞區號及電話號碼 電子郵件位址	送達代收人姓名、住址 郵遞區號及電話號碼
相對人	台灣省合作金庫				均在卷	
法定代理人	廖○璧					
代理人	吳光陸律師					
抗告人	邱○○貞（即阿○○披薩店）					

爲聲明異議事件，續爲答辯事：

本件爭執之要旨，在於抗告人向抵押人全○○公司承租系爭房屋之時間，究係在全○○公司設定抵押權給相對人之前或之後？

茲相對人已提出抵押權設定契約書、切結書及調查表爲證，證明抗告人係在抵押權設定之後承租。雖抗告人提出租賃契約書、廣告、瓦斯收據以證明其承租係在抵押權設定之前。但查：㈠抗告人所提之租賃契約，因載明係民國八十二年十一月二十日簽訂，但一方面此爲私文書，相對人否認其真正，另一方面民國八十二年十一月二十日，系爭房屋尚非全○○公司所有，如何可能出租？況此租約係以夏○○飲食店名義訂立，而夏○○飲食店負責人爲陳○中，爲抗告人所是認，並有營利事業登記證在卷足稽，此應不足爲有利抗告人之憑證。㈡報紙廣告至多證明開幕日期，與何時承租無關，故不能以此認抗告人在抵押權設定前承租。㈢瓦斯收據中有屬抵押權設定前者，但其係以夏○○飲食店名義（參見被證一），並非抗告人者，是亦不能以此爲有利抗告人之認定。

是綜上所述，抗告人所提證物，均與其自稱阿○○披薩店無關，而抗告人在系爭房屋所經營者爲阿○○披薩店，有查封筆錄可稽，其抗告時，於抗告狀亦自稱其即阿○○披薩店，而就其所提中央標準局服務標章註冊證登記阿○○爲服務標章，其註冊人爲檀○飲食店邱○○貞，足見抗告人與夏○○飲食店應無關係，所提夏○○飲食店之資料，不足爲其有利證明。

茲抗告人既不能證明其承租在本件抵押權設定之前，則其抗告應無理由，請駁回抗告。

謹狀

台灣高等法院台中分院 公鑒

證人姓名及其住居所	證物名稱及件數

中華民國八十四年十二月二十日

具狀人　台灣省○○金庫　簽名蓋章
　　　　法定代理人　廖○璧
撰狀人　代理人　吳光陸律師　簽名蓋章
住址及電話

準備程序筆錄

抗告人　邱○○貞（即阿○○披薩店）等
相對人　台灣省合作金庫

右當事人間八十四年度抗更㈠字第七六八號強制執行聲明異議事件，於中華民國八十四年十二月二十六日上午十時四十五分在本院民事第三法庭公開行準備程序，出席職員如左：

受命法官　袁再興
法院書記官　謝雅惠
通　　譯　朱賢福

朗讀案由

抗告人　未到
訴訟代理人　未到

相　對　人　　未到
訴訟代理人　　無
本程序進行要領及記載明確之事項如左：
法官：點呼證人入庭並訊年籍事項。
證人：王○麟男（五十二年六月一日）住台中縣沙鹿鎮○○號之一。
法官：證人與兩造間有無親戚、同居、僱傭關係？
證人：無。
諭知證人具結之義務，及僞證之處罰，並由證人朗讀結文後命具結。
法官：有無出租坐落台中市漢○路二段一五一、一五三號予邱○○貞及鬥○○公司？（提示租賃契約書）
證人：有，邱○○貞有來簽約，鬥○○公司也有來簽約。
法官：依照建物謄本你公司於八十三年一月二十一日才登記取得該標的物之所有權，爲何你於八十三年十一月二十日及八十三年十月三十日將之分別出租？
證人：八十二年六、七月我向金矽谷建設公司簽約買該建物，因與合庫貸款談得不很順利，貸款拖到八十三年一月才登記，我因有把握買屋可以過戶，才與邱○○貞、鬥○○公司他們簽的。

法官：邱女與你簽約時，陳○中有無來？

證人：有，我只知道他是合夥人。

法官：鬥○○公司與你簽約之第四條記載甲方對乙方之抽成以當日含稅營業收入之百分之八計算，甲乙雙方言明抽成，故不再收取租金，如此算為租約否？

證人：我們出租地點給他們，由他們自己裝潢，他們自己營業，財務獨立，每個月他們給我們百分之八營業收入，不再收租金，百分之八抽成就是租金收入，百分之八的抽成應該可以說是我們出租地點的代價。

法官：宣示本件候核辦。

台灣高等法院台中分院民事第三庭

法院書記官　謝　雅　惠

受　命法官　袁　再　興

台灣高等法院台中分院民事裁定

八十四年度抗更㈠字第七六八號

抗　告　人　邱○○貞　住台中市西區○○路一二號

鬥○○股份有限公司　住台北市○○○路二段一六九之一五號一二樓

法定代理人　林　○　龍　住同右

相　對　人　台灣省合作金庫　住台北市○○路七七號
法定代理人　廖　○　璧　住同右
代　理　人　吳光陸律師
複　代理人　李和音律師

右抗告人因相對人台灣省合作金庫與債務人全○○股份有限公司拍賣抵押物強制執行，經聲請法院裁定除去租賃權，聲明異議事件，對於中華民國八十四年二月九日台灣台中地方法院裁定（八十三年度執字第七八○九號），提起抗告，本院裁定後最高法院發回更審，本院裁定如左：

主　文

原裁定關於駁回抗告人邱○○貞、鬥○○股份有限公司之聲明異議部分暨程序費用之裁判（除確定部分外）廢棄。

聲明異議及抗告程序費用除確定部分外，均由相對人台灣省合作金庫負擔。

理　由

一、本件抗告人等於原法院聲明異議意旨略以：伊等分別與債務人全○○股份有限公司訂立之租賃權，均係成立於相對人台灣省合作金庫與債務人於八十三年一月二十一日設定抵押權之前，執行法院所爲除去伊等租賃權之裁定，依法自屬不合，爲此依強制執行法第十二條之規定聲明異議。原法院審理結果，以債務人所有坐落台中市西屯區中仁段第三二五地號土地之建物即門牌號碼台中市漢口路二段一五一、一五三號之第一、二、六、八樓層房屋之不動產，於八十三年一月二十一日爲相對人設定新台幣（以下同）四億七千一百六十萬元之最高限額抵押權，於設定當時係無租賃之狀態，債務人縱事後將之出租予抗告人，但其租賃權之存在已影響抵押權，乃依相對人之聲請，予以除租賃權，依法並無不當，聲明異議爲無理由，予以駁回。

二、按不動產所有人設定抵押權後，於同一不動產上得設定地上權或其他權利，但其抵押權不因此受影響。又不動產所有人設定抵押權後，如與第三人訂立租賃契約而致抵押權之價金有所影響，該租賃契約對於抵押權人不生效力，抵押權人因屆期未受償，聲請拍賣抵押物時，執行法院自可依法以無租賃狀態逕予執行，固有民法第八百六十六條之規定及經司法院著有院字第一四四六號解釋可據。惟此係指於抵押權設定後始訂立之租賃契約之情形而言；如抵押權設定前，不動產所有人已與第三人訂立之租賃契約者，則無適用，此觀上開法條及解釋文義甚明。故倘抵押權設定前，早已成立之租賃關係，執行法院尚不得逕予裁定除去。

三、經查：本件相對人台灣省合作金庫與債務人全〇〇股份有限公司（以下簡稱全〇〇公司）就前述不動產設定抵押權之時間，係八十二年一月十八日訂立抵押權設定契約書，同年月二十一日完成抵押權設定登記，此有本件執行案卷所附抵押權設定契約書及土地、建物登記簿謄本之記載可稽。惟抗告人等主張其占有使用系爭不動產，係基於租賃關係，其租賃契約成立於上開抵押權設定前云云。是否屬實，茲分述如下：

㈠關於抗告人邱〇〇貞部分：業據提出其與債務人全〇〇公司於八十二年十一月二十日訂立之

租賃契約書爲證（見原法院執行卷第一宗第二四九頁至第二五二頁），租賃期間一年十個月。而邱○○貞於訂立該租賃契約後，即依所訂契約第五條之約定，一次繳交契約期間各月租金支票即「分別開立各月每月租金新台幣四萬元正支票及押金三個月共十二萬元之支票」予全○○公司收受，亦據提出全○○收受該支票之登記簿及已經全○○公司提示兌現之支票影本五張（前四張票載期日分別爲82.、12.、10，82.、12.、10，83.、1.、1，83.、2.、1.）爲證（見本院前審卷八十四年五月十一日狀附證物）。又邱○○貞於該租約訂立後，於八十二年十二月十三日向欣○天然氣股份有限公司繳納在系爭不動產現址裝置瓦斯之保證金，並於同年十二月二十五日在該址開幕經營，此亦分別有其提出之欣○天然氣公司之收據及遷移啓事、宣傳海報可按（見本審卷及證物袋），堪認抗告人邱○○貞所稱爲真實。至相對人雖指摘抗告人邱○○貞提出之欣○公司收據五張，僅其中一張係以邱○○貞爲「買受人」，其餘四張之「買受人」均記載爲「夏○○飲食店」（見本院前審卷第六二頁至第六四頁），則邱○○貞是否確爲承租人即有可疑云云，對此抗告人邱○○貞於本審八十四年十一月二十三日、十二月十一日訊問時陳述：

「我原來在來○百貨以夏○○飲食店，七十年左右在台中市○○路三段一二五號地下一樓，八十二年十一月二十五日遷到○○路二段一五一號二樓鳳○百貨經營」「我沒有以阿○○披薩店名稱登記，『阿○○』只是商標而已，在來○第三年經營後才出現阿○○之名稱，我們賣披薩，用阿○○名稱，剛開始（在來○百貨）用來○美食街美式漢堡（名義經營），後來賣披薩後才用『夏○○飲食店』之名稱登記，但在來○百貨掛『阿○○餐飲』之招牌」「夏○○飲食店是以股東陳○中名義登記」「我那份（欣○天然瓦斯收據）是因繳保證金，原來由我申請（按裝）工程及繳保證金才用我名義，後來因要用公司（指商號）名義才能報稅，才改爲夏○○飲食店」「因夏○○飲食店當時還在來○百貨，會計師說不能有兩個地址，因是獨資，不能二個地點用同一個名稱，才以我名義簽約」等語（見本審八十四年十一月二十三日、十二月十一日準備程序筆錄），並提出經濟部中央標準局核發之「阿○○」標章註冊證、夏○○飲食店之營利事業登記證爲證，證人即全○○公司之負責人王○麟證述確有與抗告人邱○○貞訂立八十二年十一月二十日訂立租約乙事（見本院前審卷第一一一頁反面），於本審中稱：「訂約時陳○中也有來，我只知他是合夥人」等語（見本審八十四年十二月二十六日準備程序筆錄）。參以上開租約係由抗告人邱○○貞訂約，陳○中爲連帶保證人等情（見原法院執行卷第一宗第二五○—二五二頁），足見抗告人主張伊確有與全○○公司訂立租約，再交由夏○○飲食店（負責人名義登記陳○中）經營乙事應屬可採。按抗告人邱○○貞既確有於八十二年十一月二十日與債務人全○○股份有限公司訂立租約，其時間在全○○股份有限公司設定抵押權與相對人之前（抵押權設定登記時間爲八十三年一月二十一日），依上開說明，執行法院應不得逕予裁定除去租賃權。

(二)關於抗告人門○○股份有限公司（下稱門○○公司）部分：業據其提出八十二年十月三日與全○○公司訂立之合約書爲證（見執行卷第二宗六○頁），約定合約期限自八十二年十二月二十五日起至八十七年十二月二十四日止以五年爲期。此項合約之真正，並經全〇〇公司負責人王〇麟到庭證述屬實，且王〇麟並稱：伊公司在系爭不動產經營鳳〇百貨公司，於八十二年十二月二十五日開幕等語，（見本院前審卷第一一一頁，本審卷八十四年十二月二十六日準備程序筆錄）。至抗告人鬥〇〇公司所提出其名稱者，固係其與全〇〇公司之「合約書」，而非租賃契約書（見原法院拍賣抵押物執行卷第二頁合約第四條並載明：「甲方（全〇〇股份有限公司）對乙方（抗告人鬥〇〇公司）之抽成以當月含稅營業收入之百分之八計算。甲乙雙方言明抽成，故不再收取租金，有關管理、行政等費用包含於甲方對乙方之抽成額中，甲方應負餐廳使用執照及安全、清潔等維護營運之責」等語，惟證人即全〇〇股份有限公司負責人王〇麟於本審中證述：「我們出租地點給他們（鬥〇〇公司），由他們自己裝潢，他們自己營業、財務獨立，每個月他們給我們百分之八營業收入，不再收租金，百分之八抽成就是租金收入，百分之八的抽成應該可以說是我們出租地點的代價」等語（見本審卷八十四年十二月二十六日準備程序筆錄）。查上開合約書第一條記載：「甲方同意擔保已具備政府核發餐應使用執照捌部分（位置、面積均詳如附圖）予乙方經營餐飲業，或販賣相關商品……」第二條記載「乙方未於本條第三項所定期限內申請續約，或合約期滿，甲方未同意續約，即視爲已不續約之意思表示，不適用民法第四百五十一條之規定」等文句。按解釋意思表示應探求當事人之真意，不得拘泥於所用之辭句，本件兩造之合約書第二條既有「……不適用民法第四百五十一條之規定」，足見該條約定之立意係排除民法「租賃」中視爲不定期限繼續契約之規定，（保護出租人不受民法第四百五十一條：「租賃期限屆滿後，承租人仍爲租賃物之使用收益，而出租人不即表示反對之意思者，視爲以不定期限繼續契約。」之規定之拘束），設該合約非租賃契約豈有必要於合約第二條中爲排除民法第四百五十一條規定之約定？參照上開證人王○麟之證言，尤可認定本件係屬租賃契約。且合約第四條之所以規定「甲乙雙方言明抽成，故不再收取租金」，無非因百分之八之抽成本身即寓有租金之性質，當然不再收取租金，且抽成係以當月含稅營業收入之百分之八計算，即不論贏虧均須支付使用百貨公司攤位之代價，故契約之性質更接近租賃而非合夥（合夥原則上應有利潤始須分配盈餘與合夥人），故尚不得以合約第四條中有雙方言明抽成，故不再收取租金之記載來否定本件合約爲租賃契約。

㈢相對人於本院調查時，雖提出其內部職員所作之徵信資料（不動產調查表—本院前審卷第八九頁至第九○頁）謂抵押權設定前確無抗告人等承租情事云云，相對人聲請傳訊之證人即相對人之南豐原支庫職員簡○宏於本審準備程序中雖證稱：「八十二年九月去看，有幾個人在那裡裝潢，沒有在營業，沒有看到有掛夏○○餐飲，阿○○披薩店及門○○公司之招牌，不知有無出租」等語（見本院八十四年十一月二十三日準備程序筆錄），上開徵信資料，係八十二年九月二十日所製作，此有該調查表附表之記載可明，而上開抗告人與全○○公司之訂立租賃契約分別爲八十二年十月三日、十一月二十日，均係在該日期之後，八十三年一月二十一日完成設定抵押權之前，故該調查表並不足以作爲抵押權設定前無租賃關係之證據（鳳○百貨公司係八十二年十二月二十五日始開幕），此觀證人簡○宏亦證稱不知有無出租乙事自明。至於相對人與債務人全○○公司於抵押權設定契約書其他約定事項第三條所載，如於設定抵押權予相對人之前，已有出租或出借情事，義務人應本誠信原則以書面告知相對人等語，及債務人全○○公司於八十三年二月一日所出具之切結書聲明於上開不動產提供設定抵押權時絕無出租第三人情事乙節（見本院前審卷第八七頁至第八八頁），該切結書內容之真實性，已據全○○負責人王○麟到庭否認（見本院前審卷第一一一頁）。況此僅涉及全○○公司是否有違反上開契約書及約定事項中誠信原則之問題，尚不能以約定書及切結書，即謂上開不動產於設定抵押權之前確無出租情事。抗告人主張其租賃關係成立於上開抵押權設定之前，應認為真正。

㈣至依系爭執行標的物之建築改良物登記簿謄本之記載，出賣人為金○○建設股份有限公司，債務人全○○公司則於八十三年一月二十一日始登記為所有權人（見原法院八十三年執全字第六三四號假扣押執行卷），惟證人全○○公司負責人王○麟證述：「八十二年六、七月間我向金○○建設公司簽約買該建物，因向合庫貸款談得不很順利，貸款拖到八十三年一月才登記，我因有把握買屋可以過戶，才與邱○○貞、鬥○○公司他們簽約等語（見本審八十四年十二月二十六日準備程序筆錄），按出租人本不以所有權人為限，本件全○○公司因已於八十二年六、七月間向建設公司購得系爭建物，乃於八十二年十月三日、十一月二十日分別與抗告人簽訂租賃契約，雖於八十四年一月二十一日始完成所有權移轉登記，依上開說明，並不影響租賃契約之效力。

四、綜上所述，本件抗告人邱○○貞、鬥○○公司主張其租賃契約成立於上開抵押權之前，堪信為真，則依上開說明，執行法院尚不得逕予除去該各租賃權。茲執行法院予以除去，本件抗告人邱○○貞、鬥○○公司乃聲明異議，應認爲有理由。原裁定遽爲駁回其等之聲明異議，尚有不當，抗告論旨，指摘原裁定不當，請求廢棄，爲有理由，應由本院將此部分予以廢棄，由原法院另爲適法之處理。

五、依強制執行法第四十四條、民事訴訟法第四百九十二條第二項、第九十五條、第七十八條裁定如主文。

中　華　民　國　八十四　年　十二　月　二十九　日

民事第三庭審判長法官　陳　照　德

法官　陳　成　泉

法官　袁　再　興

右爲正本係照原本作成。

如不服本裁定應於裁定送達後十日內向本院提出再抗告理由狀（須按他造人數附具繕本），並繳納抗告裁判費新台幣肆拾伍元及送達用雙掛號郵票　份（每份貳拾捌元）。

書　記　官　謝　雅　惠

中　華　民　國　八十五　年　一　月　四　日

民事　再抗告　狀

案號	原審案號台灣高等法院台中分院 八十四 年度 抗更(一) 字第 七六八 號	承辦股別	草
訴訟標的金額或價額	新台幣　萬　千　百　十　元　角		

稱謂	姓名或名稱 身分證統一編號或營利事業統一編號	性別	出生年月日	職業	住居所或營業所、郵遞區號及電話號碼 電子郵件位址	送達代收人姓名、住址 郵遞區號及電話號碼
再抗告人即債權人	台灣省合作金庫				均在卷	
法定代理人	廖○璧					
代理人	吳光陸律師					
相對人	邱○○貞（即阿○○披薩店）					
相對人	鬥○○股份有限公司					
法定代理人	林○龍					

爲不服台灣高等法院台中分院民國八十四年十二月二十九日八十四年度抗更　字第七六八號民事裁定，依法提起再抗告事：

再抗告聲明

一、原裁定不利於再抗告人部分廢棄。

二、右開廢棄部分，相對人在原審法院之抗告駁回，或發回台灣高等法院台中分院更爲審理。

三、抗告及再抗告程序費用由相對人負擔。

理由

本件債務人全〇〇股份有限公司已提出切結書表示並無租賃，其負責人王〇麟於　鈞院否認切結書之真正，實不合理，原審法院予以採信，應有違誤。

其他理由容後補呈。

謹呈

台灣高等法院台中分院　轉呈

最高法院　公鑒

證人姓名及其住居所	證物名稱及件數

中華民國八十五年元月十五日

具狀人　台灣省〇〇金庫

法定代理人　廖〇璧　簽名蓋章

撰狀人

代理人　吳光陸律師　簽名蓋章

住址及電話

民事 再抗告 補充理由 狀

案號	原審案號台灣高等法院台中分院八十四年度抗更㈠字第七六八號	承辦股別	草
訴訟標的金額或價額	新台幣 萬 千 百 十 元 角		

稱謂	姓名或名稱 身分證統一編號 或營利事業統一編號	性別	出生年月日	職業	住居所或營業所、郵遞區號及電話號碼 電子郵件位址	送達代收人姓名、住址 郵遞區號及電話號碼
再抗告人即債權人	台灣省合作金庫				均在卷	
法定代理人	廖○璧					
代理人	吳光陸律師					
相對人	邱○○貞（即阿○○披薩店）					
相對人	鬥○○股份有限公司					
法定代理人	林○龍					

爲聲明異議事件已依法提起再抗告，補充再抗告理由事：

本件原審法院廢棄第一審法院裁定，認相對人主張其租賃關係成立於再抗告人抵押權設定之前，執行法院除去租賃權不當，聲明異議有理由，係以相對人所提租賃契約等證據可採，且經證人即債務人全○○股份有限公司（以下簡稱全○○公司）之負責人王○麟證明確與邱○○貞於民國八十二年十一月二十日訂定租約，與鬥○○股份有限公司（以下簡稱鬥○○公司）確有訂立合約，其合約自民國八十一年十二月二十五日起至民國八十七年十二月二十四日止，該合約爲租約，抽成百分之八即爲租金。該公司出具之切結書，亦經該公司負責人王○麟到庭否認內容真實。再抗告人之徵信資料係民國八十二年九月二十日製作，上開租賃契約係在該日期之後製作，故徵信資料之調查表不足以證明抵押權設定前相對人無租賃關係存在。

經查系爭房屋本係金○○建設股份有限公司（以下簡稱金○○公司）所有，早於民國八十年五月八日即已設定抵押權給再抗告人，嗣該公司於民國八十三年一月二十一日以買賣為由，將系爭房屋移轉登記給全○○公司，全○○公司再於民國八十三年一月二十一日以買賣為由，將系爭房屋移轉登記給全○○公司，全○○公司再於民國八十三年一月二十一日又設定抵押權登記給再抗告人，而依建築改良物登記簿謄本所載（參見再　鈞院八十四年度台抗字第四四二號卷，再抗告人民國八十四年七月十八日再抗告補充理由狀附再抗證一），其移轉登記全○○公司原因發生日期為民國八十二年十一月二十九日，則在此之前，全○○公司就系爭房屋應無任何權利，則相對人邱○○貞主張係民國八十二年十一月二十日訂立租賃契約，付租金，相對人鬥○○公司主張係民國八十二年十月三日訂立租約，即有疑問。雖全○○公司法定代理人王○麟到庭為有利相對人之證言，但一方面其為執行債務人，對再抗告人之強制執行本即不服，所為證言自有偏頗，尤其所稱自民國八十二年六、七月向金○○公司買受該物，核與建物登記簿謄本所載原因發生日期不符，自不可信。況原審法院訊問證人王○麟，未通知再抗告人到庭，事後亦未告知再抗告人，再抗告人無法與之對質，亦無法對其所言表示意見，原審法院即逕予採信，亦有不當。又苟其言實在，何以仍於民國八十三年二月一日出具切結書，聲明未出租。再抗告人所舉證人簡○宏，已到庭證明民國八十二年九月去現場時，無人營業，無相對人招牌，足見在抵押權設定前無相對人承租情事。

次查邱○○貞在系爭房屋係經營阿○○披薩店，此有查封筆錄可稽（參見前開　鈞院卷再抗證二），然不僅所提欣○天然氣股份有限公司之收據，均載買受人爲夏○○飲食店，並附該店之統一編號（按：爲扣稅使用），顯與阿○○披薩店無關。而其中民國八十二年一月份收據（計費期間爲十二月四日至一月四日），使用度數爲零，足見未使用，自不能以此爲有利相對人之認定。又所提租約係以夏○○飲食店名義訂立，而夏○○飲食店負責人爲陳○中，爲相對人所是認，並有營利事業登記證在卷足稽，故此租約應不足爲有利相對人之憑證。至報紙廣告、遷移啓事及支票登記簿爲其自行製作之私文書，再抗告人已否認爲真正，應由其舉證證明真正。

在未證明前不能以此證明其爲本件租賃使用，此外並無證據足以證明其租賃係在本件抵押權設定前成立，自應認其租賃應非在本件抵押權設定前成立。

又查門○○公司所提合約書，係全○○公司提供八樓供其經營餐飲業，並非租賃契約，而抽成應與租金爲固定者不同，自非租金可擬，故其主張租賃在抵押權設定之前，亦無理由。

綜上所述，系爭房屋相對人之租賃均係在本件抵押權設定之後，第一審法院准予除去，並駁回相對人聲明異議，核無違法，請廢棄改判如聲明。

謹呈

台灣高等法院台中分院　轉呈

最　高　法　院　公鑒

證人姓名及其住居所	證物名稱及件數

中華民國八十五年元月二十五日

具狀人　台灣省○○金庫
法定代理人　廖○璧　簽名蓋章
代理人　吳光陸律師　簽名蓋章

撰狀人
住址及電話

最高法院民事裁定　八十五年度台抗字第二三四號

再抗告人　台灣省合作金庫　設台北市○○路七七號
法定代理人　廖○璧　住同右
代理人　吳光陸律師

右再抗告人因與相對人邱○○貞等間強制執行聲明異議事件，對於中華民國八十四年十二月二十九日台灣高等法院台中分院裁定（八十四年度抗更㈠字第七六八號），提起再抗告，本院裁定如左：

主　文

原裁定廢棄，應由台灣高等法院台中分院更爲裁定。

理　由

按聲明異議應於強制執行程序終結前爲之，強制執行法第十二條第一項定有明文。又撤銷或更正強制執行之處分或程序，惟在強制執行程序終結前始得爲之，故聲明異議雖在強制執行終結前，而執行法院或抗告法院爲裁判時，強制執行程序已終結者，縱爲撤銷或更正原處分或程序之裁定，亦屬無從執行，執行法院或抗告法院自可以此爲理由，予以駁回（司法院三十三年院字第二七七六號解釋　參照）。查本件相對人邱○○貞（即阿○○披薩店）及鬥○○股份有限公司，係分別於民國八十四年一月二十四日及同年月二十五日對執行法院即台灣台中地方法院就本件執行標的之抵押不動產（建號二一○四、二二一六號即門牌號碼台中市○○路二段一五一號二樓及八樓建物）所爲除去租賃權之執行程序聲明異議，請求執行法院撤銷該除去租賃權之執行程序（執行卷第二宗第二五頁、第五八頁、第七○頁）。相對人之聲明異議雖經執行法院於八十四年二月九日裁定駁回（同卷宗第八一頁、第八二頁），並由相對人提起抗告，惟依執行筆錄記載，再抗告人已於八十四年二月二十七日向執行法院表明願意承受前開執行標的物，執行法院准予承受及以其債權抵繳案款，並於翌日向稅捐稽徵機關函查土地增值稅（同卷宗第一二○頁、第一二六頁）。則前開執行標的物是否已執行終結，執行法院能否再撤銷或更正強制執行之處分或程序，即非無疑義。原法院未經查明，遽以相對人之租賃契約成立在抵押權設定之前，執行法院不得除去租賃權爲由，將執行法院所爲駁回聲明異議之裁定廢棄（執行法院須另行處理相對人之聲明異議），即有未合。再抗告論旨，指摘原裁定不當，求予廢棄，非無理由。

據上論結，本件再抗告爲有理由，依強制執行法第四十四條、民事訴訟法第四百九十二條第二項，裁定如主文。

中　華　民　國　八十五　年　四　月　二十六　日

最高法院民事第二庭

審判長法官　曾　桂　香

法官　劉　廷　村

法官　徐　璧　湖

法官　劉　福　聲

法官　顏　南　全

右正本證明與原本無異

書記官　鄭　淑　卿

中　華　民　國　八十五　年　五　月　七　日

民事答辯狀

案號	八十五年度抗更(二)字第五三三號	承辦股別	雲
訴訟標的金額或價額	新台幣　萬　千　百　十　元　角		

稱謂	姓名或名稱 身分證統一編號或營利事業統一編號	性別	出生年月日	職業	住居所或營業所、郵遞區號及電話號碼電子郵件位址	送達代收人姓名、住址郵遞區號及電話號碼
相對人	台灣省合作金庫				均在卷	
法定代理人	廖○璧					
代理人	吳光陸律師					
抗告人	邱○○貞（即阿○○披薩店）					
抗告人	閂○○股份有限公司					
法定代理人	林○龍					

為強制執行除去租賃權聲明異議依法答辯事：

答辯聲明

一、抗告駁回

二、抗告費用及再抗告費用由抗告人負擔

理由

按當事人或利害關係人，對於強制執行之命令或對於執行推事、書記官、執達員實施強制執行之方法，強制執行時應遵守之程序或其他侵害利益之情事，得於強制執行程序終結前，爲聲請或聲明異議，強制執行法第十二條第一項前段定有明文，是依此項規定聲明異議，應於強制執行程序終結前。參照司法院三十三年院字第二七七六號解釋㈤：「撤銷或更正強制執行之處分或程序，惟在強制執行程序終結前，始得爲之。故聲明異議雖在強制執行程序終結前，而執行法院或抗告法院爲裁判時，強制執行程序已終結者，縱爲撤銷或更正原處分或程序之裁定，亦屬無從執行，執行法院或抗告法院自可以此爲理由，予以駁回。」，故執行程序在抗告法院裁定前已終結者，縱聲明異議有理由，仍應認抗告無理由。

依民法第八百六十六條規定「不動產所有人，設定抵押權後，於同一不動產上，得設定地上權及其他權利。但其抵押權不因此而受影響。」及辦理強制執行事件應行注意事項五十七之㈣規定：「不動產所有人設定抵押權後，於同一不動產上設定地上權或其他權利或出租於第三人，因而價值減少，致其抵押權所擔保之債權不能受滿足之淸償者，執行法院得依聲請或依職權除去後拍賣之。」（按：此注意事項於民國八十四年十二月二十三日修正，修正前爲第五十六條之㈡），執行法院可依抵押權人聲請除去租賃權後拍賣抵押物，故此除去租賃權之拍賣爲強制執行方法，此觀最高法院七十四年度台抗字第二二七號判例「執行法院認抵押人於抵押權設定後，與第三人訂立之租約，致影響於抵押權者，得依聲請或職權除去其租賃關係，依無租賃狀態逕行強制執行。執行法院所爲此種除去租賃關係之處分，性質上係強制執行方法之一種，當事人或第三人如有不服，應依強制執行法第十二條規定，向執行法院聲明異議，不得逕行對之提起抗告。」可明，當事人或利害關係人對此除去之執行處分不服，固可聲明異議，但依上說明，應於強制執行程序終結前爲之，如執行程序已終結，抗告法院仍應駁回抗告。

經查除去租賃權係就執行標的物拍賣方法所爲之執行處分，一經除去，即屬以無租賃狀態拍賣，故對除去租賃權之執行處分不服，其所指之執行程序終結，應指該標的物之拍賣終結而言，蓋一經拍賣終結，爲保障拍定人權益自不可撤銷已終結之拍賣，回復有租賃狀態之拍賣。此觀最高法院七十二年台抗字第二四〇號裁定「司法院三十三年院字第二七七六號解釋，關於強制執行法第十二條所指之強制執行程序終結部分，乃稱：該所謂強制執行程序終結，究指強制執行程序進行至如何程度而言，應視聲請或聲明異議之內容，分別情形定之。並認異議有對執行標的物之執行程序爲之者，有對整個執行名義之執行程序爲之者。後者必待強制執行程序進行至執行名義所載債權全部達其目的時，始爲終結；前者但對該執行標的物之執行程序終結時，即爲終結。原抗告法院未問明本件異議之內容，究屬何種性質，徒以拍賣所得價金尚未交付債權人爲詞，並引上開司法院解釋，遽爲不利於再抗告人之裁定，自欠允洽。」可明，茲此拍賣物業經相對人承受，執行法院發給不動產權利移轉證書（證一），相對人已取得所有權，並辦妥所有權登記（證二），則不僅此拍賣程序已終結，即執行標的物之執行程序終結，即就已發權利移轉證書言，足見價金亦已分配完畢，整個執行程序亦已終結，依上說明，不論抗告如何，均應認抗告無理由，請裁定如聲明。

謹呈

台灣高等法院台中分院 公鑒

證人姓名及其居住所	證物名稱及件數
	證一：不動產權利移轉證書。 證二：土地登記謄本一件、建物登記謄本十七件。

中華民國八十四年十二月二十日

具狀人 台灣省○○金庫
法定代理人 廖○璧 簽名蓋章
代理人 吳光陸律師

撰狀人 簽名蓋章

住址及電話

台灣高等法院台中分院民事裁定

八十五年度抗更(二)字第五三三號

抗告人 邱○○貞 住台中市西區○○號
代理人 林殷世律師 住彰化縣員林鎮○○號
抗告人 鬥○○股份有限公司 設台北市○○○號十二樓
法定代理人 林○龍 住同右

相　對　人　台灣省合作金庫　　設台北市○○號
法定代理人　廖　○　璧　　　住同右
代　理　人　吳光陸律師

右列抗告人因與相對人強制執行除去租賃權聲明異議事件，對於八十四年二月九日台灣台中地方法院八十三年執字第七○八九號所為裁定提起抗告，本院裁定如左：

主　文

抗告駁回。

抗告及再抗告程序費用，除確定部分外，由抗告人負擔。

理　由

一、按聲明異議應於強制執行終結前為之，強制執行法第十二條定有明文。又撤銷或更正強制執行之處分或程序，惟在強制執行終結前始得為之，故聲明異議雖在強制執行終結前，而執行法院或抗告法院為裁判時已終結者，縱為撤銷或更正原處分或程序之裁定，亦屬無從執行，執行法院或抗告法院自可以此為理由，予以駁回（司法院三十三年院字第二七七六號解釋(五)參照）。

二、本件原法院依相對人之聲請，就執行標的之不動產抵押物，即建號二一○四、二一一六號，坐落台中市西屯區○○段第三二五地號土地之建物，即門牌號碼台中市○○路二段一五一號二樓及八樓建物，裁定除去相對人之租賃權，抗告人邱○○貞（即阿○○披薩店）及門○○股份有限公司分別於八十四年一月二十日、同年月二十五日聲明異議，請求撤銷該除去租賃權之執行程序（見原法院執行卷第二宗第二五頁、第五八頁、第七〇頁），經原法院於八十四年二月九日裁定駁回。抗告人雖提起抗告（另湯〇〇珠寶有限公司、貳零〇〇育樂有限公司抗告部分，業經駁回確定）。惟相對人已於八十四年二月二十七日向原法院表示承受上開執行標的物，經原法院准許以其債權抵繳價金，核發權利移轉證書；相對人並據以辦理移轉登記完畢，有該權利移轉證書影本、建築改良物登記簿謄本附卷可稽。本件抗告人係就執行標的物之執行程序爲之異議，於執行標的物拍賣程序終結，即爲強制執行程序終結（最高法院七十二年台抗字第二四〇號、八十年台抗字第三九九號裁定參照）。茲相對人既已受領權利移轉證書，則上開執行標的物之強制執行程序顯已終結，依首開說明，縱爲撤銷原裁定，亦屬無從執行，應認抗告爲無理由，予以駁回。

據上論結，抗告爲無理由，並依強制執行法第四十四條、民事訴訟法第四百九十二條第一項、第九十五條、第七十八條、第八十五條第一項前段，裁定如主文。

民事第一庭審判長法官　楚　汝　聰

法官　吳　火　川

法官　伍　忠　勇

中　華　民　國　八十五　年　六　月　二十八　日

右爲正本係照原本作成。

不得再抗告。

書　記　官　廖　來　信

中華民國八十五年七月一日

參、檢討與分析

一、本件涉及程序與實體，程序方面因強制執行第十二條之聲明異議必需在執行程序終結前，實體方面，一係租賃究係何時成立？無租賃切結書之實質證據力，一係以抽成方式，是否屬租賃？就抗告法院之見解應係不採切結書，認抽成亦屬租賃。最後法院係以執行程序已終結爲由裁定，否則最後結果難料。

二、又抗告逾期或因執行終結，無從聲明異議，應如何救濟，因此除去租賃權之執行處分，縱裁定駁回聲明異議，該裁定無既判力，承租人仍可對拍定人起訴主張租賃關係（詳閱上開拙文）。

三、由於抵押權設定時間明確，以登記爲準，但租賃毋庸登記，實務上有在租約倒填日期者，故如何認定租賃是在抵押權設定之前或後，即有爭執，應如日本民法第六百零五條規定「不動產之租賃經登記者，嗣後就該不動產取得物權之人，亦生其效力。」，就不動產租賃亦需登記，非經登記不得對抗第三人，始克防止此一問題。尤其租賃有物權效果，竟不用登記，實屬立法不當。

第三章　不動產訴訟案例

在傳統之民事案例，不動產訴訟占有大部分，或因買賣、租（借）期屆滿、無權占有等發生爭執，茲介紹如下：

第一節　買　賣

不動產買賣成立後，出賣人不移轉，買受人固得依買賣關係請求移轉所有權登記，但爲避免出賣人在訴訟中移轉他人，致判決確定後，無法辦理過戶登記，故有假處分保全之必要，本件係一經典之例，自始有假處分、本案訴訟及最後之強制執行、確定訴訟費用、確定執行費用，爲一完整之案例。

壹、背景說明

本件係一預售屋之買賣，地主（即被告）之夫開設之建設公司興建房屋出售，一方面由地主與原告就土地訂立買賣契約，另一方面由建設公司與原告訂立委建契約，委託建屋（按：實爲房屋買賣），事後地主因想以毗鄰地關係購買隔鄰之水利地，遲未過戶（按：如不過戶，地主有權購買毗鄰地，反之移轉給原告，權利即屬原告），爲此訴訟。

爲免地主移轉他人或設定抵押、出租，本件先予假處分保全，待假處分執行後再起訴。

貳、書狀及裁判

民事　聲請假處分　狀						
案號	年度　字第　號				承辦股別	
訴訟標的金額或價額	新台幣　萬　千　百　十　元　角					
稱謂	姓名或名稱 身分證統一編號或營利事業統一編號	性別	出生年月日	職業	住居所或營業所、郵遞區號及電話號碼 電子郵件位址	送達代收人姓名、住址 郵遞區號及電話號碼
聲請人 即債權人	郭○水				住台中縣烏日鄉○○號	
債務人	吳○○美				住台中市○○號	

為聲請假處分事：

請求之事項

一、請求禁止債務人就其所有座落台中縣烏日鄉九張犁段二二二一—五七八地號土地面積一百二十八平方公尺全部，為讓與、抵押、出租及其他一切處分行為。

二、程序費用由債務人負擔。

理由

緣債務人於民國七十七年五月十四日將其所有座落台中縣烏日鄉九張犁段二二二一—五三四地號土地（約41.7坪）及其上建物（同地段三八八三建號），出售與聲請人，均簽有合約書（證一）。該建物之基地原為上述之二二二一—五三四地號，現變更登記為同地段二二二一—五七八地號（二二二一—三地號截止記載併入二二二—五〇九，二二二—五〇九復被截止記載併入二二二—三，二二二—三地號，於民國七十八年一月十日經分割增加地號為二二二—五四～二二二—五八四附謄本為證），另附建築改良物所有權狀影本，請參看建號及所座落基地之地號。聲請人於七十八年七月十日已依約繳清應付之款項（見合約書附表壹之經收紀錄）。另前述建物三八八三建號（門牌台中縣烏日鄉信義街一九三巷五一弄一一號），包含於前述款項之內，已於七十八年八月七日辦妥移轉登記予聲請人，惟基地之移轉登記，雖經聲請人再三催促，債務人仍不履行。為恐債務人對該土地有所處分，影響及聲請人之權益，致日後有難於執行之虞。為此依民事訴訟法第五百三十二條之規定，並願提供擔保，以代釋明，狀請

鈞院鑒核，裁定准予假處分，以保權利，實為德便。

謹狀

台灣台中地方法院公鑒

證人姓名及其住居所	（本件土地二二二—五七八地號面積一百二十八平方公尺，七十八年公告現值每平方公尺四千元，總現值為新台幣五十一萬二千元正。附地價證明正本）
證物名稱及件數	一、合約書影本二份。 二、謄本正本四份。 三、建物所有權狀一份。 四、地價證明正本一份。

中華民國七十九年二月十二日

具狀人　郭○水　簽名蓋章

撰狀人　簽名蓋章

住址及電話

台灣台中地方法院民事裁定

七十九年度全一字第二二九號

聲請人
即債權人　郭○水　住台中縣烏日鄉○○號

債務人　吳○○美　住台中市○○號

右當事人間聲請假處分事件，本院裁定如左：

主文

債權人以新台幣二十五萬元供擔保後，債務人對於後附目錄所載之不動產，不得爲讓與、設定他項權利、出租及其他一切處分行爲。

聲請程序費用由債務人負擔。

理由

一、按債權人就金錢請求以外之請求，因請求標的之現狀變更，有日後不能強制執行之虞，欲保全強制執行者，得聲請假處分，民事訴訟法第五百三十二條第一項第二項規定甚明。

二、本件聲請人主張：債務人於七十七年五月十四日，將如後附目錄所載之土地出售與聲請人，惟屢經催促，債務人均拒不辦理所有權移轉登記與聲請人，聲請人爲保全強制執行，願供擔保以代釋明，請准予宣告假處分等語提出土地預購買賣合約書、土地登記簿謄本爲證，核無不合，應予照准。

三、依民事訴訟法第五百三十五條第一項、第二項、第五百三十三條、第五百二十六條第二項、第九十五條、第七十八條，裁定如主文。

中　華　民　國　七十九　年　二　月　二十二　日

台灣台中地方法院民事庭

法　官　李　彥　文

附不動產目錄

台中縣烏日鄉九張犁段二三二—五七八地號建面積〇．〇一二八公頃。

右爲正本係照原本作成。

如不服本裁定，得於收受送達後十日內向本院提出抗告狀。（並應繳納抗告費新台幣四十五元）

書　記　官　謝　鏡　明

中　華　民　國　七十九　年　二　月　二十三　日

提存通知書

七十九年度存字第四八七號

提存物受取人姓名或名稱		住所或事務所		不知受取人者其事由	
提存原因及事實	依據台灣台中地方法院七十九年度全一字第二三一九號民事裁定				
提存物之名稱種類數量（有價證券應記載號碼）	新台幣二十五萬元整。				
對待給付之標的及其他受取提存物所附條件					
證明文件	台灣台中地方法院七十九年度全一字第二三一九號民事裁判影本一件。				
提存所名稱	台灣台中地方法院提存所	提存日期	中華民國七十九年二月二十七日		
提存人姓名或名稱	郭○水 代理人　陳○娟 （簽名或蓋章）	住所或事務所	台中縣烏日鄉仁德村		

民事起訴狀

案號	年度 字第 號	承辦股別	
訴訟標的金額或價額	新台幣 萬 千 百 十 元 角		

稱謂	姓名或名稱、身分證統一編號或營利事業統一編號	性別	出生年月日	職業	住居所或營業所、郵遞區號及電話號碼、電子郵件位址	送達代收人姓名、住址、郵遞區號及電話號碼
原告	郭○水				住台中縣烏日鄉○○號	
訴訟代理人	吳小燕 律師					
被告	吳○○美				住台中市○○號	
	住○建設有限公司				住同右	
法定代理人	吳○華				住同右	

爲請求移轉所有權等事件依法起訴事：

聲明

一、被告吳○○美應將坐落台中縣烏日鄉九張犁段二二二—五七八地號建地面積○・○一二八公頃所有權全部移轉登記給原告。

二、被告吳○○美應給付原告新台幣（以下同）二十二萬五千七百九十六元及自起訴狀繕本送達翌日起至清償日止，按年利率百分之五計算之利息。

三、被告住○建設有限公司應將台中縣霧峰地政事務所於民國七十八年八月所發霧字第○六八二二號建築改良物所有權狀（即建號三八八三，門牌台中縣烏日鄉信義街○○號之房屋所有權狀）交付原告。

四、訴訟費用由被告等負擔。

五、第二、三項聲明原告願供擔保請准宣告假執行。

事實及理由

一、被告吳○○美於民國七十七年五月十四日將其所有坐落台中縣烏日鄉九張犁段二二二—五三四號地號土地四一．七坪出售給原告，由原告委託其夫吳○華所經營之住○建設有限公司（以下簡稱住○公司）在該地建屋，均訂有買賣合約書為證（證一）。

二、上開土地之地號二二二—五三四，嗣經併入二二二—五○九，再併入二二二—三，二二二—三號復於民國七十八年一月十日分割為二二二—五四五至二二二—五八四地號，有土地登記簿謄本可稽（證二），經核對建物測量成果圖及建築改良物所有權狀影本（證三），查知房屋基地二二二—五七八地號為兩造之買賣標的物（即由二二二—五三四號轉變而來）。

三、按物之出賣人，負交付其物於買受人，並使其取得該物所有權之義務，為民法第三百四十八條第一項所明定，系爭土地既已由被告吳○○美出售與原告，依上開說明，伊自應移轉所有權給原告。

四、依房屋買賣合約書第五條約定，系爭土地上之房屋由被告住○公司代為辦理產權登記，則其於辦妥產權登記取得所有權狀後，即應依民法第五百四十一條第一項將該所有權狀交付原告。然迄今住○公司僅交付影本一紙，迄未交付權狀正本，為此依上開說明請求住○公司交付其占有之上開所有權狀。

五、再按物之出賣人對於買受人應擔保其物依民法第三百七十三條之規定危險移轉於買受人時，無滅失或減少其價值之瑕疵。又買賣因物有瑕疵，買受人得請求減少其價金，分別爲民法第三百五十四條第一項前段及同法第三百五十九條所明定。最高法院七十三年度台上字第一一七三號民事判決並認：所謂物之瑕疵，指存在於物之缺點而言。若出賣特定物其所含數量短少，足使物之價值、效用或品質有所欠缺者，亦屬之（證四）。本件訟爭土地原告所買受者係四一．七坪，即一三七．八五平方公尺，依前開土地登記簿所載面積僅爲一二八平方公尺，較約定買賣面積短少九．八五平方公尺，有百分之七．一五之土地不能取得使用，對買受人之權益影響頗鉅，依前揭法文及實務見解，被告吳○○美應負瑕疵擔保之責，特以本起訴狀繕本之送達爲請求減少價金二十二萬五千七百九十六元（亦即 $\frac{\text{（短少）}9.85\text{平方公尺}}{\text{（實受）}137.85\text{平方公尺}}\times 316$ 萬元（售價）= 225,796 元）之意思表示，並因原告已依約繳交全部買賣價金，致上開應予減少之價金爲原告受有之損害，而爲被告無法律上原因受有利益所致者，依民法第一百七十九條規定，被告應返還該利益予原告。

爰此，狀請

鈞院鑒核，賜判如訴之聲明，是所至感。

謹狀

台灣台中地方法院民事庭 公鑒

證人姓名及其住居所	證物名稱及件數
	證一：土地及房屋預購買賣合約書影本一件。 證二：土地登記謄本一份。 證三：建築改良物所有權狀影本一份。 證四：最高法院七十三年度台上字第一一七三號民事判決影本一份。

中　華　民　國　七十九　年　三　月　十九　日

具狀人　郭○水　簽名蓋章

撰狀人　吳小燕律師　簽名蓋章

住址及電話

被告於民國七十九年四月十日提出答辯狀，摘要如下：

答辯之聲明

一、原告之訴駁回。

二、訴訟費用由原告負擔。

三、本件若判決不利被告時，願供擔保請免於假執行。

理由

一、對出售事實不否認，但土地面積部分，約定於房屋建築完成，並爲鄰地整界後（臨地爲水利地）定之，故兩造於「土地預購買賣合約書」中並未爲面積之定明，是原告請求之土地面積顯然無據。

二、系爭土地之一部分，應移轉登記與原告，被告並不否認。惟㈠面積之數量問題，應於系爭土地與水利地整界後定之㈡移轉登記之時間，亦應於整界後爲之，原告之於現時提出請求，實無理由；被告對於鄰地水利地部分之申購早已提出申請，並經台中水利會通知建築堤防後辦理，而原告業已完成堤防，惟現在台中水利會正在選舉期間，故土地申購業務暫時停辦。

三、原告尚有房地尾款二六〇萬元未付，被告主張同時履行抗辯權。

台灣台中地方法院民事判決

七十九年度訴字第九四四號

原　　告　郭　〇　水　住台中縣烏日鄉〇〇號

訴訟代理人　吳　小　燕　律師

複 代理人　楊　傳　珍　住台中市〇〇路五六一號四樓之三

　　　　　吳　〇　〇美　住台中市〇〇號

被　　告　住〇建設有限公司　設同右

右　一　人　　　　　　　　　　　住同右

法定代理人　　吳　○　華

共　　　同

訴訟代理人　　吳　文　虎律師

右當事人間請求所有權移轉登記事件，本院判決如左：

主　文

被告吳○○美應於原告對待給付新台幣二百三十七萬四千二百零四元之同時，將坐落台中縣烏日鄉九張犁段二二二一—五七八地號建地面積○．○一二八公頃所有權全部移轉登記給原告。

被告住○建設有限公司應將台中縣霧峰地政事務所於民國七十八年八月所發霧字第○六八二三號建築改良物所有權狀（即建號三八八三，門牌台中縣烏日鄉○○號之房屋所有權狀）交付予原告。

訴訟費用由被告住○建設有限公司負擔三一六一七分之一五，餘由被告吳○○美負擔。

本判決第二項得假執行；但被告住○建設有限公司如於假執行程序實施前，以新台幣一千五百元預供擔保後，得免為假執行。

事　實

甲、原告方面：

一、聲明：求為判決除主文第一項所示之對待給付金額外，餘如主文所示，並以供擔保為條件之假執行宣告。

二、陳述：

㈠被告吳○○美於七十七年五月十四日將其所有坐落於台中縣烏日鄉九張犁段二二二一—五三四地號土地四一．七坪出售給原告，由原告委託其夫吳○華所經營之住○建設有限公司（以下簡稱住○公司）在該地建物。

㈡上開土地之地號二二二一—五三四嗣經併入二二二一—五○九，再併入二二二一—三，二二二一—三號復於七十八年一月十日分割為二二二一—五四五至二二二一—五八四地號，經核對建物測量成果圖及建築改良物所有權狀影本，查知房屋基地二二二一—五七八地號為兩造之買賣標的物。

㈢按物之出賣人，負交付其物於買受人，並使其取得該物所有權之義務，為民法第三百四十八條第一項所明定。系爭土地既已由被告吳○○美出售與原告，依上開說明，伊自應移轉所有權給原告。

㈣依房屋買賣合約書第五條約定，系爭土地上之房屋由被告住○公司代為辦理產權登記，則其於辦妥產權登記取得所有權狀後，即應依民法第五百四十一條第一項將所有權狀交付原告，然迄今住○公司僅交付影本一紙，迄未交付權狀正本。為此依上開說明請求住○公司交付其占有之上開所有權狀。

㈤本件訟爭土地原告所買受者係四一．七坪，即一三七．八五平方公尺，依前開土地登記簿所載面積僅為一二八平方公尺，較約定面積短少九．八五平方公尺，則被告吳○○美自應負瑕疵擔保之責，特以本訴狀之送達為請求減少價金新台幣（下同）二十二萬五千七百九十六元。

三、證據：提出土地預購買賣合約書影本、房屋預購買賣合約書影本、建築改良物登記簿謄本各一件，土地登記簿謄本三件，建築改良物所有權狀影本一件爲證。

乙、被告方面：

一、聲明：求爲判決駁回原告之訴；如受不利之判決，願供擔保，請准免於假執行。

二、陳述：

㈠被告吳○○美對於委託住○公司在系爭土地上建屋出售與原告之事實並不否認，但土地面積部分，約定於房屋建築完成，並爲鄰地整界後定之，故兩造於土地預購買賣合約書中並未爲面積之約定，是原告請求之土地面積顯然無據。

㈡本件系爭土地之一部分，應移轉登記給原告，被告並不否認，但面積問題，應於系爭土地與水利地整界後定之，移轉登記時間，亦應於整界後爲之，原告現提出此請求，實無理由。按被告對於鄰地水利地部分之申購早已提出申請，並經台中水利會通知築堤防後辦理，而現業已完成堤防，僅因台中水利會正選舉中，故土地申購業務暫時停辦。

㈢原告尚有房地尾款二百六十萬元未付，被告主張同時履行抗辯。

㈣被告房屋建築完成後，於七十八年七月十一日已點交原告占有並遷入居住，未完成者僅移轉登記而已。

理　由

一、本件原告起訴時主張被告吳○○美於民國七十七年五月十四日將其所有坐落台中縣烏日鄉九張犁段二二二—五二四地號土地內之其中四一．七坪土地出售給原告之事實，業據其提出土地預購買賣合約書影本一件爲證，被告吳○○美對於土地買賣一事雖不爭執，惟抗辯稱當時並未爲面積之約定云云。查依卷附土地預購買賣合約書第一條之記載：甲方（指原告）所購爲乙方（指被告吳○○美）所有土地烏日鄉九張犁段二二二—五三四地坪四一．七坪，該條約定之上開內容以肉眼觀之爲同一人之筆跡，且係連續書就，顯非事後塡寫，被告之抗辯，應不足採。

二、查上開二二二—五三四地號，嗣經併入二二二—五○九地號，再併入二二二—三地號，二二二—三地號復於七十八年一月十日分割爲二二二—五四五至二二二—五八四地號，有土地登記簿謄本三件在卷可稽。而依卷附建築改良物所有權狀影本之記載，房屋基地之地號爲二二二—五七八號，此即爲兩造買賣之標的物，應足認定。

三、按物之出賣人，負交付其物於買受人並使其取得該物所有權之義務，民法第三百四十八條第一項定有明文。查系爭土地既已由被告吳○○美出售與原告，依上開法條規定，被告吳○○美本應將系爭土地所有權移轉登記給原告，惟按因契約互負債務者，於他方當事人未爲對待給付前，得拒絕自己之給付，民法第二百六十四條第一項有明文規定，查原告與被告吳○○美間之土地買賣，原告依約尙有尾款二百六十萬元未付，玆被告吳○○美爲同時履行之抗辯，故被告吳○○美應於原告提出上開對待給付同時，移轉系爭土地所有權給原告。

四、再按物之出賣人，對於買受人應擔保其物依民法第三百七十三條之規定危險移轉於買受人時，無滅失或減少其價值之瑕疵；又買賣因物有瑕疵，而買受人應負擔保之責者，買受人得請求減少價金，分別爲民法第三百五十四條第一項前段及第三百五十九條所明定。又所謂物之瑕疵，指存在於物之缺點而言，若出賣特定物，其所含數量短少，足使價値、效用或品質有欠缺者，亦屬之。本件系爭土地原告所買受之面積爲四一·七坪，即一三七·八五平方公尺，已如前述，然依卷附土地登記簿之記載面積僅爲一二八平方公尺，較約定買賣面積短少九·八五平方公尺，即有百分之七·一五之土地不能取得使用，而此項欠缺，自影響土地之效用，依前揭法條規定及說明，被告吳○○美自應負瑕疵擔保之責，原告請求減少價金，自屬正當。兩造買賣短少之土地九·八五平方公尺，依計算應減少價金二十二萬五千七百九十六元（小數點以下原告主張不計），此項減少之價金，應自原告應提出之對待給付二百六十萬元中扣除，即被告吳○○美於原告付二百三十七萬四千二百零四元之同時，應將土地所有權移轉給原告。至被告吳○○美所提面積之數量問題，應於系爭土地與水利地整界後定之一節，查系爭土地相鄰之水利地並非兩造買賣之標的物，故其如何取得整界，要與本件無關。

五、按受任人因處理委任事務，所收取之金錢物品及孳息，應交付於委任人，民法第五百四十一條第一項定有明文。本件原告與被告住○公司所訂房屋預購買賣合約書第五條約明系爭土地上之房屋（即建號三八八三號，門牌台中縣烏日鄉○○號之房屋）由被告住○公司代爲辦理產權登記，二者間有委任關係存在，被告住○公司既因代爲辦理產權登記而取得上開所有權狀，依前述法條規定，自應將所有權狀交付原告，乃其竟拒絕交付，爲此原告訴請被告交付，自屬正當，應予准許。雖被告抗辯稱原告尙有房地尾款二百六十萬元未付，其主張同時履行抗辯權云云，惟查系爭土地買賣之雙方當事人爲原告與被告吳○○美，房屋買賣之當事人爲原告與被告住○公司，前者之買賣價金爲三百六十萬元，後者則爲六十四萬元之事實，有土地、房屋預購買賣合約書影本各一件在卷可稽，二件買賣之當事人不同，不可混淆。而房屋買賣之價金六十四萬元，原告已按期給付完畢，亦有房屋預購買賣合約書後所附之預定委建工程付款辦法暨經收紀錄表在卷可按，亦爲被告住○公司所不爭執，堪認爲真實。原告既已繳清房屋價款，被告住○公司何得主張同時履行之抗辯權，縱原告尚有部分土地價金未給付，然此亦爲原告與被告吳○○美二者間之問題，被告住○公司焉得爲同時履行之抗辯，是其所辯，顯無足採。

六、假執行之宣告：系爭所有權狀之價額不能核定，依民事訴訟費用法第十五條之規定，本件所有權狀之價格視爲五百元（銀元），故本判決主文第二項，依民事訴訟法三百八十九條第一項第五款規定，應依職權宣告假執行。另被告住○公司陳明願供擔保以代釋明聲請准予免爲假執行，經核無不合，爰酌定相當擔保金額予以宣告。

七、結論：本件原告之訴爲有理由，依民事訴訟法第七十八條、第八十五條第一項但書、第三百八十九條第一項第五款、第三百九十二條，判決如主文。

中　華　民　國　七十九　年　四　月　三十　日

台灣台中地方法院民事第六庭

法　官　江　德　千

右正本證明與原本無異。

如不服本判決，應於判決送達後二十日內，向本院提出上訴狀。

法院書記官　林　淑　雯

中　華　民　國　七　十　九　年　五　月　五　日

被告接獲判決，於法定期間提起上訴：

民事上訴狀

案號	七十九年度訴字第九四四號	承辦股別	
訴訟標的金額或價額	新台幣　萬　千　百　十　元　角		

稱謂	姓名或名稱 身分證統一編號 或營利事業統一編號	性別	出生年月日	職業	住居所或營業所、 郵遞區號及電話號碼 電子郵件位址	送達代收人姓名、住址 郵遞區號及電話號碼
上訴人	吳○○美 住○建設有限公司				均在卷	
法定代理人	吳○華					
被上訴人	郭○水				詳卷	

為聲明上訴事：

查上訴人與被上訴人間請求所有權移轉登記事件，接奉　鈞院民事庭七十九年度訴字第九四四號判決，上訴人對原判決不利部分不服，特於法定期間內聲明上訴，除上訴理由容閱卷後補呈外，並請

裁定訴訟標的價額，爲此狀請

鈞院鑒核！

謹狀

台灣台中地方法院民事庭 轉呈

台灣高等法院台中分院民事庭 公鑒

證人姓名及其住居所	證物名稱及件數

中華民國七十九年五月三十日

具狀人 吳○○美

住○建設有限公司

右一法定代理人 吳光陸 簽名蓋章

撰狀人 簽名蓋章

住址及電話

上訴人於民國七十九年六月二十九日提出民事上訴理由狀，摘要如下：

上訴之聲明

一、原判決廢棄。

二、被上訴人在第一審之訴駁回。

三、第一、二審訴訟費用由被上訴人負擔。

理由

一、被上訴人所執之土地預購合約書第二條，對於土地面積數量之規定，僅指建屋應有之範圍約若干坪而已，無土地面積數量之規定。

二、本件訟爭乃因被上訴人拖欠價款三分之二所引起，上訴人之所以扣留所有權狀而不辦理土地移轉過戶登記，乃係爲保護血本；上訴人依民法第二百六十條第一項規定，被上訴人迄未繳清價款，自不辦理土地移轉登記；即或被上訴人願繳清價款，上訴人另求自被上訴人遷入系爭房屋之日（七十八年七月十一日）起，至清償日止按二百六十萬元周年利率百分之五計算利息給付上訴人，作爲違約之賠償。被上訴人若不願如期繳清。依土地預購合約之規定，沒收已繳之價款，解除合約，並要求被上訴人遷出房屋，以示公允。

民事辯論意旨狀

案號	七十九年度上字第三二五號	承辦股別	雲
訴訟標的金額或價額	新台幣　萬　千　百　十　元　角		

稱謂	姓名或名稱 身分證統一編號或營利事業統一編號	性別	出生年月日	職業	住居所或營業所、郵遞區號及電話號碼 電子郵件位址	送達代收人姓名、住址 郵遞區號及電話號碼
被上訴人	郭○水				詳卷	
訴訟代理人	楊傳珍					
上訴人	吳○○美 住○建設股份有限公司				均詳卷	
右一 法定代理人	吳○華					

為所有權移轉登記等事件，謹具辯論意旨狀事：

答辯聲明

一、上訴駁回。

二、第二審訴訟費用由上訴人負擔。

答辯理由

一、本件兩造間所買賣之系爭土地，確為四一・七坪。

㈠七十九年七月六日證人卓秋菊（即土地買賣之出賣人代理人）在　鈞院業已證稱：「郭○水要求我填上去，大家都沒離開，王麗莉（即蓋用公司印鑑、為本件簽約事特自公司前來銷售工地者）也在場，我就寫上去，王麗莉也知道這個情形。」「是根據公司給我們的銷售資料計算，客戶要求坪數要填上去。」是當事人二造於締結契約之事項中，互相表示意思一致，依民法第一百五十三條規定，本件買賣四一·七坪土地之契約即為成立。

㈡況七十九年六月二十九日被上訴人庭呈　鈞院上訴人所印製之價目表上，亦載明「別墅 D6 土地四一·七坪」，被上訴人乃基於買受四一·七坪之意思表示趨於一致，毋待他求。

二、被上訴人依約支付價金，上訴人拒不履行辦理移轉登記及交付權狀之義務，於法無據：

㈠系爭房地各十三期價金，被上訴人均依約給付（請參見原證一），是上訴人依民法第三百六十九條、第三百四十八條規定所示，買賣標的物之交付及所有權之移轉，契約另有訂定者，自應從其所定，本件房地買賣契約書附表第十三期既為驗收過戶交付，則該期價金交付時，上訴人已負有過戶交付義務。且依債務本旨，銀行貸款二百六十萬元，被上訴人已依約開立同面額之本票一紙，亦不生上訴人所述拖欠價款三分之二可言。依約被上訴人開立本票，且如期繳交十三期價款，上訴人即應負產權過戶清楚之責，而不得以其己身未盡善良管理人之注意義務之事由，即未依約為被上訴人辦理銀行貸款之事由，拒不履行移轉登記之義務。

㈡至系爭房屋所有權狀之交付義務，依本件房屋買賣合約書第五條約定及民法第五百四十一條第一項規定，應由上訴人負履行之責，不得以前段所述可歸責於其己身之事由拒不履行。

三、上訴人其他攻擊防禦方法，均與本件請求本旨無涉，亦乏法律依據，爰此，狀請鈞院鑒核，賜判如答辯聲明所載，是所至感！

謹呈

台灣高等法院台中分院 公鑒

證人姓名及其住居所	證物名稱及件數

中華民國七十九年七月十七日

具狀人 郭〇水 簽名蓋章

訴訟代理人 楊傳珍

撰狀人 簽名蓋章

住址及電話

台灣高等法院台中分院民事判決

民國七十九年度上字第三二五號

上　訴　人　吳○○美　住台中市○○號
住○建設有限公司　設台中市○○號
右　一　人
法定代理人　吳○華　住同右
共　　　同
訴訟代理人　吳文虎律師
被 上訴人　郭○水　住台中縣烏日鄉○○號
訴訟代理人　楊傳珍　住台中市○○路五六一號四樓之三

右當事人間請求所有權移轉登記事件，上訴人對於中華民國七十九年四月三十日台灣台中地方法院第一審判決（七十九年度訴字第九四四號）提起上訴，本院判決如左：

主　文

上訴駁回。

第一、二審訴訟費用由上訴人負擔。

事　實

甲、上訴人方面：

一、聲明：㈠原判決廢棄。㈡被上訴人在第一審之訴及假執行之聲請駁回。

二、陳述及證據：除與第一審判決書記載相同者，予以引用外，補述略稱：㈠依上訴人執有之土地預購合約書第二條，並無土地面積數量之規定，合約書面積僅指建屋應有之範圍約若干坪而已。第三條規定實際面積應以地政機關複丈結果為準，如稍有出入，雙方概不增減價款，是面積尚未確定。原審認被上訴人買受者為四一・七坪即一三七・八五平方公尺減少九・八五平方公尺，應減少價金新台幣（下同）二十二萬五千七百九十六元，與合約所定不符，顯有違誤。㈡本件訟爭，係因被上訴人拖欠價款三分之二，即二百六十萬元所引起。上訴人於七十八年七月十一日建築物完成，即讓被上訴人遷入使用，然被上訴人竟不履約，繳清房地價款，上訴人為保全計，不得已乃扣留其房屋權狀，不辦土地移轉登記。被上訴人迄未繳清價款，上訴人依民法第二百六十四條第一項規定，自得拒辦土地所有權移轉登記。被上訴人如不願照期繳清價款，上訴人自得解約，沒收已付價款，並要被上訴人即刻遷出系爭房屋，以示公允等語。補提土地預購買賣合約書影本一件；聲明訊問證人吳招賢。

乙、被上訴人方面：

一、聲明：上訴駁回。

二、陳述及證據：除與第一審判決書記載相同者，予以引用外；補述略稱：㈠依被上訴人執有之買賣合約書原本，上訴人簽約前提供參閱之價目表，基地位置圖、配置圖、一樓全區平面圖等附件均記載，註明被上訴人買受系爭房屋之基地為四一・七坪，且系爭房屋使用執照上亦明載基地面積爲一三七・八六平方公尺。㈡被上訴人已向上訴人表示可隨時以現金給付殘餘價款，請其辦理土地過戶與被上訴人，有存證信函可稽，上訴人已付價款一百二十萬元，尚餘價款二百六十萬元，在上訴人尚未將土地產權移轉清楚前該二百六十萬元尚不需履行。若須給付，並應從二百六十萬元中扣除短少坪數之二十二萬五千七百九十六元，始屬正確等語。補提價目表、台中縣政府工務局使用執照、基地位置圖、一樓全區平面圖、作廢本票等影本各一件，聲請訊問證人卓秋菊。

理　由

一、被上訴人起訴主張：上訴人吳○○美於七十七年五月十四日將其所有坐落台中縣烏日鄉九張犁段二二二—五二四號土地內土地如其提供價目表「別墅 D6」所示之土地四一・七坪以三百十六萬元出售與被上訴人，由被上訴人以委建方式，由其夫吳○華所經營之上訴人住○建設有限公司（以下簡稱住○公司）在該基地上建屋。被上訴人已依約給付除貸款部分二百六十萬元外之土地價款五十六萬元，並依約交付在貸款辦竣繳清前供作擔保用之面額二百六十萬元之本票一紙與上訴人（嗣經上訴人於原審交還被上訴人作廢）。至委建地上建屋，被上訴人付淸價款六十四萬元，亦經上訴人住○公司辦妥產權登記交付與上訴人使用。詎迭經催告，上訴人竟拒辦土地所有權移轉登記及交付該委建房屋所有權狀與被上訴人等語，因求爲命上訴人吳○○美辦理前開系爭土地面積○・○一二八公頃所有權移轉登記及命住○公司交付地上系爭建屋（即建號三八八三，門牌台中縣烏日鄉○○號）之建築改良物所有權狀與被上訴人之判決。

二、上訴人則以：吳○○美與被上訴人間土地預購合約書僅指建屋應有之範圍而已，第三條約定應以地政機關複丈結果爲準，如有出入，概不增減價款，合約上並無具體土地面積坪數之約定。又上訴人住○公司已於七十八年七月十一日建屋完成，並讓被上訴人遷入使用，被上訴人迄未繳清土地殘款二百六十萬元，上訴人自得拒絕履行等語，資爲抗辯。

三、查被上訴人主張其於七十七年五月十四日向上訴人吳○○美以三百十六萬元購買坐落台中縣烏日鄉九張犁段二三二―五二四號(嗣經併入二三二―五○九，再併入同所二三二―三號。該二三二―三號復於七十八年一月十日分割爲二三二―五四五至二三二―五八四號，本件系爭房屋基地即爲二三二―五七八號)內，面積四一．七坪（即一三七．八五平方公尺）之土地。委由另上訴人住○公司建屋價款六十四萬元，並已經該上訴人點交該建號三八八三門牌台中縣烏日鄉○○號房屋與被上訴人使用，然上訴人吳○○美迄未辦理前開基地所有權移轉登記與被上訴人及上訴人住○公司未依約交付建物所有權狀與被上訴人之事實，業據提出原審卷附土地預購買賣合約書、房屋預購買賣合約書、土地登記簿謄本、建築物改良登記簿謄本等件爲證；上訴人對於兩造間確有此項土地買賣與房屋委建，並已收受部分土地價款五十六萬元及房屋全部價款六十四萬及業經交付建屋與被上訴人使用等情，亦無爭執，已堪信被上訴人前開主張爲真實。

四、上訴人吳○○美雖以：土地預購合約書僅指建屋應有之範圍而已，合約上並無具體土地面積坪數之記載，依原約第三條規定，應以地政機關複丈結果爲準云云置辯，惟查該定型化之土地預購買賣合約書第三條固有「土地面積以地政機關複丈結果爲準」云云之記載，然兩造於七十七年五月十四日締約時雙方當場同意依上訴人方面預售屋提供之資料即價目表上「別墅 D6，土地面積四一・七坪」云云之記載，於該合約書第一條買賣土地標示及範圍內，特別載明爲「乙方所有土地烏日鄉九張犁段二三二一—五三四號，地坪四一・七坪」，有被上訴人執有之土地預購買賣合約書影本在卷可稽，核與卷附台中縣政府工務局七六工建使字第七九三五號使用執照內關於系爭房屋之「基地面積」欄內書明「一三七・八六平方公尺」之記載亦屬相符，參諸上訴人提供之基地位置圖，地籍配置圖，一樓全區平面圖比例核算之基地面積，亦尚吻合。復經訊問證人即上訴人授權辦理書寫買賣合約之銷售職員卓秋菊亦結證：「本件契約書是我寫的沒錯，地坪四一・七坪是我寫的沒錯，是寫完合約，馬上寫的，郭○水要求寫的，王麗莉（即上訴人之女，保管印章，在工地現場蓋章者）當場也知道」「（坪數四一・七坪）是根據公司之銷售資料寫的」等語，事證明確，上訴人空言抗辯，不足憑採。兩造間於締約時，實際上就買賣標地之土地面積範圍，既已同意，特別具體載明其坪數爲四一・七坪，兩造自應受此拘束。定型化統一合約上第三條之記載與此當事人明示合意相歧異，自無再爲適用之餘地。又證人卓秋菊既爲上訴人出售房屋土地時，授權辦理與客戶簽約之代理人，其當場特別載明出賣土地爲四一・七坪，縱係出於被上訴人主動要求，亦係有權爲之。又代上訴人保管圖章及用印之王麗莉即上訴人之女當時亦在場知悉此項註記之情形，就此重要事項，兩造意思表示，顯相合致，依民法第一百五十三條，本件買賣四一・七坪土地之契約自已成立，兩造自應受其約束。且查上訴人吳○○美短少前開基地面積，依土地登記簿之記載（僅一二八平方公尺），達九・八五平方公尺，爲兩造所不爭執，是被上訴人不能取得之系爭土地比例高達百分之七・一五，復按市場交易慣例及吾人經驗法則，顯亦過鉅。退萬步言，縱依合約書第三條記載之文義，亦難認爲「稍有出入」，上訴人執此抗辯，亦無可採。

五、按物之出賣人，負交付其物於買受人並使取得該物所有權之義務。又出賣人對於買受人應擔保其物依民法第三百七十三條規定危險移轉於買受人時，無滅失或減少其價值之瑕疵。另買賣因物有瑕疵，而買受人應負擔保之責者，買受人得請求減少價金。民法第三百四十八條第一項、第三百五十四條第一項前段、第三百五十九條分別定有明文。所謂物之瑕疵，指存在於物之缺點，若出賣特定物，其所含數量短少，足使價值效用或品質有所欠缺者，亦屬之。本件系爭土地，被上訴人所買受之面積爲四一．七坪，即一三七．八五平方公尺，而依卷附土地登記簿記載面積僅一二八平方公尺，較約定買賣面積短少九．八五平方公尺，已如前述。此項欠缺，被上訴人不能取得使用，自足影響及於土地之效用，揆諸前開說明，上訴人吳○○美自應負瑕疵擔保責任，被上訴人主張減少價金，自屬正當。兩造買賣短少之土地九．八五平方公尺，依比例核算，計應減少價金二十二萬五千七百九十六元。此項減少價金，應自被上訴人所應提出之對待給付二百六十萬元中扣除。按因契約互負債務者，於他方當事人未爲對待給付前，得拒絕自己之給付，民法第二百六十四條第一項定有明文。茲上訴人吳○○美主張同時履行抗辯，則上訴人吳○○美即應於被上訴人給付其殘款二百三十七萬四千二百零四元之同時，將土地所有權移轉登記與被上訴人。至上訴人吳○○美另主張被上訴人所稱面積之數量及未爲過戶之問題，係因上訴人另向水利會申購優先承買隔鄰水利地，現正洽辦，無法分割，過戶云云一節，經查所稱相鄰水利地並非兩造買賣標的物，有原合約在卷可稽，而本件系爭房屋之基地，即烏日鄉九張犁段二二二—五七八號土地早在七十八年一月十六日即已分割完成，有該土地登記簿謄本在卷可按，故不論上訴人主張是否屬實，如何申購取得水利地整界，要無本件無涉。又所舉證人吳〇賢雖證稱上訴人吳〇〇美已向水利會申辦優先購買水利地一事，惟就系爭房屋僅證稱預售時是一片空地，雖未分筆，但依慣例銷售前建商會準備好銷售計畫，向客戶說明地坪多少、建坪多少云云，顯亦不足為有何有利於上訴人之認定。上訴人前述抗辯，亦無足採。

六、次按受任人因處理委任事務，所收取之金錢、物品及孳息，應交付於委任人，民法第五百四十一條第一項定有明文。本件被上訴人與上訴人住〇公司所訂房屋預購買賣合約書第五條，約定系爭土地上之房屋（即建號三八八三號，門牌台中縣烏日鄉〇〇號之房屋）由上訴人住〇公司代辦產權登記，兩造間顯有委任關係存在。上訴人住〇公司既因代辦產權登記而取得系爭房屋之所有權狀，揆諸前開規定，自應將房屋所有權狀交付被上訴人。上訴人雖以被上訴人尚有房地尾款二百六十萬元未付，自得主張同時履行抗辯權，又被上訴人自七十八年七月十一日起既已遷入系爭房屋，居住使用，受有相當於二百六十萬元年息百分之五計算之利息云云相抗辯。惟查系爭土地買賣之雙方當事人為被上訴人及上訴人吳〇〇美，系爭房屋買賣之當事人則為被上訴人及上訴人住〇公司，前者買賣價金為三百十六萬元，後者為六十四萬元之事實，有土地、房屋預購買賣合約書影本各一件在卷可稽，且為兩造所不爭執。是二件買賣之當事人，顯有不同。而房屋買賣之價金六十四萬元，被上訴人已按期給付完竣，上訴人住〇公司並已同意交屋，由被上訴人遷入使用等情，亦有房屋預購買賣合約書後附之預定委建工程付款辦法暨經收紀錄表影本在卷可憑，且為上訴人住○公司所不爭執，被上訴人主張房屋價金業已繳清，堪認爲真實，稽諸房屋預購買賣合約書第十四條之約定，上訴人於房屋竣工及被上訴人繳清價款後，點交房屋與被上訴人遷入使用，自屬依約履行其交屋之義務，何能謂被上訴人曾受有不當利得。又上訴人住○公司既已依約履行交屋完竣，自亦無從主張同時履行抗辯權。縱被上訴人尚有部分價款未爲給付，要亦屬被上訴人與上訴人吳○○美間之問題。上訴人住○公司自不得爲同時履行抗辯權，所辯自無足採。

七、綜上所述，被上訴人本於買賣、委任等法律關係，請求上訴人吳○○美移轉系爭土地所有權登記及上訴人住○公司交付系爭房屋所有權狀與被上訴人，自無不合，原審判決准許；並就土地所有權移轉登記部分，一併諭知被上訴人應同時給付上訴人吳○○美二百三十七萬四千二百零四元，依法亦無不合。上訴論指摘原判決不當，求予廢棄，非有理由，應予駁回。

八、據上論結，本件上訴爲無理由，依民事訴訟法第四百四十九條第一項、第七十八條、第八十五條第一項但書，判決如主文。

中　華　民　國　七十九　年　七　月　二十三　日

民事第二庭

審判長法官　陳　瑞　甫

法官　陳　滿　賢

法官　曾　煌　圳

右正本係照原判決作成。

如對本判決上訴，須於判決送達後二十日內向本院提出上訴狀，未表明上訴理由者，應於上訴後二十日內向本院提出上訴理由書（須按他造人數附具繕本），並繳納送達用雙掛號郵票十份（每份二十一元）。

書記官　劉斐鴻

中　華　民　國　七十九　年　七　月　二十五　日

上訴人於法定期間提起第三審上訴：

民事聲明上訴狀

案號	七十九年度上字第三二五號	承辦股別	雲
訴訟標的金額或價額	新台幣　萬　千　百　十　元　角		

稱謂	姓名或名稱 身分證統一編號或營利事業統一編號	性別	出生年月日	職業	住居所或營業所、郵遞區號及電話號碼、電子郵件位址	送達代收人姓名、住址郵遞區號及電話號碼
上訴人	吳○○美 住○建設有限公司				均在卷	
法定代理人	吳○華					
被上訴人	郭○水					

為不服台灣高等法院台中分院所為之判決，依法聲明上訴事：

上訴人對七十九年上字第三三五號請求所有權移轉登記案件原判決不服，特於法定期間內，依法聲明上訴，上訴理由於後補呈，爲此狀請法院鑒核！

謹狀

台灣高等法院台中分院　轉呈

最　高　法　院　公鑒

證人姓名及其住居所	證物名稱及件數

中　華　民　國　七十九　年　八　月　二十　日

具　狀　人　吳○○美　簽名蓋章

住○建設有限公司

右　一　法定代理人　吳○華

撰　狀　人　簽名蓋章

住址及電話

上訴人於民國七十九年九月八日提出民事上訴理由狀，摘要如下：

上訴聲明

一、原判決不利於上訴人之部分廢棄。

二、就廢棄部分駁回被上訴人在第一審之訴。

三、第一、二、三審訴訟費用被上訴人負擔。

上訴理由

一、上訴人吳〇〇美於第二審上訴理由中主張被上訴人拖欠價款，係被上訴人不履行契約，繳清土地價款，上訴人吳〇〇美自得主張同時履行抗辯，不辦理土地移轉過戶登記。

二、被上訴人於未繳清土地價款前業已使用土地、房屋，上訴人吳〇〇美請求自被上訴人遷入系爭房屋之日（七十八年七月十一日）起至清償日止按二百六十萬周年利率百分之五計算之利息並無不當，原審未予審究。

三、上訴人所執有由卓秋菊所書寫之土地預購合約書，並無土地面積之記載，同時合約書上第三條明白約定，土地面積以地政機關複丈結果為準，條文內容明確清楚，原審不採，逕自認同被上訴人主張，並判決兩造買賣價金應減少，與民事訴訟法第四百六十九條第六款顯有違誤。

民事答辯狀

案號	七十九年度上字第三一五號	承辦股別	
訴訟標的金額或價額	新台幣　萬　千　百　十　元　角		

稱謂	姓名或名稱 身分證統一編號 或營利事業統一編號	性別	出生年月日	職業	住居所或營業所、 郵遞區號及電話號碼 電子郵件位址	送達代收人姓名、住址 郵遞區號及電話號碼
被上訴人	郭○水				詳卷	
上訴人	吳○○美 住○建設有限公司				均詳卷	
右一法定代理人	吳○華					

爲右當事人間請求所有權移轉登記事件，依法提出答辯事：

答辯聲明

一、上訴駁回。

二、第三審訴訟費用上訴人負擔。

答辯理由

一、按取捨證據認定事實屬於第二審法院之職權，若其認定並不違背法令即不許任意指摘其認定不當，以爲上訴理由。（二十八年上字第一五一五號判例參照）。又解釋契約屬於事實審法院之職權，當事人不得以其解釋不當爲第三審上訴理由（三十年上字第六〇二八號判例參照），先此陳明。

二、被上訴人與上訴人吳〇〇美所簽訂之「土地預購買賣合約書」第一條明載，被上訴人向上訴人吳〇〇美購買之土地爲「地坪四一．七坪」，此有該合約書影本在卷可稽。上訴人稱並無具體土地面積坪數之記載云云，顯與事實不符。

三、上訴人授權辦理書寫買賣合約之職員即證人卓秋菊在原審亦結證：「本件契約書是我寫的沒錯，地坪四一．七坪是我寫的沒錯，是寫完合約，馬上寫的，郭〇水要求寫的，王麗莉（即上訴人之女，保管印章，在工地現場蓋章者）當場也知道」「（坪數四一．七坪）是根據公司之銷售資料寫的」，被上訴人於原審庭呈之上訴人所印製之價目表上亦載明「別墅 D6 土地四一．七坪」，可見兩造就系爭土地之買賣面積爲四一．七坪，意思表示已成立，契約書並特別就此具體載明，雙方自應受此拘束。至於合約書第三條雖載「土地面積以地政機關複丈結果爲準」。此乃預先以鉛字印號，屬定型化契約之約款，惟既與兩造間明示之合意相歧異，自無再爲適用之餘地，原審判決就此已有詳細論述。被上訴人既以新台幣三百六十萬元買受四一．七坪土地，折合爲一三七．八五平方公尺，而依卷附土地登記簿面積系爭土地面積僅一二八坪方公尺，較約定買賣面積短少九．八五平方公尺，短少比例高達百分之七．一五，上訴人依法應負物之瑕疵擔保責任，依比例減少之價金應爲新台幣（以下同）二十二萬五千七百九十六元，原審判決亦如是認定，符合公平原則，並無違法。上訴人仍執陳詞稱「土地面積以地政機關複丈結果爲準」顯無理由。

四、又系爭房屋及土地買賣合約書之當事人不同。房屋預購買賣合約書之當事人爲住○建設有限公司（以下簡稱住○公司）。土地預購買賣合約書之出賣人爲吳○○美。房屋部分之價款爲六十四萬元，被上訴人已按期給付完畢，上訴人住○公司並已同意交屋，由被上訴人遷入使用，此亦爲住○公司所不爭執。且依房屋欲購買賣合約書第十四條約定「房屋竣工時，乙方（即住○公司）應通知甲（即被上訴人）辦理房屋點交手續」及預定委建工程付款辦法暨經收紀錄表第十三期亦載明「交屋交付六萬元」，被上訴人對於各期應交付款均已如數繳清，此有前述經收紀錄表在卷可稽。被上訴人既已繳清房屋價款，上訴人住○公司依約將系爭房屋點交予被上訴人，被上訴人何有不當利得。上訴人主張在未繳清土地價款前，上訴人吳○○美請求自被上訴人遷入系爭房屋之日起至清償日止二百六十萬元周年百分之五計算之利息云云，亦顯無理由，蓋上訴人吳○○美既非系爭房屋之出賣人，其有何權利爲此主張？原審判決就此亦有詳爲論述批駁。

五、綜上所述，原審判決已詳爲調查論述，其判決並無不當，上訴人仍執陳詞，斤斤指摘，顯無理由，請求駁回其上訴，至感德便。

謹狀

台灣高等法院台中分院　轉呈

最　高　法　院　公鑒

證人姓名及其住居所	

證物名稱及件數	

中華民國七十九年九月十四日

具狀人　郭〇水　簽名蓋章

撰狀人　簽名蓋章

住址及電話

最高法院民事裁定　七十九年度台上字第二三七〇號

上訴人　吳〇〇美　住台灣省台中市〇〇號

住〇建設有限公司　設同右號

右一人

法定代理人　吳〇華　住同右號

被上訴人　郭〇水　住台灣省台中縣烏日鄉〇〇號

右當事人間請求所有權移轉登記事件，上訴人對於中華民國七十九年七月二十三日台灣高等法院台中分院第二審判決（七十九年度上字第三二五號），提起上訴，本院裁定如左：

主　文

上訴駁回。

第三審訴訟費用由上訴人負擔。

理　由

按對於第二審判決上訴，非以其違背法令爲理由，不得爲之。民事訴訟法第四百六十七條定有明文。依同法第四百六十八條規定，判決不適用法規或適用不當者，爲違背法令。而判決有同法第四百六十九條所列各款情形之一者，爲當然違背法令。是當事人提起上訴，如依民事訴訟法第四百六十八條規定，以第二審判決不適用法規或適用法規不當爲理由時，其上訴狀或理由書應有具體之指摘，並揭示該法規之條項或其內容。若係成文法以外之法則，應揭示該法則之旨趣。倘爲司法院解釋、或本院之判例，則應揭示該判解之字號或其內容。如依民事訴訟法第四百六十九條所列各款情形爲理由時，其上訴狀或理由書，應揭示合於該條款之事實。上訴狀或理由書如未依此項方法表明，或其所表明者，顯與上開法條規定之情形不相合時。即難認爲已對第二審判決之違背法令有具體之指摘，其上訴理由自難認爲合法。本件上訴人對第二審判決提起上訴，雖以該判決違背法令爲由。惟核其上訴理由狀所載內容，係就原審取捨證據、認定事實之職權行使指摘其爲不當，並就原審已論斷者，泛言未論斷，而未具體表明合於不適用法規、適用法規不當，或民事訴訟法第四百六十九條所列各款之情形。難認對該判決之如何違背法令已有具體之指摘。依首揭說明，應認其上訴爲不合法。據上結論，本件上訴爲不合法。依民事訴訟法第四百八十一條、第四百四十四條第一項、第九十五條、第七十八條，裁定如主文。

中華民國七十九年十一月一日

最高法院民事第二庭

審判長法官 劉煥宇

法官 張仁淑

法官 曾桂香

法官 呂潮澤

法官 林奇福

民事強制執行聲請狀

案號	年度 字第 號	承辦股別	
訴訟標的金額或價額	新台幣 萬 千 百 十 元 角		

稱謂	姓名或名稱 身分證統一編號或營利事業統一編號	性別	出生年月日	職業	住居所或營業所、郵遞區號及電話號碼 電子郵件位址	送達代收人姓名、住址 郵遞區號及電話號碼
聲請人即債權人	郭○水				均詳卷	
相對人即債務人	住○建設有限公司					

法定代理人　吳○華

爲交付權狀等事件，聲請強制執行事：

執行名義

鈞院七十九年度訴字第九四四號民事判決、台灣高等法院台中分院七十九年度上字第三二五號民事判決暨最高法院七十九年度台上字第二二七○號民事裁定正本。

執行事項

一、相對人應將台中縣霧峰地政事務所於民國七十八年八月所發霧字第○六八二二號建築改良物所有權狀（即建號三八八三，門牌台中縣烏日鄉○○號之房屋所有權狀）交付聲請人。

二、聲請執行費用由相對人負擔。

事實及理由

一、聲請人就本件執行事項業奉前開執行名義在案。

二、因相對人迄未自動履行，爰依法聲請執行，狀請

鈞院鑒核，賜准依強制執行法第一百二十三條規定，取交該所有權狀予聲請人爲禱！

謹狀

台灣台中地方法院民事執行處　公鑒

證人姓名及其住居所

證物名稱及件數

中華民國七十九年九月十四日

具狀人 郭○水 簽名蓋章

撰狀人 簽名蓋章

住址及電話

民事聲請狀

案號 年度 字第 號

承辦股別

訴訟標的金額或價額 新台幣 萬 千 百 十 元 角

稱謂	姓名或名稱 身分證統一編號或營利事業統一編號	性別	出生年月日	職業	住居所或營業所、郵遞區號及電話號碼 電子郵件位址	送達代收人姓名、住址 郵遞區號及電話號碼
聲請人	郭○水				均詳卷	
相對人	吳○○美					
相對人	住○建設有限公司				詳卷	

右 法定代理人 吳○華

爲聲請確定訴訟費用額事：

聲請人與吳○○美等間請求所有權移轉登記事件，業奉終局確定勝訴判決在案（附件一），因吳○○美等應負擔各審訴訟費用，聲請人在第一審所墊付之訴訟費用共計三萬四千一百九十一元（附件二），爰此，狀請

鈞院鑒核，賜爲確定訴訟費用額負擔之裁定爲禱！

謹狀

台灣台中地方法院民事庭 公鑒

證人姓名及其住居所	
證物名稱及件數	附件一：鈞院七十九年訴字第九四四號判決、台灣高等法院台中分院七十九年上字第三三五號判決暨最高法院七十九年台上字第二二七○號裁定均影本一份。 附件二：鈞院裁判費收據及起訴狀首頁影本。

中華民國七十九年十一月二十日

具狀人 郭○水 簽名蓋章

撰狀人 簽名蓋章

住址及電話

民事聲請狀

案號	七十九年度全一字第二二九號	承辦股別	
訴訟標的金額或價額	新台幣　萬　千　百　十　元　角		

稱謂	姓名或名稱、身分證統一編號或營利事業統一編號	性別	出生年月日	職業	住居所或營業所、郵遞區號及電話號碼、電子郵件位址	送達代收人姓名、住址、郵遞區號及電話號碼
聲請人即債權人	郭○水				均詳卷	
相對人即債務人	吳○○美					

為假處分事件，聲請核發未調卷拍賣證明事：

一、聲請人前奉　鈞院七十九年度全一字第二二九號民事裁定，業供擔保並實施假處分在案（附件一）。

二、因本案訴訟已獲全部勝訴判決確定（附件二），為依法辦理所有權移轉登記，有聲請核發未調卷拍賣證明之必要，爰請

鈞院鑒核，賜准所請為禱！

謹狀

台灣台中地方法院民事執行處 公鑒

證人姓名及其住居所	證物名稱及件數
	附件一：鈞院裁定暨提存書影本。 附件二：鈞院民事判決暨台灣高等法院台中分院判決、最高法院以上均裁定影本。

中華民國七十九年十一月二十三日

具狀人 郭○水 簽名蓋章

撰狀人 簽名蓋章

住址及電話

民事聲請狀

案號	年度　字第　號	承辦股別	
訴訟標的金額或價額	新台幣　萬　千　百　十　元　角		

稱謂	姓名或名稱 身分證統一編號 或營利事業統一編號	性別	出生年月日	職業	住居所或營業所、郵遞區號及電話號碼 電子郵件位址	送達代收人姓名、住址 郵遞區號及電話號碼
聲請人	郭○水				均詳卷	

相對人 吳○○美

爲聲請確定執行費用額事：

聲請人與吳○○美間請求所有權移轉登記事件，業奉終局確定勝訴判決在案（附件一），因聲請人前爲保全強制執行，實施假處分在案（附件二），而本案之強制執行依土地登記規則第二十六條第四款及同規則第二七條第一項第四款規定，得由聲請人單獨向地政機關聲請辦理登記（附件三），因吳○○美拒不依上開確定判決辦理移轉登記，而由聲請人單獨持向地政機關辦竣登記，是上開假處分執行費用一千九百三十元（附件四），仍應由相對人負擔，爰此，狀請

鈞院鑒核，賜爲確定執行費用額負擔之裁定爲禱。

謹狀

台灣台中地方法院民事執行處 公鑒

證人姓名及其住居所	
證物名稱及件數	附件一：判決影本。 附件二：裁定影本。 附件三：強制執行手冊第二二〇頁影本。 附件四：收據影本。

中 華 民 國 八十 年 三 月 十三 日

具狀人　郭○水　簽名蓋章
撰狀人　　簽名蓋章
住址及電話

台灣台中地方法院民事裁定

八十年度民執聲十一字第四號

聲請人
即債權人　郭○水　住台中縣烏日鄉○○號
相對人
即債務人　吳○○美　住台中市○○號

右當事人間因假處分執行事件，聲請人聲請確定執行費用額，本院裁定如左：

主文

相對人應負擔執行費用額確定爲新台幣一千九百三十元。

理由

一、本件聲請人與相對人間假處分執行事件，經本院七十九年度民執全依字第二○○號執行完畢，依強制執行法第二十九條第一項之規定，債權人因強制執行而支出之費用，得求償於債務人者，得準用民事訴訟法第九十一條第一項規定，向執行法院聲請確定其數額。

二、經本院查卷審查後，相對人應賠償聲請人之執行費用額，連同本件聲請費用在內，依後附計算書確定爲如主文所示金額。

三、依強制執行法第二十九條第一項，民事訴訟法第九十一條第一項、第九十五條、第七十八條裁定如主文。

中　華　民　國　八十　年　三　月　二十二　日

台灣台中地方法院民事執行處

法　官　王　靜　秋

附計算書：

一、執行費新台幣（下同）六百二十五元。

二、送達郵費六十三元。

三、執行旅費一千二百元。

四、本件程序費用四十二元。

合計一千九百三十元。

右爲正本係照原本作成

如對本裁定抗告，須於裁定送達後十日內向本院提出抗告狀，應附繕本（並應繳納抗告費新台幣四十五元、雙掛號郵票三份）。

書　記　官　柯　忠　任

中華民國八十年三月二十五日

參、檢討與分析

一、本件爭執點係買賣之土地面積若干？一般建商於買賣契約均載明以地政機關複丈成果爲準，但因本件有明確記載面積，且與銷售廣告同，故建商無從否認。

二、價金未付清，在請求移轉所有權時，出賣人依民法第二百六十四條第一項「因契約互負債務者，於他方當事人未爲對待給付，得拒絕自己之給付。但自己有先爲給付之義務者，不在此限。」，可爲同時履行抗辯，法院即應爲對待給付判決。惟此對待給付限於該買賣標的之價金，本件建設公司爲房屋出賣人，茲請求移轉者爲土地，就土地之買賣契約爭訟，故建設公司即無從行使同時履行抗辯權，僅土地出賣人就原告請求土地部分可以行使。

三、第二審判決主文贅列第一審訴訟費用由上訴人負擔，因第一審判決已判令上訴人負擔，原判決既未廢棄，自不可再就訴訟費用判決。

第二節　無權占有（借用期滿）

借用期滿，貸與人可請求返還借用物，但因借用人拒不返還，甚至主張原借用物不存在，貸與人如何主張，事涉貸與人之權利。

壹、背景說明

本件被告任職原告期間，配住宿舍，其性質屬使用借貸，依民法第四百七十條第一項規定「借用人應於契約所定期間屆滿時，返還借用物。未定期限者，應於依借貸之目的使用完畢時返還之。但經過相當時期，可推定借用人已使用完畢者，貸與人亦得為返還之請求。」，參照最高法院四十四年台上字第八〇二號判例「因任職關係獲准配住系爭房屋，固屬使用借貸之性質，然其既經離職，依借貸之目的，當然應視為使用業已完畢，按諸民法第四百七十條之規定，被上訴人自得據以請求交還系爭房屋。」，原告自可於被告離職時請求返還。茲被告退休離職後，因不符規定，不能續住（按：公教人員有符合規定者，仍可於退休後繼續使用。），應予返還，但拒不返還，原告遂提起本件訴訟。在訴訟中被告主張原配住之宿舍因整修已不存在，目前之房屋係其自己出資所建，非原借用物，故本件爭執在於原告請求返還之房屋是否為原告所有之借用物，原告之借用物是否因整修而不存在。

貳、書狀及裁定

民事起訴狀					案號	年度　字第　號	承辦股別
					訴訟標的金額或價額	新台幣　萬　千　百　十　元　角	
稱謂	姓名或名稱 身分證統一編號或營利事業統一編號	性別	出生年月日	職業	住居所或營業所、郵遞區號及電話號碼電子郵件位址	送達代收人姓名、住址郵遞區號及電話號碼	
原告	國立〇〇大學				設台中市〇〇路二五〇號		

法定代理人	黃○熊	同右
訴訟代理人	吳光陸律師	
被　告	馮○彭	住台北市○○○路一段一○五巷二○號

為請求返還房屋事件，依法起訴事：

訴之聲明

一、被告應將坐落於台北市中正區中正段二小段一七六號地上建物一五○號平房面積以實測為準，即台北市杭州南路一段一○五巷二○號之房屋返還於原告。

二、訴訟費用由被告負擔。

三、願供擔保請准宣告假執行。

事實及理由

緣坐落如聲明所示之房屋為國有，為原告所管理（原證一），早年借予被告使用，經查被告業已退休，其配偶已獲住宅貸款。

按居住公有眷舍之公教人員，經獲政府輔助購置住宅者，其原住眷舍應由各機關學校負責於三個月騰空交國有財產局或管理機關依規定處理，以後亦不得申借眷舍，此為中央公教人員購置住宅輔助要點第十四點之規定。另依事務管理規則第二百四十九條第二項規定借用人退休時應在三個月內遷出。民法第四百七十條第一項前段亦規定「借用人應於契約所定期限屆滿時，返還借用物。未定期限者，應於依借貸之目的使用完畢時返還之。但經過相當時期，可推定使用人已使用完畢者，貸與人亦得為返還之請求。」，參照最高法院四十四年台上字第八〇二號判例「因任職關係獲准配住系爭房屋，固屬使用借貸之性質，然其既經離職，依借貸之目的，當然應視為使用業已完畢，按諸民法第四百七十條之規定，被上訴人自得據以請求交還房屋。」是被告對其原借用之眷舍已無適法之居住權源。然今拒不搬遷，原告迭經請求均為拒絕（原證二），原告乃依民法所有權及使用借貸關係提起本件訴訟。請求判決如聲明。

謹狀

台灣台北地方法院公鑒

證人姓名及其住居所	
證物名稱及件數	原證一：建物登記簿謄本一份。 原證二：律師函影本一份。

中華民國八十三年十一月二十八日

具狀人　國立〇〇大學

法定代理人　黃〇熊　簽名蓋章

訴訟代理人　吳光陸律師

撰狀人　　　　簽名蓋章

住址及電話

民事　準備書　狀

案號	八十四年度北簡字第一六二五號	承辦股別	
訴訟標的金額或價額	新台幣　萬　千　百　十　元　角		

稱謂	姓名或名稱 身分證統一編號或營利事業統一編號	性別	出生年月日	職業	住居所或營業所、郵遞區號及電話號碼 電子郵件位址	送達代收人姓名、住址 郵遞區號及電話號碼
原告	國立○○大學				均詳卷	
法定代理人	黃○熊					
訴訟代理人	吳光陸律師					
被告	馮○彭				詳卷	

爲請求返還房屋事件，謹具準備書狀事：

訴之聲明

一、被告應將坐落於台北市中正區中正段二小段一七六號地上如附圖所示之平房面積八四．九三平方公尺即台北市杭州南路一段一○五巷二○號之房屋返還於被告。

二、訴訟費用由被告負擔。

三、願供擔保請准宣告假執行。

事實及理由

緣坐落如聲明所示之房屋爲國有，爲原告所管理（參見原證一），早年借予被告使用，經查被告業已退休，其配偶亦已獲住宅貸款，依中央公教人員購置住宅輔助要點第十四點、事務管理規則第二百四十九條第二項、民法第四百七十條第一項及第七百六十七條之規定，原告自得請求返還房屋，然今拒不搬遷，原告迭經請求均爲拒絕（參見原證二），爲此本於所有權，使用借貸關係提起本訴，請求判決如聲明。

另系爭房屋之增建部分（原證三），係附合於系爭房屋而成爲其重要成分，原告請求返還房屋時，自得請求將該部分併予交付。懇請

鈞院鑒核！

謹狀

台灣台北地方法院 公鑒

證人姓名及其住居所	
證物名稱及件數	原證三：台北市建成地政事務所複丈成果圖一紙。

中 華 民 國 八十四 年 五 月 三 日

具狀人 國立○○大學 簽名蓋章

法定代理人 黃○熊

訴訟代理人 吳光陸律師 簽名蓋章

撰狀人

住址及電話

宣示判決筆錄

原告 國立○○大學 設台中市○○路二五○號

法定代理人 黃○熊 住同右

訴訟代理人 呈光陸律師 住台中市忠明南路四九九號八樓

複代理人 李和音 住同右

被告 馮○彭 住台北市○○○○一段一○五巷二○號

右當事人間八十四年度北簡字第一六二五號返還房屋事件於中華民國八十四年五月二十九日下午四時○分在本院台北簡易庭第四法庭公開宣示判決出席職員如左：

法官 林宏信

法院書記官 巫美華

通譯 康麗玲

朗讀案由兩造均未到。

法官朗讀主文宣示判決，並諭知將判決主文、所裁判之訴訟標的及其理由要領，記載於後：

主文：被告應將坐落於台北市中正區中正段二小段一七六地號土地上建物即門牌號碼爲台北市杭州南路一段一〇五巷二〇號如附圖所示之房屋返還原告。

訴訟費用由被告負擔。

本判決於原告以新台幣三萬一千二百元供擔保後得假執行。

訴訟標的：契約請求權等。

理由要領：

一、本件被告經合法通知，未於言詞辯論期日到場，查無民事訴訟法第三百八十六條所列各款情事，應准原告之聲請，由其一造辯論而爲判決，合先敘明。

二、原告主張坐落如聲明所示之房屋爲國有，爲原告所管理，早年借予被告使用，經查被告業已退休，其配偶亦已獲住宅貸款，依中央公教人員購置住宅輔助要點第十四點、事務管理規則第二百四十九條第二項、民法第四百七十條第一項及第七百六十七條之規定，原告自得請求返還房屋，然被告拒不搬遷，原告迭經請求均爲拒絕，爲此本於所有權，使用借貸關係提起本件訴訟，而系爭房屋之增建部分，係附合於系爭房屋而成爲其重要成分，原告請求返還房屋時，自得請求將該部分併予交付等情，業據原告提出建物登記謄本、律師函各一份爲證，並經本院會同台北市建成地政事務所人員測量，製有土地複丈成果圖在卷可參。

三、被告經合法通知，既不於言詞辯論期日到場爭執，復不提出書狀答辯以供本院斟酌，應認原告之主張爲真實。從而，原告據以提起本訴，請求被告將如附圖所示之建物返還原告，即無不合，應予准許。

四、原告陳明願供擔保以代釋明，爰酌定相當擔保金額併宣告之。

台灣台北地方法院台北簡易庭

法院書記官　巫　美　華

法　　　官　林　宏　信

右筆錄正本係照原本作成。

如對本判決上訴，須於判決送達後二十日內向本庭（台北市昆明街二三五號）提出上訴狀（均須按他造當事人之人數附繕本）。

書　記　官　巫　美　華

中　華　民　國　八十四　年　六　月　五　日

台北市建成地政事務所土地複丈成果圖

土地座落：台北　市　中正　區　中正　段　二　小段　一七六　地號

囑託法院及文號：台灣台北地方法院台北簡易庭八十四年三月二十七日北院北簡木一六二五字第八一七號函

囑託事項：測量建物面積及位置

收件日期及文號：八十四年四月六日中正字二九號

複丈日期：八十四年四月十二日

現場門牌：台北市杭州南路一段一〇五巷二〇號

壹層B（增建部分）

壹層A（登記部分）

4.30　1.70　4.10　1.97　2.73 9　0.91 3　3 0.91　2.73 9　0.91 3　1.82 6　3 0.91　10.94　5.45 18　24 7.27　2.95　(8.40)　18尺 5.45M

建物平面圖比例尺$\frac{1}{100}$

$18 \times 24 + 3 \times 6 - 9 \times 3 \div 36 \times 3.3058 = 38.84^{m^2}$

$8.40 \times 10.94 - 4.10 \times 1.70 = 84.93^{m^2} - 38.84^{m^2} = 46.09^{m^2}$

圖說

層數	構造	編號	面積(平方公尺)	備　　註
壹層	木造	A	38.84	登記部分
		B	46.09	增建部分

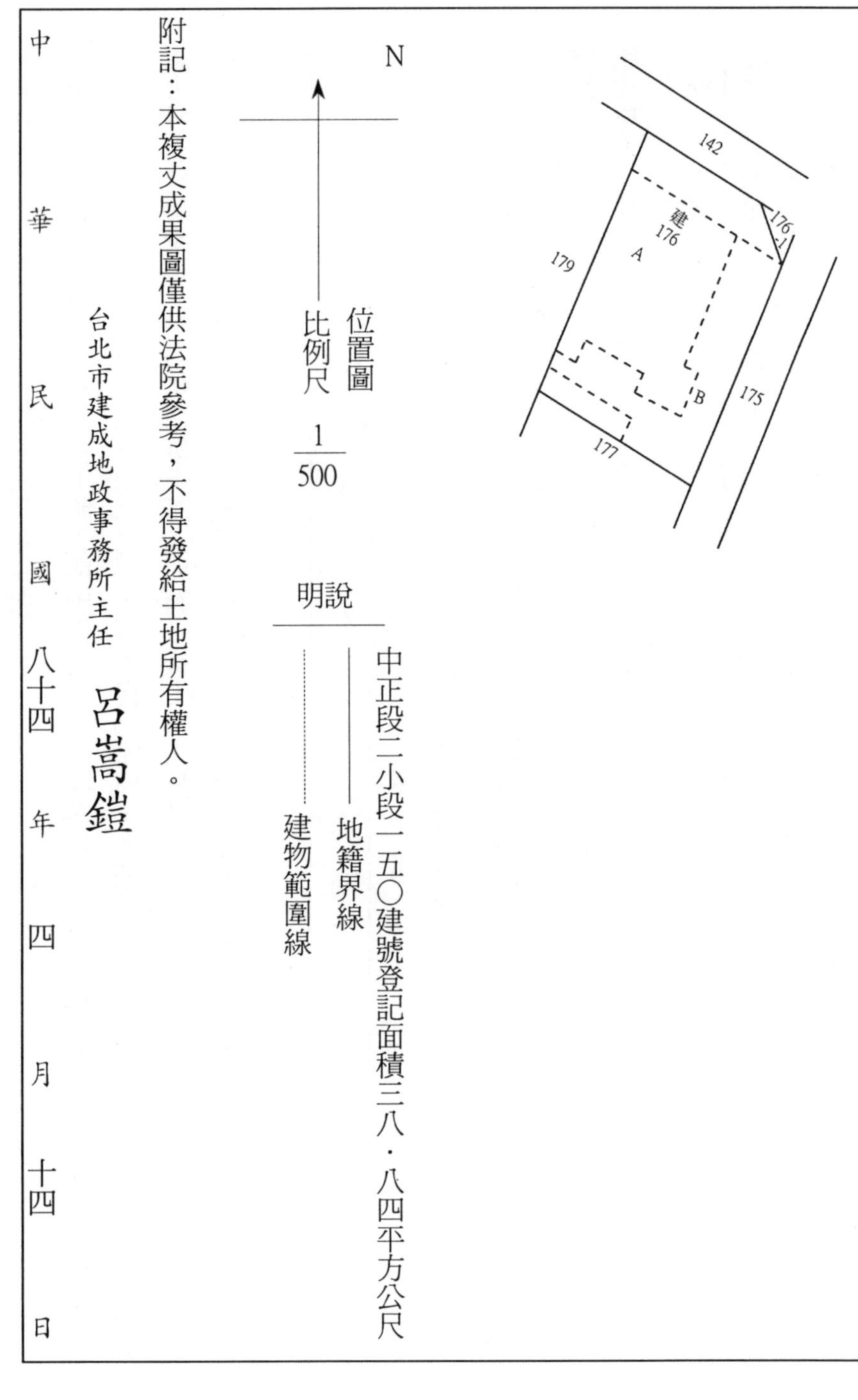

中正段二小段一五〇建號登記面積三八・八四平方公尺

說明

—— 地籍界線

------ 建物範圍線

位置圖

比例尺 $\frac{1}{500}$

附記：本複丈成果圖僅供法院參考，不得發給土地所有權人。

台北市建成地政事務所主任　呂嵩鎧

中華民國八十四年四月十四日

被告接到判決不服上訴，提出上訴理由主張：

一、系爭房屋並非被上訴人所有。被上訴人所出借之房屋，因多年失修早於民國六十五年間受到颱風侵襲而完全倒塌，上訴人今所使用之房屋乃係上訴人自己所建，與被上訴人主張出借之房屋並非同一，上訴人於自建房屋後，所有權自屬上訴人所有，被上訴人無權請求返還。

二、被上訴人對於系爭房屋是否爲同一應負舉證責任，證明原始建築之圖樣與現有房屋相同。

民事答辯狀

案號	八十四年度簡上字第二八〇號	承辦股別	賢
訴訟標的金額或價額	新台幣　萬　千　百　十　元　角		

稱謂	姓名或名稱、身分證統一編號或營利事業統一編號	性別	出生年月日	職業	住居所或營業所、郵遞區號及電話號碼、電子郵件位址	送達代收人姓名、住址、郵遞區號及電話號碼
被上訴人	國立○○大學				均詳卷	
法定代理人	黃○熊					
訴訟代理人	吳光陸律師					
上訴人	馮○彭				詳卷	

爲返還房屋事件，謹具答辯狀事：

答辯聲明

一、上訴駁回。

二、訴訟費用由上訴人負擔。

理由

按當事人主張有利於己之事實，就其實有舉證之責任，民事訴訟法第二百七十七條定有明文。上訴人主張系爭房屋與被上訴人所出借房屋非同一，被上訴人所出借之房屋早因颱風倒場而不存在，此一事實，被上訴人否認，依上開說明，上訴人就此應負舉證責任。

謹狀

台灣台北地方法院 公鑒

證人姓名及其住居所	證物名稱及件數

中華民國八十四年八月十八日

具狀人 國立○○大學

法定代理人 黃○熊 簽名蓋章

訴訟代理人 吳光陸律師

撰狀人　　簽名蓋章

住址及電話

上訴人具狀陳報證據：

陳報系爭房屋最近之照片三十三幀及其說明（詳附件），以證明該房屋係事後重建，爲陳報人所原始取得。

一、圖二黑線部分（即A部分）係原外院舊矮牆。

二、圖二雙黑線部分（即B部分）係上訴人利用原舊外牆再加高充作內牆。

三、圖二紅黑線部分（即C部分）係僅存之原屋牆。

圖二虛線部分（即D部分）係原屋牆舊址。

四、圖二斜線部分係上訴人所擴建。

五、圖二綠線部分係上訴人所搭建之屋牆，亦即現在房屋之牆壁。

六、圖三爲舊建物圖示，雙黑線部分爲外院矮牆、綠線原爲房屋屋牆、斜線部分爲庭院。

七、綜上說明，原建屋僅餘圖二之C部分，即現浴室之一小面牆仍存在，餘均經拆除重建，屋頂部分亦全數拆除改爲石棉房瓦，實難謂其已達「足避風雨可達經濟上之使用目的」之獨立建物。

民事準備書狀

案號	八十四年度簡上字第二八〇號	承辦股別	
訴訟標的金額或價額	新台幣　萬　千　百　十　元　角		

稱謂	姓名或名稱、身分證統一編號或營利事業統一編號	性別	出生年月日	職業	住居所或營業所、郵遞區號及電話號碼、電子郵件位址	送達代收人姓名、住址、郵遞區號及電話號碼
被上訴人	國立〇〇大學				均詳卷	
法定代理人	黃〇熊					
訴訟代理人	吳光陸律師					
上訴人	馮〇彭				詳卷	

爲返還房屋事件，謹具準備書狀事：

本件上訴人主張被上訴人所出借之房屋早已因颱風倒塌而不復存在，現系爭房屋爲其所自建，所有權屬上訴人所有，並舉證人彭金桃爲證。惟查，系爭房屋連同增建部分面積高達八四．九三平方公尺，衡諸經驗法則，若係重建，如何可能僅一人施工，證人彭金桃證稱僅一人施工，可知系爭房屋並未重建，僅係修繕。況事實上，上訴人前曾於民國七十五年十一月二十七日塡具一申請單並附估價單（被上證一），向被上訴人就系爭房屋申請修繕，其中估價單中之項目並未有樑柱損害之拆除，且天花板一項亦僅八坪（約二六．四五平方公尺），與現系爭房屋八四．九三平方公尺差距甚大，是系爭房屋應非重建，僅係修繕。

綜上所述，被上訴人本於所有權請求返還，應無違誤。

謹狀

台灣台北地方法院　公鑒

證人姓名及其住居所	證物名稱及件數

中　華　民　國　八十四　年　十二　月　十一　日

具　狀　人　國立○○大學

法定代理人　黃○熊　簽名蓋章

訴訟代理人　吳光陸律師

撰　狀　人　簽名蓋章

住址及電話

民事辯論狀

案號	八十四年度簡上字第二八〇號	承辦股別	賢
訴訟標的金額或價額	新台幣　萬　千　百　十　元　角		

稱謂	姓名或名稱 身分證統一編號 或營利事業統一編號	性別	出生年月日	職業	住居所或營業所、郵遞區號及電話號碼電子郵件位址	送達代收人姓名、住址郵遞區號及電話號碼
被上訴人	國立○○大學					
法定代理人	黃○熊					
訴訟代理人	吳光陸律師				均詳卷	
上訴人	馮○彭					

為請求返還房屋事件，提出辯論狀事：

本件被上訴人在第一審法院起訴主張：坐落如原審判決附圖所示之房屋，其中A部分登記為國有，由被上訴人管理（參見原證一），而增建之B部分，係附合於上開A部分成為其重要成分，依民法第八百十一條規定「動產因附合而為不動產之重要成分者，不動產所有人，取得動產所有權。」亦屬國有。上開房屋因上訴人原任教於被上訴人，由被上訴人配住借予上訴人使用，而上訴人已退休，借貸之目的使用完畢，而其配偶亦已獲公教住宅貸款，依中央公教人員購置住宅輔助要點第十四點、事務管理規則第二百四十九條第二項、民法第四百七十條第一項及第七百六十七條之規定，被上訴人本得請求返還房屋，然今拒不搬遷，被上訴人迭經請求均為拒絕（參見原證二），為此本於所有權及使用借貸關係提起本訴。

上訴人辯稱：系爭房屋非被上訴人所有，被上訴人出借之房屋因年久失修，早於民國六十五年間因颱風而完全倒塌，上訴人現使用之房屋為事後重建，而沿用原有門牌。系爭房屋既為上訴人所自建，所有權自屬於上訴人所有，被上訴人謂本於所有權主張返還，與事實不符。

經查系爭房屋如附圖所示Ａ部分為原登記部分，Ｂ部分為增建，業經第一審法院囑託地政機關測量在案，有測量圖在卷可稽，依測量圖所示Ａ部分之面積與建物登記簿所載面積相符，則Ａ部分為原登記部分，洵無疑義，依土地法第四十三條規定「依本法所為之登記，有絕對效力。」，其屬國有，應極明顯。至Ｂ部分之增建，因無獨立出入門戶，依民法第八百十一條規定，應屬附合物，由不動產所有權人取得所有權，自亦屬於國有。雖上訴人主張系爭房屋全部（即上開Ａ、Ｂ部分）係其另外建築，惟其主張之事實，係民國六十五年間因颱風完全傾倒，另外重建，並舉證人彭金桃為證，然查證人彭金桃在　鈞院所述係民國七十六年、七十七年才變成這個樣子，與上訴人主張不符，尤其該證人係民國六十九年始遷至隔壁居住，如何能知悉民國六十五年之事，是該證人證言不可採信。此外上訴人就此未能舉證以實其說，所辯自無理由。而系爭房屋屋頂仍屬舊房之痕跡，有勘驗筆錄在卷可稽，足見屋頂仍為舊有者，復參酌民國七十五年十一月二十七日上訴人尚向被上訴人申請修繕宿舍之事實（參見被證一），苟此為其自建房屋，何以如此。

再依上訴人具狀提出之編號五之照片，證明現有房屋搭建於原有圍牆上，圖二之Ｂ、Ｃ、Ｄ部分均為原牆壁，足見上訴人縱有修建，仍係依原有者為之，非拆除重建，故系爭房屋並非上訴人另行建築，被上訴人就此所辯應無理由。

綜上所述，原審判決被上訴人勝訴無訛，上訴無理由，請判決如聲明。

謹狀

台灣台北地方法院 公鑒

證人姓名及其住居所	證物名稱及件數

中華民國八十五年四月二十日

具狀人 國立○○大學

法定代理人 黃○熊 簽名蓋章

訴訟代理人 吳光陸律師

撰狀人 簽名蓋章

住址及電話

上訴人民國八十五年四月二十四日辯論狀主張：

一、系爭房屋與被上訴人所主張出借之房屋並非同一，非被上訴人所有，其基於所有權請求返還房屋顯無理由。被上訴人所出借之房屋因多年失修，早於民國六十五年間因颱風侵襲而完全倒塌，上訴人重建，僅沿用原有門牌。系爭房屋既爲上訴人所自建，被上訴人謂本於所有權主張返還，與事實不合，亦無理由。

二、上訴人已舉證證明系爭房屋與被上訴人所出借之房屋並非同一，按上訴人於民國八十四年八月三十一日及八十四年十一月三十日分別具狀檢附系爭房屋照片四十三張，並繪圖比較說明現有房屋與舊有房屋結構布置之不同。

股別：賢

八十四年度簡上字第二八〇號

台灣台北地方法院民事判決

上　訴　人　馮　○　彭　住台北市杭州南路○○號

訴訟代理人　詹　文　凱律師

複 代 理 人　林　俊　宏律師

被 上 訴 人　國立○○大學　設台中市國光路○○號

法定代理人　黃　○　熊　設台中市國光路○○號

訴訟代理人　吳　光　陸律師

複代理人　　李　和　音律師

右當事人間請求返還房屋事件，上訴人對於中華民國八十四年五月二十九日本院台北簡易庭八十四年度北簡字第一六二二五號第一審判決提起上訴，本院判決如左：

主　文

上訴駁回。

第二審訴訟費用由上訴人負擔。

事　實

甲、上訴人方面：

一、聲明：㈠原判決廢棄。㈡被上訴人第一審之訴及其假執行之聲請均駁回。

二、陳述：除與原宣示判決筆錄記載相同者予以引用外，補稱：

㈠被上訴人所出借之房屋因年久失修，早於民國六十五年間因颱風而完全倒塌，上訴人現使用之房屋為事後重建，僅沿用原有門牌。系爭房屋既為上訴人自建，所有權應屬上訴人所有。

三、證據：除援用原審之立證方法外，補提照片四十三幀為證，並聲請訊問證人彭金桃及聲請本院履勘現場。

乙、被上訴人方面：

一、聲明：如主文所示。
二、陳述：除與原宣示判決筆錄記載相同者予以引用外，補稱：
㈠上訴人主張被上訴人出借之房屋早因颱風倒塌而不存在，現址房屋乃上訴人重建，與原有房屋並非同一等情，被上訴人全予否認。
㈡系爭房屋連同增建部分面積高達八四·九三平方公尺，衡諸經驗法則，若係重建，如何可能僅一人施工，證人彭金桃證稱僅一人施工，可知系爭房屋並未重建，僅係修繕。況上訴人曾於七十五年十一月二十七日塡具申請單並附估價單，向被上訴人就系爭房屋申請修繕，其中估價單中之項目並未有樑柱損害之拆除，且天花板一項亦僅八坪（約二六·四五平方公尺），與現系爭房屋八四·九三平方公尺差距甚大，是系爭房屋應非重建，僅係修繕。
三、證據：除援用原審之立證方法外，補提土地登記簿謄本、估價單、申請單、輔助購置住宅委託個人資料卡各一份爲證。
丙、本院依職權函詢台北市政府工務局建築管理處、台北市古亭地政事務所、台北市建成地政事務所，並依上訴人聲請履勘現場。

理　由

一、本件被上訴人起訴主張坐落台北市中正段二小段一七六地號土地上建物即門牌號碼台北市杭州南路一段一〇五巷二〇號如附圖A、B部分所示面積八四·九三平方公尺房屋爲國有，由被上訴人所管理，因上訴人原任職於被上訴人法商學院，被上訴人乃將系爭房屋配住予上訴人使用，惟上訴人早已退休，其配偶亦已獲住宅貸款，依中央公教人員購置住宅輔助要點第十四點規定，居住公有眷舍之公教人員，經獲政府輔助購置住宅者，其原住眷舍應由各機關學校負責於三個月騰空交國有財產局或原管理機關依規定處理，以後亦不得申借眷舍，另依事務管理規則第二百四十九條第二項規定，借用人退休時應在三個月內遷出，是上訴人已不得再予續住系爭房屋，其向被上訴人借用系爭房屋之目的已使用完畢，依民法第四百七十條第一項前段規定應予以返還，爰依使用借貸及所有權法律關係，訴請上訴人返還系爭房屋。上訴人對原任職被上訴人法商學院，經被上訴人配住宿舍，現已退休，且其配偶亦已獲住宅貸款等情固不爭執，惟辯稱原配住宿舍因年久失修，早於六十五年間因颱風而完全倒塌，目前上訴人所使用房屋為事後重建，自屬上訴人所有，被上訴人無權要求返還云云。

二、查坐落台北市中正區中正段二小段一七六地號土地上建號一五〇即門牌號碼台北市杭州南路一段一〇五巷二〇號房屋為國有，由被上訴人管理，原配住予上訴人，惟上訴人已辦理退休，其配偶已獲政府輔助購置住宅，上開各情為二造所不爭執，並有土地、建物登記簿謄本、律師函、輔助購置住宅委建個人資料卡在卷可參，被上訴人主張應堪信為真實。上訴人雖辯稱現門牌號碼台北市杭州南路一段一〇五巷二〇號即附圖A、B所示房屋，乃係事後重建，其所有權應屬上訴人云云，並提出照片四十三張資為佐證。然查上訴人指稱系爭房屋於六十五年間因颱風完全倒塌，經其重新建築；而證人即鄰居彭金桃卻結證稱：「六十九年我搬過去時，馮的房子是日本房子，在七十六年或七十七年才變成這個樣子，以前釘地板，七十六年、七十七年後來漏水嚴重，請學校來估價說如要修可以補貼二萬元，但實不足，而因漏水屋頂都掉下來，衣櫥也都不能用……那時只有一個師傅做，做了二個多月，以前是木板屋，只是地面變爲水泥地……」（見本院八十四年十月十九日準備程序筆錄）與上訴人所稱系爭房屋「早於民國六十五年間因颱風完全倒塌」乙節（見上訴人八十四年八月十日上訴理由狀）顯有不符。況查上訴人於七十五年十一月二十七日曾向被上訴人申請修繕（漏），系爭房屋於其時並未重建。至上訴人指稱系爭房屋與原房屋面積、建材均不相同云云，查系爭房屋既經修繕及增建，其建材及面積有所更動，乃屬常情，尙難據此即認系爭房屋爲重新建築。另系爭房屋經原審送請屋價鑑定，亦認系爭房屋屋齡已達三十五年，有鑑定報告乙份附卷足憑。此外，上訴人復未能提出其他積極事證，足資證明系爭房屋爲伊重新建築，是上訴人所辯，委難採信。次按動產因複合而爲不動產之重要成分者，不動產所有人取得動產所有權，民法第八百十六條著有規定。查上訴人增建部分依卷附照片及簡圖所示，係附著於原有建物，並不具獨立出入之門戶，成爲原有建物之重要成分，而由原建物所有人取得所有權。

三、按借用人應於契約所定期限屆滿時，返還借用物。未定期限者，應於依借貸之目的使用完畢時返還之。又所有權人對於無權占有或侵奪其所有物者，得請求返還之，民法第四百七十條第一項前段及第七百六十七條前段分別定有明文。而因任職關係配住宿舍，自屬使用借貸之性質，一旦離職，依借貸之目的，應視爲使用業已完畢，借用人自應予返還（最高法院四十四年台上字第八〇二號判例參照）。上訴人因任職於被上訴人法商學院而獲配系爭房屋，嗣因辦理退休而離職，揆諸前揭說明，其依借貸之目的已使用完畢，從而被上訴人本於使用借貸及所有權法律關係，訴請上訴人返還如附圖所示A、B部分所示面積八四・九三平方公尺，洵屬有據，應予允准。原審判命上訴人應予返還，且爲假執行之宣告，並無違誤。上訴人指摘原判決不當，求予廢棄改判，爲無理由，應予駁回。

四、據上論結，本件上訴爲無理由，依民事訴訟法第四百三十六條之一第三項、第四百四十九條第一項、第七十八條，判決如主文。

中　華　民　國　八十五　年　四　月　二十九　日

民事第二庭審判長法官　蔡翁金針

法官　劉祥墩

法官　盧彥如

本判決不得上訴

法院書記官　孫佩琳

中　華　民　國　八十五　年　五　月　二　日

參、檢討與分析

一、在請求返還借用物或租賃物時，固可本於借貸或租賃法律關係請求，但將來強制執行時，如有第三人主張繼受占有標的物，但未依民事訴訟法第二百五十四條繼受訴訟標的之法律關係，即非判決之繼受人，非判決執行力所及（參照強制執行法第四條之二第一項第一款），不可對該第三人執行，反之，如本於物權，即依民法第七百六十七條行使所有權人物上請求權時，參照最高法院六十一年台再字第一八六號判例「民事訴訟法第四百零一條第一項所謂繼承人，依本院三十三年上字第一五六七號判例意旨，包括因法律行爲而受讓訴訟標的物之特定繼承人在內。而所謂訴訟標的，係指爲確定私權所主張或不認之法律關係，欲法院對之加以裁判者而言。至法律關係，乃法律所定爲權利主體之人，對於人或物所生之權利義務關係。惟所謂對人之關係與所謂對物之關係，則異其性質。前者係指依實體法規爲權利主體之人，得請求特定人爲特定行爲之權利義務關係，此種權利義務關係僅存在於特定之債權人與債務人之間，倘以此項對人之關係爲訴訟標的，必繼受該法律關係中之權利或義務人始足當之，同法第二百五十四條第一項亦指此項特定繼受人而言。後者則指依實體法規權利主體之人，基於物權，對於某物得行使之權利關係而言，此種權利關係，具有對世效力與直接支配物之效力，如離標的物，其權利失所依據，倘以此項對物之關係爲訴訟標的時，其所謂繼受人，凡受讓標的物之人，均包括在內。本件訴訟既本於買賣契約請求辦理所有權移轉登記，自係以對人之債權關係爲其訴訟標的，而訴外人某僅爲受讓權利標的物之人，並未繼受該債權關係中之權利或義務，原確定判決之效力，自不及於訴外人某。」，判決執行力及於受讓占有標的物之第三人，可對第三人執行。

二、主張借貸（租賃）關係請求返還，如逾可請求返還之日起十五年，使用人（承租人）可爲時效抗辯，但所有權人之物上請求權，如係已登記之不動產，依大法官會議釋字第一〇七號解釋「已登記不動產所有人之回復請求權，無民法第一百二十五條消滅時效規定之適用。」，無消滅時效適用。

三、由上述一、二可知，原告就不動產如有所有權，在訴訟中以行使所有權請求爲最有利。故在有所有權及借貸（或租賃）可主張時，參照最高法院四十七年台上字第一〇一號判例「物之所有人本於所有權之效用，對於無權占有其所有物者請求返還所有物，與物之貸與人基於使用借貸關係，對於借用其物者請求返還借用物之訴，兩者之法律關係亦即訴訟標的並非同一，不得謂爲同一之訴。」，可分別或合併主張。僅若無所有權，即貸與人無所有權時，始不可主張所有權。

四、又參照最高法院九十一年度台上字第一九二六號判決「因任職關係獲准配住宿舍，其性質爲使用借貸，目的在使任職者安心盡其職責，是倘借用人喪失其與所屬機關之任職關係，當然應認依借貸之目的，已使用完畢，配住機關自得請求返還。故公務員因任職關係配住宿舍，於任職中死亡時，既喪失其與所屬機關之任職關係，依借貸目的應認已使用完畢，使用借貸契約因而消滅，此與一般使用借貸契約，借用人死亡時，貸與人僅得終止契約之情形，尚有不同。」，則借用之公務人員死亡，毋庸爲終止表示，即認借貸關係消滅。

五、房屋雖有重大修繕，甚至面積增加，但未拆除重建，在不變更原有房屋之樑柱，增建之部分，依民法第八百十一條規定「動產因附合而爲不動產之重要成分者，不動產所有人，取得動產所有權。」，參照最高法院五十六年台上字第二三四六號判例「上訴人主張對系爭房屋曾加以裝修，縱屬真實，然其所購買之磚、瓦、塑膠板等，既因附合於債務人之不動產而成爲系爭不動產之成分，無單獨所有權存在，自亦無足以排除強制執行之權利。」，仍屬原有之房屋之成分，故被告主張無理由。至於原借用人因此增建部分所支出費用，依民法第八百十六條規定「因前五條之規定，喪失權利而受損害者，得依關於不當得利之規定，請求償金。」，固可請求償金。惟參照最高法院九十一年台上字第八八七號判決「八十八年四月二十一日修正八十九年五月五日施行前之民法債編第一百七十七條，固未如修正後之第二項增設有『準無因管理』之規定而得準用同條第一項『未盡義務人無因管理』之規定向本人請求其所得之利益，且該準無因管理人明知他人之事務而以自己之利益爲管理，如屬惡意之不法管理，衡諸誠信原則，亦不得逕依同法第八百十六條按關於不當得利之規定請求償金。惟該準無因管理人若爲惡意占有人，其因保存占有物不可欠缺所支出之必要費用，自仍得依關於無因管理之規定對本人請求償還，此觀同法第九百五十七條規定甚明。」。如借用人（或承租人）係爲自己利益之惡意者，其請求償金一事，尚應視其增建是否在八十九年五月五日以前，如係在此之前者，依誠信原則，不可請求償金，但保存之必要費用，仍可依無因管理請求，惟若有強迫得利情事，仍不可請求（有關此一文獻，可參閱月旦法學第九七期鄭冠宇撰不法管理、添附與不當得利）。至若係八十九年五月五日以後，依民法第一百七十七條第二項規定「前項規定，於管理人明知爲他人之事務，而爲自己之利益管理之者，準用之。」，準用第一項，再適用第一百七十七條第一項規定「管理事務利於本人，並不違反本人明示或可得推知之意思，管理人爲本人支出必要或有益之費用，或負擔債務，或受損害時，得請求本人償還其費用及自支出時起之利息，或清償其所負擔之債務，或賠償其損害。」，仍可於所有權人受利益範圍內請求返還必要費用或有益費用。

六、如借用（或出租）之房屋果真拆除，由借用人（或承租人）出資建築，則此房屋即非借用物或租賃物，借用人（或出租人）只得請求拆除之損害賠償。出借人（或出租人）如為土地所有權人，可主張新建房屋為無權占有，請求拆屋還地。

第三節　買受人對出賣人之前出賣人之請求

民法第七百六十七條固規定「所有人對於無權占有或侵奪其所有物者，得請求返還之。對於妨害其所有權者，得請求除去之。有妨害其所有權之虞者，得請求防止之。」，但是否有所有權，即一定可對占用者請求返還？出賣人如先移轉登記不動產所有權給買受人，買受人可否對出賣人主張所有權物上請求權？買受人再出賣第三人，第三人可否對出賣人本於所有權請求？

按民法第七百六十七條之適用，必需占有人無正當權源，苟有正當權源，即不可請求，至於正當權源不限於物權，債權亦包括在內，此有最高法院八十五年台上字第三八九號判例「按消滅時效完成，僅債務人取得拒絕履行之抗辯權，得執以拒絕給付而已，其原有之法律關係並不因而消滅。在土地買賣之情形，倘出賣人已交付土地與買受人，雖買受人之所有權移轉登記請求權之消滅時效已完成，惟其占有土地既係出賣人本於買賣之法律關係所交付，即具有正當權源，原出賣人自不得認係無權占有而請求返還。」可考。在買賣當事人間，一方面買受人可依民法第三百四十八條第一項「物之出賣人，負交付其物於買受人，並使其取得該物所有權之義務。」請求出賣人交付標的物，另一方面依民法第三百七十三條規定「買賣標的物之利益及危險，自交付時起，均由買受人承受負擔，但契約另有規定者，不在此限。」，在未交付前，出賣人仍可使用，並非無權，參照最高法院八十四年台上字第三〇〇一號判決「按不動產買賣契約成立後，其收益權之歸屬，依民法第三百七十三條規定，應以標的物已否交付爲斷，與是否已辦理所有權移轉登記無涉。出賣人固負有交付出賣之不動產與買受人之義務，但在未交付前，其繼續占有買賣標的物，僅屬債務不履行，尚難指爲無權占有，不因其所有權移轉登記已完成而有異。」，買受人不可對出賣人主張所有權人物上請求權。在買受人又出賣該物給第三人，第三人取得所有權時，出賣人可否對第三人主張爲有權占有，即買受人對出賣人之前手可否依民法第七百六十七條主張，即有爭議？

壹、背景說明

本件被告因法院拍賣，由侯某拍定，侯某再轉售劉某，劉某復因法院拍賣，由原告拍定取得所有權，但拍賣之房屋自始即由被告占用，如原告代位行使前手，前前手之民法第三百四十八條交付請求權，固無不可，但其主張民法第七百六十七條之所有權人權利，因被告主張依民法第三百七十三條有使用權利，並非無權占用而生爭執。

貳、書狀及裁定

原告起訴狀摘要如下：

甲、訴之聲明

一、被告應自原告所有坐落於彰化縣田中鎮中南段八〇八地號上建物建號九四號即門牌號碼田中鎮中新路九一巷三〇號本國式鐵筋加強磚造二層樓房全部及坐落田中鎮中南段三一二地號上建物建號一九五號門牌號碼同上之三層樓房鐵筋加強磚造鐵架石棉瓦房屋全部遷出，並將房屋交還原告。

二、原告願供擔保，請准宣告假執行。
三、訴訟費用由被告負擔。
乙、事實及理由
系爭不動產爲原告所有，有建築改良物登記簿謄本及　鈞院民事執行處八十二年四月十九日民執庚字第三八〇八號通知書影本乙份可稽。而被告無任何權限竟占住系爭不動產，屢經催告仍不遷離。原告無奈依民法第七百六十七條請求其遷讓房屋。

被告謝〇〇瑞提出答辯狀，摘要如下：
爲遷讓房屋事件，依法提出答辯事：

甲、答辯聲明
一、原告之訴駁回。
二、訴訟費用由原告負擔。
三、如受不利判決，被告願供擔保，請准宣告免爲假執行。
乙、事實及理由
一、緣系爭不動產原係被告所有，因債務無法清償，被　鈞院拍賣予訴外人侯彩鳳，再由侯彩鳳賣予訴外人劉金岳，又因訴外人無法清償其債務，再被　鈞院拍賣，原告始基於債權人地位承受取得系爭不動產所有權，又其間所有權雖經數次移轉，然系爭不動產始終在被告占有中，從未有移轉占有之情形。查法院拍賣之性質，係屬私法上買賣，依民法第三百七十三條之規定，買賣標的物之利益係自交付時起始由買受人承受，又依該法第三百四十八條第一項之規定，出賣人僅負交付標的物（移轉標的物之占有）之義務，本件被告既尚未移轉占有於原告，利益即應仍屬出賣人即被告所享有，又被告之占有又係基於出賣人之地位，故被告之占有並非無權占有。被告之占有既非無權占有，原告自不得依民法第七百六十七條之規定請求被告遷讓房屋，其訴應予駁回。

二、如　鈞院判決被告應遷讓房屋予原告，但因找房子、搬家並非三、兩天即可順利完成，況被告於該系爭之不動產上實有太多需要整理的東西，搬家更需要一段時間，故本件遷讓房屋事件，被告實非於長期間無法履行完畢，爰依民事訴訟法第三百九十六條第一項之規定，請求　鈞院宣告相當之履行期間，以便被告找尋合適的住家，遷讓系爭不動產予原告。

三、又被告於系爭不動產上花了百萬的裝潢費，若原告請求遷讓房屋，該些裝潢費即屬原告所有，被告將受損更大，故希望原告能補貼被告該裝潢費，以平衡兩造之利益。

原告提出準備書㈠狀主張：

因民法第三百七十三條所謂「利益承受」乃指買賣標的物所生利益，如天然孳息，法定孳息而言，並非指買賣標的物之交付。況原告既為系爭不動產之所有權人，且原告與被告間並無任何契約關係，原告自可本於所有權之作用，訴請被告遷讓不動產。此有最高法院六十九年台上字第二〇五四號判決可稽：「被上訴人係於法院強制執行程序中依法得標，拍賣公告中既未標明買受人應承受原所有人之義務，既無所謂按占有現狀拍賣，上訴人仍可繼續占有。至被上訴人得標後，法院未將上開房屋點交，係因上訴人並非執行事件之債務人，不可對之執行之故，並不影響被上訴人對之行使所有權。」。

台灣彰化地方法院民事判決　八十二年度訴字第四二〇號

原　　告　詹○傑　住南投縣埔里鎮○○號

訴訟代理人　蔡奉典律師

被　　告　謝○○瑞　住彰化縣田中鎮○○號

訴訟代理人　潘欣欣律師

複代理人　林○鈴　住彰化縣員林鎮○○號一樓

右當事人間請求遷讓房屋事件，本院判決如左：

主　文

原告之訴及其假執行之聲請均駁回。

訴訟費用由原告負擔。

事　實

甲、原告方面：

一、聲明：

㈠被告應自原告所有坐落彰化縣田中鎮中南段八〇八地號上建物建號九四號即門牌號碼田中鎮中新路九一巷三〇號本國式鐵筋加強磚造二層樓房全部及坐落田中鎮中南段三一二地號上建物建號一九五號門牌號碼同上之三層樓房鐵筋加強磚造鐵架石棉瓦房屋全部遷出，並將房屋交還原告。

㈡願供擔保，請准宣告假執行。

二、陳述：

㈠坐落如聲明所示之不動產爲原告所有，被告無任何權限竟占住系爭不動產，屢經催告仍不遷離，爲此本於所有權之作用訴請被告遷讓房屋。

㈡民法第三百七十三條所謂「利益承受」乃指買賣標的物所生利益，如天然孳息、法定孳息而言，並非指買賣標的物之交付，況原告既爲系爭不動產之所有權人，且原告與被告間並無任何契約關係，被告自屬無權占有。

三、證據：提出建築改良物登記簿謄本二份、本院民事執行事處八十一年民執庚字第三八〇八號通知二件爲證。

乙、被告方面：

一、聲明：如主文所示，如受不利判決，願供擔保，請准宣告免予假執行。

二、陳述：

㈠系爭不動產原係被告所有，因債務無法清償，被　鈞拍賣予訴外人侯彩鳳，再由侯彩鳳賣予訴外人劉金岳，又因訴外人無法清償其債務，再被　鈞院拍賣，原告始基於債權人地位承受取得系爭不動產所有權，又其間所有權雖經數次移轉，然系爭不動產始終在被告占有中，從未有移轉占有之情形。法院拍賣之性質，係屬私法上買賣，依民法第三百七十三條之規定，買賣標的物之利益自交付時起始由買受人承受，又依該法第三百四十八條第一項之規定，出賣人僅負交付標的物（移轉標的物之占有）之義務，本件被告既尚未移轉占有於原告，利益即應仍屬出賣人即被告所享有，又被告之占有係基於出賣人之地位，故被告之占有並非無權占有。被告之占有既非無權，原告自不得依民法第七百六十七條之規定請求被告遷讓房屋，其訴應予駁回。

㈡如判決被告應遷讓房屋予原告，但因找房子，搬家非於長期間無法履行完畢，請求宣告相當之履行期間，並希望原告能補貼被告系爭房屋內之裝潢費，以平衡兩造之利益。

丙、本院依職權調閱本院八十一年度執字第三八〇八號民事執行卷宗。

理　由

一、原告起訴主張坐落彰化縣田中鎮中南段八〇八地號上建物即門牌號碼彰化縣田中鎮中新路九一巷三〇號之二層樓房及坐落同段三一二地號上建物即門牌號碼同上之三層樓房爲原告所有，被告無任何權源，竟占住系爭房屋，屢經催告仍不遷離，爰基於所有權之作用，請求其遷讓房屋。被告則以系爭不動產原係被告所有，因債務無法清償，被本院賣予訴外人侯彩鳳，再由侯彩鳳賣予訴外人劉金岳，又因訴外人劉金岳無法清償其債務，再被本院拍賣，原告始承受取得系爭不動產之所有權，其間所有權雖經屢次移轉，然系爭不動產始終在被告占有中，被告既尚未移轉占有於原告，利益即應仍屬被告所享有，且被告之占有係基於出賣人之地位，並非無權占有等語置辯。

二、原告主張系爭不動產爲其所有，現爲被告占有使用中之事實，業據提出建物登記簿謄本、本院民事執行處八十一年度民執庚字第三八〇八號通知爲證，被告對此不爭執，堪信爲真實。惟按不動產買賣契約成立後，其收益權歸屬於何方，應以標的物交付與否爲斷。所有權雖已移轉，而標的物未交付者，買受人仍無收益權（見最高法院三十三年度上字第六〇四號判例）。又不動產之出賣人固負有交付出賣之不動產與買受人之義務，但在未交付前，出賣人就買賣標的物仍有使用收益之權，其繼續占有買賣標的物，尙難指爲無權占有，此不因移轉登記之已完成而有異（最高法院七十二年台上字第五〇一四號、八十年台上字第二三六五號判決參考）。查本件系爭不動產爲被告所有，嗣爲本院強制拍賣予訴外人侯彩鳳，再由侯彩鳳賣予訴外人劉金岳，嗣再經本院強制執行拍賣後，由原告基於債權人之地位承受取得系爭不動產，並辦妥所有權移轉登記等事實，有建物登記簿謄本可稽，唯原告基於債權人之地位承受系爭不動產時並未點交系爭不動產，迄今仍由被告繼續占有中乙節，爲原告所不爭執，並經調取本院八十一年度執字第三八〇八號民事執行卷宗查明無訛，有上開執行卷附之拍賣公告可考，故系爭不動產雖如原告主張已移轉登記爲原告所有，惟法院之拍賣其性質上亦與買賣之性質相同，系爭不動產之出賣人既尙未將買賣標的物交付原告，揆之上揭說明，在交付該不動產前原所有人即被告就該不動產仍有使用收益之權，亦即非無權占有。從而，原告僅本於所有權之作用，依無權占有之法律關係，訴請被告遷讓系爭房屋，洵屬無據，應予駁回。

三、原告之訴既爲無理由，其假執行之聲請，亦失所附麗，應併予駁回。

據上論結，本件原告之訴爲無理由，依民事訴訟法第七十八條，判決如主文。

中華民國八十二年八月十八日

民事第一庭

法官　張國忠

法院書記官　黃義明

中華民國八十二年八月二十六日

民事上訴狀

案號	八十二年度訴字第四二○號	承辦股別	
訴訟標的金額或價額	新台幣　萬　千　百　十　元　角		

稱謂	姓名或名稱、身分證統一編號或營利事業統一編號	性別	出生年月日	職業	住居所或營業所、郵遞區號及電話號碼、電子郵件位址	送達代收人姓名、住址、郵遞區號及電話號碼
上訴人	詹○傑				住南投縣埔里鎮○○號	吳光陸律師 台中市○○路五六一號 四樓之三
被上訴人	謝○○瑞				住彰化縣田中鎮○○號	

為請求遷讓房屋事件，不服台灣彰化地方法院八十二年度訴字第四二○號民事判決，依法上訴事：

上訴聲明

一、原判決廢棄。

二、被上訴人應自坐落彰化縣田中鎮中南段八〇八號地上建號九四號建物，即門牌號碼田中鎮中新路九一巷三〇號本國式鐵筋加強磚造二層樓房全部及坐落田中鎮中南段三一二號地上建號一九五號建物，即門牌號碼同上之三層樓房鐵筋加強磚造鐵架石棉瓦房屋全部遷出，並將房屋交還上訴人。

三、第一、二審訴訟費用由被上訴人負擔。

四、第二項聲明願供擔保請准宣告假執行。

事實及理由

容候補陳。

謹呈

台灣彰化地方法院 轉呈

台灣高等法院台中分院 公鑒

證人姓名及其住居所	
證物名稱及件數	

中華民國八十二年九月六日

具狀人	詹○傑	簽名蓋章
撰狀人		簽名蓋章
住址及電話		

民事上訴理由狀

案號	八十二年度上字第五九六號	承辦股別	
訴訟標的金額或價額	新台幣　萬　千　百　十　元　角		

稱謂	姓名或名稱／身分證統一編號或營利事業統一編號	性別	出生年月日	職業	住居所或營業所、郵遞區號及電話號碼電子郵件位址	送達代收人姓名、住址郵遞區號及電話號碼
上訴人	詹○傑				詳卷	
訴訟代理人	吳光陸律師					
被上訴人	謝○○瑞				詳卷	

爲請求遷讓房屋事件，謹具上訴理由事：

上訴聲明

一、原判決廢棄。

二、被上訴人應自坐落彰化縣田中鎮中南段八○八號地上建號九四號建物，即門牌號碼田中鎮中新路九一巷三○號本國式鐵筋加強磚造二層樓房全部面積九九·八七平方公尺暨增建部分坐落同段八

○八號、三一二號地上建號一九五號建物，即門牌號碼同上之三層樓房鐵筋加強磚造鐵架石棉瓦房屋全部面積九一・二三平方公尺、倉庫三七・三五平方公尺遷出，將上開房屋交還上訴人。

三、第一、二審訴訟費用由被上訴人負擔。

四、第二項聲明願供擔保請准宣告假執行。

事實及理由

一、本件上訴人提起本訴，係以系爭房屋爲上訴人所有，被上訴人無任何權源竟予占用，爲無權占有，爲此本於所有權提起本訴。被上訴人則以系爭房屋原係渠所有，因拍賣予訴外人侯彩鳳，再由侯彩鳳賣予訴外人劉金岳，又因訴外人劉金岳無法淸償債務，再經拍賣，而由上訴人承受取得系爭不動產之所有權，期間所有權雖經數次移轉，然系爭不動產始終在被上訴人占有中，且被上訴人之占有係基於出賣人之地位，並非無權占有云云。原審法院亦認定房屋未交付前，被上訴人就系爭房屋有使用收益權，其繼續占有，尙難指爲無權占有，判決上訴人敗訴。

二、惟查上開被上訴人之主張及原審法院之認定顯有違誤。蓋：㈠法院拍賣之性質屬私法上買賣，出賣人爲執行事件之債務人。就本件言，出賣人爲訴外人劉金岳，而非被上訴人，兩造間根本無任何買賣關係可言，從而亦無民法第三百七十三條之適用。原審認被上訴人爲出賣人，顯與事實不相符。故原審判決認被上訴人對上訴人仍有使用系爭房屋之權源，應有違誤。㈡買賣爲債之關係，所有權爲物之關係，被上訴人對訴外人侯彩鳳間固因拍賣而有債之關係，但此與上訴人無干，兩造間並無債之關係已如上述，則基於物權效力優於債權效力之原則，被上訴人自不可以債之關係對抗上訴人之所有權。況上訴人係善意第三人，並未承受前手之債務，被上訴人對上訴人言，其占用系爭房屋，無任何可資對抗之權利，自屬無權占有。

三、民法第八百二十五條規定：「各共有人，對於他共有人因分割而得之物，按其應有部分，負與出賣人同一之擔保責任。」，既係負與出賣人同一擔保責任，共有人間亦有買賣規定之適用，然參照最高法院八十年度第一次民事庭會議決議（上證一）及最高法院五十一年台上字第二六四一號判例，認本屬有權占有之共有人爲無權占有。依此法理，出賣人非不得不對買受人主張無權占有。另實務上亦認不動產出賣人將所有權移轉登記於買受人後，仍不交付標的物，買受人除依買賣契約請求出賣人交付外，並得本於所有權請求交付，及本於買賣契約之請求權及本於所有權之物上請求權競合，買受人可擇一而行使（上證二）。茲直接買受人既得本於所有權請求，則與被上訴人無直接買賣關係之上訴人更得本於所有權訴請上訴人遷讓房屋。

四、請廢棄原判決，改判如上訴聲明。

謹狀

台灣高等法院台中分院 公鑒

證人姓名及其住居所	

證物名稱及件數	上證一：最高法院八十年度第一次民事庭會議決議影本一件。 上證二：台灣高等法院法律問題決議影本一件。

中華民國八十二年十月十三日

具狀人　詹○傑　簽名蓋章

訴訟代理人　吳光陸律師　簽名蓋章

撰狀人　簽名蓋章

住址及電話

被上訴人提出民事答辯狀，摘要如下：

甲、答辯之聲明

一、上訴駁回。

二、訴訟費用由上訴人負擔。

三、如受不利判決，被上訴人願供擔保，請准宣告免為假執行。

乙、答辯理由

一、依最高法院四十四年台上字第二六六號判例「土地所有權移轉登記與土地之交付係屬兩事，前者為所有權生效要件，後者為收益權行使要件……。」同院三十三年上字第六〇四號判例「不動產買賣契約成立後，其收益權屬於何方，依民法第三百七十三條之規定，應以標的物已否交付為斷。所有權雖已移轉，而標的物未交付者，買受人仍無收益權……。」

二、被上訴人尚未將買賣標的物移轉其占有，故被上訴人仍有收益權，且其占有亦本於出賣人之地位而繼續占有，尚難指爲無權占有，上訴人基於民法物上請求權之關係加以請求，並不合理。

三、又拍賣乃係私法上之買賣關係，爲繼受取得，本件前後三次買賣之關係，就執行之情形而言，房地是否需要點交，乃由何人占有，皆須於拍賣公告中公告，故上訴人難謂善意，縱認上訴人爲善意，亦僅是對無權處分者始可因善意取得而取得所有權，因此上訴人之請求並無理由。

四、上訴人爲任何訴之變更追加，被上訴人皆不同意。

民事辯論狀

案號	八十二年度上字第五九六號	承辦股別	風
訴訟標的金額或價額	新台幣　萬　千　百　十　元　角		

稱謂	姓名或名稱、身分證統一編號或營利事業統一編號	性別	出生年月日	職業	住居所或營業所、郵遞區號及電話號碼電子郵件位址	送達代收人姓名、住址郵遞區號及電話號碼
上訴人	詹○傑				在卷	
訴訟代理人	吳光陸律師					
被上訴人	謝○○瑞				在卷	

爲請求遷讓房屋事件，提出辯論狀事：

上訴聲明

一、原判決廢棄。

二、被上訴人因自坐落彰化縣田中鎮中南段八〇八號地上建號九四號建物，即門牌田中鎮中新路九〇巷三〇號本國式鐵筋加強磚造二層樓房全部面積九九・八七平方公尺暨增建部分坐落同段八〇八號、三一二號地上建號一九五號建物，即門牌田中鎮中新路九一巷三〇號之三層樓房鐵筋加強磚造鐵架石棉瓦房屋全部面積九一・二三平方公尺、倉庫三七・三五平方公尺遷出，將上開房屋交還上訴人。

三、第一、二審訴訟費用由被上訴人負擔。

四、第二項聲明願供擔保請准宣告假執行。

事實及理由

一、本件上訴人提起本訴，係以系爭房屋爲上訴人所有，被上訴人無任何權源竟予占用，爲無權占有，爲此本於所有權提起本訴。被上訴人則以系爭房屋原係渠所有，因拍賣予訴外人侯彩鳳，再由侯彩鳳賣予訴外人劉金岳，又因訴外人劉金岳無法清償債務，再經拍賣，而由上訴人承受取得系爭不動產之所有權，其間所有權雖經數次移轉，然系爭不動產始終在被上訴人占有中，被上訴人既未移轉占有於上訴人，利益即應仍屬被上訴人所享有，且被上訴人之占有係基於出賣人之地位，並非無權占有云云。原審法院亦認定房屋未交付前，被上訴人就系爭房屋有使用收益權，其繼續占有，尚難指爲無權占有，判決上訴人敗訴。

二、按所有人於法令限制之範圍內，得自由使用、收益、處分其所有物，並排除他人之干涉，民法第七百六十五條定有明文。上訴人經台灣彰化地方法院拍賣承受取得系爭房屋之所有權，有權利移轉證書在原審卷可稽，並經　鈞院調閱該院八十一年度民執庚字第三八〇八號執行卷核對無訛，參照強制執行法第九十八條規定：「拍賣之不動產買受人自領得執行法院所發給權利移轉證書之日起，取得該不動產所有權，債權人承受債務人之不動產者，亦同。」，上訴人既已取得所有權，依首開說明，得自由使用收益系爭房屋，排除他人干涉，茲被上訴人無權占有，上訴人據此民法第七百六十五條、第七百六十七條提起本訴，應屬於法有據，應予准許。

三、被上訴人雖以其尚未移轉占有，仍有收益權，且其占有係本於出賣人地位而繼續占有，自非無權占有云云為辯。惟查：

㈠兩造間並無任何買賣關係，被上訴人不能對上訴人主張出賣人地位，故無民法第三百七十三條之適用，從而被上訴人不能對上訴人主張有權占有。

㈡所有權為物權，而物權具有對世效力，被上訴人既無所有權，僅對侯彩鳳可主張買賣債權關係之出賣人地位。基於物權優於債權之原則，被上訴人本於買賣債權債務關係，自不得對抗上訴人之所有權，否則民法第七百六十五條規定所有權人之使用收益，豈不成為具文。

㈢上訴人並未繼受被上訴人與侯彩鳳間之買賣關係，被上訴人自不可以對侯彩鳳主張之權利對抗上訴人。尤其上訴人基於土地法第四十三條，為受保護之善意第三人，不知悉其與侯彩鳳間之關係，被上訴人自不可對上訴人主張有使用收益權利。至於法院拍賣公告註明之點交與否，僅係執行法院依強制執行法第九十九條之決定，此項決定應不影響上訴人之所有權，更不影響上訴人提起本訴，此種情形，類似排除租賃權之不動產，雖不點交，但買受人仍可本於所有權請求遷讓，排除占有。

四、民法第八百二十五條規定：「各共有人，對於他共有人因分割而得之物，按其應有部分，負與出買人同一之擔保責任。」，既係負與出賣人同一之擔保責任，共有人間亦有買賣規定之適用，然參照最高法院八十年度第一次民事庭會議決議（參照上證一）及最高法院五十一年台上字第二六四一號判例，認本屬有權占有之共有人為無權占有。依此法理，出賣人非不得不對買受人主張無權占有。另實務上亦認不動產出賣人將所有權移轉登記與買受人後，仍不交付標的物，買受人除依買賣契約請求出賣人交付外，並得本於所有權請求交付，即本於買賣契約之請求權及本於所有權之物上請求權競合，買受人可擇一而行使。茲直接買受人既得本於所有權請求，則與被上訴人無直接買賣關係之上訴人更得本於所有權訴被上訴人遷讓房屋，始屬適法。

五、其他援用以前所提書狀、陳述。

六、原審法院誤認被上訴人可對上訴人主張有權占有，判決上訴人敗訴，應有違誤，請廢棄改判如聲明。

謹狀

台灣高等法院台中分院 公鑒

證人姓名及其住居所

證物名稱及件數	

中華民國八十二年十一月十九日

具狀人 詹○傑 簽名蓋章

訴訟代理人 吳光陸律師

撰狀人 簽名蓋章

住址及電話

被上訴人提出民事言詞辯論狀，摘要如下：

甲、答辯之聲明

一、上訴駁回。

二、第二審訴訟費用由上訴人負擔。

三、被上訴人如受不利之判決，請准預供擔保，免為假執行。

乙、辯論要旨

一、不動產買賣契約成立後，其收益權屬於何方，依民法第三百七十三條之規定，應以標的物已否交付為斷，依最高法院三十三年上字第六〇四號判例及同院六十九年台上字第三九八五號判決，不動產所有權之買賣，出賣人對於買賣之不動產是否有權繼續使用，應以已否交付買受人為準，如尚未交付，仍得繼續行使其收益權。

二、系爭不動產房屋原係被上訴人所有，於民國七十五年四月二日經債權人田中鎮農會聲請強制執行拍賣，由訴外人侯彩鳳拍定，嗣經由何彩鳳出賣移轉登記於案外人劉金岳，再由上訴人於民國八十一年十二月三十一日聲請查封拍賣，並承受取得所有權。

三、惟查上訴人聲請執行法院查封劉金岳所有之系爭房屋，其拍賣公告附註第四點記明標的物係由被上訴人占有，拍定後不點交，足以證明被上訴人並非無權占有，而係依據前開最高法院判例及判決意旨仍得行使其收益權。

四、原審駁回上訴人遷讓房屋之請求，於法即無不合。又上訴人其餘之變更或追加，被上訴人均不同意。

民事辯論續狀

案號	八十二年度上字第五九六號	承辦股別	風
訴訟標的金額或價額	新台幣　萬　千　百　十　元　角		

稱謂	姓名或名稱 身分證統一編號或營利事業統一編號	性別	出生年月日	職業	住居所或營業所、郵遞區號及電話號碼 電子郵件位址	送達代收人姓名、住址 郵遞區號及電話號碼
上訴人	詹○傑				在卷	
訴訟代理人	吳光　陸律師					
被上訴人	謝○○瑞				在卷	

爲請求遷讓房屋事件續爲辯論事：

本件被上訴人一再以渠係居於出賣人之地位，依民法第三百七十三條之規定，於移轉占有前對於系爭房屋仍可使用收益，上訴人應不得本其所有權對渠主張遷讓房屋，因渠乃係有權占有云云為辯。

惟查被上訴人之主張顯有誤會，蓋基於債之關係而占有者，因債係對人關係，僅在債權人及債務人間生效，該占有在性質上屬於一種相對性，除法律另有規定外，應不得對抗債之關係以外之第三人，尤其是物之所有人。此不僅有最高法院六十九年度第四次民事庭會議決議㈠「甲向乙購買土地並已付清價款，乙亦將土地交付甲管有，惟未辦理所有權移轉登記，嗣乙死亡，由其繼承人丙、丁辦妥繼承登記。甲之所有權移轉登記請求權之消滅時效雖已完成，惟其占有之土地，係乙本於買賣之法律關係所交付，具有正當權源，所有人丙、丁（乙之繼承人）自不得認係無權占有而請求返還。何況時效完成後，債務人僅得拒絕給付，其原有之買賣關係則依然存在，基於公平法則，亦不得請求返還土地。」及其補充說明之「……然丙、丁如將土地之所有權移轉登記與第三人，該第三人本於物權之無因性，是否得對於甲行使所有物返還請求權，事屬另一法律問題。……」（上證三）可資參考。且有學者王澤鑑論著主張「債之關係，係特定人間得請求特定給付之法律關係，故基於債之關係之占有權亦具相對性，僅得對他方當事人主張之，而不得對抗第三人。故出賣人於交付不動產於買受人後，再將之出賣（或贈與）於第三人，並辦理所有權移轉登記時，對該第三人言，買受人即失其占有之本權，應構成無權占有，該第三人得依民法第七百六十七條之規定請求返還其物。……」（上證四），及謝在全論著主張「甲向乙買受不動產一筆並已交清價款，乙亦將不動產交付甲管有，惟未辦理移轉登記，逾十五年後乙死亡，該屋由乙之子丙繼承，並繼承登記，甲之所有權移轉登記請求權雖已罹於時效消滅，但甲非無權占有其房屋，此因甲占有之不動產，係乙基於彼此買賣關係所交付，具有正當權源。但丙將不動產所有權移轉登記與第三人丁，丁本於物權之優先效力，自得請求甲交付不動產，因甲之占有權源係債之關係，已無從對抗所有人丁之故。」（上證五）可爲依憑。是被上訴人以民法第三百七十三條對抗與之無債之關係之上訴人，實屬無稽，上訴人提起本訴應有理由，請判決如聲明。

其他援引以前書狀及陳述。

謹狀

台灣高等法院台中分院　公鑒

證人姓名及其住居所	證物名稱及件數
	上證三：最高法院六十九年度第四次民事庭決議要旨影本一件。 上證四：王澤鑑著《買賣關係上所有與占有分離之現象》，法令月刊第三十五卷第三期第八頁影本一件。 上證五：謝在全著《民法物權論》上冊第一五一頁影本一件。

中華民國　八十二　年　十二　月　十四　日

具狀人　詹○傑　簽名蓋章

訴訟代理人　吳光陸律師　簽名蓋章

撰狀人　簽名蓋章

住址及電話

台灣高等法院台中分院民事判決　八十二年度上字第五九六號

上　訴　人　詹○傑　住南投縣埔里鎮○○號
訴訟代理人　吳光陸律師
被 上 訴 人　謝○○瑞　住彰化縣田中鎮○○號
訴訟代理人　周玉蘭律師
複 代 理 人　顏宏斌　住台中市自由路○○號十五樓C室
複 代 理 人　柯開運律師

右當事人間請求遷讓房屋事件，上訴人對於中華民國八十二年八月十八日台灣彰化地方法院第一審判決（八十二年度訴字第四二○號），提起上訴，本院判決如左：

主　文

原判決廢棄。
被上訴人應自坐落彰化縣田中鎮中南段八○八號地上，建號九四號建物，即門牌田中鎮中新路九一巷三○號本國式鐵筋加強磚造二層樓房全部面積九九・八七平方公尺，暨增建部分坐落同段八○八號、三一二號地上，建號一九五號建物，即門牌田中鎮中新路九一巷三〇號之三層樓房鋼筋加強磚造鐵架石棉瓦房屋全部，面積九一·二三平方公尺，倉庫三七·三五平方公尺遷出，將上開房屋交還上訴人

第一、二審訴訟費用由被上訴人負擔。

本判決第二、三項，於上訴人以新台幣五十萬元供擔保，得假執行；被上訴人如於假執行程序實施前以新台幣一百四十五萬元供擔保，得免為假執行。

事　實

一、上訴人方面：

甲、聲明：求為判決事項，如主文第一、二、三項所示，並以供擔保為條件，請求准予宣告假執行。

乙、陳述及所用證據，除與原判決所載相同部分均予引用外，補述略稱：

1.法院拍賣之性質，與私法上之買賣同，出賣人為執行債務人。本件之執行債務人（即出賣人）為劉金岳，而非被上訴人，兩造間並無任何買賣關係可言，從而亦無民法第三百七十三條之適用，原審判決認被上訴人為出賣人，顯與事實不符。其因而認為被上訴人對上訴人仍有使用系爭房屋之權源，即有違誤。被上訴人與訴外人侯彩鳳間，固因拍賣而有買賣之債的關係存在，但此與上訴人無關，基於物權效力優於債權效力之原則，被上訴人自不可以債之關係對抗上訴人之所有權。況且上訴人為善意第三人，並未承受前手任何債務，被上訴人並無任何可資對抗上訴人之權利，其占用系爭房屋，對上訴人而言，自屬無權占有。至於法院之拍賣公告註明點交與否，僅係執行法院依強制執行法第九十九條之決定，此項決定，並不影響

上訴人之所有權，更不影響上訴人提起本訴。此種情形，類似排除租賃權之不動產，雖不點交，但買受人仍可本於所有權請求遷讓，排除占有。

2.民法第八百二十五條規定，各共有人對於他共有人因分割而得之物，按其應有部分，負與出賣人同一擔保責任。既係負與出賣人同一擔保責任，共有人間亦有買賣規定之適用，然參照最高法院八十一年度第一次民事庭會議決議，及最高法院五十一年台上字第二六四一號判例，認為本屬有權占有之共有人為無權占有。依此法理，買受人非不得對出賣人主張為無權占有。另在實務上亦認為不動產出賣人，將所有權移轉登記予買受人後，仍不交付標的物，買受人除依買賣契約請求出賣人交付外，並得本於所有權請求交付。即本於買賣契約之請求權及本於所有權之請求權競合，買受人可擇一行使。茲直接買受人既得本所有權之請求，則與被上訴人無直接買賣關係之上訴人，更得本於所有權訴請被上訴人遷讓房屋。

補提最高法院八十一年度第一次民事庭會議決議、台灣高等法院法律問題決議、最高法院六十九年度第四次民事庭決議要旨及學者論著等為證。

二、被上訴人方面：

甲、聲明：求為判決：上訴駁回，第二審訴訟費用由上訴人負擔，如受不利之判決，願供擔保，請宣告免為假執行。

乙、陳述及所用證據，除與原判決相同部分均予引用外，補述列陳：

1.按土地所有權移轉登記與土地交付係屬兩事，而不動產買賣契約成立後，其收益權屬於何方，依民法第三百七十三條之規定，應以標的物已否交付爲斷，所有權所以移轉，而標的物未交付者，買受人仍無收益權，而所謂交付，即移轉其物之占有之謂。本件被上訴人尚未將買賣標的物移轉占有，故仍有收益權，尚難指爲無權占有，上訴人指被上訴人爲無權占有，基於民法物上請求權之關係，請求被上訴人遷讓，即有未合。

2.本件前後三次買賣關係，依執行情形，房地須否點交，由何人占有中，皆須於拍賣公告中載明，因之上訴人無所謂善意問題。退而言之，縱認爲善意，亦只是對無權處分者而言，始可因善意取得所有權，而受所有權之保護，本件出賣人均屬有權處分，因之，善意與否，與本件無涉。

3.系爭不動產原爲被上訴人所有，經拍賣由訴外人侯彩鳳拍定時，並未點交占有，侯彩鳳賣與劉金岳，嗣上訴人再由劉金岳買受（拍賣），雖辦畢所有權移轉登記，但亦未經交付占有，則上訴人即尚未取得占有利益，被上訴人仍有使用收益權。況上訴人拍定時之法院拍賣公告，亦載明前開標的由被上訴人占有，拍定後不點交，故被上訴人並非無權占有。兩造雖非直接買賣關係，仍不能排除民法第三百七十三條之適用。民法第八百二十五條之規定，係因分割形成判決而終止共有關係，各自取得分得部分之所有權，得以取得使用收益權，與本件係因拍賣而取得所有權之情形不同，上訴人引用爲請求之依據，亦不足採。被上訴人之占有系爭房屋既爲原所有之人，並非一經拍賣即變爲無權占有，否則強制執行法第九十九條即不須做點交之規定，故被上訴人絕非無權占有。補提民事裁判要旨廣編影本爲證。

三、本院依職權向台灣彰化地方法院調借八十一年度執字第三八〇八號拍賣抵押物強制執行案卷參考。

理　由

一、上訴人起訴主張：坐落彰化縣田中鎮中南段八〇八號地上建物，即建號九四號，門牌號碼爲彰化縣田中鎮中新路九一巷三〇號之二層樓房，及坐落同地段三一二號地上建物，即建號一九五號，門牌號碼同上之三層樓房，均爲上訴人所有，被上訴人並無任何正當權源而占住系爭房屋，屢催仍不遷讓，爰依民法第七百六十七條之規定，本於所有權之作用，請求判令被上訴人遷出，並將房屋交還上訴人。被上訴人則以：前開系爭不動產，原爲被上訴人所有，因債務無法淸償，被法院拍賣予訴外人侯彩鳳，嗣後侯彩鳳將之出賣予訴外人劉金岳，訴外人劉金岳因無法淸償其債務，再被原審法院拍賣，上訴人始因承受而取得系爭不動產之所有權，期間所有權雖經數次移轉，然系爭不動產始終在被上訴人占有中，被上訴人既尙未移轉占有於上訴人，利益即應仍屬被上訴人所享有，且被上訴人之占有，係基於出賣人之地位，並非無權占有等語茲爲抗辯。

二、查上訴人主張系爭不動產爲其所有，現爲被上訴人占有使用中之事實，業據提出建物登記簿謄本及不動產權利移轉證書爲證，且爲被上訴人所不爭執，已堪信爲眞實。按系爭不動產，原爲被上訴人所有，嗣經法院拍賣由訴外人侯彩鳳拍定取得所有權，再由侯彩鳳出賣與訴外人劉金岳（侯彩鳳出售前曾因貸款而提供設定抵押權擔保），再由法院拍賣，上訴人以債權人之地位而承受取得系爭不動產之所有權，建號九四號之房屋，並已辦妥所有權移轉登記之事實，有建物登記簿謄本可稽，而建號一九五號之房屋則有權利移轉證書可按。被上訴人雖以其爲系爭不動產之原所有權人，其間雖經法院拍賣或私下買賣而數易所有權人，但拍賣亦爲買賣之一種，買賣成立後，在未交付標的物之前，原出賣人仍享有使用收益權。上訴人雖於強制執行中承受系爭不動產，仍不失爲因買賣而取得所有權，但系爭不動產迄仍被上訴人占有使用中，既未交付，而上訴人於承受後，亦未聲請法院點交系爭不動產，因此被上訴人之占有使用系爭不動產，即非無權占有等語爲抗辯。

惟查，所有人於法令限制範圍內，得自由使用、收益、處分其所有物，並排除他人之干涉，民法第七百六十五條定有明文，上訴人既經台灣彰化地方法院拍賣而承受取得系爭房屋之所有權，除有權利移轉證書可稽外，並經本院調取該院八十一年度民執庚字第三八〇八號執行卷查明屬實。參照強制執行法第九十八條之規定，上訴人已取得所有權，並無疑義，依上開說明，上訴人自得自由使用、收益系爭不動產，並排除他人之干涉。被上訴人雖以其出賣與侯彩鳳，並未移轉占有，故仍有使用、收益權，其占有係本於出賣人地位而繼續占有，並非無權占有云云。然查民法第三百七十三條規範買賣雙方對於買賣標的物之危險及利益之移轉時點，係屬債之關係之規定，本件上訴人並非向被上訴人買受，被上訴人亦非執行債務人，兩造間並非買賣契約之當事人，並無民法第三百七十三條規定之適用。又被上訴人就系爭不動產因拍賣而由侯彩鳳拍定買受後，侯彩鳳再出售與劉金岳，而上訴人係以劉金岳爲執行債務人（系爭不動產原由侯彩鳳提供設定抵押權擔保借款，不能淸償債務，經上訴人聲請准予拍賣抵押物，於執行程序中，侯彩鳳再移轉與劉金岳，執行債務人因而更正爲劉金岳），因強制執行拍賣無人應買而承買，取得所有權，其買賣關係係存在於上訴人與劉金岳之間，上訴人並未繼受被上訴人與侯彩鳳之間之買賣關係，被上訴人自不得以對侯彩鳳得主張之權利對抗上訴人。從而被上訴人主張其依民法第三百七十三條之規定，在未交付之前得繼續占有使用系爭不動產，上訴人不得請求其遷讓云云，並不足採。又系爭不動產於法院拍賣公告上雖載明於拍定後不點交，但執行標的物於法院拍定後是否點交，僅係執行法院依強制執行法第九十九條之規定，以其是否爲執行債務人現實占有，或於查封後爲第三人占有，而決定是否於執行拍定後予以點交與買受人而已，執行法院之此項決定，並不影響拍定人基於所有權所得主張之權利。本件系爭不動產，執行債務人原爲侯彩鳳（執行程序進行中所有權移轉由劉金岳取得而更正債務人爲劉金岳），在執行程序中，被上訴人並非執行債務人，其占有執行標的物，亦非於查封之後，故執行法院於拍賣公告上註明於拍定後不點交，乃執行法院於執行程序中之正當行爲。但上訴人既已因承受系爭不動產而取得所有權，其基於所有權人所得主張權利並不受影響。按所有人對於無權占有或侵奪其所有物者，得請求返還之，民法第七百六十七條定有明文。本件上訴人爲系爭不動產之所有權人，被上訴人對之並無任何正當權源而占有系爭不動產，上訴人主張依所有權人之地位，提起本訴，請求被上訴人遷讓，並將系爭房屋交還上訴人，自屬依法有據。又查，拍賣爲買賣之一種，上訴人於拍賣程序中，因承受而取得系爭不動產之所有權，固可依債之關係，代位其前手劉金岳、侯彩鳳而向被上訴人請求交付買賣標的物系爭不動產。惟上訴人既已取得系爭不動產之所有權，已如上述，則其本於所有權人之地位而行使所有權人之物上請求權，請求被上訴人遷讓並交還房屋，依法亦無不可。亦即上訴人既得本於買賣契約之請求權，亦得本於所有權爲請求，即屬請求權之競合，上訴人擇一行使其物上之請求權，自無不合。又上訴人既係行使所有權人之物上請求權，而非本於買賣契約而爲請求，則被上訴人引用民法第三百七十三條主張有關買賣契約直接當事人間之抗辯，及最高法院就買賣關係有關之判例、判決或決議，而對抗上訴人之請求，自無斟酌餘地。又上訴人於起訴時，即已主張依民法第七百六十七條之規定提起本訴，其請求權之主張一貫，並無訴之變更或追加之問題，自不需得被上訴人之同意，均併予敘明。

三、綜上所述，本件上訴人爲系爭不動產之所有人，其主張依所有權請求被上訴人遷出系爭房屋，並交還上訴人，而被上訴人就系爭不動產已無任何正當權源，而不得對抗上訴人其主張爲系爭房屋之原出賣人，在未交付買賣標的物之前，仍得就系爭房屋爲使用收益云云，因上訴人並非其所主張之買賣契約之買受人，其所爲抗辯不足取。上訴人之請求爲有理由，原審未予詳究，駁回上訴人之訴，尚有未洽，上訴人提起上訴，請求廢棄原判決，改判如其聲明，自屬有理由，爰予改判如主文第一、二、三項所示。又上訴人陳明願供擔保，請求宣告假執行，而被上訴人亦陳明如受不利判決，願供擔保，請准宣告免假執行，均核無不合，爰分別酌定相當之擔保金額，爲准、免假執行之宣告。

四、據上論結，本件上訴爲有理由，爰依民事訴訟法第四百五十條、第七十八條、第四百六十三條、第三百九十條第二項、第三百九十二條，判決如主文。

中　華　民　國　八十二　年　十二　月　二十　日

民事第三庭審判長法官　陳　照　德

法官　陳　成　泉

法官　袁　再　興

如對本判決上訴，須於判決送達後二十日內向本院提出上訴狀，未表明上訴理由者，應於上訴後二十日內向本院提出上訴理由書（須按他造人數附具繕本），並繳納送達用雙掛號郵票十份（每份二十八元）。

書　記　官　李　述　燊

中　華　民　國　八十一　年　十二　月　二十二　日

被告不服第二審判決，提起第三審上訴，民事上訴理由狀摘要如下：

甲、上訴聲明

原判決廢棄，發回台灣高等法院台中分院。

乙、上訴理由

一、依強制執行法第四十四條規定，強制執行之程序，除本法有規定外，準用民事訴訟法之規定。又依民事訴訟法第二百五十四條，訴訟繫屬中為訴訟標的之法律關係，雖移轉於第三人，於訴訟無影響。本件系爭不動產原爲上訴人所有，經拍賣由訴外人侯彩鳳拍定時尚未點交，又強制執行法上之拍賣係屬買賣之一種，以債務人爲出賣人，故債務人應依照民法三百四十八條第一項之規定，負交付標的物於買受人，並使其取得該物所有權之義務，即債務人基於出賣人之義務，應交出已賣之不動產，在未交出前，難謂爲無權占有（參見　鈞院五十五年八月二十三日民刑庭總會決議）。本件系爭不動產買賣關係形式上存在於被上訴人與劉金岳之間，惟實質上，亦存在於被上訴人與侯彩鳳間，玆前手（侯彩鳳）既不能對上訴人主張無權占有，則後手之被上訴人自不得大於前手侯彩鳳之權利，主張無權占有。原判決認上訴人占有系爭不動產爲無權占有，有違背　鈞院五十五年八月二十三日民刑總會決議之違法。

二、本件系爭不動產分爲兩部分，一部分即建號九四號者屬於上訴人謝○○瑞所有，另一部分爲訴外人謝武岡所有，上訴人最初將系爭不動產設定抵押權登記予訴外人田中鎭農會時，並無上開增建建物，嗣侯彩鳳拍定系爭不動產之一、二層時未點交，拍賣後始由訴外人謝武岡出資興建，此有該建物登記簿謄本在卷可稽。強制執行中拍賣之不動產爲第三人所有者，其拍賣無效，參見司法院院字第五七八號解釋。本件增建部分建物既係訴外人謝武岡所有，依上揭說明，執行法院就此部分所爲拍賣自屬無效，謝武岡自不因法院之拍賣而喪失該建物之所有權，被上訴人亦無從取得所有權，原判決認該部分建物亦爲被上訴人所有，判決得本於所有權訴請上訴人遷讓交還，有違上開司法院解釋，及適用民法第七百六十七條不當之違法。

民事答辯狀

案號	八十二年度上字第五九六號	承辦股別	
訴訟標的金額或價額	新台幣　萬　千　百　十　元　角		

稱謂	姓名或名稱 身分證統一編號或營利事業統一編號	性別	出生年月日	職業	住居所或營業所、郵遞區號及電話號碼 電子郵件位址	送達代收人姓名、住址 郵遞區號及電話號碼
被上訴人	詹○傑				詳卷	
上訴人	謝○○瑞				詳卷	

為請求遷讓房屋，謹具答辯事：

答辯聲明

一、上訴駁回。

二、第三審訴訟費用由上訴人負擔。

理　由

本件原審廢棄第一審判決而為被上訴人勝訴之判決係以被上訴人為系爭房屋所有權人，自得依所有權請求上訴人遷出系爭房屋，而上訴人主張其為系爭房屋之原出賣人，在未交付買賣標的物之前，仍得就系爭房屋為使用收益，因兩造非買賣契約之當事人，其主張自不可採，遂認被上訴人提起本訴為有理由。茲上訴人不服原審判決，認有判決違背法令之違法，而提起上訴。其上訴理由係以買賣關係形式上雖存在於被上訴人與侯彩鳳間，侯彩鳳既不能對於上訴人主張無權占有，則後手之被上訴人自不得有大於前手侯彩鳳之權利，對上訴人主張無權占有。又系爭房屋增建部分坐落彰化縣田中鎮中南段八〇八號及三一二號土地上之建物即建號一九五號門牌田中鎮中新路九一巷三〇號之三層樓房鐵筋加強磚造鐵架石棉瓦房屋全部面積九一・二三平方公尺、倉庫三七・三五平方公尺，此部分係訴外人謝武岡所有，非上訴人謝〇〇瑞所有，故被上訴人不得本於所有權請求上訴人遷讓房屋云云。惟查此等理由，並未具體指明原判決有何違背法令，核與民事訴訟法第四百六十七條規定：「對於第二審判決上訴，非以違背法令爲理由，不得爲之。」不合。尤其民事訴訟法第四百七十六條第一項規定：「第三審判決，應以第二審判決確定之事實爲判決基礎。」，故有最高法院二十二年聲字第五九七號判例「第三審法院應以第二審確定之事實爲判決基礎，不得斟酌第二審辯論終結前未發生或未主張之事實……」、二十八年上字第八一七號判例：「依民事訴訟法第四百七十三條第一項之規定，第三審判決應以第二審判決確定之事實爲判決基礎，故在第三審不得提出新攻擊方法。」，則上訴人主張更正執行債務人劉金岳及增建部分爲第三人謝武岡所有，均屬新事實，核與上開規定不符，自不得爲上訴理由。原審之認事用法已臻明確，具於判決中載明，上訴人仍以新事實爲上訴理由，顯與法有違，其上訴應不合法。

退一步言，縱認上訴合法，亦屬無理由，蓋：

一、上訴人稱本件系爭房屋原係被上訴人聲請強制執行，拍賣訴外人侯彩鳳前拍定自上訴人之不動產，於拍賣程序未終結，再由訴外人劉金岳向侯彩鳳承買，致更正執行債務人爲劉金岳，依民事訴訟法第二百五十四條之規定買賣關係形式上雖存在於被上訴人與劉金岳之間，實質上係存在於被上訴人與侯彩鳳之間，上訴人可本於買賣關係中出賣人之地位於交付前對侯彩鳳主張系爭房屋之使用收益，而侯彩鳳不得主張之權利，被上訴人亦不得主張。然此一主張更正執行債務人之事實，不僅與卷內土地登記簿謄本記載不合，且無查封拍賣中變更債務人之事實，尤其既已查封，焉有可能買賣由債務人侯彩鳳移轉給劉金岳。且民事訴訟法第二百五十四條規定訴訟標的之法律關係，雖移轉於第三人，於訴訟無影響，此項規定乃爲保護他造當事人之利益及保障程序而設，非如上訴人所稱買賣關係實質上存在於被上訴人與侯彩鳳之間。況所有人於法令限制範圍內，得自由使用、收益、處分其所有物，並排除他人之干涉，民法第七百六十五條定有明文。被上訴人既經承受而取得系爭房屋之所有權，參照強制執行法第九十八條之規定，被上訴人已取得所有權，並無疑義，依上述條文規定，被上訴人自得自由使用收益系爭不動產，並排除他人之干涉，上訴人以其出賣侯彩鳳並未移轉占有，故仍有使用、收益權，其占有係本於出賣人地位而繼續占有，並非無權占有云云。惟因民法第三百七十三條係規範買賣雙方對於買賣標的物之危險及利益移轉之時點，係屬債之關係之規定，本件被上訴人並非向上訴人買受，上訴人亦非執行債務人，兩造非買賣契約之當事人，當無民法第三百七十三條規定之適用。且因爲被上訴人係本於所有權請求遷讓房屋提起本訴，所有權爲物權，其效力當大於債之效力。上訴人對系爭不動產既無正當之占有權源，被上訴人請求其遷讓交還房屋，自屬於法有據，原審爲此判決當無違誤。

二、次按第三審法院應以第二審判決確定事實爲判決基礎，故就左列事實不得斟酌：㈠第二審言詞辯論終結前當事人所未主張之事實或未發生之事實（最高法院七十九年三月六日、七十九年第一次民事庭會議決議壹、乙、四、㈠可資參酌）。故上訴人於第二審言詞辯論終結前既未主張系爭房屋之增建部分係訴外人謝武岡所有，於第三審當不得更主張此一新事實，以圖變更其原有之法律關係。況查上訴人於原審法院一再主張系爭房屋爲其所有（參見上訴人於原審法院八十二年十一月二十三日所提之辯論狀），而謝武岡從最初之強制執行事件至本件訴訟於原審法院判決前，亦未主張其權利，上訴人之辯當不足採。

三、未按權利之行使不得違反公共利益或以損害他人爲主要目的。行使權利，履行義務，應依誠實及信用方法，民法一百四十八條定有明文。查本件上訴人於系爭房屋第一次拍賣於訴外人侯彩鳳時，即未交付房屋，而主張本於出賣人之地位仍繼續占有使用系爭房屋，系爭房屋所有權經數次移轉，上訴人仍爲如上之主張，顯見上訴人之違法無理且有違誠信原則，破壞正常之交易、經濟制度。

綜上所述，可知原審法院之判決並無判決違背法令之情事，故請賜判如聲明，以維法治。

謹狀

台灣高等法院台中分院　轉呈

最高法院　公鑒

證人姓名及其住居所	證物名稱及件數

中華民國八十三年二月七日

具狀人　詹○傑　簽名蓋章

撰狀人　簽名蓋章

住址及電話

八十三年度台上字第六九五號

最高法院民事判決

上　訴　人　謝○○瑞　住台灣省彰化縣田中鎮○○號

訴訟代理人　柯開運律師

被 上 訴 人　詹○傑　住台灣省南投縣埔里鎮○○號

右當事人間請求遷讓房屋事件，上訴人對於中華民國八十二年十二月二十日台灣高等法院台中分院第二審判決（八十二年度上字第五九六號），提起上訴，本院判決如左：

主　文

上訴駁回。

第三審訴訟費用由上訴人負擔。

理　由

本件被上訴人主張：坐落彰化縣田中鎮中南段八〇八號土地上建物，即建號九四門牌彰化縣田中鎮中新路九一巷三〇號二層樓房屋（全部面積九九・八七平方公尺）及坐落同段八〇八號、三一二號土地上建物，即建號一九五號門牌同右號三層樓房屋（全部面積九一・二三平方公尺）均爲伊所有（因執行法院拍賣由伊承受而取得）。上訴人無正當權源而占住該房屋，屢經催討不交還。爰本於所有權之作用，依民法第七百六十七條規定，求爲命上訴人遷讓交還房屋之判決。

上訴人則以：系爭房屋原爲伊所有，因債務未清償，由執行法院拍賣予侯彩鳳。嗣侯彩鳳將之出賣與訴外人劉金岳，劉金岳又因債務未清償，再經執行法院拍賣，因無人應買而由被上訴人承受取得其所有權。其間所有權，雖經數次易主而移轉，但始終在伊占有中，尚未移轉占有於買受人即被上訴人。利益（使用利益）應仍屬伊所享有。伊係基於出賣人之地位而占有系爭房屋，並非無權占有等語，茲爲抗辯。

原審依調查證據而爲辯論之結果，以：查被上訴人主張，系爭房屋係因執行法院拍賣，由伊承受取得所有權，現爲上訴人占有使用中之事實，業據提出建物登記簿謄本爲證，且爲上訴人所不爭執，要堪信爲真實。按系爭（建號九四號）房屋原爲上訴人所有，嗣經執行法院拍賣由訴外人侯彩鳳拍定取得所有權。再由侯彩鳳出賣與訴外人劉金岳。因侯彩鳳於出賣前曾因貸款而提供與被上訴人設定抵押權作擔保，嗣經執行法院拍賣，由被上訴人以債權人之地位承受取得所有權，並已辦妥所有權之移轉登記。而建號一九五號建物（增建部分）亦同時因拍賣由被上訴人承受而取得所有權，亦有建物登記簿謄本附卷可查，並經原審法院調取彰化地方法院八十一年度民執庚字第三八〇八號執行卷查明屬實。上訴人雖以其爲系爭房屋之原所有人，其間雖經法院拍賣或私下買賣而數易所有權人，但拍賣亦爲買賣之一種，在未交付標的物之前，原出賣人仍對之有使用收益權。被上訴人雖於強制執行程序中因承受而取得其所有權，但仍不失爲因買賣而取得所有權。系爭房屋原即有伊占用使用中，既尚未交付，被上訴人因承受而取得所有權後，亦未聲請執行法院點交，伊自仍有占有使用之權，即非無權占有云云置辯。第按所有人於法令限制之範圍內，得自由使用、收益、處分其所有物，並排出他人之干涉。所有人對於無權占有或侵奪其所有物者，得請求返還之，民法第七百六十五條、第七百六十七條分別定有明文。又民法第三百七十三條係規範買賣雙方對於買賣標的物之危險及利益之移轉之時點，乃屬債之關係之規定。本件被上訴人並非向上訴人買受系爭房屋，上訴人並非執行債務人，兩造間並無買賣關係之存在，自無民法第三百七十三條之規定之適用。被上訴人既因執行法院拍賣系爭不動產無人應買而承受取得其所有權，自得基於其所有權行使權利，並不因拍賣公告記載拍定後不點交有異。從而被上訴人不依買賣關係代位其前手請求上訴人交付系爭房屋，而本於所有權人之地位請求上訴人遷讓交還系爭房屋，自屬應予准許。上訴人抗辯，被上訴人未請求點交不得以無權占有爲由請求伊遷讓交還房屋，自不足取。爰將第一審所爲不利被上訴人之判決廢棄，改判命上訴人交還系爭房屋查系爭房屋建號九四號及一九五號房屋爲上訴人所有，嗣經法院拍賣而輾轉由被上訴人取得所有權，爲上訴人所自認（見第一審卷第三〇頁背面、原審卷第六八頁），且爲原審合法確定之事實。兩造間既無買賣關係之存在，上訴人自不得以其與直接後手間所存抗辯之事由（未點交）對抗最後取得物權之被上訴人。從而被上訴人本於所有權請求上訴人遷讓交還系爭房屋，即無不當。原審因此爲上訴人敗訴之判決，經核於法並無違背。上訴意旨，仍執陳詞，指摘原判決不當，求予廢棄，難謂有理由。至於建號一九五號房屋，上訴人於原審從未主張係訴外人謝武岡所有。上訴本院後，始改口主張其爲謝武岡所有，核屬新事實，本院依法不能斟酌，併此說明。

據上論結，本件上訴爲無理由。依民事訴訟法第四百八十一條、第四百四十九條第一項、第七十八條，判決如主文。

中　華　民　國　八十三　年　三　月　二十五　日

最高法院民事庭第四庭

審判長法官　曾桂香

法官　張福安

劉延村

徐璧湖

楊隆順

參、檢討與分析

一、本件主要爭點在於民法第三百七十三條規定「買賣標的物之利益及危險，自交付時起，均由買受人承受負擔。但契約另有訂定者，不在此限。」，僅適用於債之關係，而債之關係僅能對契約當事人，不涉及第三人，故在買賣當事人間，苟未交付，買受人雖已辦妥所有權移轉登記，亦不能本於民法第七百六十七條規定向出賣人請求，蓋出賣人依民法第三百七十三條在未交付前，本可使用收益，有占有權源，尚非無權占有，但若由買受人再出賣第三人，第三人與原出賣人間即無買賣關係，原出賣人之占有，對此第三人即無上開規定適用，屬無權占有，自可主張所有權。是本件為一典型之物權優於債權之實例。

二、第三人不主張所有權，亦可行使代位權，即代位其出賣人本於買受人向原出賣人請求交付之權利對原出賣人起訴，但參照最高法院六十一年台再字第一八六號判例（詳前節），仍以行使所有權為宜。

三、至於被告上訴主張後手不可取得大於前手之權利，固係一有利主張，但此僅就取得之所有權言，苟前手無所有權，後手即不可因繼受而取得，但本件原告已取所有權，應無適用。另依民事訴訟法第四百七十六條第一項規定「第三審法院，應以第二審判決確定之事實為判決基礎。」，參照最高法院二十八年上字第八一七號判例「依民事訴訟法第四百七十三條第一項規定，第三審法院應以第二審判決確定之事實為判決基礎，故在第三審不得提出新攻擊方法。」。在第三審不可主張新事實，則被告主張該一九五號增建部分係謝武岡所建，第三審法院不得審酌，苟此為事實，不僅被告在第一、二審即應主張，甚且謝武岡於執行程序中時，應依強制執行法第十五條提起異議之訴，然未主張，足見不實。如確屬實在，仍可於拍定後，甚至本件判決後，另循救濟程序主張所有權。

四、另增建部分係未辦保存登記者，雖法院拍賣，拍定人亦不能取得所有權（參閱拙文「法院拍賣違章建築之買受人有無取得所有權」刊月旦法學第十期），可否主張所有權請求返還，實有爭議。

第四節　公同共有人請求返還共有物

公同共有物被他人無權占有，可否由共有人中一人請求，涉及民法第八百二十八條第一項「公同共有人之權利義務，依其公同關係所由規定之法律或契約定之。」及第二項「除前項之法律或契約另有規定外，公同共有物之處分及其他之權利行使，應得公同共有人全體之同意。」規定，本件即係一例。

壹、背景說明

系爭房屋屬原告與他人繼承之財產，然遭另一繼承人之子出售他人，原告除提刑事告訴，判決該子侵占罪，因房屋已交買受人，並出租他人，對買受人及承租人起訴請求返還。

貳、書狀及裁判

原告起訴狀摘要如下：

為提起請求遷讓房屋之訴事：

甲、訴之聲明

被告洪○國應將坐落門牌二林鎮東和里○○路四十號（稅籍牌號第○一二六五號）之平房，遷讓交還與原告及其他共有人。

被告陳○灣應自前項房屋遷出。

訴訟費用由被告負擔。

原告願供擔保以代釋明，請准宣告假執行。

乙、事實及理由

一、系爭房屋本屬原告養母洪美所有。洪美於七十三年二月四日死亡，由原告及洪〇慶共同繼承爲公同共有財產。詎洪〇慶之子洪〇和，將系爭房屋據爲己有，偷賣與被告洪〇國。原告知悉後提起告訴，經台灣高等法院台中分院七十八年上易字第四七四號判處洪〇和罪刑確定，有判決書足證。原告並另提起民事訴訟，請求確認就系爭房屋有公同共有權及洪〇和無所有權，案經判決確定原告勝訴，有判決書二件及裁定書一件足證。因此不僅原告就系爭房屋有公同共有權存在，洪〇和則無所有權，全無疑問。

二、洪〇和將系爭房屋偷賣與被告洪〇國，並交付管業。被告洪〇國再將系爭房屋出租與被告陳〇灣使用至今。

三、洪〇和既非系爭房屋之所有人，其偷賣房屋與被告洪〇國之行爲，自屬無權處分，從而洪〇國未取得對抗原告等共有人之任何權利。因此原告依民法第七百六十七條規定，請求被告洪〇國返還系爭房屋與原告及其他共有人，當爲法所許。又被告洪〇國對系爭房屋既無任何正當權源並須返還，則其出租系爭房屋予被告陳〇灣之行爲，對原告等真正所有人亦非有效，因此被告陳〇灣占有使用系爭房屋之權利，亦無所附麗，原告自得一併請其遷出。

民國七十八年度訴字第九七三號

台灣彰化地方法院民事判決

原　　告　洪○員　住彰化縣田尾鄉○○路三段五二號

訴訟代理人　卓三民律師

被　　告　洪○國　住彰化縣二林鎮○○路四○號

　　　　　陳○灣　住同右

右當事人間請求遷讓房屋事件，本院判決如左：

主　文

被告洪○國應將坐落彰化縣二林鎮東和里○○路四○號平房遷讓並交還與原告及其他共有人。

被告陳○灣應自前項房屋遷出。

訴訟費用由被告等平均負擔。

本判決第一項於原告以新台幣二十七萬元供擔保後得假執行。

事　實

甲、原告方面：

一、聲明：如主文第一、二項所示及以供擔保為條件之假執行宣告。

二、陳述：

(一)坐落門牌二林鎭東和里○○路四○號平房（以下簡稱系爭房屋），前屬原告及案外人洪宗慶之養母洪美所有，洪美於七十三年二月四日死亡後，即由原告及洪宗慶共同繼承而爲其公同共有財產詎洪宗慶之子洪中和，竟將系爭房屋據爲己有並偷賣與被告洪○國。原告知悉後提起告訴，並經台灣高等法院台中分院七十八年上易字第四七四號判處洪中和罪刑確定，原告並另提起民事訴訟，請求確認就系爭房屋有公同共有權及洪中和無所有權，案經判決確定原告勝訴。因此不僅原告就系爭房屋有公同共有權存在，洪中和則無所有權，全無疑問。

(二)但洪中和竟於七十五年七月十五日，將系爭房屋偷賣與被告洪○國，並將房屋交付與洪○國管業。被告洪○國買受後，再將系爭房屋出租與被告陳○灣使用至今。

(三)洪中和既非系爭房屋之所有人，其偷賣房屋與被告洪○國之行爲，自屬無權處分，從而洪○國自亦未取得對抗原告等共有人之任何權利。因此原告依民法第七百六十七條規定，請求被告洪○國返還系爭房屋與原告及其他共有人，當爲法所許。又被告洪○國對系爭房屋既無任何正當權源並須返還如前述，則其出租系爭房屋於被告陳○灣之行爲，對原告等真正所有人亦非有效，因此被告陳○灣占有使用系爭房屋之權利，亦無所附麗。原告自得一併請其遷出，爲此提起本訴。

三、證據：提出判決書影本三紙、裁定書一紙、存證信函一紙爲證，並請求履勘現場，訊問證人洪宗慶。

乙、被告方面：

一、被告陳○灣未於言詞辯論期日到場，據其勘驗期日所述：系爭房屋係向被告洪○國承租取住經營商業，洪○國未居住於系爭房屋內。

二、被告洪○國部分：

㈠聲明：駁回原告之訴，訴訟費用由原告負擔。

㈡陳述：

⑴爭房屋係向洪中和購買租與陳○灣使用。

⑵系爭房屋共有人洪宗慶並未同意原告提起本件訴訟。

㈢證據：提出（洪宗慶）便條一紙為證。

理　由

一、被告陳○灣受合法通知，未於言詞辯論期日到場，核無民事訴訟法第三百八十六條所列各款情形，爰依原告之聲請，由其一造辯論而為判決。

二、本件原告主張之事實，業據其提出與其所述相符之判決書影本三紙、裁定書、存證信函各一紙為證。被告洪○國則辯稱系爭房屋係向訴外人洪中和（洪宗慶之子）購買租與陳○灣使用，且洪宗慶未同意原告提起訴訟等詞。

三、按公同共有人中一人就公同共有物之權利行使，應經其他公同共有人全體之同意，方得行使，此觀乎民法第八百二十八條第二項規定及最高法院七十年度台上字第二○五三號判決甚明。本件系爭房屋為原告及證人洪宗慶之養母洪美所有，洪美於七十三年二月四日死亡後由原告及洪宗慶共同繼承，而為公同共有財產等事實，有本院七十六年度訴字第一五八〇號卷全宗及七十六年度易字第一四八五號卷全宗可稽（判決書影本在卷足按）。又系爭房屋之公同共有人洪宗慶同意原告提起本訴訟等事實，亦據證人洪宗慶到庭作證屬實，從而原告提起本件訴訟並無不合，被告辯稱公同共有人洪宗慶未同意提起本件訴訟等詞並不足採。次查系爭房屋為原告與洪宗慶公同共有，訴外人洪中和將之售予被告洪〇國即屬無權處分，對原告及洪宗慶均不生效力，被告洪〇國縱受有損害，應係其得否向訴外人洪中和請求賠償之問題，被告洪〇國不得以此對抗系爭房屋之公同共有人，而拒絕將房屋返還予原告。

四、被告陳〇灣係向被告洪〇國承租系爭房屋居住並經營商業等情，業據兩造所共認並經本院履勘現場審認屬實，有勘驗筆錄在卷可按。被告洪〇國既係向無權處分人洪中和購買系爭房屋租與被告陳〇灣，其租賃關係僅存在於被告洪〇國及陳〇灣之間，並不得對抗所有權人即原告及洪宗慶。

五、綜上，被告洪〇國為系爭房屋之直接占有人，被告陳〇灣為間接占有人（民法第九百四十條、第九百四十一條），原告請求被告洪〇國將系爭房屋遷讓交還與原告及其他共有人及被告陳〇灣應自系爭房屋遷出等，洵屬正當，應予准許。

六、原告陳明願供擔保以代釋明，求為假執行之宣告，核無不合，爰酌定相當金額如主文第四項所示而予准許。

七、結論：本件原告之訴為有理由，應依民事訴訟法第三百八十五條第一項前段、第七十八條、第八十五條第一項前段、第三百九十條第二項，判決如主文。

被告不服，先聲明上訴，其中洪○國再補上訴理由：

民事上訴理由狀

案號	七十八年度上字第五六四號	承辦股別	
訴訟標的金額或價額	新台幣　萬　千　百　十　元　角		

稱謂	姓名或名稱 身分證統一編號或營利事業統一編號	性別	出生年月日	職業	住居所或營業所、郵遞區號及電話號碼電子郵件位址	送達代收人姓名、住址郵遞區號及電話號碼
上訴人	洪○國				詳卷	
訴訟代理人	吳光陸				詳卷	
被上訴人	洪○員				詳卷	

為不服台灣彰化地方法院民國七十八年度訴字第九七三號民事判決，提出上訴理由事：

上訴聲明

一、原判決廢棄。

二、被上訴人在第一審之訴及其假執行之聲請均駁回。

三、第一、二審訴訟費用由被上訴人負擔。

四、如受不利判決，願供擔保請准免爲假執行。

事實及理由

一、原審判決上訴人敗訴，係以坐落二林鎮○○路四○號平房一棟爲被上訴人與訴外人洪○慶之養母洪美所有，洪美於民國七十三年二月四日死亡。由被上訴人與洪○慶共同繼承，爲公同共有財產。

上訴人有權請求遷讓云云。

洪○慶之子洪○和將系爭房屋出售，上訴人屬無權處分，對被上訴人及洪○慶不生效力，因認被

二、按經核定之民事調解，與民事確定判決有同一之效力，鄉鎮市調解條例第二十四條第二項定有明文。經查訴外人洪○和及洪○木曾就系爭房屋暨其基地因出售上訴人一事，經二林鎮調解委員會於民國七十五年七月十五日成立調解，並由台灣彰化地方法院核定在案，有七十五年民調字第○七八號調解書一件可憑（證物一）。依該調解書所載「聲請人洪○木所有坐落二林鎮二林段二三五之一號建地……出租給對造人洪○和建築竹造瓦頂平房店鋪一棟，門牌二林鎮東和里○○路四○號（即系爭房屋）住用，今因聲請人洪○木因事業之故，需要出賣該建地，承租人洪○和無力承購……」足見系爭房屋為洪○和向地主洪○木承租興建，依首開說明，此一調解既與確定判決有同一效力，應認系爭房屋為洪○和所有，被上訴人並無公同共有權，其提起本訴為無理由。

三、縱因被上訴人前曾對洪○慶及洪○和起訴，確認伊對系爭房屋有公同共有權暨洪○和對系爭房屋所有權不存在勝訴確定，但依此判決，系爭房屋應係被上訴人與洪○慶所共有，並非被上訴人一人所有。茲查在洪○和出售系爭房屋給上訴人後，洪○慶因有爭執，經二林鎮調解委員會於民國七十五年八月十五日成立調解，洪○慶承認洪○和之出售系爭房屋，洪○和以出售價款之一部分新台幣四十萬元分配給洪○慶，而此四十萬元由洪○國支付，此有該會七十五年刑民調字第九四號調解書可據（見證物二）。洪○慶既分得價金，並承認買賣，依契約加入之法理，並參照民法第一百十八條第一項規定，洪○慶亦應負出賣人之責任，故上訴人於原審主張係向洪○慶購買。

揆諸最高法院五十五年台上字第三三六七號判例：「共有人將共有物特定之一部讓與他人，固爲共有物之處分，其讓與非得共有人全體之同意，對於其他共有人不生效力。然受讓人得對於締約之共有人，依據債權法則而請求使其就該一部取得單獨所有權，對於不履行之締約人除要求追償定金或損害賠償外。亦得請求使其取得按該一部計算之應有部分，與他共有人繼續共有之關係。」，則洪〇慶應將其對系爭房屋之公同公共有權利移轉上訴人，上訴人既有公同共有權利，自非無權占有，被上訴人提起本訴，自無理由。

四、不動產之善意取得，民法雖未規定，但學者王澤鑑持肯定見解（見王氏著《民法學說與判例研究》第三冊第三三〇頁，證物三），最高法院六十九年台上字第七五九號判決亦承認之（見證物三）。系爭房屋如　鈞院認係洪〇和出售交付，綜前所述，上訴人既係因與確定判決有同一效力之前開調解書誤信洪〇和有所有權，且系爭房屋本由洪〇和居住之事實（見證物四之刑事判決所載事實），上訴人受讓實屬善意。而被上訴人係於買賣交付後之民國七十六年始對洪〇和等人主張權利，且系爭房屋未辦保存登記，戶籍資料亦未記載被上訴人爲洪美之養女，上訴人無從查知，益見上訴人爲善意受讓，依上開說明，應類推適用民法第八百零一條規定，認上訴人爲善意取得系爭房屋所有權，被上訴人不得提起本訴，僅可向洪〇和、洪〇慶請求分配價金或賠償。

謹呈

台灣高等法院台中分院民事庭　公鑒

證人姓名及其住居所	證物名稱及件數
	一、二林鎮調解委員會75.平民調字第〇七八號調解書。 二、同右委員會75.民、刑調字第九四號調解書。 三、王澤鑑著《民法學說與判例研究》第三冊第三三〇頁。 四、鈞院七十八年度上易第四七四號刑事判決。

中　華　民　國　七十八　年　十二　月　四　日

具　狀　人　洪〇國　簽名蓋章

訴訟代理人　吳光陸　簽名蓋章

撰　狀　人　簽名蓋章

住址及電話

被上訴人提出民事答辯狀，摘要如下：

甲、答辯聲明：

請求判決駁回上訴。

第一、二審訴訟費用由上訴人負擔。

乙、事實及理由：

一、系爭平房自日據時期即為案外人洪美所有，洪美逝世後為被上訴人及案外洪○慶因共同繼承取得等事實，前經民事訴訟判決確定在案，案外人洪○和（洪○慶養子）竟將系爭房屋占為己有而偷賣與上訴人，亦經　鈞院七十八年上易字第四七四號判決洪○和侵占確定在案，則系爭房屋所有人為被上訴人及洪○慶全無疑義，依法洪○和非所有人甚明。又系爭房屋基地自日據時代起即由洪美承租，俟洪○和侵占後出租人始向居住使用房屋之洪○和收取租金，但支付基地租金者非當然為房屋所有人，且系爭房屋係日據時代即存在之老舊房屋，即洪○和未出生前已存在（按洪○和係民國四十五年十一月二十六日出生，請參看　鈞院七十八年上易字第四七四號刑事判決），又非有買賣、繼承等取得原因，尤難認定為洪○和所有。系爭房屋依法絕非洪○和所有，則縱調解書誤載為洪○和所有，亦不發生取得所有權之效力，蓋民法第七百五十八條規定依法律行為取得不動產，非經登記不生效力。又調解經法院核定者，固與民事確定判決有同一之效力，但該調解非確認系爭房屋為標的，自不因此而有確定系爭房屋為洪○和所有之效力。因此上訴人根據調解主張系爭房屋為洪○和所有，被上訴人並無公同共有權，實無理由。

二、洪○慶縱於七十五年八月十五日在二林鎮調解委員會成立調解，洪○慶同意洪○和出賣系爭房屋，並分得四十萬元，但系爭房屋係因繼承取得之公同共有物，依民法第八百二十八條第二項規定其處分及其他權利之行使，應得被上訴人之同意，因此洪○慶雖同意出賣，惟被上訴人既未曾同意，洪○慶同意出賣，仍非合法有效，且又未經登記，何能取得公同共有權。被上訴人既非因合法有效之買賣行為，合法有效占有系爭房屋，當係無權占有。又最高法院五十五年台上字第三二六七號判例所釋示者，係民法第八百十九條分別共有範圍，自與民法第八百二十八條第二項無關，況上訴人尚未依法登記取得公同共有權，當非系爭房屋之公同共有人。上訴人主張係公同共有人，非無權占有，亦非有理由。

三、系爭房屋係不動產，當不適用民法第八百零一條動產所有權善意取得之規定。況系爭房屋係日據時期之老舊建物，一望即知非洪○和所建，亦非洪○和所有，上訴人非三歲孩童，亦不盲不瞎，那有不經調查即認為洪○和所有而買受之理！又未辦理保存登記之房屋買賣，須調查納稅義務人，並辦理變更納稅義務人登記，以保權益，鮮有置此不理者，但上訴人既不理房捐上之納稅義務人為誰，復不查明稅籍資料，亦未聲請變更納稅義務人，顯然非不知系爭房屋非洪○和所有而串通買受，不然何以如此輕率！善意受讓，確非事實。

民事準備書(一)暨調查證據聲請狀		案號	七十八年度上字第五六四號	承辦股別	舉
		訴訟標的金額或價額	新台幣　萬　千　百　十　元　角		

稱謂	姓名或名稱 身分證統一編號或營利事業統一編號	性別	出生年月日	職業	住居所或營業所、郵遞區號及電話號碼電子郵件位址	送達代收人姓名、住址、郵遞區號及電話號碼
上訴人	洪○國				均詳卷	
訴訟代理人	吳光陸					
被上訴人	洪○員					
訴訟代理人	施金印					

爲右當事人間請求遷讓房屋事件，依法提出準備書狀暨調查證據聲請事：

一、本件被上訴人第一審所訴之事實，在法律上顯無理由：

㈠按公同共有物因他人侵奪妨害或有妨害之虞提起民法第七百六十七條之訴，應得公同共有人全體之同意，其訴訟當事人始爲適格，最高法院三十一年十一月十九日民事庭會議業已作成決議在案（附件一）。

㈡本件被上訴人在第一審所訴之事實，雖主張其就系爭房屋有公同共有權，並已得他共有人洪〇慶之同意提起訴訟，惟查　鈞院七十七年度家上字第三十八號暨台灣彰化地方法院七十六年度訴字第一五八〇號民事確定判決中，固確認被上訴人在系爭房屋上有公同共有權，至其他全體公同共有人，依上開判決，除洪〇慶及被上訴人外，非必無他人，觀諸各該判決理由欄之記載：系爭房屋應由被上訴人（即本件被上訴人）與洪〇慶及「其他繼承人」共同繼承（上證五），即足證明。是被上訴人未舉證證明已得其他全體共有人之同意，依首揭決議意旨所示，其訴在法律上顯無理由。

二、本件上訴人之占有系爭房屋有正當權源，被上訴人依民法第七百六十七規定請求返還，於法不合。

㈠按買受人占有之土地，係出賣人本於買賣之法律關係所交付，具有正當權源，所有人自不得認係無權占有而請求返還，最高法院六十九年二月二十三日民事庭亦已作成決議在案（附件二）。

㈡本件上訴人之占有系爭房屋及其基地，既係由訴外人本於買賣關係所交付，依上開決議意旨所示，自不得謂上訴人之占有無正當權源。

(三)至被上訴人辯稱：系爭房屋……依民法第八百二十八條第二項規定……自應得被上訴人之同意云云，因買賣並非處分行爲，除迭經最高法院作成判決在案（附件三）外，學者如王澤鑑之學說亦採相同見解（附件四），而認民法第八百二十八條第二項規定之「處分」應不包括買賣等負擔行爲，是系爭房屋縱如被上訴人所主張，爲被上訴人與洪○慶及其他繼承人公同共有，亦因訴外人洪○慶已同意出賣，並收受買賣價金之一部，而不得謂系爭房屋之買賣非合法有效，從而令有合法正當權源之占有人—即上訴人遷讓房屋。

(四)又被上訴人辯稱：且未經登記，何能取得公同共有權云云，因系爭房屋爲未辦保存登記之建物，設上訴人取得公同共有權，應如何辦理登記？若如被上訴人所辯，必經登記，始能取得公同共有權，則被上訴人未經登記，又如何能取得公同共有權？其捨法律規定於不顧，漫謂非經登記非合法有效占有系爭房屋，實有未當。

三、系爭房屋固屬不動產，然非不得類推適用民法第八百零一條善意取得之規定：

(一)就某事項欠缺適用法規時，此附援引類似法規，以爲法律上之判斷，法學方法論上，以類推適用名之，期能貫徹「等者等之，不等者不等之」之正義原則。法律因有根本精神，故法律秩序必有其統一性，法律所以僅規定，動產受讓人占有動產，而受關於占有規定之保護者，取得其所有權，係因未能預見尚有違章建築因未能辦保存登記而無法依所有權登記受有保護，故自法律規範目的而言，非不得類推適用民法第八百零一條善意取得之規定。

(二)依民國七十年五月二十日修正公布後之房屋稅條例第十五條第一項規定：「私有房屋有左列情

形之一者，免徵房屋稅……九住家房屋現值在新台幣五萬四千元以下者……」，是依該條例規定，住家房屋現值在五萬四千元以下者，應免繳房屋稅。

1.系爭房屋買受之初，並無課繳房屋稅之資料（此部分另請　鈞院調查證據如後），且依出賣人之主張，稅捐機關核定現值在五萬四千元以下，因免房屋稅，是上訴人受讓後，自無庸變更納稅義務人名義。

2.依房屋稅條例第四條規定，納稅義務人非必為所有權人，且查明納稅義務人與否，非買賣契約生效要件，系爭房屋既由出賣人洪〇和占有中，復由第三人洪〇木與出賣人同於調解委員會調解時聲明系爭房屋為出賣人所有，擔保出賣之標的物絕無權利瑕疵，上訴人有否查明稅籍資料，自與買受之初之善意不生影響。

3.又房屋受讓人查明移轉前業主應繳未繳房屋稅額，僅係行政法上課稅義務之規定，與私法上買賣之效力或買受人之善意、惡意，全不相涉，被上訴人執此驟認上訴人串通買受，殊欠允當。

四、聲請調查之證據：

㈠請求傳訊證人：

1.傳訊證人洪〇政—男，三十五年十月二十七日生，現住二林鎮東和里〇〇路五十六號。

2.待證事項—系爭房屋由出賣人洪〇和租用洪〇木所有之建地而為建築。

㈡請求第三人提出文書：

1.請求第三人彰化縣稅捐稽徵處北斗分處提出系爭房屋，自民國七十年五月二十日以後課徵房屋稅及繳稅之有關文件。

2.待證事項—系爭房屋自民國七十年五月二十日房屋稅條例修正後免繳房屋稅。

三、綜上所陳，被上訴人在第一審之訴，依其所訴事實，在法律上顯無理由，而上訴人之占有系爭房屋有正當權源，復受類推適用善意取得法規之保，爰狀請

鈞院鑒核，賜准如上訴聲明所載，並請准予調查證據，以明真相，而維權益，至感德誼！

謹呈

台灣高等法院台中分院民事庭 公鑒

證人姓名及其住居所	證物名稱及件數
	附件一：最高法院三十一年十一月十九日民事庭決議文影本一份。 附件二：最高法院六十九年二月二十三日民事庭決議文影本一份。 附件三：《最高法院民刑事裁判選輯》，第二卷，第二期，第九四頁影本一份及《最高法院民刑事裁判選輯》，第三卷，第四期，第一一七頁影本一份及《最高法院民刑事裁判選輯》，第三卷，第四期，第一一三頁影本一份。 上證五：台灣彰化地方法院七十六年度訴字第一五八〇號民事判決影本暨　鈞院七十七年度家上字第三八號民事判決影本一份。

中華民國七十九年二月二十六日

具狀人　洪○國　簽名蓋章

訴訟代理人　吳光陸　簽名蓋章

撰狀人　簽名蓋章

住址及電話

民事準備書㈡狀

案號	七十八年度上字第五六四號	承辦股別	
訴訟標的金額或價額	新台幣　萬　千　百　十　元　角		

稱謂	姓名或名稱 身分證統一編號或營利事業統一編號	性別	出生年月日	職業	住居所或營業所、郵遞區號及電話號碼 電子郵件位址	送達代收人姓名、住址 郵遞區號及電話號碼
上訴人	洪○國				均詳卷	
訴訟代理人	吳光陸					
被上訴人	洪○員					

為遷讓房屋事件，依法提出準備書㈡狀事：

一、被上訴人主張系爭房屋即係洪美自日據時代所有，而由被上訴人與他繼承人所共同繼承者，應負舉證責任。

㈠按當事人主張有利於己之事實者，就其事實有舉證之責任，民事訴訟法第二百七十七條定有明文。被上訴人主張系爭房屋前屬洪美所有，且自日據時期存續迄今，未有滅失情事，則依首揭法條規定，被上訴人自應就該有利於己之事實，負舉證責任。

(二)且依　鈞院勘驗結果可知：系爭房屋均係磚牆，既非竹造，亦不屬日據時期之建材建造；另依第一審法院七十八年九月十二日勘驗結果，亦同認「系爭房屋兩邊牆壁均由牆壁住家所造磚牆，前後為鐵筋，蓋石棉瓦，中間蓋水泥瓦。」足見系爭房屋非日據時期洪美所有者，被上訴人主張為洪美自日據時期取得迄今，未嘗滅失，而由被上訴人繼承取得，自應負舉證責任。

二、被上訴人應就已得其他全體共有人同意提起本訴之事實，負舉證責任。雖被上訴人主張本件訴訟，已得他共有人洪○慶之同意提起，但是否已得他全體共有人同意提起？迄未立證證明，揆諸首揭法文規定，自應令負舉證責任。

三、再洪○慶已於七十五年八月十五日同意出售系爭房屋而拋棄處分權，則提起本訴所為同意之意思表示不生效力。依七十五年八月十五日洪○慶與洪○和及上訴人在二林鎮調解委員會成立之調解以觀，洪○慶同意洪○和出售房屋，並同意由上訴人支付買賣價金四十萬元予洪○慶收受（參見上證二），是洪○慶拋棄對系爭房屋處分權在前，嗣後焉能同意提起本件訴訟，縱為同意，與誠信原則有違，亦不生法律上效力，被上訴人如因彼之同意出售而受有損害，亦係其內部間求償之事，不得損及善意第三人之上訴人。故被上訴人主張已得他共人洪○慶同意云云，應非法所容認。

爰此，狀請

鈞院鑒核。

謹狀

台灣高等法院台中分院　公鑒

證人姓名及其住居所	證物名稱及件數
	請調台灣彰化地方法院七十六年訴字第一五八〇號卷及　鈞院七十七年家上字第三八號卷。

中　華　民　國　七十九　年　三　月　二十三　日

具狀人　洪〇國　簽名蓋章

訴訟代理人　吳光陸　簽名蓋章

撰狀人

住址及電話

民事辯論意旨狀

案號	七十九年度上字第五六四號	承辦股別	
訴訟標的金額或價額	新台幣　萬　千　百　十　元　角		

稱謂	姓名或名稱 身分證統一編號或營利事業統一編號	性別	出生年月日	職業	住居所或營業所、郵遞區號及電話號碼 電子郵件位址	送達代收人姓名、住址 郵遞區號及電話號碼
上訴人	洪○國				均詳卷	
訴訟代理人	吳光陸					
被上訴人	洪○員					
訴訟代理人	施金印					

爲遷讓房屋事件，依法提出辯論意旨狀：

上訴聲明

一、原判決廢棄。

二、被上訴人在第一審之訴及其假執行之聲請均駁回。

三、第一、二審訴訟費用由被上訴人負擔。

四、如受不利判決，願供擔保請准免爲假執行。

事實及理由

一、援用原審及在　鈞院所提上訴理由狀及準備書狀。

二、本件被上訴人起訴不合法：

按公同共有物之處分及其他之權利行使，應得公同共有人全體之同意，民法第八百二十八條第二項定有明文，是公同共有人之一本於所有權請求他人返還共有物，應得其他共有人同意。本件系爭房屋，依被上訴人主張係其與他人繼承洪美所得，依民法第一千一百五十一條規定，其屬公同共有，則其提起本訴，自應得他共有人同意。經查：

㈠縱如上訴人主張伊為洪美之繼承人（上訴人實則否認，詳後述），然依　鈞院七十七年度家上字第三八號暨原審法院七十六年度訴字第一五八〇號民事判決（見上證五），均指明尚有其他繼承人，而此其他繼承人經調上開七十六年訴字第一五八〇號卷，不僅二林戶政事務所檢具戶籍資料說明洪美另有養女洪嬌、養子洪壹，洪嬌生育三男一女，除三子為他人收養，其他均有住所，洪嬌於民國五十八年二月六日死亡，洪壹仍存（見該卷第一二七頁以下），且依證人張仁貴證言（上開二案判決被上訴人勝訴及本件原審判決上訴人敗訴，皆採用張仁貴證言），洪美收養有三個（見上開卷第一一六頁背面），足見尚有他人因繼承為公同共有，雖洪嬌先亡，但其二子（一子為他人收養）一女仍可依民法第一千一百四十條繼承，茲此等人住所均詳，被上訴人未經同意即提本訴，自非合法。

㈡洪〇慶已於民國七十五年八月十五日同意伊子出售系爭房屋而拋棄處分權，不論依契約加入法理，伊亦為出賣人或本於誠信原則，伊均不得同意被上訴人提起本訴。

三、被上訴人並無公同共有權

雖已確定之原審法院七十五年度訴字第一五八〇號民事判決暨　鈞院七十七年度家上字第三八號

民事判決，確認被上訴人就系爭房屋有公同共有權，但不僅其判決效力不及於上訴人，且該等判決所採信張仁貴證言，亦有矛盾。蓋證人張仁貴先則稱「洪○員是洪美的養女，……我跟洪美家離很近，所以知道，至於有無寫收養關係的書面這我不知道，我是聽洪美說的。」繼則說「洪美沒有生，收養的有三個，即二造。」如其證言實在，揆諸前開戶籍資料所載，有記載收養者爲洪嬌、洪壹，加上洪○慶恰爲三人，洪○員應不包括在內。再則其他之收養，洪美的申報戶籍，如洪嬌載爲養女，洪壹、洪○慶均（見上開原審卷第一三八頁、第一三九頁）載爲螟蛉子，何以洪○員未申報，即非無疑。至洪○慶於該案中陳述反覆無常，參諸其與洪○和互相拋棄繼承（見上訴理由狀證物二），其證稱洪○員爲洪○繼承人，顯係針對洪○和，更不可採。是此判決顯有疑問，不可採信。茲被上訴人既無公同共有權，其提起本訴自無理由。

四、系爭房屋爲洪○和所有，非洪美遺產

系爭房屋在前開判決雖認定爲洪美之遺產，但：㈠依與確定判決有同一效力之二林鎮七十五年民調字第○七八號調解書（見上訴理由狀證物一）所載，系爭房屋爲洪○和向地主洪○木承租興建。㈡證人洪敏政證稱系爭房屋之基地上原建有木造房子是洪美所有，嗣洪○和改造磚造房子，並承租土地（見勘驗筆錄）。㈢系爭房屋不僅由　鈞院勘驗可知爲磚牆非竹造，不屬日據時期建材，與原審勘驗相同，且在　鈞院七十七年度家上字第三八號一案中勘驗時，其當事人兩造均承認有改造痕跡（見該卷第六三頁），是既已改建，非日據時期產物，自非洪美遺產，被上訴人自無任何權利。

五、縱退一步言，認系爭房屋爲洪美遺產，被上訴人有公同共有權，上訴人亦可類推適用民法第八百零一條之善意取得規定。

民法第八百零一條之善意取得雖係就動產為規定，但不動產亦可類推適用，為學者與實務所採（詳上訴理由狀）。本件依據㈠前開調解書已載明為洪○和所有之事實，㈡洪○和向地主承租土地之事實。㈢被上訴人並未住於系爭房屋，而係洪○和居住。㈣系爭房屋課稅現值五萬四千元以下，依房屋稅條例第十五條第一項無房屋稅之事實。上訴人購買之初為善意，應可類推適用善意取得規定，取得所有權，被上訴人無權為本件請求。

六、上訴人非無權占有

果認系爭房屋為洪美遺產，因洪○慶亦同意洪○和之出售並收價金，依契約加入法理，洪○慶應負出賣人責任，參照最高法院五十五年台上字第三二六七號判例，上訴人取得其公同共有權利，自非無權占有。

綜前所述，被上訴人提起本訴，既非合法，亦無理由，請判決如聲明。

謹呈

台灣高等法院台中分院　公鑒

證人姓名及其住居所	

證物名稱及件數	

中華民國七十九年四月二十四日

具狀人 洪○國 簽名蓋章

訴訟代理人 吳光陸 簽名蓋章

撰狀人 簽名蓋章

住址及電話

台灣高等法院台中分院民事判決

民國七十八年度上字第五六四號

上訴人 洪○國 住彰化縣二林鎮○○號

訴訟代理人 吳光陸

複代理人 楊傳珍

上訴人 陳○灣 住彰化縣二林鎮○○號

被上訴人 洪○員 住彰化縣田尾鄉○○號

訴訟代理人 施金印 住同右

右當事人間請求遷讓房屋事件，上訴人對於中華民國七十八年十月七日台灣彰化地方法院第一審判決（七十八年度訴字第九七三號）提起上訴，本院判決如左：

主　文

原判決廢棄。

被上訴人在第一審之訴及假執行聲請均駁回。

第一、二審訴訟費用由被上訴人負擔。

事　實

一、上訴人方面：

A上訴人洪○國聲明：㈠原判決廢棄。㈡被上訴人在第一審之訴及假執行聲請均駁回。㈢第一、二審訴訟費用由被上訴人負擔。㈣如受不利之判決願供擔保請准免假執行。其事實上陳述及所用證據，除與原判決記載相同引用外，補稱：㈠系爭房屋係訴外人洪○和向地主洪○木承租興建，洪○和及洪○木曾在二林鎮調解委員會調解成立，鄉鎮調解與判決有同一效力，被上訴人並無公同共有權存在。縱因被上訴人前曾對洪○和及洪○慶起訴，確認其對系爭房屋有公同共有權，暨洪○和對系爭房屋所有權不存在勝訴確定，但依判決系爭房屋係被上訴人與洪○慶共有，並非被上訴人一人所有，而洪○和出售系爭房屋給上訴人後洪○慶承認洪○和之出售，收受洪○和價款新台幣四十萬元，依契約加入之法理，洪○慶亦應負出賣人責任，將對系爭房屋之公同共有權利移轉上訴人，上訴人自非無權占有。雖系爭房屋爲未辦保存登記之建物，上訴人無法取得公同共有權登記，但上訴人就系爭房地占有，係由於訴外人本於買賣關係所交付，自不得謂上訴人之占有爲無正當權源。㈡系爭房屋買賣之初，並無課徵房屋稅資料，因屬免稅房屋，而且納稅義務人非必爲所有權人，前應繳未繳房屋稅款，僅係行政法上課稅義務規定，與私法上買賣之效力不相涉。㈢系爭房屋係磚造，既非竹造應不屬日據時期之建造，非洪美所有。被上訴人主張係洪美所有，就有利己之事實應負舉證責任。又被上訴人主張本件訴訟已得共有人洪○慶之同意，但是否已得他全體共有人同意，亦應負舉證之責。況洪○慶已於七十五年八月十五日同意出售系爭房屋而拋棄處分權，其所爲同意不生效力。請勘驗現場，並請傳訊證人洪敏政，暨調台灣彰化地方法院七十六年訴字第一五八○號，　鈞院七十七年家上字第三八號卷。補提㈠二林鎮調解委員會第○七八號調解書及第九四號調解書。㈡鈞院七十八年上易字第四七四號刑事判決。

B上訴人陳○灣未於言詞辯論期日到庭，其所提出書狀上訴聲明與洪○國同。

二、被上訴人方面：

被上訴人聲明：㈠上訴駁回。㈡第二審訴訟費用由上訴人負擔。其事實上陳述及所用證據除與原判決記載相同引用外，補稱：㈠系爭房屋自日據時代即爲洪美所有，洪美死後由被上訴人及訴外人洪○慶共同繼承取得。訴外人洪○和（洪○慶之子）竟將之出賣與上訴人，經　鈞院七十八年上易字第四七四號判決洪○和侵占罪刑確定。雖然洪○和曾支付基地租金，但支付基地租金非當然爲房屋所有人。且該房屋在洪○和出生前已存在，又無買賣或繼承關係，洪○和絕非所有權人。二林鎮調解委員會調解書固誤載爲洪○和所有，仍不發生所有權之效力。㈡系爭房屋係被上訴人與洪○慶公同共有，洪○慶即使同意出賣，但未經被上訴人同意，仍非合法有效，且未經登記，何能取得公同共有權，其非合法買賣，自無占有權。又系爭房屋為不動產，當不適用民法第八百零一條動產所有權善意取得之規定。又系爭房屋係未辦保存登記之房屋，如有買賣應辦理納稅義務人變更，上訴人未查明納稅義務人，又未申請變更納稅義務人，何能主張權利。

三、本院依聲請履勘現場並傳訊證人洪敏政。

理　由

一、上訴人陳○灣未於言詞辯論期日到場，核無民事訴訟法第三百八十六條所列各款情形，依被上訴人聲請由其一造辯論而為判決。

二、被上訴人於原審起訴主張：坐落彰化縣二林鎮東和里○○路四○號（稅籍牌號一二六五號）平房，前屬被上訴人與案外人洪○慶之養母洪美所有，洪美於民國七十三年二月四日死亡後，即由被上訴人與洪○慶共同繼承而為公同共有，詎洪○慶之子洪○和，竟將該房屋私自偷賣與上訴人洪○國，洪○和侵占部分經判處罪刑確定。被上訴人另提起民事訴訟，確認洪○和就系爭房屋無公同共有權，亦經判決被上訴人勝訴確定。洪○慶之子洪○和於民國七十五年七月十五日，將系爭房屋偷賣與上訴人洪○國，並交與洪○國管業，洪○國將其出租與上訴人陳○灣使用，對真正所有權人即非有效，求命上訴人陳○灣應自系爭房屋遷出，上訴人洪○國應將系爭房屋交還被上訴人及其他共有人之判決。上訴人陳○灣於原審履勘現場時謂其係向洪○國承租。洪○國則謂其係向洪○和買受，而且共有人洪○慶亦由洪○和收取部分價款，係契約加入之法理，洪○慶已承認洪○和出賣行為，應負出賣人責任，其出租與陳○灣使用非無正當權源，並以系爭房屋非洪美遺產資為抗辯。

三、查被上訴人所稱系爭二林鎮東和里○○路四○號平房，屬其被繼承人洪美所有，業據提出與其陳述相符之洪○和刑事侵占之本院七十八年上易字第四七四號刑事判決，及確認洪○和就系爭房屋之所有權不存在之台灣彰化地方法院民國七十六年訴字第一五八○號民事判決、本院七十八年家上字第三八號之民事判決、最高法院七十七年台上字第二三六六號民事裁定附原審卷第八頁至第二二頁可證。上訴人主張係洪○和所有即不可採。惟洪美繼承人除被上訴人洪○員及訴外人洪○慶外，另有養女洪嬌、養子洪壹二人（見彰化地方法院七十六年訴字第一五八○號民事卷第三九頁至第四三頁），依彰化縣二林鎮戶政事務所函：洪嬌於日據昭和十八年一月十五日嫁與莊允興，移籍台中州北斗郡二林街后厝二○五番地，更名為莊嬌，生育三男一女，長子莊富男居住新莊市文衡里建中街四八巷八弄三—三號；次子莊奎章住台北縣泰山鄉同榮村辭修路二六巷一三號；三子莊建勳於三十九年九月五日被莊萬子收養住後厝里新金巷二四號；長女莊麗華隨夫遷居美國。另洪壹於昭和四年一月三日又為台中州北斗郡沙山庄頂子七十六番洪嬌之甥洪拿之養子（同上卷第一二七頁）遷出除戶。足見洪美尚有其他繼承人，雖洪壹為人收養遷出除戶。而洪嬌死亡後（民國五十八年二月六日死亡）尚有二子（一子為他人收養）一女，可依民法第一千一百四十條共同繼承。

四、按公同共有人中一人就公同共有物之權利行使，應經其他公同共有人同意，方得行使，民法第八百二十八條第二項定有明文。是公同共有人之一，本於所有權請求他人返還共同物，應得其他公同共有人同意。本件系爭房屋既係洪美遺產，依民法第一千一百五十一條規定，屬公同共有，被上訴人提起本件訴訟，未與全體繼承人共同提起，又未得全體繼承人同意，依上揭說明，當事人適格即有欠缺。原審爲被上訴人勝訴之判決，既無以維持，上訴人求爲廢棄改判，非無理由。

五、據上論結，本件上訴爲有理由，依民事訴訟法第四百六十三條、第三百八十五條第一項前段、第四百五十條、第七十八條，判決如主文。

中　華　民　國　七十九　年　五　月　七　日

民事第五庭審判長法官　吳　欲　君

法官　王　茂　修

法官　楊　龍　溪

右正本係照原本作成。

如對本判決上訴，須於判決送達後二十日內向本院提出上訴狀，未表明上訴理由者，應於上訴後二十日內向本院提出上訴理由書（須按他造人數附具繕本），並繳納送達用雙掛號郵票十份（每份二十一元）。

書記官　吳　厚　勳

中　華　民　國　七十九　年　五　月　九　日

參、檢討與分析

一、本件訴訟涉及他案之民、刑事判決、經法院核定之鄉鎮市調解，對本案有無拘束力？依洪○和之民刑事判決，系爭房屋爲洪美所有，但依調解，則系爭房屋爲洪○和所有，則系爭房屋原告有無所有權，非無爭執，參照最高法院十九年上字第二三五五號判例「對於自己久已失管之山，而向歷久繼續和平公然占有人之主張權利，請求駁回，除能證明該山確曾爲自己所有，並能證明自己之失管原因，完全由於占有人之有意妨害外，斷難准許。」、二十九年上字第一六四○號判例「刑事判決所爲事實之認定，於爲獨立民事訴訟之裁判時本不受其拘束，原審斟酌全辯論意旨及調查證據之結果，依自由心證爲與刑事判決相異之認定，不得謂爲違法。」、四十年台上字第一五六一號判例「刑事判決所爲事實之認定，於爲獨立民事訴訟之裁判時本不受其拘束，而民事訴訟法雖得依自由心證，以刑事判決認定之事實爲民事判決之基礎，然依民事訴訟法第二百二十二條第二項規定，應就其斟酌調查該刑事判決認定事實之結果所得心證之理由，記明於判決，未記明於判決者，即爲同法第四百六十六條第六款所謂判決不備理由。」、四十一年台上字第一三○七號判例「檢察官不起訴處分，無拘束民事訴訟之效力，又刑事判決所爲事實之認定，於獨立民事訴訟之裁判時，本不受其拘束，原審斟酌全辯論意旨及調查證據之結果，依自由心證，爲與刑事判決相異之認定，不得謂爲違法。」、四十三年台上字第九五號判例「附帶民事訴訟經移送民事庭後，即屬獨立民事訴訟，其移送後之訴訟程序，應適用民事訴訟法，刑事訴訟所調查之證據，及刑事訴訟判決所認定之事實，並非當然有拘束民事訴訟之效力。」、四十九年台上字第九二九號判例「刑事訴訟判決所認定之事實，固非當然有拘束民事訴訟判決之效力，但民事法院調查刑事訴訟原有之證據，而斟酌其結果以判斷事實之真僞，並於判決內記明其得心證之理由，即非法所不許。」、六十九年台上字第二六七四號判例「刑事判決所認定之事實，於獨立之民事訴訟法，固無拘束力，惟民事法院就當事人主張之該事實，及其所聲明之證據，仍應自行調查斟酌，決定取捨，不能概予抹煞。」，除民事訴訟法第四百條、第四百零一條規定之既判力外，他案判決均無拘束力，但法院仍可參考。

二、至於原告是否爲法定繼承人，亦有爭執，雖另案認定爲繼承人，但因本件當事人與另案當事人不同，依民事訴訟法第四百零一條規定，不受拘束，自可爭執。

三、又被告洪〇國可否主張善意取得？因不動產無善意取得規定，是否適用即有問題。但學者認仍可適用，例如王澤鑑認依土地法第四十三條規定「依本法所爲之登記，有絕對效力。」，此絕對效力應解釋爲係「爲保護第三人起見，將登記事項賦予絕對真實之公信力。」易言之，善意第三人因信賴登記，自不動產登記名義人受讓取得不動產所有權，或於不動產上設定擔保物權或用益物權者，仍取得其權利（參閱王氏著《民法學說與判例研究》第三冊第三三〇頁，不動產抵押權之善意取得）。本件因係以程序爲由判決，未予論述。愚意以爲就不動產所有權之移轉，在有登記之房屋，亦有可能善意取得，至於未辦理登記，他人無法以登記取得所有權，固應無適用。如出售時，出賣人已提出相關文件證明其係正當之權利人，例如法院拍定文件、繳納房屋稅證明文件，買受人爲善意，是否有善意取得？即值得思考。

四、依民法第八百二十八條第二項規定「除前項之法律或契約另有約定外，公同共有物之處分，及其他之權利行使，應得公同共有人全體之同意。」，是共同共有物爲他人占有，共有人起訴請求返還，固可由其中一人爲之，但應得其他全部共有人同意，此有最高法院三十一年上字第一四九號判例「族人公同共有之嘗產被管理人侵占時，除其公同關係之契約訂明得由族中一人或數人起訴追還，或該地得由族中一人或數人起訴追還之習慣，可認族人有作爲契約內容之意思者外，依民法第八百二十八條第二項之規定，非得管理人以外之族人全體同意，不得對之起訴追還。」、三十九年台上字第三一八號判例「公同共有人中之一人或數人得公司共有人全體之同意起訴者，其同意之事實固不必以文書證之，然亦須有其他佐證足以證明其事實之存在，始得認爲當事人之適格。」、八十六年台上字第三三一〇號判決「公同共有物之處分及其他權利之行使，應得公同共有人全體之同意，爲民法第八百二十八條第二項明定。而同法第八百二十一條關於分別共有各共有人得就共有物之全部爲本於所有權請求或爲共有人全體之利益爲回復共有物之請求之規定，於公同共有並不適用之。上訴人未經全體繼承人之同意，即行提起關於公同共有權利之訴訟，自屬不可准許。」可明，是本件不論原告主張實體法律關係上有無理由，因有他繼承人未獲同意，其起訴即有當事人不適格。訴訟中，爲獲勝訴，吾人就實體與程序事由均應主張，本件第二審判決係以程序爲理由。然苟他共有人不明或他共有人即爲占有人，甚或他共有人出賣給第三人爲第三人占有，此時無法獲得同意或拒不同意（按：本件洪〇慶收錢又同意，不符誠信，實屬少有），參照最高法院三十二年上字第一一五號判例「公同共有物被一部分公同共有人爲處分行爲時，須得處分行爲人以外之公同共有人全體之同意，始得起訴。」、八十五年台上字第一〇五九號判例「公同共有物權利之行使，固應得公同共有人全體之同意，但事實上無法得全體公同共有人同意之情形時，如有對第三人起訴之必要，爲共同共有人全體之利益計，僅由事實上無法得其同意之公同共有人以外之其他公同共有人單獨或共同起訴，要不能謂當事人之適格有欠缺。」、八十五年台上字第二二四三號判決「關於公同共有物之處分及其他權利之行使，除其公同共有關係所由規定之法律或契約另有規定外，固應得公同共有人全體之同意，或公同共有物被一部分公同共有人爲移轉物權之處分，事實上無從取得同意，如已得處分行爲人（包含同意處分人）以外之公同共有人全體之同意，自均得單獨或共同起訴，要不能謂其當事人適格所欠缺。」、八十六年台上字第三四八五號判決「按公同共有物之處分及其他權利之行使，除其公同關係所由規定之法律或契約另有規定外，應得公同共有人全體之同意，爲民法第八百二十八條第二項所明定，如事實上有無法得全體公同共有人同意之情形時，亦應由事實上無法得其同意之公同共有人以外之其他公同共有人全體之同意，始得行使公同共有物之權利。查上訴人及李甲、李乙、顏李某、李丙、李丁與被上訴人及其所生之李戊、李已均爲李庚之繼承人，上訴人主張系爭不動產爲李庚之遺產，應由全體繼承人繼承爲公同共有，則其對被上訴人起訴請求辦理系爭不動產之更名登記，自應得事實上無法得其同意之公同共有人以外之其他公同共有人全體之同意，始得爲之，上訴人既未證明已得渠等之同意，則其當事人之適格即有欠缺。」，可由其他共有人同意即可起訴。

五、又上開民法規定係指處分，出售行爲爲非處分，故公同共有人仍可爲出賣行爲，僅事後能否履行債務？此有最高法院七十一年台上字第五〇五一號判例「買賣並非處分行爲，故公同共有人中之人，未得其他公同共有人之同意，出賣公同共有物，應認爲僅對其他公同共有人不生效力，而在締約當事人間非不受拘束。苟被上訴人簽立之同意書，果為買賣，縱出賣之標的為公同共有土地，而因未得其他公同共有人之同意，對其他公同共有人不生效力。惟在其與上訴人間既非不受拘束，而如原審認定之事實，該土地其後又已因分割而由被上訴人單獨取得，則上訴人請求被上訴人就該土地辦理所有權移轉登記，尙非不應准許。」、八十六年台上字第一四八九號判決「土地法第三十四條之一於六十四年七月二十四日始修正公布，在此之前，共有財產非經共有人全體同意，不得由共有人中之一人或數人自由處分；又共同繼承之遺產在分割以前，應為各繼承人公同共有，非經繼承人全體同意，不得由繼承人中之一人或數人自由處分，此觀民法第八百十九條第二項及第八百二十八條第二項之規定即明。買賣固非處分行為，惟共有人中之一人或數人；或繼承人中一人或數人，未得其他共有人或繼承人之同意，出賣共有財產或遺產者，其所訂立之買賣契約雖非無效，惟對他共有人或繼承人仍不生效力。」可考。

第四章　塗銷抵押權登記案例

抵押權設定登記完畢後，如有塗銷原因，例如清償，抵押權所擔保之債權未發生，被僞造均可主張塗銷。

本件案例係以清償爲由，惟起訴時因故無法先清償，故爲附條件之聲明，實務上少見，事後因情事變更再爲清償，於清償後變更訴之聲明及訴訟標的，並請求返還多清償部分，殊有參考價値。

壹、背景說明

一般均係債務人清償後，因抵押權人拒絕塗銷，雙方有爭議，例如是否尙有其他債務未償？是否符合債務本旨？但本件因雙方對債權本金所生之利息有無逾時效期間、違約金是否過高，尙有爭執，債務人不願冒然清償，蓋債務人如依債權人請求，需就已逾時效期間之利息、過高之違約金均需給付，始能配合辦理塗銷，但事後可能無法請求返還多清償部分，尤其債權人迄不請求，債務人如何主張時效抗辯，故提附條件訴訟。訴訟中，因債權人利用強制執行程序，債務人不得已遂如數清償，但就多清償部分已假扣押，嗣再變更訴訟請求返還多清償部分。

貳、書狀及裁判

民事起訴狀

案號	年度　字第　號	承辦股別	六
訴訟標的金額或價額	新台幣　萬　千　百　十　元　角		

稱謂	姓名或名稱 身分證統一編號或營利事業統一編號	性別	出生年月日	職業	住居所或營業所、郵遞區號及電話號碼 電子郵件位址	送達代收人姓名、住址郵遞區號及電話號碼
原告	陳○童				台北市北投區○○路三九六號	
訴訟代理人	吳光陸				台中市○○路五六一號四樓之三	
被告	劉○明				嘉義市○○路三三—一號	
	黃○福				台北縣板橋市○○路三段八七—三號	

為請求塗銷抵押權等事件，依法起訴事：

訴之聲明

一、被告劉○明應於原告清償新台幣（以下同）一百萬元後，塗銷原告就嘉義市大林鎮下埤頭段下埤頭小段三九一號田地○．○七四六公頃於民國六十八年四月四日所設定之抵押權登記。

二、被告黃○福與原告間就嘉義縣大林鎮下埤頭段下埤頭小段三九一號田地○．○七四六公頃於民國七十一年九月十四日所設定抵押權擔保之債權，其違約金核減爲按年利率百分之十一·二七五計算。

三、被告黃〇福應於原告清償三十三萬六千元及自民國七十二年三月三日起至清償日止，依前項年利率計算之違約金後，塗銷前項之抵押權登記。

四、訴訟費用由被告負擔。

事實及理由

一、原告與被告劉〇明間就如聲明一所示土地，於民國六十八年四月四日設定第一順位抵押權一百萬元，約定於同年十月三日清償，有土地登記簿謄本一件足稽（原證一），詎迄未見該被告向原告求償，惟爲塗銷該抵押權，原告願予清償，俾依民法第三百零七條塗銷該抵押權，爰參照最高法院七十九年度台上字第一六一二號判決所示「抵押人聲明，於清償該擔保之債務後，抵押權人應即辦理抵押權塗銷登記者，爲附停止條件之聲明，與雙務契約之對待給付，固不相同，惟依同一法理，仍非不可准許。」（原證二）意旨，請求判決如聲明一。

二、原告與被告黃〇福間就如聲明二所示土地，於民國七十一年九月十四日設定第二順位抵押權三十三萬六千元，其違約金約定利率爲月息千分之三十，亦有上開土地登記簿謄本一件可證，然此約定超過年利百分之二十，不僅違反民法第二百零五條規定，且依一般客觀事實、社會經濟狀況以及當事人實際所受損失，亦屬過高（詳述於後），爰依民法第二百五十二條規定，請求 鈞院核減之。並請 鈞院依最高法院四十九年台上字第八〇七號判例要旨所示，依一般客觀事實、社會經濟狀況及當事人所受損害情形，以為酌定標準。本件債權發生時之民國七十一年九月間，適值經濟不景氣、爛頭寸充斥之際，存款利率甚低，被告貸放款予原告，所受損害應不逾一般銀行業界貸放款所核計違約金之範圍，故請　鈞院按放款利率加一成計付違約金，即依民國七十一年九月間，中央銀行核定之短期放款利率周年利百分之十·二五（原證三）加一成，核減本件之違約金為年利率百分之十一·二七五。

三、原告與被告黃〇福間設定上開第二順位抵押權後，迄未見該被告求償，茲為塗銷該抵押權，原告亦願清償，俾依民法第三百零七條塗銷該抵押權，同前述說明，爰請求判決如聲明三。

謹狀

台灣嘉義地方法院　公鑒

證人姓名及其住居所	
證物名稱及件數	原證一：土地登記簿謄本影本一件。 原證二：法令月刊第四十二卷第二期第三十頁、第三一頁影本一紙（刊最高法院七十九年度台上字第一六一二號判決）。 原證三：銀行放款利率表影本。

中　華　民　國　八十　年　八　月　十五　日

具狀人　陳○童　簽名
訴訟代理人　吳光陸　蓋章
撰狀人　簽名
住址及電話　蓋章

原證二

最高法院民事判決　七十九年度台上字第一六一二號

上訴人　廖○益　住台灣省台中市北屯路○○號

上訴人兼右二人　廖○傑　住同右
法定代理人　廖○○淵　住同右

被上訴人　劉○益　住台灣省台中市北屯路○○巷○○號

右當事人間請求塗銷抵押權登記等事件，上訴人對於中華民國七十九年三月十二日台灣高等法院台中分院第二審判決（七十八年度上字第一七二號），提起上訴，本院判決如左：

主　文

原判決關於駁回上訴人對於備位聲明之上訴及該訴訟費用部分廢棄，發回台灣高等法院台中分院。

其他上訴駁回。

第三審訴訟費用關於駁回上訴部分，由上訴人負擔。

理　由

本件上訴人主張：伊之被繼承人廖德聰於民國七十一年十月六日提供其所有坐落台中縣大里鄉內新段五〇七之五五號土地，爲被上訴人設定擔保本金最高限額新台幣（下同）五百萬元之抵押權，約定存續期限爲不定期，清償日期就各個債務分別約定，利息按中央銀行核定放款利率計付，違約金照原利率另加每百元日息一角計付。經辦畢設定登記在案，嗣廖德聰於七十七年四月八日死亡，系爭土地乃由伊辦理繼承登記。惟廖德聰生前並未向被上訴人借款，與被上訴人並無借貸關係存在，縱被上訴人證明抵押權設定登記後發生借貸關係，關於違約金之約定「照原利率另加每百元日息一角計付」顯屬過高，應予核按周年百分之一計付。前開違約金核減後，伊於給付被上訴人最高限額五百萬元債權額（即清償本金及五年內按中央銀行核定放款利率計算之利息並依核減後違約金計算二年違約金三項總和以不逾五百萬元爲限）之同時，被上訴人應即塗銷上開抵押權登記等情，先位聲明求爲命被上訴人將上開抵押權設定登記予以塗銷；預備聲明求爲：將上開抵押權擔保之違約金核減爲按周年百分之一計算。伊清償被上訴人最高限額五百萬元同時，被上訴人應將上開抵押權設定登記辦理塗銷登記之判決。

被上訴人則以：廖德聰於設定抵押權登記後，即陸續簽發支票向伊借貸本金三百二十萬五千四百八十五元，該借款約定之違約金並無過高情事，且抵押借款及利息、違約金未清償以前，上訴人不得訴請塗銷抵押權登記云云，資爲抗辯。

原審審理結果，以：上訴人雖主張：伊之被繼承人廖德聰與被上訴人間無借貸關係存在，因而於先位之訴，求爲判決塗銷最高限額抵押權登記，惟被上訴人抗辯：廖德聰生前，提供系爭土地於被上訴人設定最高限額五百萬元抵押權登記後，陸續向伊借貸三百二十萬五千四百八十五元，嗣支票到期退票，乃由廖德聰簽發同額本票九張，換回前簽發之支票，迨本票清償期屆至後，廖德聰仍未清償，伊乃聲請裁定拍賣抵押物等情，業據被上訴人提出抵押權設定契約書、支票、本票、退票理由單、支票明細表、本票明細表、取款單等件爲證，並經證人游興添、游民哲結證屬實，再參以廖德聰於拍賣抵押物裁定後近三年始告死亡，在死亡前對該裁定別無異詞，亦未對被上訴人起訴請求確認抵押債權不存在或塗銷抵押權登記等情以觀，被上訴人主張已陸續借貸交付於廖德聰三百二十萬五千四百八十五元之事實，堪認實在。從而上訴人以廖德聰與被上訴人間並無借貸關係存在爲由，先位聲明求爲塗銷抵押權設定登記，自屬無據，要難准許。再按約定之違約金額過高者，法院得減至相當之數額，民法第二百五十二條固定有明文。惟是否相當仍須依一般客觀事實、社會經濟狀況及當事人所受損害情形以爲酌定之標準。本件被上訴人尚未請求上訴人清償債務，上訴人亦未清償，無從依一般客觀事實、社會經濟狀況、當事人所受損害諸般情形予以決定違約金是否過高而予核減，是上訴人訴請先予酌減違約金，難謂有理。次查最高限額抵押權未定存續期限者，抵押人固得隨時通知債權人終止抵押契約惟亦限於已發生之債務已清償完畢者，方得爲之。如上所述，本件上訴人之被繼承人廖德聰既向被上訴人借款，尚未清償，則於清償債務前，上訴人預爲通知終止抵押權契約，並進而訴請塗銷抵押權設定登記，於法自屬未合。又上訴人主張：伊清償被上訴人最高限額五百萬元及核減後違約金之同時，被上訴人應將系爭土地所設定抵押權登記予以塗銷云云，然查抵押權之塗銷，非屬雙務契約，不得援用同履行抗辯權。上訴人雖稱：俟法院核減違約金後，伊即可清償等語。但在上訴人清償完畢前，不得判命塗銷抵押權設定登記。至上訴人主張：上開本票債權已因罹於時效而消滅云云，惟查消滅時效之規定，乃予債務人拒絕給付之抗辯權，債務人行使此項拒絕給付之抗辯權，必以債權人有行使請求權在先爲其前提要件，本件被上訴人尚未請求上訴人履行契約，亦未依據本票債權請求被上訴人給付，上訴人逕行以本票債權之時效執爲抗辯，亦非法之所許，其備位聲明之請求，亦屬無理。因而維持第一審所爲上訴人敗訴之判決，駁回其第二審上訴。

經核原審㈠關於駁回上訴人先位之訴部分，於法並無違誤。上訴論旨，就此部分，指摘原審取捨證據、認定事實之職權行使爲不當，求予廢棄，非有理由。㈡關於駁回備位聲明部分。按民法第二百五十二條規定：「約定之違約金額過高者，法院得減至相當之數額。」故約定之違約金苟有過高情事，法院即得依此規定核減至相當之數額，並無應待至債權人請求或債務人清償後始得核減之限制。此項核減，法院得以職權爲之，亦得由債務人訴請法院核減，此觀本院四十九年台上字第八〇七號、五十年台抗字第五五號判例意旨自明。原審以法院酌定違約金是否過高，應以債權人已請求履行時或債務人已清償債務爲提前云云，爲上訴人不利之論斷，其所持法律上之見解，不無可議。又民法第一百四十四條第一項規定時效完成後，債務人得拒絕給付。是消滅時效完成之效力，固僅發生拒絕給付之抗辯權，此項抗辯權，不以債權人行使請求權在先爲前提，即在債權人行使請求權以前，預爲表示拒絕給付之意思，亦足使請求權歸於消滅。況本件被上訴人係依拍賣抵押物裁定聲請拍賣抵押物，如上訴人猶不得行使消滅時效抗辯權，則待拍賣抵押物，甚至分配價金後，上訴人將如何抗辯？又如何請求返還已付款項？原判決謂消滅時效完成之抗辯權，必以債權人行使請求權在先爲其前提要件云云，亦非允當。其次最高限額抵押權未定存續期間者，抵押人得隨時通知債權人終止抵押契約，抵押契約終止時，擔保之債權額即告確定。在債務人清償債務以前，抵押人固不得逕行訴請塗銷抵押權登記者，然若抵押人聲明：於清償該擔保之債務後，抵押權人應即辦理抵押權塗銷登記者，爲附停止條件之聲明，與雙務契約之對待給付，固不相同，惟依同一法理，仍非不可准許。原審以上訴人在清償債務以前，請求塗銷抵押權登記爲不合云云，尤難謂合。上訴論旨，就此部分指摘原判決不當，求予廢棄，非無理由。

據上論結，本件上訴一部爲有理由，一部爲無理由，依民事訴訟法第四百七十七條第一項、第四百七十八條第一項、第四百八十一條、第四百四十九條第一項、第七十八條判決如主文。

中　華　民　國　七十九　年　七　月　二十七　日

被告提出民事答辯狀，摘要如下：

甲、訴之聲明

一、原告之訴駁回。

二、訴訟費用由原告負擔。

乙、事實及理由

一、查原告曾提供系爭坐落嘉義縣大林鎮下埤頭段下埤頭小段三九一號田地〇・〇七四六公頃爲擔保，分別：與被告劉〇明於民國六十八年四月四日設定母金新台幣（以下同）一百萬元及月息一分之抵押權；與被告黃〇福於七十一年九月十四日設定母金三十三萬六千元，按中央銀行核定放款利率計算利息，暨按月千分之三十計算違約金之抵押權；爲兩造不爭之事實，且有卷附原告提出之土地謄本可稽。

二、債務人即原告陳〇童迄未清償，亦未提出給付，被告更未曾拒絕受領，揆之民法第二百三十四條規定，被告不負受領遲延責任，即原告訴請被告等受領其清償，顯乏訴權保護要件而無理，應予駁回原告之訴，並命其負擔訴訟費用。

三、原告（債務人）訴請被告等受領其清償，既然無理，而應予駁回，原告以之爲附停止條件而訴請塗銷抵押權登記，更無所附麗而應以其於法無據，駁回其訴，法理甚明。原告所援用最高法院七十九年台上字第一六一二號判決，僅爲該案最高法院承辦人之法律見解，究非判例，各級法院均不受其拘束，併此敘明。抑有進者，該判決例，既違上開法律見解，猶見其誤及無援用價値。

四、被告等設定之抵押權，除母金外，均約定利息，有卷附土地謄本可按。原告僅聲明清償母金，未及利息，即未按債之本旨而爲清償，依民法第二百三十五條規定，不生提出及附條件給付之效力，債務未合法全部清償，已如前述，原告訴請塗銷抵押權，殊屬乏理，不待費舌。

五、原告承認民國七十一年九月間爲「經濟不景氣，爛頭寸充斥之際」，當時之三三六、〇〇〇元，比之目前經濟景氣蓬勃年代，相差幾十倍，即値現時之三、三六〇、〇〇〇元。遑論以原借母金三三六、

○○○元，按月千分之三十計算違約金，每月違約金一○、○八○元，自設定迄今約九年，違約金總額一、○八八、六四○元，距實際物價澎脹計算之損失三、三六○、○○○元，尚差約二百萬元，即被告黃○福因物價之上升及澎漲，無形中可獲利益約二百萬元，遠非原告所應付違約金所能塡補。換言之，約定違約金，尚不足以塡補因客觀事實、社會經濟狀況、及被告實際所受損失，依最高法院四十九年台上字第八○七號判例，反面解釋，原告應無訴請減算違約金之合法理由。

民事準備書㈠狀

案號	八十年度訴字第三四七號	承辦股別	勤
訴訟標的金額或價額	新台幣　萬　千　百　十　元　角		

稱謂	姓名或名稱 身分證統一編號或營利事業統一編號	性別	出生年月日	職業	住居所或營業所、郵遞區號及電話號碼 電子郵件位址	送達代收人姓名、住址 郵遞區號及電話號碼
原告	陳○童				均詳卷	
訴訟代理人	吳光陸					
被告	劉○明					
	黃○福					
共同訴訟代理人	蕭世方律師					

爲請求塗銷抵押權等事件，提出準備書狀事：

訴之聲明

一、被告劉○明應於原告清償新台幣（以下同）一百萬元及自民國七十五年九月五日起至清償日止按年利百分之五計算之利息後，塗銷原告就嘉義縣大林鎮下埤頭段下埤頭小段三九一號田地○・○七四六公頃於民國六十八年四月四日所設定之抵押權登記。

二、被告黃○福與原告間就嘉義縣大林鎮下埤頭段下埤頭小段三九一號田地○・○七四六公頃於民國七十一年九月十四日所設定抵押擔保之債權，其違約金核減爲按年利率百分之七計算。

三、被告黃○福應於原告清償三十萬六千元及自民國七十二年三月三日起至清償日止，按前項年利率計算之違約金後，塗銷前項之抵押權登記。

四、訴訟費用由被告負擔。

事實及理由

一、擴張暨減縮聲明部分

㈠本件被告於民國八十年九月五日已表明請求遲延利息，則原告應予清償，爰參照民法第二百三十三條第一項前段，最高法院民國六十六年九月二十六日民事庭會議決議（原證四），並提出時效抗辯，將原聲明一擴張如前聲明一，即增加給付遲延利息。

㈡目前利率降低，違約金應以周年百分之七爲當，爰減縮原聲明二如前聲明二。

㈢前開擴張及減縮，依民事訴訟法第二百五十六條第二款應予准許，合先敘明。

二、黃○福部分不可請求遲延利息

按違約金，有屬於懲罰之性質者，有屬於損害賠償約定之性質者，本件違約金如為懲罰之性質，於上訴人履行遲延時，被上訴人除請求違約金外，固得依民法第二百三十三條規定，請求給付遲延利息及賠償其他之損害，如為損害賠償約定之性質，則應視為就因遲延所生之損害，業已依契約預定其賠償額，不得更請求遲延利息及賠償損害，最高法院六十二年台上字第一三九四號判例著有明文（原證五）。茲黃○福與原告原即有約定違約金，斟酌既未約定遲延利息，則此違約金應為損害賠償約定之性質，依上開說明，自不得再請求遲延利息。

三、本金之約定利息均罹於時效：

有關本金之約定利息部分，其中劉○明為民國六十八年四月三日至同年十月三日至今已逾五年，黃○福為民國七十一年九月三日至民國七十二年三月二日，迄今亦逾五年，原告為時效抗辯，自可拒絕給付。

四、本件訴訟合法：

最高法院七十九年台上字第一六一二號判決，固非判例，但所明示附停止條件聲明一節，本於雙務契約之對待給付之法理，應可援用，此不僅由民法第一條規定「民事，法律未規定者，依習慣，無習慣者，依法理。」可資為憑，且基於訴訟經濟原則亦非不可為之，況學者亦贊成可為附停止條件之聲明（原證六）。再就本件觀之，因違約金過高，依法應予核減，苟不能提起本件訴，原告勢必須依此過高之違約金清償，再訴請塗銷抵押權，而喪失核減違約金之機會，衡諸公平誠信原則，亦非允當。

謹呈

台灣嘉義地方法院 公鑒

證人姓名及其住居所	證物名稱及件數

中華民國八十年九月十九日

具狀人　陳○童　簽名蓋章

訴訟代理人　吳光陸　簽名蓋章

撰狀人　簽名蓋章

住址及電話

民事辯論意旨狀

案號	八十年度訴字第三四七號	承辦股別	勤
訴訟標的金額或價額	新台幣　萬　千　百　十　元　角		

稱謂	姓名或名稱、身分證統一編號或營利事業統一編號	性別	出生年月日	職業	住居所或營業所、郵遞區號及電話號碼、電子郵件位址	送達代收人姓名、住址、郵遞區號及電話號碼
原告	陳○童				詳卷	
訴訟代理人	吳光陸					

被告	劉○明 黃○福				均詳卷	

為請求塗銷抵押權等事件，提出辯論意旨狀事：

訴之聲明

一、被告劉○明應於原告清償新台幣（以下同）一百萬元及自民國七十五年九月五日起至清償日止按年利率百分之五計算之利息後，塗銷原告就嘉義縣大林鎮下埤頭段下埤頭小段三九一號田地○・○七四六公頃於民國六十八年四月四日所設定之抵押權登記。

二、被告黃○福與原告間就嘉義縣大林鎮下埤頭段下埤頭小段三九一號田地○・○七四六公頃於民國七十一年九月十四日所設定抵押擔保之債權，其違約金核減為按年利率百分之十三・八計算。

三、被告黃○福應於原告清償三十萬六千元及自民國七十二年三月三日起至清償日止，按前項年利率計算之違約金，塗銷前項之抵押權登記。

四、訴訟費用由被告負擔。

事實及理由

一、違約金部分請核減為按年利率百分之十三・八計算：

本件被告黃○福與原告所約定之違約金為每月千分之三十，依此計算，則為年利率百之三十六，已超過民法第二百零五條百分之二十限制，是此違約金過高，洵堪認定。參酌金融機關慣例，其違約金約定在六個月以內，依原利率加二成計算，而本件利率約定為中央銀行核定放款利率計算。經查借款之民國七十一年九月三日，其短期放款利率（即一年以下，本件即係一年以下），最高為年利率百之十二・五，最低為百分之十・五（參見原證三），折衷為百分之十一・五，縱加二成，應為十三・八，故認違約金應以年利率百分之十三・八計算為當。又此違約金之聲明係屬擴張，應屬合法，併此敘明。

二、本件訴訟合法：

本件訴訟除係參考最高法院七十九年台上字第一六二二號判決，援引對待給付判決之法理為據外，另參酌學者駱永家著《民事法研究》，其亦就留置權之抗辯，認可為對待給付判決，且引用日本學者通說及判例為據（原證七），同理，於此同為擔保物權之抵押權，自應可為對待給付之判決，故本件訴訟合法。事實上，本於訴訟經濟原則，亦應認此訴訟合法，否則，須先提起一核減違約金訴訟，待判決定再為清償，再提另一塗銷之訴，徒增訴訟繁複。

三、其他援用以前所提書狀及陳述。

謹狀

台灣嘉義地方法院　公鑒

證物名稱及件數	證人姓名及其住居所
原證七：駱永家著《民事法研究》第七〇頁至第七三頁影本三頁。	

中華民國八十年十月二十四日

具狀人 陳○童 簽名

訴訟代理人 吳光陸 蓋章

撰狀人 簽名 蓋章

住址及電話

臺灣嘉義地方法院民事判決

八十年度訴字第三四七號

原告 陳○童 住台北市北投區○○路三九六號

訴訟代理人 吳光陸 住台中市○○路五六一號四樓之三

複代理人 黃裕中 住同右

被告 劉○明 住嘉義市○○路三三一一號

黃○福 住台北縣板橋市○○路三段八七一三號

共同訴訟代理人 蕭世方律師

複代理人 李國弘律師

右當事人間請求塗銷抵押權事件，本院判決如左：

主文

被告劉○明應於原告清償新台幣一百萬元及自民國七十五年九月五日起至清償日止，按年利率百分之五計算之利息後，塗銷原告就嘉義縣大林鎮下埤頭段下埤頭小段三九一號田地面積○・○七四六公頃於民國六十八年四月四日所設定之抵押權登記。

被告黃○福與原告間就前項田地於民國七十一年九月十四日所設定抵押權擔保之債權，其違約金，核減爲按年利率百分之十四・五計算。

被告黃○福應於原告清償新台幣三十三萬六千元及自民國七十二年三月三日起至清償日止，按前項年利率計算之違約金後，塗銷前項之抵押權登記。

原告其餘之訴駁回。

訴訟費用由原告負擔。

事　實

甲、原告方面：

一、聲明：求爲判決如主文第一項、第三項，就主文第二項，則聲明違約金應減爲按年利率百分之十三・八計算。

二、陳述：

(一)原告與被告劉○明間，就如主文第一項所示之原告所有土地，於民國六十八年四月四日設定第一順位抵押權新台幣（下同）一百萬元，約定同年十月三日清償，有土地登記簿謄本可憑，詎迄今仍未見被告向原告求償，茲爲塗銷上開抵押權，原告願予清償，俾依法塗銷該抵押權，爰參照最高法院七十九年台上字第一六一二號判決所示「抵押人聲明，於清償該擔保之債務後，抵押權人應即辦理抵押權塗銷登記者，爲附停止條件之聲明，與雙務契約之對待給付，固不相同，惟依同一法理，似非不可准許。」意旨請求判決如主文第一項。

㈡原告與被告黃○福就系爭土地，於七十一年九月十四日設定第二順位抵押權三十三萬六千元，約定違約金利率爲月息千分之三十，此項約定超過年利率百分之三十，不僅違反民法第二百零五條規定，且依客觀事實，社會經濟狀況及當事人實際所受損失，顯屬過高，爰依民法第二百五十二條之規定，並參約最高法院四十九年台上字第八○七號判例意旨所示，及金融機關放款慣例，認違約金以年利率百分之十三·八計算爲適當。

㈢被告劉○明於八十年九月五日於應訴時，表明請求遲延利息，原告自應清償，惟就七十五年九月五日以後至清償日止之遲延利息願給付、就被告黃○福請求遲延利息部分，主張兩造既已有違約金之約定，此項約定依最高法院六十二年台上字第一三九四號判例意旨觀之，乃損害賠償違約金之性質，不得再請求遲延利息。又被告等之約定利息請求權，均已逾五年，爰提出時效抗辯。

三、證據：提出土地登記簿一件，銀行放款利率表，法令月刊論文影本各一件爲證。

乙、被告方面：

一、聲明：求爲判決駁回原告之訴。

二、陳述：

㈠對原告提出系爭土地，先後向被告設定抵押擔保借款一百萬及三十三萬六千元並約定利息，違約金之事實不爭執。

㈡原告即債務人就系爭抵押債務，迄未清償，亦未向被告等提出給付，被告自始亦無拒絕受領情事，依民法第二百三十四條規定，被告不負遲延責任，原告訴請被告受領其清償，欠缺權利保護要件。

㈢原告以被告受領其清償爲停止條件而聲明訴請塗銷系爭抵押權，既因其訴請被告受領清償爲無理由，即無所附麗；至原告所提最高法院判決乃判決而非判例，各法院均不受拘束，又日本學說及實務上關於留置之權見解與本件係抵押權不同，不可比附援引。

㈣兩造之抵押權債權債務，有約定利息，原告僅清償本金，未及利息，不生提出效力，未依債務本旨清償。

㈤本件約定之違約金，係月息百分之三十計算，依當時社會經濟情況並斟酌實際物價膨脹情形並未太高，被告實際受損甚大，不應再予酌減。

理　由

一、原告起訴主張伊所有如主文所示土地，先後分別於民國六十八年四月及七十一年九月爲被告劉〇明、黃〇福各設定一百萬元、三十三萬六千元之第一順位、第二順位抵押權，前者約定月息一分，清償期六十八年十月三日，後項債務約定利息按銀行放款利率計算，違約金爲月息千分之三十，清償期爲七十二年三月二日，詎屆期被告均未向原告求償，茲爲請求塗銷抵押權爲此起訴，命被告於原告清償本金、法定遲延利息及違約金後，應塗銷抵押權登記，又因兩造約定之違約金過高，一併請求酌減違約金等情，被告則以抵押債務人有先爲清償之義務，被告未曾拒絕受領，不負遲延責任，原告請求被告塗銷，且訴之聲明附條件於法未合，又原告所提出之給付未含利息，不生提出效力，另雙方約定之違約金依當時物價指數及審酌被告所受損失並未過高，不應酌減等語置辯。

二、本件原告主張伊所有如主文所示土地，先後於六十八年四月及七十一年九月爲被告劉○明、黃○福設定第一順位、第二順位抵押權，一百萬元、三十三萬六千元，清償期爲六十八年十月三日、七十二年三月二日。利息分爲月息一分、依中央銀行核定放款利率計算，後項債務另約定違約金按月息千分之三十給付，清償期均已屆至，被告未向伊求償之事實，業據其提出土地登記簿謄本乙件爲證，且爲被告所不爭執，自堪信爲真實，是本件所應審究者，厥爲㈠抵押人得否聲明，於其清償債務後，抵押權人應即辦理塗銷抵押權登記，又原告得否於被告行使權利前預爲時效完成之抗辯，㈡系爭約定違約金有無過高，應否酌減等問題。茲審究之如下：

㈠「按債務人清償債務以前，抵押人固不得逕行訴請塗銷抵押權登記，然若抵押人聲明，於其清償該擔保之債務後，抵押權人應即辦理抵押權塗銷登記者爲附停止條件之聲明，與雙務契約之對待給付，固不相同，惟依同一法理，仍非不可准許。」最高法院著有七十九年台上字第一六一二號判決可資參照。又「消滅時效完成之效力，固僅發生拒絕給付之抗辯權，此項抗辯權，不以債權人行使請求權在先爲前提，即在債權人，行使請求權以前預爲表示拒絕給付之意思，亦足使請求權歸於消滅，此係最近實務上之見解（參見前引最高法院判決）按諸上開說明，本件原告於未清償抵押債務前以「清償擔保債務後，被告應塗銷抵押權登記」之附停止條件聲明，提起本訴，於法有據，被告抗辯，原告有先爲清償之義務，非同時履行抗辯，附條件聲明不合法云云，自不足採。又被告於原告起訴後，主張其清償之提出未包含利息，是被告已有行使權利之意思，縱認爲此非行使債權，按諸上開聲明，原告就約定利息部分，主張已逾五年時效，提出時效抗辯，於法亦無不合，被告就原告時效消滅之主張，未能提出反證，原告此部分抗辯亦屬可採，則被告劉○明請求法定利息部分，應自七十五年九月五日起算（被告行使權利時），至被告黃○福部分，「按違約金有屬懲罰性違約金，有損害賠償約定性質……如爲損害賠償性質，則應視爲因遲延所生損害，業已依契約預定賠償額，不得更請求遲延利息及賠償損害」（最高法院六十二年台上字第一三九四號判例參照），被告與原告間未約定遲延利息，而約定違約金，而違約金係月利率千分之三十等情形觀之，此項違約金應屬損害賠償預定性質者，按諸上開判例意旨，自不得再請求遲延利息，原告此部分主張爲有理由。

(二)次按「約定之違約金過高者，法院得減至相當之數額。」故約定之違約金苟有過高情事，法院即得依此規定核減至相當之數額，此項核減、法院得以職權爲之，亦得由債務人訴請法院核減。最高法院著有四十九年台上字第八○七號、五十年台抗字第五五號條例可資參照。原告主張伊與被告黃○福就系爭抵押債務所約定之違約金過高，應予酌減，尙非無據。玆審酌民國七十一年至七十二年三月間兩造債權債務存續期間之金融放款利率爲年息百分之十・二五，一般違約金之約定爲原利率加一成或二成計算，系爭債權債務迄今已八年，物價波動頗大，被告未能就其損害提出明確證據，系爭土地已升值數倍社會經濟狀況等情事，酌減違約金爲年利率百分之十四・五，被告黃〇福就超過此利率計算以外之違約金不得請求。原告主張按年利率百分之十三・八計算，尙屬過低。超過部分應予駁回。

㈢綜上所述，原告以一訴，請求酌減違約金後，再請求命被告於其提出清償系爭抵押債務之同時，應塗銷抵押權登記之判決，爲有理由，應予准許。

三、結論：原告之訴，爲一部有理由，一部無理由，依民事訴訟法第七十九條但書、第八十五條第一項，判決如主文。

中　華　民　國　八十　年　十　月　二十九　日

台灣嘉義地方法院民事庭

法　官　吳　上　康

右正本證明與原本無異。

如不服本判決，應於判決送達後二十日內，向本院提出上訴狀。

書　記　官　楊　福　源

中　華　民　國　八十　年　十一　月　七　日

被告不服地方法院判決提起上訴，上訴聲明如下：

一、原審判決除駁回被上訴人其餘之訴及命被上訴人負擔訴訟費用部分外，均廢棄。

二、前項之廢棄部分，被上訴人第一審之訴駁回。

三、第二審訴訟費用由被上訴人負擔。

民事答辯狀

案號	八十年度上字第四一七號	承辦股別	甘
訴訟標的金額或價額	新台幣　萬　千　百　十　元　角		

稱謂	姓名或名稱／身分證統一編號或營利事業統一編號	性別	出生年月日	職業	住居所或營業所、郵遞區號及電話號碼電子郵件位址	送達代收人姓名、住址郵遞區號及電話號碼
被上訴人	陳○童				詳卷	
上訴人	劉○明 黃○福				均詳卷	

為塗銷抵押權事件，依法答辯事：

答辯聲明

一、上訴駁回。

二、第二審訴訟費用由上訴人負擔。

事實及理由

一、援用原審所提書狀及主張、陳述。

二、違約金部分，原審判決仍屬過高，請再依職權酌減。

謹狀

台灣高等法院台南分院 公鑒

證人姓名及其住居所	
證物名稱及件數	

中華民國八十年十二月二十六日

具狀人 陳○童 簽名蓋章

撰狀人 簽名蓋章

住址及電話

上訴人民國八十一年二月十四日提出民事準備書狀，主張上訴理由如下：

一、本件被上訴人聲明於其清償抵押權擔保債務，上訴人應即辦理抵押權塗銷登記，究竟係本於附停止條件之聲明，或雙務契約之對待給付主張？法律關係殊不明確，原審判決對此亦未闡述說明，盲目而判，已難辭謬誤。有賴　鈞院行使闡明權，命被上訴人就所請求之依據及法律關係爲明確之表示，俾使上訴人爲法律上之抗辯（答辯）。如有訴之變更、追加等情，上訴人等概不同意。

二、依被上訴人在原審所提出書狀所載，似依最高法院七十九年台上字第一六一二號判決，爲附停止條件之聲明。若然，就該判決非判例，不具拘束各法院審判效力，更無遵循或據以判斷本件是非之理由。況該判決明白指出，以「清償該擔保之債務」爲先決之條件，始可爲附有停止條件之聲明，請求塗銷抵押權登記。本件抵押債務分別爲：上訴人劉○明部分母金一百萬元及自六十八年四月四日起按月息一分計算之利息；上訴人黃○福部分母金三十三萬六千元及自七十一年九月十四日起按中央銀行核定放款利率計算之利息，暨自七十二年三月三日起按月息千分之三十計算之違約金；有各該抵押權設定登記書類及卷附土地謄本可稽。被上訴人所爲附停止條件之聲明，既非按本件實際抵押債務本旨（見被上訴人在原審提出之書狀所載「聲明」），即非以「聲明清償該擔保之債務」，爲前提條件，應無援用該判決例，准許塗銷本件抵押權之理。若被上訴人主張對待給付之同時履行抗辯權，尤應依債務本旨先爲給付或先聲明依債務本旨爲給付，始可請求爲對待給付之塗銷抵押權登記。引上所述，被上訴人迄未依債務本旨爲清償，亦未聲明按債務本旨履行，爲被上訴人不爭之事實，竟然請求本件抵押權塗銷登記，揆之上開說明，益見乏理。

三、按「債權人對於已提出之給付，拒絕受領或不能受領者，自提出時，負遲延責任」。民法第二百三十四條定有明文。就本件抵押債權，債務人即被上訴人迄未清償，亦未合法債務本旨提出給付，上訴人等始終未曾拒絕受領，爲不爭之事實，揆之上開規定，上訴人不負受領遲延責任，亦無塗銷抵押權之義務，當見被上訴人訴請塗銷抵押權登記，殊無理由。猶違誠實信用原則及欠缺訴權保護要件，應予駁回其訴。

四、第按時效完成而消滅者爲債權請求權，非債權本身，故僅賦與債務人於債權人行使權利時，得拒絕給付，如未拒絕而清償，債權人自不生不當得利問題。從而，本件一部分利息（包括遲延利息）債權，縱然消滅時效已完成，亦僅利息請求權消滅，利息債權本身，迄仍存在。遑論上訴人未曾行使權利，請求被上訴人給付利息，被上訴人應無從拒絕給付而提時效抗辯。在被上訴人另行起訴請求確認該完成消滅時效部分之利息債權不存在判決之前，該利息債權既仍存在，被上訴人對此部分未聲明清償，即非按債務本旨清償爲停止條件，益見其請求塗銷抵押權登記之乏理。

五、矧利息爲使用原本之報酬，借款約定利息者，縱然逾越清償期，在未爲清償前，借用人負有按期支付利息之義務，此觀民法第七十條第二項規定及立法理由，不難明瞭。上訴人劉〇明、黃〇福與被上訴人間抵押借款，曾分別約定月息一分（年利率百分之十二）及按中央銀行核定放款利率計算之利息，爲兩造不爭之事實。母金迄未清償，而繼續生息，被上訴人竟未表示支付利息，即未表示按債務本旨履行爲條件，自不得請求塗銷本件擔保抵押權登記。

六、又遲延利息，爲塡補金錢債務遲延清償所生之利息損失，未約定利息之借款，依民法第二百零三條規定，得請求周年利率百分之五之遲延利息，如曾約定利息之借款，因約定之利息額即爲遲延清償所生之利息損失額，自得請求約定利息額之遲延利息，方爲公平公允，符節法理。被上訴人未表示以清償按約定利息額計算之遲延利息爲條件，卒然請求塗銷抵押權登記，原審判決罔顧本件約定利息額而爲准許，亦有未合。

七、上訴人黃〇福之借款債權，曾約定按中央銀行核定放款利率計算之利息，遲延利息應依此標準計算，已如前述。與另行約定之按月千分之三十計算之違約金，純爲懲罰性質，非屬損害賠償性質，包括遲延利息，灼然若揭。原審判決認該違約金約定爲損害賠償性質，而未計遲延利息，誠有誤會。

八、被上訴人亦承認民國七十一年九月間爲「經濟不景氣，爛頭寸充斥之際」，當時之三三六、〇〇〇元，比之目前經濟景氣蓬勃年代，相差何止十倍，即值現時之三、三六〇、〇〇〇元。遑論上訴人黃〇福所貸母金三三六、〇〇〇元，按月千分之三十計算違約金，每月違約金一〇、〇八〇元，自被上訴人違約迄今約九年，違約金總額一、〇八八、六四〇元，加上母金三三六、〇〇〇元，合計一、四二四、六四〇元，距實際物價澎漲計算之損失三、三六〇、〇〇〇元，尚短少約二百萬元，即上訴人黃〇福因物價之上升及澎漲，無形中已損失可獲利益約三百三十六萬元以上，遠非被上訴人所應付違約金一百零八萬餘元所能塡補。換言之，約定違約金，尚不足以塡補因客觀事實、社會經濟狀況、及被告實際所受損失，依最高法院四十九年台上字第八〇七號判例反面解釋，被上訴人應無理由訴請減算違約金，更見原審判決核減爲年率百分之十四．五之未恰。

民事準備書狀

案號	八十年度上字第四一七號	承辦股別	甘
訴訟標的金額或價額	新台幣 萬 千 百 十 元 角		

稱謂	姓名或名稱 身分證統一編號或營利事業統一編號	性別	出生年月日	職業	住居所或營業所、郵遞區號及電話號碼電子郵件位址	送達代收人姓名、住址郵遞區號及電話號碼
上訴人	陳○童				均詳卷	
訴訟代理人	廖瑞鍠律師					
被上訴人	劉○明 黃○福					

爲請求塗銷抵押權事件，提出準備書狀事：

一、被上訴人提起本訴於法有據

按債之關係消滅者，其債權之擔保及其他從屬之權利，亦同時消滅，民法第三百零七條定有明文。是抵押權所擔保之債權消滅時，該抵押權即同時消滅，抵押人可訴請塗銷登記。此債權消滅與抵押權塗銷登記，二者雖非對待給付，但應屬類似，本於訴訟經濟原則及法院可爲同時履行抗辯判決之法理，應允許爲一造清償另一造即塗銷抵押權之附停止條件聲明，最高法院七十九年台上字第一六一二號判決：「然若抵押人聲明於清償該擔保之債務後，抵押權人應即辦理抵押權塗銷登記者，爲附停止條件之聲明，與雙務契約之對待給付固不相同，惟依同一法理，仍非不可准許。」（參見原審卷原證一）即明示此旨。學者駱永家亦引用日本實務見解贊成之（參見原審原證七）。是本件被上訴人參照上開法理，提起本訴，自屬於法有據。事實上，被上訴人爲此附停止條件聲明，亦有不得已之處，蓋一方面黃○福約定違約金過高，已超過年利率百分之二十，於法不合，應予核減，另一方面劉○明之利息，遲延利息已部分逾消滅時效期間，黃○福之利息亦逾消滅時效期間，惟因上訴人有爭執，無從計算，苟依一般程序，先全數清償，恐因係被上訴人自願清償，無法提起不當得利之訴（被上證一），且屆時上訴人無財產，強制執行無效果，故不得不爲本件訴訟。惟目前因被上訴人已依債務本旨清償，情事變更已變更聲明（詳變更聲明狀），無庸爲此附停止條件之聲明，本訴之合法自毋庸置疑，合先敘明。

二、本件利息及部分遲延利息已逾時效

按利息係指在約定期間使用母金所生之法定孳息，逾此期間即無利息，僅生遲延利息或違約金。故上訴人以清償期屆至後，被上訴人仍應依約定利率給付利息云云爲辯，應無理由。又利息之請求權時效爲五年，民法第一百二十六條定有明文，遲延利息參照最高法院六十六年九月二十六日第七次民事庭庭推總會決議，其時效亦爲五年（參見原審卷原證四），本件劉○明部分，約定清償期爲民國六十八年十月三日，利息計算應爲民國六十八年四月三日至同年十月三日，黃○福部分，其約定清償期爲民國七十二年三月二日，利息計算應爲民國七十一年九月十四日至民國七十二年三月二日，然此期間均超過五年，被上訴人就此利息自可爲時效抗辯，至劉○明之遲延利息部分，其超過五年者，被上訴人同理亦可爲時效抗辯，雖上訴人以伊未行使利息債權，被上訴人無此抗辯權云云爲辯。但查民法第一百四十四條第一項規定「時效完成後，債務人得拒絕給付。」是時效一經完成，債務人即生抗辯權，自可行使此抗辯權，此觀最高法院七十九年台上字第一六一二號判決要旨「民法第一百四十四條第一項規定，時效完成後債務人得拒絕給付。是消滅時效完成之效力固僅發生拒絕給付之抗辯權，此項抗辯權不以債權人行使請求權在先為前提，即在債權人行使請求權以前，預為表示拒絕給付意思，亦足使請求權歸於消滅。」可明，是被上訴人就此主張為有理由。

三、劉○明之遲延利息應依法定利率計算

上訴人劉○明主張遲延利息應依約定利息之利率計算一節，應有誤會。緣此約定利率僅為約定利息之計算標準，兩造間並未約定遲延時之遲延利息若干，故遲延利息言，自屬利率未經約定，依民法第二百零三條，應按年利率百分之五計算。

四、黃○福約定之違約金過高

本件違約金約定過高，已於原審陳明甚詳，茲提出台灣土地銀行民國七十八年迄今之放款利率文件（被上證二），可知民國七十八年四月三日以前為年利率百分之七・二五，同年月四日至同年月二十四日為年利率百分之七・七五，同年月二十五日至同年五月十二日為年利率百分之九，同年月十三日至民國八十年七月十六日為年利率百分之十・二五，同年月十七日至同年九月十一日為年利率百分之十，同年月十二日至同年月二十四日為年利率百分之九・七，同年月廿五日至民國八十年十一月十八日為年利率百分之九・二五，同年月十九日至民國八十一年一月十日年利率為百分之八・八七五，同年月十一日迄今為年率百分之八・六二五，是足見利率低落，上訴人所受損害輕微，即依金融機關慣例，違約金加計二成計算，百分之十四・五仍屬過高，請　鈞院依職權再予酌減。

五、按行使債權，履行債務應依誠實及信用方法，民法第二百十九條定有明文，經查上訴人等於第一審敗訴後，固曾聲請法院強制執行，迨被上訴人聲請執行法院計算債權以便清償時，上訴人等卻拒不到場會算債權額，致遭原審法院駁回確定，有台灣嘉義地方法院八十年度民執誠字第二六二三號民事裁定爲證（被上證三），足見上訴人不欲立即行使權利，以便多索違約金，以使被上訴人無力清償，而取得抵押物所有權，至被上訴人之所以未提起上訴，乃欲早日終結訴訟，清償債務，以便塗銷抵押權。因此非被上訴人不願清償，惟因債權額之計算涉及違約金、利息時效，致被上訴人無從確定債權額，今上訴人等竟無理提起上訴、拖延訴訟，致判決不能確定，被上訴人權益受損，爰狀請

鈞院鑒核，賜判如聲明，以維公理，至感德誼！

謹狀

台灣高等法院台南分院　公鑒

證人姓名及其住居所	證物名稱及件數
	被上證一：最高法院七十九年度台上字第一九一五號民事判決影本一件。 被上證二：台灣土地銀行放款利率文件影本十件。 被上證三：台灣嘉義地方法院八十年度民執誠字第二六二三號民事裁定影本一件。

中華民國　八十一　年　三　月　十二　日

具狀人　陳○童　簽名蓋章
訴訟代理人　廖瑞鍠律師
撰狀人　簽名蓋章
住址及電話

被上證一：

最高法院民事判決

七十九年度台上字第一九一五號

上訴人　賴○閣　住台灣省苗栗縣頭屋鄉曲洞○○號

被上訴人　劉○榮　住台灣省台中縣東勢鎮豐勢路○○號

右當事人間請求返還不當得利事件，上訴人對於中華民國七十九年六月四日台灣高等法院台中分院第二審判決（七十八年度上字第五八○號），提起上訴，本院判決如左：

主　文

原判決廢棄，發回台灣高等法院台中分院。

理　由

本件上訴人主張：被上訴人於民國七十五年九月二十二日向訴外人陳麗容購買坐落台中市光復路三七號四樓之二房屋，由上訴人簽發系爭七十六年二月二十八日到期面額新台幣（下同）一百萬元之本票一張交與被上訴人，以保證陳麗容辦理前開房屋所有權移轉登記之義務。嗣陳麗容已於七十六年七月三日將該屋移轉登記爲被上訴人名義。詎被上訴人就系爭本票聲請對上訴人爲強制執行之裁定，以其爲執行名義，對上訴人之財產爲強制執行，受償一百零一萬二千四百四十九元，自係不當得利等情。求爲命被上訴人給付一百零一萬二千四百四十九元及其法定遲延利息之判決。被上訴人則以：陳麗容未能於約定之期限內，履行辦理所有權移轉登記之義務，已屬違約。被上訴人遂依法行使票據上之權利，顯非無法律上之原因而受利益等語。資爲抗辯。

原審維持第一審所爲上訴人敗訴之判決，無非以：被上訴人與陳麗容於七十五年九月二十二日訂立前開房屋之買賣契約，由上訴人爲陳麗容（出賣人）之連帶保證人，簽發系爭面額一百萬元之本票一張交與被上訴人，作爲房屋所有權移轉登記之保證。嗣被上訴人就系爭本票，聲請准許強制執行之裁定，並以其爲執行名義，聲請對上訴人之財產爲強制執行。執行程序進行中兩造於七十六年八月三十一日在執行法院成立和解，由上訴人交與被上訴人同日面額一百零一萬二千四百四十九元之支票一張，由被上訴人撤回強制執行之聲請之事實，業據兩造分別提出不動產買賣契約書、民事裁定、查封登記函、台灣省合作金庫匯票水單等件爲證，並經原審調閱第一審法院七十六年民執九字第四六八九號民事強制執行事件卷宗核對無誤。查上訴人簽發之系爭本票背面載明：「⑴本本票係保證台中市光復路三七號四樓A戶（即四樓之二）房屋過戶登記爲劉○榮名下後即將本本票無條件退還出票人。⑵本本票係作保證用，如未違約不得使用」字樣，而陳麗容與被上訴人係約定於七十六年二月二十八日履行移轉登記，上訴人亦係保證陳麗容於七十六年二月二十八日本票到期日前完成所有權移轉登記。雖陳麗容已於七十五年十二月四日申請就前開房屋爲建物所有權第一次登記（即保存登記），惟經駁回，延至七十六年三月十八日始再度提出申請，而於七十六年六月十一日完成登記，旋於七十六年七月三日移轉登記與被上訴人，仍已違約。被上訴人係於陳麗容違約，系爭本票到期日屆至後，行使追索權取得執行名義，再聲請強制執行。於強制執行程序成立和解，收受上訴人交付之票款，即非無法律上之原因而受利益，即非不當得利。上訴人之訴，爲無理由等詞。爲其判斷之基礎。

按約定之違約金過高者，法院得減至相當之數額，民法第二百五十二條定有明文。至於是否相當，即須依一般客觀事實，社會經濟狀況及當事人所受損害情形，以爲斟酌之標準。且約定之違約金過高者除出於債務人之自由意思，已任意給付，可認爲債務人自願依約履行，不容其請求返還外，法院仍得依前開規定，核減至相當之數額。本件被上訴人向陳麗容買受前開房屋及其基地之價金總額，依卷附不動產買賣預約書之記載爲一百八十萬元（見第一審卷第二八頁），其中房屋部分之價金，依契稅申報書及買賣所有權移轉契約書之記載爲四十四萬四千四百八十八元（見原審卷第五三頁、第五五頁）復查上訴人係陳麗容出賣前開房屋與被上訴人訂立買賣契約之連帶保證人，因陳麗容未能於約定之期限內，將出賣之房屋移轉登記與被上訴人，而有違約情形後，被上訴人遂對上訴人行使追索權，繼而聲請強制執行，上訴人乃交付系爭票款與被上訴人，爲原審確定之事實。而被上訴人又自認系爭票款爲違約金（見第一審卷第二六頁、第六一頁）。則上訴人主張，縱陳麗容違約，依契約第十二條及「批明三」之約定，亦僅應付與定金二十萬元同額之違約賠償金，超過部分八十一萬二千四百四十九元應返還上訴人；被上訴人如有損害，亦不能全部沒收云云（見原審卷第二九頁、第一一二頁），似已指摘此項約定之違約金過高。是上訴人倘係因避免財產被強制執行拍賣，始於強制執行程序中與被上訴人和解，而交付系爭票款，作爲違約金，且非出於上訴人之自由意思爲任意給付者，則原審未斟酌前開房屋部分之價金僅四十四萬四千四百八十八元，及陳麗容已於同年七月三日辦畢所有權移轉登記之情形，據以判斷上述違約金，是否過高，遽以前開理由爲上訴人敗訴之判決，即欠允洽。上訴論旨，指摘原判決違背法令，求予廢棄，非無理由。

據上論結，本件上訴爲有理由。依民事訴訟法第四百七十七條第一項、第四百七十八條第一項，判決如主文。

中　華　民　國　七十九　年　九　月　七　日

被上證三：

台灣嘉義地方法院民事裁定　八十年度民執誠字第二六二三號

聲請人即債權人　劉○明　住嘉義市○○號

黃○福　住台北縣板橋市○○號

相對人即債務人　陳○童　住台北市北投區○○號

代　理　人　吳光陸　住台中市○○路五六一號四樓之三

右聲請人與債務人間拍賣抵押物強制執行事件，本院裁定如左：

主　文

聲請人強制執行之聲請駁回。

聲請程序費用由聲請人負擔。

理　由

一、按當事人書狀依民事訴訟法第一百十六條第四款規定應記載聲明或陳述，此為法定必須具備之程式。

二、本件債權人聲請強制執行僅稱拍賣抵押物，未據於聲請狀上載明債權額聲明，且因債務人提出本院八十年度訴字第三四七號兩造間請求塗銷抵押權事件判決書，證明利息及違約金之數額均尚未經判決確定，致本件債權額無法確定。經本院於本年十二月十日通知命其於三日內補正，茲期迄未補正，其聲請強制執行難認為合法，應予駁回。

三、依強制執行法第四十四條、民事訴訟法第二百四十九條第一項第六款、第九十五條、第八十五條第一項前段、第七十八條裁定如主文。

中　華　民　國　八十　年　十二　月　二十三　日

台灣嘉義地方法院民事執行處

法　官　賴　宗　輝

右爲正本係照原本作成。

如對本裁定抗告，須於裁定送達後十日內，向本院提出抗告狀。

書記官　黃征雄

中華民國八十年十二月二十六日

民事附帶上訴暨變更聲明狀

案號	八十年度上字第四一七號	承辦股別	甘
訴訟標的金額或價額	新台幣　萬　千　百　十　元　角		

稱謂	姓名或名稱 身分證統一編號或營利事業統一編號	性別	出生年月日	職業	住居所或營業所、郵遞區號及電話號碼 電子郵件位址	送達代收人姓名、住址 郵遞區號及電話號碼
被上訴人	陳○童				詳卷	
訴訟代理人	廖瑞鍠律師					
上訴人	劉○明 黃○福				均詳卷	

爲請求塗銷抵押權事件，依法附帶上訴暨變更明事：

第一審訴之聲明

一、被告（即上訴人）劉○明應於原告（即被上訴人）清償新台幣（以下同）一百萬元及自民國七十五年九月五日起至清償日止按年利率百分之五計算之利息後，塗銷原告就嘉義縣大林鎮下埤頭段下埤頭小段三九一號田地〇・〇七四六公頃於民國六十八年四月四日所設定之抵押權登記。

二、被告（即上訴人）黃〇福與原告（即被上訴人）間就嘉義縣大林鎮下埤頭段下埤頭小段三九一號田地〇・〇七四六公頃於民國七十一年九月十四日所設定抵押權擔保之債權，其違約金核減爲按年利率百分之十三・八計算。

三、被告黃〇福應於原告清償三十萬六千元及自民國七十二年三月三日起至清償日止，按前項利率計算之違約金後，塗銷前項之抵押權登記。

四、訴訟費用由被告負擔。

變更及附帶上訴後之聲明

一、上訴人（即第一審被告）劉〇明應就嘉義縣大林鎮下埤頭段下埤頭小段三九一號田地〇・〇七四六公頃於民國六十八年四月四日所設定之抵押權登記塗銷。

二、上訴人（即第一審被告）黃〇福與被上訴人（即第一審原告）間就嘉義縣大林鎮下埤頭段下埤頭小段三九一號田地〇・〇七四六公頃於民國七十一年九月十四日所設定之抵押權擔保之債權，其違約金核減爲年利率百之十一・八五計算。

三、上訴人黃〇福應就嘉義縣大林鎮下埤頭段下埤頭小段三九一號田地〇・〇七四六公頃於民國七十一年九月十四日所設定之抵押權登記塗銷。

四、上訴人黃〇福應給付被上訴人七十三萬一千七百四十三元及自本訴狀繕本送達翌日起至清償日止，按年利百分之五計算之利息。

五、第一、二審訴訟費用由上訴人負擔。

事實及理由

一、按在第二審爲訴之變更，固非經他造同意，不得爲之，但有民事訴訟法第二百五十五條第二款至第四款之情形，不在此限，同法第四百四十六條第一項定有明文，而擴張或減縮應受判決事項之聲明及因情事變更而以他項聲明代最初之聲明，爲同法第二百五十六條第二款、第三款所明定，是有此二款情事，毋庸他造同意，即可爲訴之變更。又被上訴人於言詞辯論終結前，得爲附帶上訴，同法第四百六十條第一項定有明文。本件原審判決就核減違約金部分，駁回部分被上訴人請求，並判令訴訟費用由被上訴人負擔，是被上訴人就此敗訴部分應可附帶上訴，合先敘明。

二、經查上訴人黃○福已於台灣嘉義地方法院行使抵押權，聲請拍賣抵押物，此有聲請狀一件可稽（被上證四），被上訴人爲避免被拍賣，不得已，除違約金部分外，已依債務本旨，於行使時效抗辯權後，因執行法院無權審核違約金是否過高，暫依約定之違約金向執行法院繳交現金，以撤銷查封（被上證五）。茲除過高之違約金外，被上訴人已依債務本旨清償，依民法第三百零七條，系爭抵押權應消滅，上訴人應予塗銷，此一情事變更，被上訴人自應爲變更聲明。

三、關於違約金部分，上訴人既欲拖延，被上訴人只得附帶上訴，請求再予核減，緣原審判決依年利率百分之十四·五計算，誠屬過高，依一般金融機關慣例，違約金超過六個月者，均依違約時利率加兩成計付，本件被上訴人與黃○福間原約定依中央銀行核定放款利率計算利息，而清償期屆至之民國七十二年三月二日時，中央銀行核定放款利率（被上證六）最高爲百分之十・七五，最低爲百分之九，折衷數爲百分之九・八七五，加計二成，應爲百之分十一・八五，事實上參諸迄今之放款利率均較百分之十一・八五爲低，故上訴人黃○福之損害應不逾年利率百分之十一・八五，爲此請求違約金核減爲年利率百分之十一・八五，此一部分，被上訴人一方面係附帶上訴，一方面係擴張聲明，依首開說明，應予准許。

四、又被上訴人爲避免被拍賣，無奈依約定之違約金計算方法給付違約金，茲此一違約金既經核減，上訴人黃○福就此部分，應屬不當得利，參照最高法院七十九年度台上字第一九一五號判決（見被上證一），被上訴人應可請求返還。茲依上開百分之十一・八五計算，被上訴人自民國七十二年三月三日至民國八十一年三月十日（按：被上訴人於民國八十一年三月十日向嘉義地方法院提出現款清償），共九十八天，違約金應爲三十五萬九千二百一十六元，則被上訴人爲避免被拍賣而不得已清償，使上訴人黃○福有不當得利七十三萬一千七百四十三元，應返還被上訴人。

五、其他援用以前所提書狀。

謹狀

台灣高等法院台南分院 公鑒

證人姓名及其住居所	

證物名稱及件數	
	被上證四：聲請狀影本一件。 被上證五：收據影本二件、聲請狀影本一件。 被上證六：利率表影本一件。

中華民國八十一年三月十二日

具狀人 陳○童 簽名蓋章

訴訟代理人 廖瑞鍠律師 簽名蓋章

撰狀人

住址及電話

被上證四：

民事強制執行聲請狀

案號	年度　字第　號	承辦股別	
訴訟標的金額或價額	新台幣　萬　千　百　十　元　角		

稱謂	姓名或名稱、身分證統一編號或營利事業統一編號	性別	出生年月日	職業	住居所或營業所、郵遞區號及電話號碼、電子郵件位址	送達代收人姓名、住址郵遞區號及電話號碼
聲請人	劉○明 黃○福				均詳卷	
債務人	陳○童				詳卷	

爲聲請強制執行拍賣抵押物事：

請求執行事項

一、拍賣債務人所有坐落嘉義縣大林鎭下埤頭段下埤頭小段三九一號田地〇・〇七四六公頃，優先清償聲請人等抵押債權，即：

㈠給付聲請人劉〇明新台幣一百萬元及自民國六十八年四月三日起至清償日止按月息一分計算之利息。

㈡給付聲請人黃〇福新台幣三十三萬六千元及自民國七十一年九月十四日起至清償日止依當時中央銀行核定放款利率計算之利息，暨自七十二年三月三日起至清償日止，按月千分之三十計算之違約金。

二、強制執行程序費用由債務人負擔。

請求之原因事實

一、兩造間拍賣抵押物事件，業經　鈞院八十年拍字第三一七號民事裁定准予拍賣債務人所有坐落嘉義縣大林鎭下埤頭段下埤頭小段三九一號田地〇・〇七四六公頃，用以清償聲請人等抵押債權在案。因債務人迄未清償，爰依法聲請強制執行。

二、恭祈

鈞院鑒核，賜准迅予拍賣上開抵押物，以資清償，是所至禱。

謹呈

台灣嘉義地方法院民事執行處　公鑒

證人姓名及其住居所	證物名稱及件數
	證物：鈞院八十年拍字第三一七號民事裁定一份（附呈）。 他項權利證明書及抵押權設定契約書各二份（附呈）。 土地謄本一份（附呈）。

中　華　民　國　八十一　年　二　月　十　日

具狀人　劉○明　黃○福　簽名蓋章

撰狀人　簽名蓋章

住址及電話

被上證五：

民事聲請狀

案號	八十一年度民執簡字第三五五號	承辦股別	
訴訟標的金額或價額	新台幣　萬　千　百　十　元　角		

稱謂	姓名或名稱 身分證統一編號或營利事業統一編號	性別	出生年月日	職業	住居所或營業所、郵遞區號及電話號碼 電子郵件位址	送達代收人姓名、住址 郵遞區號及電話號碼
聲請人即債務人	陳○童				在卷	
代理人	吳光陸					
相對人即債權人	劉○明				在卷	
	黃○福					

爲聲請事：

本件聲請人願予清償，惟因債權額之計算，涉及違約金、利息時效，致聲請人無從確定。前在　鈞院八十年度民執誠字第二六二三號強制執行事件時，　鈞院傳訊兩造，對造拒不到場會算，致遭駁回確定。茲於民國八十一年三月四日，相對人又不遵期到庭，是相對人權利濫用，顯有違反民法第一百四十八條，合先敘明。

按利息係在約定期間，依約定利率，就本金計算之法定孳息，逾此約定期間，即不生利息，而屬遲延利息或違約金問題。又利息之請求權時效爲五年，民法第一百二十六條定有明文，而遲延利息參照最高法院民國六十六年九月二十六日第七次民事庭庭推總會決議，其時效亦為五年（證一），則參照土地登記簿謄本（證二），本件劉○明部分，其約定清償期為民國六十八年十月三日，利息計算應為民國六十八年四月三日至同年十月三日，黃○福部分，其約定清償期為民國七十二年三月二日，利息計算應為民國七十一年九月十四日至民國七十二年三月二日，然此期間均超過五年，聲請人已於　鈞院八十年度訴字第三四七號一案為時效抗辯（證三），茲於此再為時效抗辯，拒絕給付此時之利息，從而相對人就此請求，應非合法。又劉○明部分之遲延利息超過五年部分，聲請人亦已於上開案件為時效抗辯，有該判決可稽。茲再次重申時效抗辯，故遲延利息應自民國七十五年九月五日起至清償日止，依年利百分之五計算。

再本件黃○福部，其請求之違約金過高，已超過年息百分之二十，在上開案件已核減為年利百分之十四．五。

茲聲請人為清償，避免拍賣，請　鈞院在職權範圍內，就利息已主張時效部分，參照　鈞院八十年度訴字第三四七號判決，違約金部分暫依相對人之聲請（按：僅附條件清償，究應清償若干，視判決核減若干決定，參照最高法院七十九年度台上字第一九一五號判決，聲請人就超過核減部分保留追索返還之權利），並以民國八十一年三月十日為清償日，計算劉○明部分遲延利息為二十七萬五千八百二十二元，連同本金共一百二十七萬五千八百二十二元，黃○福部分違約金為一百零九萬零九百五十九元，連同本金三十三萬六千元，共為一百四十二萬六千九百五十九元。聲請人願就此金額先予清償，以塗銷查封，並請　鈞院參照內政部民國七十六年五月二十五日台(76)內地字第五○二一一二號函於塗銷查封之時，一併塗銷抵押權登記（證四）。

謹狀

台灣嘉義地方法院民事執行處 公鑒

證人姓名及其住居所	證物名稱及件數
	證一：最高法院民國六十六年九月廿六日庭推總會決議影本一件。 證二：土地登記簿謄本影本一件。 證三：鈞院八十年度訴字第三四七號民事判決影本一件。 證四：內政部函影本一件。

中華民國八十一年三月五日

具狀人 陳〇童 簽名蓋章

代理人 吳光陸 簽名蓋章

撰狀人 簽名蓋章

住址及電話

上訴人民國八十一年三月二十六日提出民事準備書狀陳述如下：

一、上訴人對被上訴人訴之變更，追加及附帶之上訴不同意。

二、被上訴人引用民事訴訟法第二百五十六條第二項到第四項之理由，而提出「變更及附帶上訴後之聲明」，唯觀該項聲明之內容，並無符合民事訴訟法第二百五十六條第二項至第四項之規定，可見該「變更及附帶上訴後之聲明，」，爲無理由。

三、被上訴人自稱向「執行法院所繳交之現金清償債務，係按債務本旨，實則非也，被上訴人係依據自己喜好結算之款額繳交，蓋依債務本旨，縱被上訴人行使時效抗辯權後，其債權額對劉○明部分應爲二百二十七萬以上，對黃○福部分，應爲一百七十九萬一千一百七十四元以上，被上訴人所繳交給執行法院之款額，與此相差很大，依民法第二百三十五條前段規定：「債務人非依債務本旨提出者，不生提出效力。」，由此可見債務人（被上訴人）在執行法院雖有繳交部分債權款，債權人（上訴人）既無同意，則其「提出」不生效力。

四、關於利息、遲延利息之利率計算：

㈠關於利息、遲延利息，皆應按二造間約定之利率計算，劉○明之部分皆應按月息一分（年利率百分之十二）計算。黃○福之部分，則皆應按「依照中央銀行核定放款利率計算」，其理由如下：

1.兩造間所約定之「土地抵押權設定契約書」由政府核發之「他項權利證明書」及「土地謄本」皆做如是記載。

2.有左列法律依據：

①依最高法院二十二年度第三五三六號判例：

「遲延之債務以支付金錢爲標的者，不問其債務是否原應支付利息，債權人均得請求依法定利率計算之遲延利息，不過應付利息之債務，有較高之約定利率時，從其約定利率計算遲延利息，並不以債務之有約定利率，爲遲延利息請求權之發生要件。」由此可知應付利息之債務，約定利率高於法定利率時，應依「約定利率」之利率表作爲遲延利率之計算標準。

②司法院七十四年一月九日⑺廳民一字第〇一一號函復台灣高等法院花蓮分院：「……故遲延利息，無須登記，即應爲抵押權效力之所及……如其所約定之利率高於法定利率，而未超過法定最高利率之限制者，則於其本金債務不履行或遲延給付，即依約定利率計算遲延利息；如其約定之利率，低於法定利率，即可依法定利率計算遲延利息，倘有其他損害，尙得依法請求賠償外，不得於遲延利息之外，要求遲延之利息。此項遲延利息，依法得爲請求，且當然爲抵押權效力所及，不以登載於抵押權設定契約書或其他權利證明書內爲生效要件，遲延利息欄，雖記載『無』，係無約定之意，尙難認係明示『免除』，自得加入分配。」上訴人與被上訴人間有約定利率，且皆高於法定利率而未超過法定最高利率，則依上說明，計算遲延利息時，應按約定利率計算，其理甚明。

③民法第二百三十三條，更明示，債權人（上訴人）得請求依法定利率計算之遲延利息，但約定利率較高者，仍從其約定利率。

五、關於違約金之年率：

㈠被上訴人所主張之中央銀行核定放款利率不實在，如其所稱七十四年三月二日時爲百分之十・七五，實則應爲百分之十一・五才對，此外其他錯誤仍多，不勝枚舉，限於編幅，不便一一舉出。

㈡茲提供由台灣銀行嘉義分行營業課長蔡進源先生所提供之該行「放款利率標準表」共四張，以證上訴人在右（㈠）所述非虛。銀行實際放款，則以該表再視借款人之信用度再加碼。又據蔡課長表示，該表格該行曾以公函寄送嘉義地方法院爲審判決上之依據。合先敘明。

㈢上訴人仍主張「違約金」仍應按兩造間原先約定之月千分之三十爲計算標準，其理由如下：

⑴此違約金爲兩造間當時在「心悅」情況下所約定，上訴人並無要脅或強迫被上訴人，何況被上訴人與劉○明間無約違約金，如庭上准如被上訴人之主張，則被上訴人在違約金方面占盡甜頭，難達懲罰之目的，則依六十八年六月二十六日最高法院民刑事庭會議決議所揭：「若謂債務人可以任意遲延給付，而不可受契約預定違約金之處罰，其結果將使債權人金融周轉陷於呆滯，生產計畫無由開展，而債務人拖債之風亦將日熾，豈得謂平……」之意旨觀之，縱庭上要減低「違約金」，也請減至仍能使被上訴人知所警惕，以維上揭會議決議之精神。

⑵自被上訴人違約未還款日（七十四年三月三日）起至今歷時九年多，上訴人因被上訴人拖欠債款損失很大，此九年多來，物價波動甚大，此由一般公務員之薪金，已因增加三─四倍，而一般工人之薪金，則增加至五倍以上，茲謹舉系爭土地（即嘉縣大林鎮下埤頭段下段頭小段三九一號地號）依政府之公告現值比較其升值程度，就此知九年物價波動非同小可。

①該系爭土地七十一年之公告現值每平方公尺是一百八十元。

②該系爭土地八十年之公告現值每平方公尺是四百一十元。

右二者相差二．二八倍，若再加上今年（八十一年度）來計算，則二者相差將近三倍，若用民間實際買賣，則該系爭土地經九年多來的物價波動，其價值將可相差四倍以上。縱庭上按兩造間之原始約定核決違約金，則依右之說明上訴人所取得之違約金，亦難填補已受之損失。是望庭上勿再減少「違約金」。

(3)被上訴人所舉：「依一般金融機關慣例，違約金超過六個月者，均按違約時利率加計二成付之主張。」為片面之詞，蓋經上訴人劉○明向合作金庫嘉義支庫蔡襄理查詢結果為「違約金之訂立，視借款人既有之信用情況，由雙方約定，有高出利率之數倍者。」並非被上訴人所指之：「一般按利率加二成計算。」，依上所述，上訴人要求依當時兩造所約定之違約金額度，並非無理。

六、上訴人主張應有民法第八百八十條之權益。

七、被上訴人指本人對本案有拖延之意，實則此為被上訴人顛倒是非，事實上，上訴人本著越快拿到應拿的款額越好，豈有債權人自己要拖延之理，至於在嘉義地方法院之八十年度民執誠字第二六二三號案，係因嘉義地方法院要求上訴人補正，此項補正通知函係用掛號按址寄來，唯該掛號信卻由與上訴人住同一地址之女老婦人持劉○明章代收，但該女老婦人並無將該掛號信轉交上訴人，致該案遭駁回。該案係上訴人為原告，如上訴人故意遭駁回則原始又何須自為原告而起訴，又何須於該案遭駁回確定後又迅速用同一理由起訴成立同一性質之八十一年度民執簡字第三五五號案。由此可見被上訴人已技窮，故意用此不是事實的理由，以博庭上同情。

八、如庭上認被上訴人所提之「變更及附帶上訴」為有理由，則因上訴人有如下陳述，亦請庭上駁回被上訴人之所請，准如上訴人上訴之聲明：

㈠被上訴人在另案向執行法院所繳交之款額非依債務本旨繳交全部款額，不生提出效力，已如本狀三所述，而其於「變更及附帶上訴聲明中」又未言及要歸還任何款，就要求塗銷系爭土地抵押權，有違對待給付原則，不合理，也不合法。

㈡更有進者，被上訴人反依其個之喜好，要求上訴人給付其七十三萬一千七百四十三元及其利息，更不合理，且無法律依據。

㈢其他援用本狀所述各項理由，及以前所提書狀。

民事附帶上訴暨變更聲明狀	案號	八十 年度 上 字第 四一七 號	承辦股別	甘
	訴訟標的金額或價額	新台幣 萬 千 百 十 元 角		

稱謂	姓名或名稱 身分證統一編號或營利事業統一編號	性別	出生年月日	職業	住居所或營業所、郵遞區號及電話號碼 電子郵件位址	送達代收人姓名、住址 郵遞區號及電話號碼
被上訴人	陳○童				均詳卷	
訴訟代理人	廖瑞鍠律師					
上訴人	劉○明 黃○福					

為請求塗銷抵押權事件，依法附帶上訴暨變更聲明事：

第一審訴之聲明

一、被告（即上訴人）劉○明應於原告（即被上訴人）清償新台幣（以下同）一百萬元及自民國七十五年九月五日起至清償日止按年利率百分之五計算之利息後，塗銷原告就嘉義縣大林鎮下埤頭段下埤頭小段三九一號田地○·○七四六公頃於民國六十八年四月四日所設定之抵押權登記。

二、被告（即上訴人）黃○福與原告（即被上訴人）間就嘉義縣大林鎮下埤頭段下埤頭小段三九一號田地○·○七四六公頃於民國七十一年九月十四日所設定抵押權擔保之債權，其違約金核減爲按年利率百分之十三·八計算。

三、被告黃○福應於原告清償三十萬六千元及自民國七十二年三月三日起至清償日止，按前項利率計算之違約金後，塗銷前項之抵押權登記。

四、訴訟費用由被告負擔。

變更及附帶上訴後之聲明

一、上訴人（即第一審被告）劉○明應就被上訴人（即第一審原告）清償新台幣（以下同）一百萬元及自民國七十五年九月五日起至清償日止，按月息百分之一計算之利息後，塗銷被上訴人就嘉義縣大林鎮下埤頭段下埤頭小段三九一號田地○·○七四六公頃於民國六十八四月四日所設定之抵押權登記。

二、上訴人（即第一審被告）黃○福與被上訴人（即第一審原告）間就嘉義縣大林鎮下埤頭段下埤頭小段三九一號田地○·○七四六公頃於民國七十一年九月十四日所設定之抵押權擔保之債權，其違約金核減爲年利率百之十一·八五計算。

三、上訴人黃○福應塗銷前項之抵押權登記。

四、上訴人黃○福應給付被上訴人七十三萬一千七百四十三元及自本訴狀繕本送達翌日起至清償日止，按年利率百分之五計算之利息。

五、第一、二審訴訟費用由上訴人負擔。

事實及理由

一、按在第二審爲訴之變更，固非經他造同意，不得爲之，但有民事訴訟法第二百五十六條第二款至第四款之情形，不在此限，同法第四百四十六條第一項定有明文，而擴張或減縮應受判決事項之聲明及因情事變更而以他項聲明代最初之聲明，爲同法第二百五十六條第二款、第三款所明定，是有此二款情事，毋庸他造同意，即可爲訴之變更。又被上訴人於言詞辯論終結前，得爲附帶上訴，同法第四百六十條第一項定有明文。本件原審判決就核減違約金部分，駁回部分被上訴人請求，並判令訴訟費用由被上訴人負擔，是被上訴人就此敗訴部分應可附帶上訴，合先敘明。

二、上訴人劉○明在民國七十五年九月四日（按：上訴人劉○明係於民國八十年九月五日在第一審法院表明請求遲延利息）以前之約定期間利息及遲延利息，均已罹於時效，被上訴人已於第一審爲時效抗辯，則劉○明就此部分應不得請求。至民國七十五年九月五日，至清償日止之遲延利息，因原約定利息爲月息一分（按：每萬元月息一百元），即百分之一，則此部分應依每月百分之一計算遲延利息，爰擴張聲明如上開變更後聲明一所示。

三、上訴人黃○福其約定期間之利息早逾時效，而遲延利息，因已有損害賠償性之違約金約定，自不可請求遲延利息（詳見第一審卷民國八十年九月十九日狀理由二）。是黃〇福請求利息及遲延利息，均無理由。

四、經查上訴人黃〇福已於台灣嘉義地方法院行使抵押權，聲請拍賣抵押物，此有聲請狀一件可稽，被上訴人為避免為拍賣，不得已，除違約金部分外，已依債務本旨，於行使時效抗辯權後，因執行法院無權審核違約金是否過高，暫依約定之違約金向執行法院繳交現金，以撤銷查封。茲除過高之違約金外，被上訴人已依債務本旨清償，依民法第三百零七條，系爭抵押權應消滅，上訴人應予塗銷，此一情事變更，被上訴人自應為變更聲明。

五、關於違約金部分，上訴人既欲拖延，被上訴人只得附帶上訴，請求再予核減，緣原審判決依年利率百分之十四·五計算，誠屬過高，依一般金融機關慣例，違約金超過六個月者，均依違約時利率加兩成計付，本件被上訴人與黃〇福間約定依中央銀行核定放款利率計算利息（被上證六）最高為百分之十·七五，最低為百分之九，折衷數為百分之九·八七五，加計二成，應為百分之十一·八五，事實上參諸迄今之放款利率均較百分之十一·八五為低，故上訴人黃〇福之損害應不逾年利率百分之十一·八五，為此請求違約金核減為年利率百分之十一·八五，此一部分，被上訴人一方面係附帶上訴，一方面係擴張聲明，依首開說明，應予准許。

六、又被上訴人為避免被拍賣，無奈依約定之違約金計算方法給付違約金，茲此一違約金既經核減，上訴人黃〇福就此部分，應屬不當得利，參照最高法院七十九年台上字第一九一五號判決（見被上證一），被上訴人應可請求返還。茲依上開百分之十一·八五計算，被上訴人自民國七十二年三月三日至民國八十一年三月十日（按：被上訴人於民國八十一年三月十日向嘉義地方法院提出現款清償），共九年八天，違約金應為三十五萬九千二百一十六元，則被上訴人為避免被拍賣而不得已清償，使上訴人黃○福有不當得利七十三萬一千七百四十三元，應返還被上訴人。

七、其他援用以前所提書狀。

謹呈

台灣高等法院台南分院 公鑒

證人姓名及其住居所	
證物名稱及件數	

中華民國八十一年四月十六日

具狀人 陳○童 簽名蓋章

訴訟代理人 廖瑞鍠律師 簽名蓋章

撰狀人 簽名蓋章

住址及電話

民事準備書狀

案號	八十年度上字第四一七號	承辦股別	甘
訴訟標的金額或價額	新台幣　萬　千　百　十　元　角		

稱謂	姓名或名稱 身分證統一編號或營利事業統一編號	性別	出生年月日	職業	住居所或營業所、郵遞區號及電話號碼電子郵件位址	送達代收人姓名、住址郵遞區號及電話號碼
被上訴人即附帶上訴人	陳○童				詳卷	
訴訟代理人	廖瑞鍠律師					
上訴人即附帶上訴人	劉○明 黃○福				均詳卷	

爲請求塗銷抵押權事件，依法附帶上訴暨變更聲明事：

第一審訴之聲明

一、被告（即上訴人）劉○明應於原告（即被上訴人）清償新台幣（以下同）一百萬元及自民國七十五年九月五日起至清償日止按年利率百分之五計算之利息後，塗銷原告就嘉義縣大林鎮下埤頭段下埤頭小段三九一號田地○．○七四六公頃於民國六十八年四月四日所設定之抵押權登記。

二、被告（即上訴人）黃○福與原告（即被上訴人）間就嘉義縣大林鎮下埤頭段下埤頭小段三九一號田地○．○七四六公頃於民國七十一年九月十四日所設定抵押權擔保之債權，其違約金核減爲按年利率百分之十三．八計算。

三、被告黃〇福應於原告清償三十萬六千元及自民國七十二年三月三日起至清償日止，按前項利率計算之違約金後，塗銷前項之抵押權登記。

四、訴訟費用由被告負擔。

變更及附帶上訴後之聲明

一、上訴人（即第一審被告）劉〇明應塗銷被上訴人就嘉義縣大林鎮下埤頭段下埤頭小段三九一號田地〇・〇七四六公頃於民國六十八年四月四日所設定之抵押權登記。

二、上訴人（即第一審被告）黃〇福應塗銷被上訴人（即第一審原告）就前開土地於民國七十一年九月十四日所設定之抵押權登記。

三、上訴人劉〇明應給付被上訴人新台幣（下同）六十萬六千九百九十九元，上訴人黃〇福應給付被上訴人一百零四萬六千零六十三元。並均自本訴狀繕本送達翌日起至清償日止按年利率百分之五計算之利息。

四、第一、二審訴訟費用由上訴人負擔。

附帶上訴聲明

一、原判決關於駁回附帶上訴人請求核減違約金超過年利率百分之十三・八計算部分廢棄。

二、右廢棄部分，附帶被上訴人黃〇福與附帶上訴人間就嘉義縣大林鎮下埤頭段下埤頭小段三九一號田地〇・〇七四六公頃於民國七十一年九月十四日所設定抵押權擔保之債權其違約金應核減為按年利率百分之十三・八計算。

三、訴訟費用由附帶被上訴人負擔。

事實及理由

一、茲因上訴人劉○明及黃○福向台灣嘉義地方法院行使抵押權，聲請拍賣抵押物，被上訴人爲避免被拍賣，不得已分別於民國八十一年三月十日及四月十六日暫照上訴人劉○明、黃○福陳報所主張之債權（包括本金、利息、遲延利息及違約金）向該院民事執行處如數提出（但保留不當得利請求權），即共給付劉○明二百二十八萬零五百二十一元，共給付黃○福一百八十萬五千零九十二元（執行費用八千五百零一元不包括在內）。今兩造間之抵押權所擔保之債務除如後述之時效抗辯及過高之違約金外，已全部給付完畢（被上證七），情事顯有變更，合先陳明。

二、被上訴人已據上訴人等陳報主張之債權如數給付，其等竟拒絕塗銷就坐落嘉義縣大林鎮下埤頭段下埤頭小段三九一號田地○・○七四六公頃於民國六十八年四月四日及七十一年九月十四日分別所設定之抵押權登記，被上訴人自得依民法第三百零七條訴請其等塗銷上開土地之抵押權登記。故變更第一審起訴聲明之第一、三項（按第一、三項聲明係附條件聲明）爲訴請其等應塗銷抵押權登記。

三、關於違約金部分，被上訴人前已聲明附帶上訴請求再予核減。緣原審判決依年利率百分之十四・五計算誠屬過高。蓋參酌金融機關慣例其違約金約定六個月內，依原利率加一成，超過六個月依原利率加二成計算，而本件利率約定爲依中央銀行核定放款利率計算。經查借款時之民國七十一年九月三日，其短期放款利率（即一年以下，本件即係一年以下），最高爲年利率百分之十二・

五，最低爲百分之十・五，折衷爲百分之十一・五，縱加二成，認違約金應以年利百分之十三・八計算爲當，請依法再予酌減。

四、又被上訴人之據上訴人陳報之債權悉數提出給付，乃爲避免土地被拍賣之不得已行爲，非基於自己意思任意給付。於提出給付時曾聲明保留上訴人依法無請求權之各項債權之不當得利返還請求權（被上證八）。茲被上訴人既依上訴人所主張之債權全數給付，情事已有變更，對於上訴人依法無請求權之各項債權自得依不當得利訴請其返還，茲臚列說明如下：

(1)上訴人劉○明在台灣嘉義地方法院民事執行處陳報之利息債權係自民國七十年八月十五日依年利率百分之十二起算。惟查劉○明在民國七十五年九月四日（按上訴人劉○明係於民國八十年九月五日在第一審法院表明請求遲延利息）以前之約定期間利息及遲延利息均已罹於時效，被上訴人已於第一審爲時效抗辯，則劉○明此部分應不得請求，故自民國七十年八月十五日至七十五年九月四日間（六十個月又二十一天）之利息債權（包括遲延利息在內）共計六十萬六千九百九十元（$1{,}000{,}000\times\frac{1}{100}$（利率）$\times 60\times\frac{21}{30}$），係屬不當得利應返還被上訴人。

(2)上訴人黃○福陳報之利息債權係自民國七十一年九月三日起算。惟查黃○福其約定期間之利息早逾時效，而遲延利息因已有損害賠償性質之違約金，自不可再請求遲延利息（詳見第一審卷民國八十年九月十九日狀理由二）。是黃○福請求利息及遲延利息均無理由，其受領給付係不當得利。違約金部分其請求依每月千分之三十計算，即年利率爲百分之三十六，已超過民法第二百零五條百分之二十限制，是此違約金過高，洵堪認定，被上訴人主張按年利率百分之十三・

八計算爲當。故上訴人黃○福其僅可請求自民國七十二年三月三日至民國八十一年四月十六日止按年利率百分之十三・八計算之違約金（計四十二萬三千零二十九元）及本金三十三萬六千元合計七十五萬九千零二十九元，惟被上訴人照其陳報給付一百八十萬五千零九十二元，其顯受有一百零四萬六千零六十三元之不當得利，被上訴人自得訴請其返還。

五、基上所述，敬請賜判如聲明。

謹狀

台灣高等法院台南分院 公鑒

證人姓名及其住居所	
證物名稱及件數	被上證七：嘉義地方法院八十一年四月十七日八十一民執簡字第三五五號函影本一件。 被上證八：被上訴人於八十一年四月十日向嘉義地方法院所遞之陳報狀影本一件。

中華民國八十一年五月十四日

具狀人 陳○童 簽名蓋章

訴訟代理人 廖瑞鍠律師 簽名蓋章

撰狀人

住址及電話

民事準備書狀

案號	八十 年度 上 字第 四一七 號	承辦股別	甘
訴訟標的金額或價額	新台幣 萬 千 百 十 元 角		

稱謂	姓名或名稱 身分證統一編號或營利事業統一編號	性別	出生年月日	職業	住居所或營業所、郵遞區號及電話號碼 電子郵件位址	送達代收人姓名、住址郵遞區號及電話號碼
被上訴人即附帶上訴人	陳○童				詳卷	
上訴人即附帶被上訴人	劉○明 黃○福				均詳卷	

為請求塗銷抵押權登記等事件，謹提準備書狀事：

一、按上訴人劉○明在台灣嘉義地方法院民事執行處所陳報計算之債權為本金新台幣（下同）一百萬元及自民國七十年八月十五日起至八十一年四月十六日清償日止依年利率百分之十二（即月息一分）計算之利息（含遲延利息）總共合計二百二十八萬零五百二十一元（證一）。其利息債權部分之計算方法如證物二之計算表所載（該計算表為劉○明自行向嘉義地方法院民事執行處提出之計算方法），請參酌。惟查，上訴人劉○明在民國七十五年九月四日以前（按劉○明於八十年九月五日在原審始表明請求遲延利息）之約定利息及遲延利息均已罹於時效，被上訴人在原審已為時效抗辯。則此部分之利息債權應不得請求，故自七十年八月十五日起至七十五年九月四日止共六十個月又二十一日之利息債權（包含遲延利息在內）共計六十萬六千九百九十九元（1,000,000

×1/100×60×21/30）係屬不當得利應返還被上訴人。

二、另上訴人黃〇福在嘉義地方法院民事執行處所陳報計算之債權爲本金三十三萬六千元及自民國七十一年九月三日起至八十一年四月十六日清償日止按「中央銀行核定放款利率」計算之利息，及自七十二年三月二日起至八十一年四月十六日清償日止按「月息千分之三十」（即年利率百分之三十六）計算之違約金總共合計一百八十萬五千零九十二元（證一）。其債權之計算方法如證物三計算表與書狀所載（按該計算表與書狀均係黃〇福自行向嘉義地方法院民事執行處提出之計算方法）請參酌。惟查，黃〇福主張之利息債權係自七十一年九月三日起算（按本金借款日係七十一年九月三日，本應清償日期係七十二年三月二日），該約定期間利息早逾時效。而七十二年三月三日起之遲延利息，因已有損害賠償性質之違約金，自不得再請求遲延利息。是黃〇福請求利息與遲延利息，均無理由，該部分之受領給付係不當得利。而違約金部分其請求依每月千分之三十計算，則年利率爲百分之三十六，已超過法定百分之二十之限制，是違約金顯然過高。被上訴人主張按年利率百分之十三．八計算違約金。故上訴人黃〇福其僅可請求自七十二年三月三日起至八十一年四月十六日止年利率百分之十三．八之違約金（計四十二萬三千零二十九元）及本金三十三萬六千元，合計七十五萬九千零二十九元，但被上訴人照其陳報給付一百零八十萬五千零九十二元，其顯受有一百零四萬六千零六十三元之不當得利，被上訴人自得訴請返還。

三、餘引用以前書狀所載。

謹狀

台灣高等法院台南分院　公鑒

證人姓名及其住居所	
證物名稱及件數	一、嘉義地方法院民事執行處八十一年四月十五日執行訊問筆錄影本一件。 二、債權人劉○明應得利息計算表影本一件。 三、黃○福計算表及八十一年四月六日陳明狀影本共六張。

中華民國八十一年五月三十日

具狀人 陳○童 簽名蓋章

撰狀人 簽名蓋章

住址及電話

上訴人民國八十一年六月一日提出民事準備書狀陳述如下：

一、被上訴人每次開庭時均提出「附帶上訴暨變更聲明狀」，而每次之「變更及附帶上訴後之聲明」主張均不相同，以其訴之追加及變更，嚴重妨害上訴人防禦權益，請依法駁回之。

二、上訴人黃○福與被上訴人陳○童所約定之違約金為懲罰性質，其理由如下：

㈠依「孫致中著《民法概要》第一五四頁：違約金之效力……惟如當事人約定如債務人不以適當時期不依通常方法履行債務時，即須支付違約金者，債權人於債務不履行時，除違約金外，並得請求履行或不履行之損害賠償，蓋以此種違約金，另有制裁債務不履行之性質，與損害賠償請求權並存不悖，債權人得擇一或合併請求之。」而民法第二百五十條第二項後段但書亦作同樣規定，由此以觀，則上訴人（即債權人）既與被上訴人（即債務人陳○童）約定有適當時期（依兩造合約所載爲民國七十二年三月二日）依通常方法（見兩造合約之其他約定履行事項第一條：本件債務淸償場所指定債權人住所地履行之）履行債務，否則債務人即應支付違約金每月千分之三十（見兩造合約書）之事實，本件違約金爲懲罰性質之證據，已然確鑿。

㈡依最高法院七十七年台上字第二五五號判例：「違約金依其性質可分爲制裁性質之違約金與損害賠償性質之違約金，前者爲對於債務不履行之懲罰，以強制債務之履行爲目的，其違約金之發生，以有債務不履行爲已足，不以損害之發生爲必要，債權人於違約金外，尙得請求本來之給付，或代替給付之損害賠償。」由此更見本件之違約金爲懲罰性質，上訴人（即債權人）自可據此請求母金利息、遲延利息、違約金、損害賠償等。

三、被上訴人（即債務人）最後一次（八十一年四月十六日）之「變更及附帶上訴後之聲明」主張，對上訴人黃○福部分僅言要歸還違約金若干，對母金、利息、遲延利息、損害賠償等皆未言及要歸還，殊不合理。

民事辯論意旨狀

案號	八十年度上字第四一七號	承辦股別	甘
訴訟標的金額或價額	新台幣 萬 千 百 十 元 角		

稱謂	姓名或名稱 身分證統一編號或營利事業統一編號	性別	出生年月日	職業	住居所或營業所、郵遞區號及電話號碼電子郵件位址	送達代收人姓名、住址郵遞區號及電話號碼
被上訴人即附帶上訴人	陳○童				詳卷	
上訴人即附帶被上訴人	劉○明 黃○福				均詳卷	

爲請求塗銷抵押權登記等事件，謹提辯論意旨事：

甲、第一審訴之聲明第一、三項變更後之聲明：

如八十一年五月十四日準備書狀所載。

乙、附帶上訴聲明：

如八十一年五月十四日準備書狀所載。

丙、答辯聲明：

一、請求駁回上訴人黃○福、劉○明之上訴。

二、第二審訴訟費用由上訴人負擔。

事實及理由

一、按當事人得約定債務人不履行債務時應支付違約金，如無特別意思或其意思不明時則視為不履行而生損害之賠償總額之預定，此乃學者之通說，此性質之違約金，其請求賠償自應從其預定，不得再請求其他損害賠償。本件上訴人黃○福與被上訴人間並未約定遲延利息，而約定違約金，此違約金性質應係損害賠償性質之違約金，非懲罰性之違約金。退萬步言，　鈞院若認係屬懲罰性之違約金，除違約金外，其尚可請求遲延利息，則自七十二年三月三日起算，上訴人黃○福請求之遲延利息部分，被上訴人前已表明拒絕給付，且亦已罹於短期時效，被上訴人自更得拒絕給付（按七十一年三月二日至七十二年三月二日止之約定利息，被上訴人前已為時效抗辯），該部分之受領給付亦係不當得利，應返還被上訴人。

二、餘引用以前之書狀所載。

謹狀

台灣高等法院台南分院　公鑒

證人姓名及其住居所	證物名稱及件數

中　華　民　國　八十一　年　六　月　二十六　日

具狀人　陳○童　簽名蓋章

撰狀人　簽名蓋章

住址及電話

台灣高等法院台南分院民事判決　八十年度上字第四一七號

上訴人（即附帶被上訴人）　黃○福　住台北縣板橋市○○路三段八七—三號

兼訴訟代理人　右　劉○明　住嘉義市○○路一二五號

共同訴訟代理人　蕭世芳律師

被上訴人（即附帶上訴人）　陳○童　住台北市北投區○○路三九六號

訴訟代理人　廖瑞鍠律師

複代理人　吳光陸　住台中市○○路五六一號四樓之三

右當事人間請求塗銷抵押權事件，上訴人對於台灣嘉義地方法院，中華民國八十年十月廿九日第一審判決（八十年度訴字第三四七號），提起上訴，被上訴人並爲訴之變更，本院判決如左：

主　文

上訴人劉○明應塗銷被上訴人就嘉義縣大林鎮下埤頭段下埤頭小段三九一號，田地面積○・○七四六公頃，於民國六十八年四月四日所設定之抵押權登記。

上訴人黃○福應塗銷被上訴人就前開土地，於民國七十一年九月十四日所設定之抵押權登記。

上訴人劉○明、黃○福，應各給付被上訴人如附表所示之金額及利息。

上訴人黃○福與被上訴人間就前開第二項抵押權所擔保之債權，其違約金應核減爲按年利率百分之十六計算。

上訴人黃○福關於違約金核減之其餘上訴駁回。

被上訴人其餘變更之訴，及附帶上訴均駁回。

第一、二審訴訟費用，暨變更之訴訟費用，由上訴人負擔五分之四，餘由被上訴人負擔。

附帶上訴訴訟費用，由被上訴人負擔。

事　實

甲、上訴人方面：

一、聲明：求爲判決：㈠原判決駁回被上訴人其餘之訴，及命被上訴人負擔訴訟費用外，餘均廢棄。㈡前開廢棄部分，被上訴人在第一審之訴駁回。㈢附帶上訴駁回。

二、陳述：除與原判決所載相同者，予以引用外，補稱：

㈠被上訴人所爲訴之變更、追加及附帶上訴，於法不合，上訴人均不同意，請予駁回。

㈡本件上訴人黃○福既與被上訴人約定應於民國（下同）七十二年三月二日清償，否則，債務人即須支付違約金每月千分之三十，顯爲約定如債務人不於適當時期，不依通常方法履行債務時，即須支付違約金者，而爲懲罰性質，則上訴人除得請求違約金之給付外，並得請求利息、遲延利息。

㈢被上訴人亦承認民國七十一年九月間爲「經濟景氣，爛頭寸充斥之際」，當時之新台幣（下同）三三六、○○○元，比之目前經濟景氣蓬勃年代，相差何止十倍，即值現時之三、三六○、○○○元，遑論上訴人黃○福所貸母金三三六、○○○元，按月千分之三十計算違約金，每月違約金一○、○八○元，被上訴人自違約迄今約九年，違約金總額一、○八八、六四○元，加上母金三三六、○○○元，合計一、四二四、六四○元，距實際物價澎漲計算之損失三、三六○、○○○元，尙短少約二百萬元，即上訴人黃○福因物價之上升之澎漲，無形中已損失可獲利益約三百三十六萬元以上，遠非被上訴人所應付違約金一百零八萬餘元所能塡補。換言之，約定違約金，尙不足以塡補因客觀事實、社會經濟狀況、實際所受損失，依最高法院四十九年台上字第八○七號判例反面解釋，被上訴人應無理由訴請減算違約金，更見原審判決核減爲年率百分之十四．五之未恰。

㈣約定利率高於法定利率時，應依約定利率作爲遲延利息之計算標準，且遲延利息無須登記，即應爲抵押權效力所及。

㈤被上訴人所舉「依一般金融機關慣例，違約金超過六個月者，均按違約時利率加計二成計付」之主張，爲其片面之詞，蓋上訴人劉○明向金融機關查詢結果，違約金之訂立，視借款人既有之信用情況，由雙方約定，有高出利率數倍者，足見被上訴人所言不實。

三、證據：援用其在原審之立證方法外，另提出地價證明書一件、銀行基本放款利率表影本四張、抵押權設定契約書、他項權利證明書等影本各一件爲證。

乙、被上訴人方面：

一、聲明：求爲判決：㈠如主文第一、二項所項。㈡上訴人劉○明應給付被上訴人六十萬六千九百九十九元，上訴人黃○福應給付被上訴人一百零四萬六千零六十三元，並均自變更之訴訴狀繕本送達翌日起，至清償日止，按周年利率百分之五計算之利息。㈢附帶上訴聲明：1.原判決關於駁回附帶上訴人請求核減違約金超過按周年利率百分之十三．八計算部分廢棄。2.上開廢棄部分，附帶被上訴人黃○福與附帶上訴人間就嘉義縣大林鎮下埤頭段下埤頭小段三九一號，田地面積○．○七四六公頃，於七十一年九月十四日所設定抵押權擔保之債權，其違約金，應核減爲按年利率百分之十三．八計算。

二、陳述：除與原判決所載相同者，予以引用外，補稱：

㈠按在第二審爲訴之變更，固非經他造同意，不得爲之，但民事訴訟法第二百五十六條第二款至第四款之情形，不在此限。同法第四百四十六條第一項定有明文，而擴張或減縮應受判決事項之聲明及因情事變更而以他項聲明代最初之聲明，爲同法第二百五十六條第二款、第三款所明定，是有此二款情事，毋庸他造同意，即可爲訴之變更。又被上訴人於言詞辯論終結前，得爲附帶上訴，同法第四百六十條第一項定有明文。本件原審判決就核減違約金部分，駁回部分被上訴人請求，並判令訴訟費用由被上訴人負擔，是被上訴人就此敗訴部分應可附帶上訴，合先敘明。

(二)茲因上訴人劉○明及黃○福向台灣嘉義地方法院行使抵押權，聲請拍賣抵押物，被上訴人爲避免被拍賣，不得已分別於民國八十一年三月十日及四月十六日暫照上訴人劉○明、黃○福陳報所主張之債權（包括本金、利息、遲延利息及違約金）向該院民事執行處如數提出（但保留不當得利請求權），即共給付劉○明二百二十八萬零五百二十一元，共給付黃○福一百八十萬五千零九十二元（執行費用八千五百零一元不包括在內）。今兩造間之抵押權所擔保之債務除如後述之時效抗辯及過高之違約金外，已全部給付完畢，情事顯有變更，合先陳明。

(三)被上訴人已據上訴人等陳報主張之債權如數給付，其等竟拒絕塗銷就坐落嘉義縣大林鎮下埤頭段下埤頭小段三九一號田地○・○七四六公頃於六十八年四月四日及七十一年九月十四日分別所設定之抵押權登記，被上訴人自得依民法第三百零七條訴請其等塗銷上開土地之抵押權登記。故變更第一審起訴聲明之第一、三項（按第一、三項聲明係附條件聲明）爲訴請其等應塗銷抵押權登記。

(四)關於違約金部分，被上訴人前已聲明附帶上訴請求再予核減。緣原審判決依年利率百分之十四・五計算誠屬過高。蓋參酌金融機關慣例其違約金約定六個月以內，依原利率加一成，超過六個月依原利率加二成計算，而本件利率約定爲依中央銀行核定放款利率計算。經查借款時之七十一年九月三日，其短期放款利率（即一年以下，本件即係一年以下），最高爲年利百分之十二・五，最底爲百分之十・五，折衷爲百分之十一・五，縱加二成，認違約金應以年利百分之十三・八計算爲當，請依法再予酌減。

㈤又被上訴人之據上訴人陳報之債權悉數提出給付，乃爲避免土地被拍賣出之不得已行爲，非基於自由意思任意給付，於提出給付時曾聲明保留上訴人依法無請求權之各項債權之不當得利返還請求權。

㈥茲被上訴人既依上訴人所主張之債權全數給付，情事已有變更，對於上訴人依法無請求權之各項債權自得依不當得利訴請其返還，茲臚列說明如下：

1.上訴人劉○明在台灣嘉義地方法院民事執行處陳報主張之利息債權係自七十年八月十五日依年利率百分之十二起算。惟查，劉○明在七十五年九月四日（按上訴人劉○明係於八十年九月五日在第一審法院表明請求遲延利息）以前之約定期間利息及遲延利息均已罹於時效，被上訴人已於第一審爲時效抗辯，則劉○明此部分應不得請求，故自七十年八月十五日至七十五年九月四日間（六十個月又二十一天）之利息債權（包括遲延利息在內）共計六十萬六千九百九十九元，係屬不當得利應返還被上訴人。

2.上訴人黃○福陳報主張之利息債權自七十一年九月三日起算。惟查，黃○福其約定期間之利息早逾時效，而遲延利息因已有損害賠償性質之違約金，自不可再請求遲延利息（詳見一審卷八十年九月十九日狀理由二）。是黃○福請求利息及遲延利息均無理由，其受領給付係不當得利。違約金部分其請求依每月千分之三十計算，則年利率爲百分之三十六，已超過民法第二百零五條百分之二十限制，是此違約金過高，洵堪認定，被上訴人主張按年利率百分之十三・八計算爲當。故上訴人黃○福其僅可請求自七十二年三月三日至八十一年四月十六日止按年利率百分之十三・八計算之違約金（計四十二萬三千零二十九元）及本金三十萬六千元合計七十五萬九千零二十九元，惟被上訴人照其陳報給付一百八十萬五千零九十二元，其顯受有一百零四萬六千零六十三元之不當得利，被上訴人自得訴請其返還。

三、證據：除援用其在原審之立證方法外，另提出最高法院民事判決、原審法院民事裁定等影本各一件、台灣土地銀行放款利率文件影本十件、聲請狀、收據等影本二件、聲請狀、陳報狀、原審法院民事執行處函、訊問筆錄等影本各一件、利息計算表影本二件、陳明狀影本六張等爲證。

丙、本院依職權向台灣嘉義地方法院，調閱該院八十一年度執字第三五五號拍賣抵押物執行卷宗。

理　由

一、按在第二審爲訴之變更，固非經他造同意，不得爲之；但民事訴訟法第二百五十六條第二款至第四款之情形，不在此限；同法第四百四十六條第一項定有明文；而擴張或減縮應受判決事項之聲明，及因情事變更，而以他項聲明代最初之聲明者，爲同法第二百五十六條第二款、第三款所定之情形；是此二種情形，毋庸他造同意，即可爲訴之變更，又被上訴人於言詞辯論終結前，得爲附帶上訴，亦爲同法第四百六十條第一項所明定。本件被上訴人原審起訴，其聲明係求爲判決：㈠上訴人劉○明應於被上訴人清償一百萬元，及其利息後，塗銷上訴人就主文第一項所示之土地所設定之抵押權。㈡上訴人黃○福與被上訴人間，就前項土地所設定抵押權擔保之債權，其違約金，應予核減爲按年利率百分之十三・八計算。㈢上訴人黃○福應於被上訴人清償三十三萬六千元，及其違約金後，塗銷前項抵押權登記。原審判決就核減違約金部分，駁回被上訴人部分之請求，餘皆爲准如被上訴人之請求。嗣被上訴人以上訴人業向原審法院民事執行處，聲請拍賣抵押物強制執行，伊爲避免遭拍賣，而暫依上訴人所陳報之債權，如數提出給付完畢，惟保留不當得利返還請求權，顯然情事已有變更等情，業經本院調閱民事執行卷宗查明屬實，復爲上訴人所不爭執；則被上訴人依首揭法條規定，以情事變更爲由，而爲訴之變更，另就其敗訴部分而爲附帶上訴，經核均無不合，且不須經他造同意，合先敘明。

二、被上訴人起訴主張：伊所有坐落嘉義縣大林鎮下埤頭段下埤頭小段三九一號，田地面積○・○七四六公頃（以下簡稱系爭土地），先後於六十八年四月四日，及七十一年九月十四日，設定債權金額一百萬元，及三十三萬六千元之第一及第二順位抵押權與上訴人劉○明、黃○福；前者，約定月息一分、清償期六十八年十月三日；後者，約定利息，按銀行放款利率計算，違約金爲月息千分之三十，清償期爲七十二年三月二日；詎屆期上訴人均未向伊求償，伊爲塗銷抵押權登記，願予清償；惟因所約定違約金過高，請一併予以酌減；茲另因上訴人已向原審法院民事執行處，聲請拍賣抵押物，伊爲避免遭拍賣，不得已乃依上訴人陳報之債務金額如數提出給付；

惟就已罹時效消滅之利息債權，及核減之違約金部分，均得請求返還，爰為訴之變更，求為判決：㈠上訴人應分別塗銷系爭土地之抵押權登記。㈡上訴人劉○明應給付伊六十萬六千九百九十九元、上訴人黃○福應給付伊一百零四萬六千零六十三元，及其法遲延利息。㈢上訴人黃○福之違約金債權核減為年利率百分之十三．八計算（第三項之請求，經原判決准予核減按年利率百分之十四．五計算，被上訴人提起附帶上訴）。

三、上訴人則以：本件之違約金債權，係屬懲罰性質，則除請求給付違約金外，仍得請求利息及遲延利息。又自七十一年以來，物價上漲不止十倍，系爭三十三萬六千元，現值應達三百三十六萬元；上訴人黃○福依約請求違約金，僅一百零八萬八千六百四十元，尚不足彌補通貨澎漲之損失等語，資為抗辯。

四、查被上訴人先後於六十八年四月四日，及七十一年九月十日，分別與上訴人劉○明、黃○福，就系爭土地設定債權金額一百萬元、三十三萬六千元之抵押權；清償期分別為六十八年十月三日、七十二年三月二日；利息分別為月息一分，及依銀行放款利率計算；黃○福部分，另約定違約金按月息千分之三十計算；上訴人至八十一年二月，向台灣嘉義地方法院民事執行處，聲請強制執行拍賣系爭抵押物，被上訴人即於同年四月十六日，依上訴人所陳報之債權金額，向該執行處提出給付，計上訴人劉○明部分共二百二十八萬零五百二十一元，黃○福部分，共一百八十萬五千零九十二元等情，業據被上訴人提出收據、利息計算表、陳報狀等為證，並經本院調閱台灣嘉義地方法院八十一年度執字第三五五號拍賣抵押物執行卷，查明無異，上訴人復不爭執，自堪信爲真實；則被上訴人依民法第三百零七條規定，請求上訴人分別塗銷系爭土地所設定之抵押權登記，爲無不合，應予准許。

五、次查上訴人劉○明向原審法院民事執行處所陳報之債權，爲本金一百萬元，及自七十年八月十五日起至八十一年四月十六日（清償日）止，依年利率百分之十二（即月息一分）計算之利息，共二百二十八萬零五百二十一元，業經劉○明於八十一年四月十五日，向執行人員陳明在卷（見該訊問筆錄），復有利息計算表附執行卷可稽；惟按「利息……及其他一年，或不及一年之定期給付債權，其各期給付請求權，因五年間不行使而消滅。」民法第一百二十六條定有明文；又「消滅時效完成之效力，固僅發生拒絕給付之抗辯權，此項抗辯權，不以債權人行使請求權在先爲前提；即在債權人，行使請求權以前，預爲表示拒絕給付之意思，亦足使請求權，歸於消滅；此係最近實務上之見解」（參見最高法院七十九年台上字第一六一二號判決）；查本件被上訴人係於八十年八月十九日向原審起訴，請求塗銷系爭抵押權登記，上訴人劉○明於八十年八月三十一日，具狀表明利息應同時清償，該訴狀繕本，於同年九月五日送達被上訴人收受；則被上訴人主張上訴人劉○明上開書狀爲行使利息請求權之表示，則自七十五年九月五日前之利息，已因五年間未行使而消滅等情，自無不合；上訴人就被上訴人此部分之時效抗辯，未能提出反證，應認被上訴人此部分之主張爲可採。是則，自七十年八月十五日起，至七十五年九月四日止，共六十個月又二十一日之利息債權，其金額共六十萬六千九百九十九元（元以下不計），即已因五年時效而消滅，被上訴人自得拒絕給付。

六、至於上訴人黃〇福，向執行法院所陳報之債權，計爲本金三十三萬六千元，及自七十一年九月三日起，至八十一年四月十六日止，按中央銀行核定放款利率計算之利息，暨自七十二年三月二日（清償期）起至八十一年四月十六日止，按月千分之三十（即年息百分之三十六）計算之違約金，以上合計一百八十萬五千零九十二元（見執行卷內黃〇福之陳明狀，及計算表）；惟查：

㈠本件上開七十一年九月三日起至七十二年三月二日止之利息債務，基於與上訴人劉〇明之同一原因，已因逾五年時效而消滅，被上訴人自得主張時效抗辯，而拒絕給付。

㈡違約金，有屬懲罰性違約金，有屬損害賠償約定之性質者，……如爲損害賠償約定之性質，則應視爲就因遲延所生之損害，業已依契約預定賠償，自不得更請求遲延利息及賠償損害（最高法院六十二年台上字第一三九四號判例參照）；又「違約金，除當事人另有訂定外，視爲因不履行而生損害之賠償總額」；民法第二百五十條第二項前段定有明文。本件兩造僅於抵押權設定契約書上，載明違約金爲按月千分之三十計算，此有上訴人所提出之抵押權設定契約書附卷爲憑；是則，並無特別約定該違約金係屬懲罰性質甚明；且兩造既未約定遲延利息，而約定高達年息百分之三十六（月息千分之三十）之違約金，足證該約定，應屬損害賠償之預定性質；揆諸首揭判例意旨，上訴人黃〇福自不得再請求遲延利息；則被上訴人認上訴人就七十二年三月三日起至八十一年四月十六日止之遲延利息，爲無請求權，自無不合。

㈢次查「約定之違約金過高者，法院得減至相當之數額」，民法第二百五十二條定有明文，又「當事人約定契約不履行之違約金過高者，法院固得依民法第二百五十二條，以職權減至相當之數額；惟是否相當，仍須依一般客觀事實，社會經濟狀況，及當事人所受損害情形，以爲酌爲標準……」（參見最高法院四十九年台上字第八〇七號判例）。查本件違約金約定按月千分之三十計算，換算年利率，即已達百分之三十六，較七十一年九月間之銀行中長期最高放款利率百分之十二・二五，顯然過高（按違約金，固非不得爲高於放款利率之約定，惟一般金融機關之貸款，恆爲按原約定利率加付一成或二成，以資計算逾期之違約金，此爲法院職務所已知者）；則被上訴人請求依民法第二百五十二條之規定，予以核減，尙無不合。查系爭債務，自七十一年九月迄今已逾九年；其間，有關銀行中長期基本放款利率最高者，爲年利率百分之十三，而短期放款利率，則較低，此有兩造所不爭之利率表附卷足憑；則縱使上訴人黃〇福如期獲得清償，而得以該資金轉貸他人，所得獲利，亦僅爲放款利息之收入，亦即上訴人黃〇福因被上訴人違約未能如期清償所造成之損失，姑以前開銀行最高基本放款利率，即年息百分之十三，加二成計算，約爲百分之十五・六；上訴人雖主張十年前之本金三十三萬餘元，現時已値十倍，即三百三十餘萬元云云，並未舉證以實之，自難採取。本院審酌自七十一年以來，銀行放款利率，逐年調低之社會經濟狀況，暨上訴人所可能遭受之損失等情況，認兩造就違約金之約定，以減至按年利率百分之十六計算爲適當；則上開違約金所得請求之金額，應爲四十九萬零二百六十一元，加上本金三十三萬六千元，合計爲八十二萬六千二百六十一元；惟上訴人黃〇福陳報之金額爲一百八十萬五千零九十二元，顯然受有九十七萬八千八百三十一元之不當得利。

七、綜右所述，本件被上訴人就其於八十一年四月十六日向執行法院所爲之給付，其中關於上訴人劉○明債權部分之六十萬六千九百九十九元，關於上訴人黃○福債權部分之九十七萬八千八百三十一元，並非出於任意給付，則被上訴人本於不當得利之法律關係，請求上訴人分別返還上開金額，並均自訴狀繕本送達翌日即八十一年五月十七日起，至清償日止，按周年利率百分之五計算之利息，洵無不合，應予准許。

八、本件上訴人黃○福之違約金債權，應予核減爲按年利率百分之十六計算，業如前述；原審就核減違約金超過上開部分之判決，即有未洽；上訴人黃○福此部分之上訴，爲有理由；惟上訴人其餘對違約金核減部分之上訴，則爲無理由，應予駁回。被上訴人就此部分之附帶上訴，請求再予酌減違約金，亦無理由。

九、據上論結：本件被上訴人變更之訴，爲有理由，附帶上訴，爲無理由，上訴人黃○福之上訴（違約金部分），爲一部有理由、一部無理由，依民事訴訟法第四百四十九條第一項、第四百五十條、第七十八條、第八十一條第二款、第八十五條第一項前段、第七十九條但書，判決如主文。

中　華　民　國　八十一　年　六　月　三十　日

台灣高等法院台南分院民事第二庭

審判長法官　郭　勝　氣

法官　鄭　玉　山

法官　陳　光　秀

右爲正本係照原本作成。

上訴人如對本判決上訴，須於判決達後二十日內向本院提出上訴，未表明上訴理由者，應於上訴後二十日內，向本院提出理由書。

附帶上訴人不得上訴。

法院書記官　徐瑞清

中　華　民　國　八十一　年　七　月　七　日

附表：

一、上訴人劉○明應給付之金額新台幣六十萬六千九百九十九元，及自民國八十一年五月十七日起至清償日止，按周年利率百分之五計算之利息。

二、上訴人黃○福應給付之金額新台幣九十七萬八千八百三十一元及自民國八十一年五月十七日起，至清償日止，按周年利率百分之五計算之利息。

被告不服，具狀提起第三審上訴，上訴聲明如下：

上訴聲明

一、原審判決除駁回被上訴人其餘變更之附帶上訴，並命被上訴人負擔訴訟費用部分外，餘均廢棄。

二、前項廢棄部分，被上訴人在第一審之訴及第二審變更之訴與附帶上訴均駁回。

三、第一、二審訴訟費用，暨變更之訴訟費用均由被上訴人負擔。

上訴理由摘要如下：

一、引用上訴人在第一審法院所提出八十年八月三十一日答辯狀及在原審（第二審）法院所提出八十一年二月十四日準備書狀、八十一年三月二十六日準備書狀、八十一年六月一日準備書狀、八十一年七月間答辯狀所載，暨上訴人在第一、二審所爲攻擊防禦方法與陳述及主張。

二、按「對於第二審判決上訴，非以其違背法令爲理由，不得爲之。」「判決不適用法規或適用不當者，爲違背法令。」「判決不備理由或理由矛盾者，爲當然違背法令。」民事訴訟法第四百六十七條、第四百六十八條及第四百六十九條定有明文。又「判決書理由項下，應記載關於攻擊或防禦方法之意見，民事訴訟法第二百二十六條第三項定有明文，法院爲原告敗訴之判決，而其關於攻擊方法之意見有未記載於判決理由項下者，即爲同法第四百六十六條第六款所謂判決不備理由。」「民事訴訟法第二百二十六條第三項，所謂判決書理由項下應記載關於攻擊或防禦方法之法律上意見，雖不以列舉法條之條文爲限，然必據其記載得知所適用者爲如何法規始爲相當，否則即爲同法第四百六十六條第六款之判決不備理由。」（參照　鈞院二十九年上字第八四二號及四十年上字第一四四號判例）。經查：

㈠原審判決，對前項上訴人所提出書狀所載及第一、二審所爲攻擊防禦方法與主張，何以不足採，未據逐一引據及適用法令，陳述事實上及法律上意見，並說明不予採取理由，揆之上開規定及判例，顯見違背法令。

㈡時效完成而消滅者爲債權請求權，非債權本身，故僅賦與債務人於債權人行使權利時，得拒絕給付，如未拒絕而清償，依民法第一百八十條規定，自不生不當得利問題。從而，本件一部分利息（包括遲延利息）債權，縱然消滅時效已完成，亦僅利息請求權消滅，利息債權本身，迄仍存在。遑論上訴人未曾行使權利，請求被上訴人給付利息，被上訴人應無從拒絕給付而提時效抗辯。在被上訴人另行起訴請求確認該完成消滅時效部分之利息債權不存在判決之前，該利息債權應仍存在。況被上訴人對此部分，一方面主張無給付義務，又爲清償，爲被上訴人所承認，依民法第一百八十條第一項第三款規定，不得請求返還不當得利。原審判決清償爲停止條件，益見其請求塗銷抵押權登記之乏理。

㈢准許被上訴人請求返還不當得利而判命上訴人塗銷抵押權及返還不當得利，顯有違誤。利息爲使用原本之報酬，借款約定利息者，縱然逾越清償期，在未爲清償前，借用人負有按期支付利息之義務，此觀民法第七十條第二項規定及立法理由，不難明瞭。遲延利息，爲塡補金錢債務遲延清償所生之利息損失，未約定利息之借款，依民法第二百零三條規定，得請求周年利率百分之五之遲延利息，如曾約定利息之借款，因約定之利息額即爲遲延清償所生之利息損失額，依民法第二百二十九條第一項規定，自得請求約定利息額之遲延利息，方爲公平公允，法理至明。被上訴人未表示以清償按約定利息額計算之遲延利息爲條件，卒然請求塗銷抵押權登記，已有未洽原審判決罔顧本件約定利息額而爲准許，亦違法令。

上訴人黃〇福之借款債權，曾約定按中央銀行核定放款利率計算之利息，遲延利息應依此標準計算，已如前述。則另行約定之按月千分之三十計算之違約金，純爲懲罰性質，非屬損害賠償性質，包括遲延利息，灼然若揭。原審判決認該違約金約定爲損害賠償性質，而未計遲延利息，誠有誤會及適用法規不當與不適用之違誤。

㈣被上訴人亦承認民國七十一年九月間爲「經濟景氣，爛頭寸充斥之際」，當時之三三六、○○○元，比之目前經濟景氣蓬勃年代，相差何止十倍，即値現時之三、三六○、○○○元，有政府按年公布之物價指數可考。遑論上訴人黃○福所貸母金三三六、○○○元，按月千分之三十計算違約金，每月違約金一○、○八○元，自被上訴人違約迄今九年，違約金總額一、○八八、六四○元，加上母金三三六、○○○元，合計一、四二四、六四○元，距實際物價澎漲計算之損失三、三六○、○○○元，尚短少約二百萬元，即上訴人黃○福因物價之上升及澎漲，無形中已損失可獲利益金約三百三十六萬元以上，遠非被上訴人所應付違約金一百零八萬餘元所能塡補。換言之，約定違約金，尚不足以塡補因客觀事實、社會經濟狀況、及上訴人實際所受損失，依　鈞院四十九年台上字第八○七號判例反面解釋，被上訴人應無理由訴請減算違約金，更見原審判決核減爲年率百分之十六之未恰與違法。

民事答辯狀

案號	原審台灣高等法院台南分院 八十年度上字第四一七號	承辦股別	甘
訴訟標的金額或價額	新台幣　萬　千　百　十　元　角		

稱謂	姓名或名稱 身分證統一編號或營利事業統一編號	性別	出生年月日	職業	住居所或營業所、郵遞區號及電話號碼 電子郵件位址	送達代收人姓名、住址 郵遞區號及電話號碼
被上訴人	陳○童				詳卷	
上訴人	劉○明 黃○福				均詳卷	

爲請求塗銷抵押權事件，謹提第三審答辯事：

答辯聲明

一、上訴駁回。

二、訴訟費用由上訴人負擔。

答辯理由

一、按提起第三審上訴，須具體指摘第二審判決之違背法令。故第三審上訴理由，如僅引用第二審判決時之攻擊防禦方法作爲第三審上訴理由，應認爲未對第二審判決有何具體之指摘，不得謂已合法表明上訴理由（最高法院七十一年台上字第三六〇〇號判例參照）。上訴人之上訴理由狀謂「引用上訴人在第一審法院所提出八十年八月三十一日答辯狀及在原審（第二審）法院所提出八十一年二月十四日準備書狀、八十一年三月二十六日準備書狀、八十一年六月一日準備書狀、八十一年七月間答辯狀所載，暨上訴人在第一、二審所為攻擊防禦方法與陳述及主張。……原審判決，對前項上訴人所提出書狀所載及第一、二審所為攻擊防禦方法與主張，何以不足採，未據逐一引據及適用法令，陳述事實上及法律上意見並說明不予採取理由，揆之上開規定及判例，顯見違背法令」云云，其提起第三審上訴僅汎言引用上訴人在一、二審所提之各類書狀所載及陳述，空口謂原審判決對其攻擊防禦方法與主張何以不足採未予論斷亦未說明不予採取理由云云，並未具體指摘第二審判決有何違背法令之處，揆之最高法院判例意旨，上訴人此部分之上訴並未合法表明上訴理由，其上訴應非合法。

二、又上訴人謂「本件一部分利息（包括遲延利息）債權，縱然消滅時效已完成，亦僅利息請求權消滅，利息債權本身，迄仍存在。遑論上訴人未曾行使權利，請求被上訴人給付利息，被上訴人應無從拒絕給付而提時效抗辯。在被上訴人另行起訴請求確認該完成消滅時效部分之利息債權不存在判決之前，該利息債權應仍存在。況被上訴人對此部分，一方面主張無給付義務，又為清償，為被上訴人所承認，依民法第一百八十條第一項第三款規定，不得請求返還不當得利」云云。查，民法第一百四十四條第一項規定「時效完成後，債務人得拒絕給付」是時效一經完成，債權人即生抗辯權，自可行使此抗辯權。此觀最高法院七十九年台上字第一六二二號判決要旨「民法第一百四十四條第一項規定，時效完成後債務人得拒絕給付。是消滅時效完成之效力固僅發生拒絕給付之抗辯權，此項抗辯權不以債權人行使請求權在先為前提，即在債權人行使請求權以前，預為表示拒絕給付之意思，亦足使請求權歸於消滅」可明。上訴人所謂在其行使權利請求被上訴人給付利息前，被上訴人無從作消滅時效之抗辯，該利息債權應仍存在，顯無理由，況上訴人於民國八十年九月五日在第一審法院曾表明請求遲延利息，被上訴人在一審已爲時效抗辯。又於本件訴訟進行中，因上訴人執意要拍賣系爭抵押物，被上訴人爲避免被拍賣，無奈依上訴人自行計算向台灣嘉義地方法院民事執行處所陳報之利息債權給付，此非出於被上訴人之自由意志與被上訴人之任意清償有別，被上訴雖照上訴人所陳報之債權給付，惟亦保留不當得利返還請求權，此豈能視爲被上訴人承認該利息債權？被上訴人自得本於不當得利之規定請求其返還，故上訴人之此項上訴理由亦顯無理由，原審判決並無違法。

三、又違約金有屬懲罰性之性質者，亦有屬損害賠償約定之性質者，如屬懲罰性質，於債務人履行遲延時，債權人除請求違約金外，固得依民法第二百三十三條規定請求給付遲延利息，如爲損害賠償約定之性質則應視爲就因遲延所生之損害，既已依契約預定其賠償額，即不得更請求遲延利息，最高法院六十二年台上字第一三九四號判例著有明文。且違約金，除當事人另有訂定外，視爲因不履行而生損害之賠償總額，民法第二百五十條第二項前段亦定有明文，本件被上訴人與上訴人黃〇福僅於抵押權設定契約書上載明違約金爲按月千分之三十計算，並無特別約定該違約金係屬懲罰性質。且約定高達年息百分之三十六（月息千分之三十）之違約金，足證該約定應屬損害賠償之預定性質，且上訴人之上訴理由狀亦自認該違約金包括遲延利息在內，均足以證明該違約金應屬損害賠償之預定，故上訴人黃〇福自不得再請求遲延利息，上訴人仍執陳詞謂係屬懲罰性質，原審判決未計遲延利息，係適用法規不當與不適用之違誤云云，顯無理由。

四、被上訴人係爲避免拍賣不得已按上訴人所陳報主張之債權（包括本金、利息、遲延利息及違約金向台灣嘉義地方法院民事執行處如數提出未拖欠分文（但有保留不當得利請求權），上訴人竟謂被上訴人未表示以淸償按約定利息計算之遲延利息爲條件，即請求塗銷抵押權登記已有未洽云云，顯無理由。

五、又約定之違約金過高者，法院得減至相當之數額，民法第二百五十二條定有明文，且違約金約定是否過高，乃事實問題（五十八年台上字第七〇一號判決），法院應依一般客觀事實，社會經濟狀況及當事人實際所受損害情形是否顯不公平作爲衡量之標準，原審判決斟酌民國七十一年以來銀行放款利率逐年調低之社會經濟狀況及上訴所可能遭受之損失（被上訴人謂十年前之本金三十三萬元，現時已值十倍，並未舉證以實其說），認兩造間之違約金約定以減至年利率百分之十六計算爲適當，上訴人並無任何實證，卻空口謂被上訴人無理由訴請減算違約金，原審判決核減爲年率百分之十六係違法云云，亦無理由。

六、基上所述，原審判決並無違背法令，上訴人仍執陳詞斤斤指摘原審判決顯無理由，敬請賜判如聲明。

謹狀

台灣高等法院台南分院　轉呈

最　高　法　院　公鑒

證人姓名及其居住所	證物名稱及件數

中華民國八十一年十月二十八日

具狀人　陳○童　簽名蓋章

撰狀人　簽名蓋章

住址及電話

最高法院民事裁定　八十二年度台上字第六三三號

上訴人　劉○明　住台北市○○○號二樓

黃○福　住同右

被上訴人　陳○童　住台北市北投區○○號

右當事人間請求塗銷抵押權事件，上訴人對於中華民國八十一年六月三十日台灣高等法院台南分院第二審判決（八十年度上字第四一七號），提起上訴，本院裁定如左：

主　文

上訴駁回。

第三審訴訟費用由上訴人負擔。

理　由

按對於第二審判決上訴，非以其違背法令為理由，不得為之。民事訴訟法第四百六十七條定有明文。依同法第四百六十八條規定，判決不適用法規或適用不當者，為違背法令。而判決有同法第四百六十九條所列各款情形之一者，為當然違背法令。是當事人提起上訴，如依民事訴訟法第四百六十八條規定，以第二審判決有不適用法規或適用法規不當為理由時，其上訴狀或理由書應有具體之指摘，並揭示該法規之項或其內容。若係成文法以外之法則，應揭示該法則之旨趣。倘為司法院解釋、或本院之判例，則應揭示該判解之文字號或其內容。如以民事訴訟法第四百六十九條所列各款情形為理由時，其上訴狀或理由書，應揭示合於該條款之事實。上訴狀或理由書如未依此項方法表明，或其所表明者顯與上開法規定之情形不相合時，即難認為已對第二審判決之違背法令有具體之指摘，其上訴自難認為合法。本件上訴人對第二審判決其敗訴部分提起上訴，雖以該部分判決違背法令為由，惟核其上訴理由狀所載內容，係就原審取捨證據、認定事實之職權行使，及依職權解釋契約，暨本其自由裁量權核減違約金，指摘其為不當，並就原審已論斷者，泛言未論斷，而未具體表明合於不適用法規、適用法規不當、或民事訴訟法第四百六十九條所列各款之情形，難認對該部分判決之如何違背法令已有具體之指摘，依首揭說明，應認其上訴爲不合。末查民法第一百八十條第三款稱給付，係指任意給付而言。如係因強制執行而爲給付者，即使給付人明知無給付之義務，亦屬非債淸償，給付人仍得請求返還不當得利，附此敘明。

據上論結，本件上訴爲不合法。依民事訴訟法第四百八十一條、第四百四十四條第一項、第九十五條、第七十八條，裁定如主文。

中　華　民　國　八十二　年　一　月　二十五　日

最高法院民事第一庭

審判長法官　劉　煥　宇

法官　林　奇　福

法官　朱　錦　娟

法官　朱　健　男

法官　楊　鼎　章

右正本證明與原本無異。

書　記　官

中　華　民　國　八十二　年　四　月　八　日

參、檢討與分析

一、本件涉及訴之聲明可否附條件？時效可否在債權人尚未請求前預先為抗辯？違約金過高之酌減及訴之變更等，其中關鍵之原證二最高法院七十九年台上字第一六一二號判決實甚重要，惟該判決摘為判例要旨者為「民法第二百五十二條規定：『約定之違約金額過高者，法院得減至相當之數額。』故約定之違約金苟有過高情事，法院即得依此規定核減至相當之數額，並無應待至債權人請求給付後始得核減之限制。此項核減，法院得以職權為之，亦得由債務人訴請法院核減。」，並非其中之附條件聲明及預為時效抗辯，甚為可惜。原告能勝訴，即基於此判決。

二、有抵押權擔保之債權，債務人需依債務本旨清償，始可依民法第三百零七條「債之關係消滅者，其債權之擔保及其他從屬之權利，亦同時消滅。」請求塗銷抵押權，然該債權在實體有爭議者，例如債權金額非設定金額（如設定抵押權金額為一千萬元，但實際債權為五百萬元），違約金過高、利息已有超過時效者，債務人如依其自行認定之金額清償，並訴請塗銷抵押權時，如法院未如此認定，認尚未完全清償（例如違約金如何核減係法院權力，甚難事前認定，即以本件為例，一、二審判決即有不同。又如時效之計算亦有可能不同），既係僅剩一元未償亦同，塗銷之訴即將敗訴，而拍賣抵押物裁定及強制執行均屬非訟事件，法院不就實體審查，故如欲以清償為塗銷，即應提起本件之附條件聲明，此一附條件聲明，學者亦予肯定。

三、在訴訟中，如抵押權人聲請執行，此時為避免拍賣，必需先清償，再就超過部分，例如逾越時效之金額及超過之違約金，保留不當得利權利，免被誤為自願清償，本件被上證一之最高法院七十九年台上字第第一九一五號判決已採爲判例，其判例要旨「約定之違約金過高者除出於債務人之自由意志，已任意給付，可認債權人自願依約履行，不容其請求返還外，法院仍得依民法第二百五十二條規定，核減至相當之數額。」即在表明此旨。

四、因情事變更，被上訴人需爲訴之變更，參照最高法院六十五年台上字第二一八三號判例「原告將原訴變更時，如其訴之變更爲合法，而原訴可認爲已因撤回而終結，法院應專就新訴裁判，原審既認被上訴人在原審變更之新訴爲合法，原訴即可認爲已因撤回而終結，乃竟將第一審就原訴之裁判廢棄，自有未合。」、六十六年台上字第三三二〇號判例「原告將原訴變更時，法院以其訴之變更爲合法，而原訴可認爲已因撤回而終結者，應專就新訴裁判，原審既認上訴人在第一審所爲給付票款之訴，於原審變更爲給付租金及損害賠償之訴爲合法，則第一審原訴之訴訟繫屬應因訴之變更而消滅，亦即第一審就原訴所爲之裁判，應因合法的訴之變更而當然失其效力，原審僅得就變更之新訴審判，不得就第一審之原訴更爲裁判，原審見未及此，竟將第一審判決廢棄，並駁回可認爲撤回之原訴，於法自有違背。」，法院只需就變更後之聲明判決，毋庸就第一審判決表示准否，故本件第二審判決主文未諭知上訴駁回，而係如第一審判決爲諭知，實屬正確。

五、違約金如何酌減，最高法院四十九年台上字第八〇七號判例「當事人約定契約不履行之違約金過高者，法院固得依民法第二百五十二條以職權減至相當之數額，惟是否相當仍須依一般客觀事實、社會經濟狀況及當事人所受損害情形，以爲酌定標準，而債務已爲一部履行者，亦得比照債權人所受利益減少其數額。」及五十一年台上字第一九號判例「約定之違約金是否過高，應就債務人若能如期履行債務時，債權人可得享受之一切利益爲衡量之標準，而非以僅約定一日之違約金額若干爲衡量之標準。」固可供參考，惟實係法院之自由心證判斷。

第五章　保險案例

保險係一風險管理之良策，本有正面之意義，但因人心不古，難免有人利用此一制度圖利，或是違反告知義務，或自行斷掌、斷指，甚至不惜以死亡之他人代替自己之身體，更有殺害他人，圖取保險理賠，尤其在經濟景氣不佳之年代，更是時有所聞，從而保險公司對有懷疑者，拒絕理賠，保戶爲此提起訴訟。此種訴訟成敗之關鍵大多爲證據問題，即何方負舉證責任，所提出之證據是否有形式上證據力，實質上證據力，足以證明兩造當事人所欲主張之事實。

又不可諱言，保險公司之從業人員良莠不齊，亦是造成糾紛之根源，甚至與保戶合謀，故如何訴訟實屬不易。

壹、背景證明

本件係雇主爲員工投保團體保險，依約必須係意外事故始理賠，然被保險人死因可疑，保險公司拒絕理賠，爲此訴訟。本件爭執涉及證據證明力之判斷。雖法院判保險人敗訴，但就有關證明力之認定是否合理，實甚有趣。

貳、書狀及裁定

民事起訴狀	案號	年度 字第 號	承辦股別	
	訴訟標的金額或價額	新台幣 萬 千 百 十 元 角		

稱謂	姓名或名稱 身分證統一編號或營利事業統一編號	性別	出生年月日	職業	住居所或營業所、郵遞區號及電話號碼 電子郵件位址	送達代收人姓名、住址 郵遞區號及電話號碼
原告	楊○榮				彰化縣線西鄉線西村○○路三○號	
被告	國○人壽保險股份有限公司				設台北市仁愛路○○號	
法定代理人	蔡○霖				住同右	

為請求給付保險金，依法起訴事：

訴之聲明

一、被告應給付原告新台幣二百萬元，及自本起訴狀繕本送達翌日起算，至清償日止，按年利率百分之五計算之利息。

二、訴訟費用由被告負擔。

三、原告願供擔保，請准予宣告假執行。

事實及理由

一、緣原告為富群紡織股份有限公司之法定代理人，於民國（下同）八十一年八月二十五日與被告公司訂定保險契約，為富群紡織股份有限公司（以下簡稱富群公司）之受僱人投保「國○萬代福一○一團體終身壽險」（以下簡稱主契約），被保險人共有十二人，保險金額新台幣一千二百萬元，每個被保險人並附加有個人意外險（國○附加傷害保險給付特約條款，以下簡稱附加契約）。被保險人許○童於八十六年十二月二十四日至富群公司上班（證一），由於其於公司表現優良，富群公司為獎勵許○童，乃同意將原被保險人離職後之團體保險由許○童參加，並於八十七年八月十九日向被告公司提出加保要約書，被告公司批准加保自八十七年八月二十日生效，被保險人許○童所投保之主契約保險金額為一百萬元，附加契約個人意外險一百萬，原告與許○均（被保險人之父）為被保險人身故時之保險受益人，此有保險單號碼 3762001291 之國○團體壽險（團體發單方式）要保書（加保專用）及保險單可證（證二）。

二、被保險人許○童於八十七年十一月二十日上午八時四十分許被人發現跌進彰化縣線西鄉溝內村溝內路一二四號附近之水溝內，當他人將其救上岸即已死亡，經台灣彰化地方法院檢察署檢察官偕同法醫相驗結果，被保險人之死亡原因 1.直接引起死亡之原因：甲窒息，引起上述死因之因素或病症；乙生前落水；丙意外（推定）E883.2。2.其他對死亡有影響之疾病或身體狀況為不明原因頭部外傷，此有台灣彰化地方法院檢察署相驗屍體證明書可證（證三）。由於被保險人係因意外死亡，被告公司依保險契約即應給付二百萬元之保險金與受益人，經查契約上之受益人許○均於八十四年六月三十日即已死亡（證四），原告為唯一之受益人，自得請求被告公司給付保險金。

三、被告公司於被保險人許○童死亡後拒不給付保險金，係以被保險人非因意外死亡，然被保險人死亡經台灣彰化地方法院檢察署檢察官偕同法醫相驗結果爲意外死亡，且被保險人尚有頭部及其他外傷（請向台灣彰化地方法院檢察署調取八十七年度相字第九四七號相驗報告即明，證五），被告公司豈可單方稱被保險人非因意外死亡，拒不給付保險金呢？爰依主保險契約第八條及附加契約第七條之規定請求被告給付保險金二百萬元。爲此狀請

鈞院鑒核，賜判如訴之聲明，以維權益，實感德便。

謹狀

台灣彰化地方法院民事庭 公鑒

證人姓名及其住居所	
證物名稱及件數	

中華民國八十八年十一月日

具狀人 楊○榮 簽名蓋章

撰狀人 簽名蓋章

住址及電話

民事答辯狀

案號	八十八年度保險字第一三號	承辦股別	和
訴訟標的金額或價額	新台幣　萬　千　百　十　元　角		

稱謂	姓名或名稱 身分證統一編號 或營利事業統一編號	性別	出生年月日	職業	住居所或營業所、 郵遞區號及電話號碼 電子郵件位址	送達代收人姓名、住址 郵遞區號及電話號碼
被告	國○人壽保險股份有限公司				均在卷	
法定代理人	蔡○圖					
訴訟代理人	吳光陸律師					
原告	楊○榮				在卷	

為請求給付保險金事件依法答辯事：

答辯聲明

一、原告之訴及其假執行之聲請均駁回。

二、訴訟費用由原告負擔。

三、如受不利判決願供擔保請准宣告免為假執行。

事實及理由

甲、程序方面：

一、原告起訴狀誤載被告法定代理人，合先陳明。

二、富群紡織股份有限公司固以許○童爲被保險人於民國八十七年八月十九日參加該公司原已投保國○萬代福一○一終身壽險之團體保險（被證一），依要保書約定身故受益人爲楊○榮、許○均，茲由楊○榮一人爲原告起訴請求全部保險金，應有不當。縱許○均死亡，亦屬其繼承人之財產，非原告一人所可請求，故其訴之聲明應有不妥，合先敘明。

乙、實體方面：

經查許○童固於民國八十七年十一月二十日死亡，但就台灣彰化地方法院檢察署相驗屍體證明書所載直接引起死亡原因爲「窒息」、「生前落水」，足見其係落水窒息死亡，雖該證明書尙載「意外」，但此不僅係針對有無他殺而寫，且此並無憑據，此可調閱該署八十七年相字第九四一號相驗卷以明事實。茲其既係落水死亡，苟無其他原因，應係自殺，蓋被保險人許○童在投保前離婚（被證二）、酗酒，有酒精性肝病，曾在伍倫綜合醫院及彰化基督教醫院治療，此可向該院函查並調閱病歷（伍倫醫院之病歷一三一八二六號、彰基醫院病歷一四四一五○五二號）（被證三），出院後復在淡水泓安療養院戒酒一年，然其不僅於投保時，就此均未據實陳述，且事前有自殺紀錄，本件事故當係自殺所致，故被告應無理賠責任。

退一步言，縱非自殺，其死亡亦非意外事故所致，被告仍無需就意外部分理賠。

謹呈

台灣彰化地方法院　公鑒

證人姓名及其住居所	證物名稱及件數
	被證一：要保書影本一件。 被證二：戶籍謄本影本一件。 被證三：伍倫綜合醫院病歷摘要及彰基醫院病歷內容摘要影本各一件。

中華民國八十八年十二月十日

具狀人　國○人壽保險股份有限公司
法定代理人　蔡○圖　簽名蓋章
訴訟代理人　吳光陸律師

撰狀人　簽名蓋章
住址及電話

言詞辯論筆錄

原　告　楊○榮
被　告　國○人壽保險股份有限公司

右當事人間民國八十八年度保險字第一三號給付保險金事件，於中華民國八十八年十二月十日上午十時四十五分，在本院民事第六法庭公開辯論，出席職員如左：

法　　官　李　水　源
法院書記官　黃　義　明
通　　譯　王　永　裕

朗讀案由

原告訴訟代理人　林春鈴律師　到
被告訴訟代理人　廖瑞鍠律師　到

本日辯論進行要領及記載明確之事項如左：

原訴代：訴之聲明如起訴狀所載。

被訴代：請求駁回原告之訴。

原訴代：事實及理由如起訴狀所載。

被訴代：答辯聲明如答辯狀所載。

原訴代：本件保險受益人係原告，許○童係意外死亡，請求調閱相驗卷，請求將被告法定代理人更正為蔡○圖。

法官：宣示本件改十二月二十九日下午三時五分在本院第七法庭續行辯論，兩造自到不另通知。

台灣彰化地方法院民事第二庭
法院書記官　黃　義　明

法官李水源

民事準備書狀

案號	八十八年度保險字第一三號	承辦股別	和
訴訟標的金額或價額	新台幣　萬　千　百　十　元　角		

稱謂	姓名或名稱 身分證統一編號或營利事業統一編號	性別	出生年月日	職業	住居所或營業所、郵遞區號及電話號碼 電子郵件位址	送達代收人姓名、住址 郵遞區號及電話號碼
原告	楊○榮				彰化縣線西鄉線西村○○路三十號	
訴訟代理人	林春鈴律師				彰化市彰美路一段二五六之四號	
被告	國○人壽保險股份有限公司				設台北市仁愛路○○號	
法定代理人	蔡○圖				住同右	

爲提出準備書狀事：

一、被告抗辯稱依要保書約定身故受益人爲原告楊○榮與許○均，由原告楊○榮一人爲原告起訴請求全部保險金，應有不當，縱許○均死亡，亦屬其繼承人之財產，非原告一人所可請求，故原告訴之聲明應有不妥云云，惟如起訴狀所載，許○均早於民國（下同）八十四年六月三十日即已死亡，亦即於被保險人許○童加保被告公司之系爭保險契約前即已死亡，其自不可能爲受益人，且系爭保險金係在八十七年十一月二十日被保險人許○童因意外身亡才發生，自不能屬許○均之遺產，更無可能屬許○均之繼承人之財產，此依保險法第一百十條第二項規定：「指定之受益人，以於請求保險金額時生存者爲限。」，此照同法第一百十三條規定：「死亡保險契約未指定受益人者，其保險金額作爲被保險人遺產。」，更可確知系爭保險契約之受益人僅有原告一人無誤，被告所辯顯無足採。

二、又被告抗辯被保險人許○童於投保前離婚、酗酒，有酒精性肝病，曾在伍倫綜合醫院及彰化基督教醫院治療，出院後在淡水泓安療養院戒酒一年，然其不僅於投保時，就此均未據實陳述，且事前有自殺紀錄，本件事故當係自殺所致云云，原告否認許○童有自殺紀錄，本件事故並非自殺所致，因被保險人許○童與妻子離婚是投保前數年之事，而其雖曾因酒精性肝炎住院，但其時間係在八十六年二月十四日至同年二月十八日止，與投保時間已相差一年六個月，且許○童在到原告所經營之富群紡織公司上班前已戒酒（被告於答辯狀中亦自陳許○童曾於淡水泓安療養院戒酒）。又查被告所提出之被證三許○童於伍倫醫院之病歷摘要，其上雖記載有「頭部外傷併枕部血腫」，然詳查伍倫醫院檢送　鈞院之許○童病歷資料，可確定許○童該頭部外傷與枕部血腫係其於八十六年二月十四日在伍倫醫院治療時上廁所不慎跌倒所致（證一），並非係因自殺造成，故被告自應就其主張許○童有自殺紀錄負舉證責任，不得以被保險人有就醫紀錄即逕推定被保險人係自殺死亡。

三、再被保險人許○童於投保時縱未就其患有肝炎爲據實告知，但本件純屬意外死亡之事件，非因未告知之事項所致，自不足於變更或減少被告公司對於危險之估計，依保險法第六十四條第二項之規定，被告公司自不得以此對抗原告。退步言，縱被保險人未據實告知曾患有肝炎，足以影響被告對於危險之估計，然依保險法第六十四條第二項之規定，被告公司僅得解除保險契約，而依同條第三項規定，被告公司應於得知後一個月之除斥期間內行使解除權，但查被告公司於八十八年二月三日即自伍倫醫院調取被保險人許○童之病歷內容摘要（見被告於八十八年二月十日提出之答辯狀內被證三），於八十八年二月十一日又自彰化基督教醫院調取許○童之病歷內容摘要（見同被證二），並於八十八年三月八日即行文予被保險人許○童之弟許○琳，稱「查本次事故非因意外所致，故礙難給付」，且至今未見被告曾為解除契約之意思表示，被告公司既未於得知後之一個月內為解除契約之意思表示，其自不得再以之為抗辯事由，仍應依保險契約給付保險金予原告。

謹狀

台灣彰化地方法院　公鑒

證人姓名及其住居所	證物名稱及件數

中　華　民　國　八十八　年　十二　月　十　日

具狀人　楊○榮　簽名蓋章

撰狀人　訴訟代理人　林春鈴律師　簽名蓋章

住址及電話

言詞辯論筆錄

原　告　楊　○　榮

被　告　國○人壽保險股份有限公司

右當事人間民國八十八年度保險字第一三號給付保險金事件，於中華民國八十八年十二月二十九日下午三時五分，在本院民事第七法庭公開辯論，出席職員如左：

法　官　李　水　源

法院書記官　黃　義　明

通　譯　李　進　成

朗讀案由

原告訴訟代理人　林春鈴律師　到

被告訴訟代理人　吳光陸律師　到

本日辯論進行要領及記載明確之事項如左：
被訴代、原訴代：均聲明陳述同前，請調八十七相九四七號相驗卷宗。
法官：宣示本件改期一月十九日下午四時三十分在本院第七法庭續行辯論，兩造自到不另通知。

台灣彰化地方法院民事二庭
法院書記官　黃　義　明
法　　　官　李　水　源

言詞辯論筆錄

原　　告　楊　○　榮
被　　告　國○人壽保險股份有限公司

右當事人間民國八十八年度保險字第一三號給付保險金事件，於中華民國八十九年一月十九日下午四時三十分，在本院民事第七法庭公開辯論，出席職員如左：

法　　　官　李　水　源
法院書記官　黃　義　明
通　　　譯　劉　銘　輝

朗讀案由

原告訴訟代理人　林春鈴律師　到

被告訴訟代理人　吳光陸律師　到

本日辯論進行要領及記載明確之事項如左：

兩造：聲明陳述同前。

原訴代：陳述如準備書狀所載（庭呈繕本送被訴代收受）。

被訴代：陳述如準備書狀所載（庭呈繕本送原訴代收受）。

原訴代：保險受益人係原告，並沒有錯，死者撞擊下方爲農田，並且當時有經踩過之痕跡，被告公司當時曾拍照留存，請求履勘現場。

法官：宣示本件改二月二十四日下午三時現場履勘，兩造自到現場等候，原告另到院繳費引導，不另通知。

台灣彰化地方法院民事二庭

法院書記官　黃義明

法　　　官　李水源

民事準備書㈠狀

案號	八十八年度保險字第一三號	承辦股別	和
訴訟標的金額或價額	新台幣 萬 千 百 十 元 角		

稱謂	姓名或名稱 身分證統一編號 或營利事業統一編號	性別	出生年月日	職業	住居所或營業所、郵遞區號及電話號碼 電子郵件位址	送達代收人姓名、住址 郵遞區號及電話號碼
被告	國○人壽保險股份有限公司				均在卷	
法定代理人	蔡○圖					
訴訟代理人	吳光陸律師					
原告	楊○榮				在卷	

為請求給付保險金事件依法提出準備書事：

原告主張許○均早已死亡一事，應舉證以實其說。苟其確已死亡，則其指定許○均為受益人即無意義，似應依保險法第一百十三條「死亡保險契約未指定受益人者，其保險金額作為被保險人遺產。」處理，茲其尚有弟弟許○琳，故僅由原告一人起訴，應有不合，合先敘明。

本件經調相驗卷所附證人許○琳（即許○童之弟）警訊筆錄，許○童係民國八十七年十一月十九日十六時許離家，其有酗酒習慣，患有肝病，有幻想症，前一天還打開家裡瓦斯想消滅魔鬼，並拿一張字條給伊，裡面寫著「老弟，我該死，你已和我一樣」，有字條一紙在卷可稽（參見相驗卷第五頁、第一四頁），足見其已有自殺紀錄及傾向。再參酌：㈠驗斷書所載，其上裸、短褲潮濕，其身體除頭部有1.右額部2×2公分血腫，1×3公分擦傷。2.左額部9×6公分與類似電杆之平面物碰撞傷血腫。3.鼻部2×2公分擦傷。4.口部流出水狀液體。四肢部分1.左三角肌部9×5公分擦傷。肘後部2×2公分擦傷。2.左大腿前部1×1公分擦傷。膝前部5×2公分、2×2公分擦傷各乙處。小腿前部2×2公分擦傷等傷外，並無其他任何外傷，死亡原因爲窒息，檢驗員記載兇器種類及傷害方法：「生前落水。相驗所見可判斷爲生前落水窒息死亡。頭部之傷究係自行碰撞電杆或是其他原因使其碰撞電杆，因無明顯可見之外力施加所致之外傷，故無法判斷，但電杆血跡高度與死者站立時之高度一致，研判死者生前站立時近距離踫撞到電杆的可能性較高。」（參見相驗卷第一七頁至第二一頁），足見其係生前落水窒息死亡，上開傷均與死亡無關。㈡依伍倫醫院之病歷及出院病歷，其已患有酒精性肝病、肝硬化等多項病症，則其因病厭世自殺應有可能，即許○童先自行以頭撞電杆，再投水而窒息死亡。至檢察官之相驗結果報告認係意外，生前落水窒息，並表示「本件死者係騎機車不慎撞及電線杆，摔落路旁水溝窒息死亡，查無其他人、車肇事或應負刑責之人，家屬亦無意見，擬簽結。」，不僅遍查全卷並無許○童騎機車之資料，亦無機車置放現場，此觀檢察官訊問許○琳「現場均未留下其他車輛留下之痕跡或碎片，警方認無其他車輛撞擊有何意見」可明（參見相驗卷第三七頁背面），與上開檢驗員所載不一，且其認意外，亦用括弧註明推定，參酌許○童上身赤裸，苟係被他人撞傷，何以如此。尤其再依現場圖所示（參見相驗卷第一二頁），電線杆在路右側，排水溝在左側，中間爲馬路，豈有可能撞擊肇致如此，足見此一推測，不足爲訓。許○童應係自殺，否則何以其繼承人許○琳迄未表示意見請求理賠，是原告起訴請求，應無理由。

謹呈

台灣彰化地方法院公鑒

證人姓名及其住居所	
證物名稱及件數	

中華民國八十八年一月十九日

具狀人 國○人壽保險股份有限公司

法定代理人 蔡○圖 簽名蓋章

訴訟代理人 吳光陸律師

撰狀人 簽名蓋章

住址及電話

民事調查證據聲請狀

案號	八十八年度保險字第一三號	承辦股別	和
訴訟標的金額或價額	新台幣　萬　千　百　十　元　角		

稱謂	姓名或名稱 身分證統一編號或營利事業統一編號	性別	出生年月日	職業	住居所或營業所、郵遞區號及電話號碼 電子郵件位址	送達代收人姓名、住址 郵遞區號及電話號碼
原告	楊○榮				彰化縣線西鄉線西村○○路三十號	
訴訟代理人	林春鈴律師				彰化市彰美路一段二五六之四號	
被告	國○人壽保險股份有限公司				設台北市仁愛路○○號	
法定代理人	蔡○圖				住同右	

爲聲請調查證據事：

聲請之事項

一、請　鈞長准予至被保險人許○童發生意外之現場履勘，以了解現場情況，並能釐清案情。

二、請命被告提出其於許○童發生意外後，在現場所拍攝之全部照片及調查資料。

聲請理由及待證事實

一、緣詳閱　鈞院向地檢署所調取之相驗卷宗，發現其中之照片並不足以顯現意外現場之狀況，且該現場圖相當簡略，並未將現場之相關位置及路況表示出來，亦未將本案關鍵之電線杆血跡，路上多處血跡表示在現場圖上，而在被保險人許○童之弟許○琳帶同訴訟代理人至現場查看，發現意外現場之道路寬度不寬，且係在道路轉彎不遠處，視線不是很好，該處極容易發生擦撞（被保險人許○童頭部所撞擊之該電線杆上確有汽車擦撞之痕跡），且許○琳表示當時電線杆旁田裡（離道路有近一個人高度）之雜草叢有被許○童來回踩過之明顯痕跡，道路邊坡亦有血跡，顯見被保險人係遭汽車撞擊跌落田裡，其仍企圖爬上道路，在爬上道路後因重心不穩且當天風大而跌入水溝，本件應確屬意外，為了解現場情況並釐清案情，實有至現場履勘之必要，故特懇請　鈞長准予至被保險人許○童發生意外之現場履勘。

二、由於被告於許○童發生意外後曾經派員至現場拍攝照片，據許○童之弟許○琳（陪同被告之人員至現場拍照）表示被告公司之人員所拍攝之照片相當詳盡，現場照片係本案目前之重要關鍵，故懇請　鈞長命被告提出其於許○童發生意外後，在現場拍攝之全部照片及調查資料，以明真相。

謹狀

台灣彰化地方法院　公鑒

證物名稱及件數	證人姓名及其住居所

中華民國八十九年一月十九日

具狀人　楊○榮　簽名蓋章

撰狀人　訴訟代理人　林春鈴律師　簽名蓋章

住址及電話

相驗卷內資料

偵訊（調查）筆錄

時間：八十七年十一月二十一日十六時

地點：彰化縣線西鄉溝內村溝內路一二三號

被訊問人

姓名：許江中　男　二十六年六月十八日　台灣彰化　農　彰化縣線西鄉溝內村十一鄰○○路一二三號

問：右述年籍是否正確？現操何業？教育程度？電話？

答：正確，現從事農業工作，國小畢業，電話是(04)758XXXX號

問：你與死者許○童是否認識？何種關係？

答：認識，我是他的堂兄。

問：你家住宅離死者許〇童意外死亡地點（線西鄉沿海路七二八巷旁排水溝）有多遠？

答：大約一百五十公尺遠。

問：許〇童意外死亡前一天晚上（八十七年十一月十九日）你幾時睡覺？晚上睡覺時有無聽到外面有車輛撞擊聲，煞車聲及奇怪聲音？

答：我大約二十一時就上床睡覺，沒有。

問：死者與他弟弟許〇琳相處如何？

答：他們相處很好。

問：當天天氣如何？

答：良好。

問：死者許〇童平時有無酗酒習慣，精神狀況良好？

答：有，精神狀況良好。

問：死者平時有無與人結怨？

答：沒有。

問：以上所說是否實在？有無補充意見？

答：實在，沒有。

右述筆錄經被訊問人親自目讀無誤，始簽名捺印

被訊問人　許　江　中

偵訊（調查）筆錄

時間：八十七年十一月二十一日十四時五十分

地點：彰化縣線西鄉溝內村○○路一二三號

被訊問人

姓名：許南三　男　二十四年四月六日　台灣彰化　農　彰化縣線西溝內村○○路一二三號

問：右述年籍是否正確？現操何業？教育程度？電話？

答：正確，現從事農業工作，國小畢業，電話是(04)7580XXX號。

問：你與死者許○童是否認識？何種關係？

答：認識，叔侄關係。

問：你家住宅離死者許○童意外死亡地點（線西鄉沿海路七二八巷旁排水溝）有多遠？當天天氣如何？

答：大約一百三十公尺遠，良好。

問：許○童意外死亡前一天晚上（八十七年十一月十九日）你幾時睡覺？

答：當天晚上我與村長黃庭來在我家聊天至晚上二十三時許，村長就回家我就上床睡覺，我睡不著就到離意外死亡地點前一百公尺橋上抽煙，抽完煙停留一下就回家睡覺。

問：當時你有無發現什麼？

答：沒有。

問：你晚上睡覺時有無聽到外面有無車輛撞擊聲，煞車聲及奇怪聲音？

答：沒有。

問：死者許○童平時有無酗酒習慣，精神狀況如何？

答：我不知道，精神狀況良好。

問：以上所說是否實在？有無補充意見？

答：實在，沒有。

右述筆錄經被訊問人親自目讀無誤，始簽名捺印

被訊問人　許　南　三

勘驗筆錄

原　　告　楊　○　榮

被　　告　國○人壽保險股份有限公司

右當事人間民國八十八年保險字第一三號給付保險金事件於民國八十九年二月二十四日下午三時在彰化縣線西鄉沿海路七二八巷旁排水溝附近現場行履勘程序出席職員如左：

法　　官　李　水　源

法院書記官　黃　義　明

通　　譯　李　進　成

朗讀案由

原告訴訟代理人　林　春　鈴律師

被告訴訟代理人　吳　光　陸律師

線西分駐所警員　張　新　發　到

勘驗之標的：線西鄉沿海路七二八巷、草港幹 12Y21、G2939、GE31 電杆旁及排水溝。

當事人主張：

兩造：聲明陳述同前。

原訴代：現場已有變動，原巷道較窄，死者家住附近，且其門前有水塘，如係跳水自殺，不需跑到案發地點即可。

勘驗之結果：

一、如現場略圖及勘驗照片。

二、法官履勘現場北邊稻田已整地完畢無雜草，南邊排水溝溝岸亦整條為混凝土，並增高堤岸，到場人張新發警員稱農地上之雜草於現場處理時有踩過之痕跡，並指出發現血跡處（如現場圖）。

三、法官指示警員就現場巷道寬度及與農田落差高度予以丈量後，並就現場及死者住處與其宅前池塘拍照後送院參辦。

台灣彰化地方法院民事第二庭

法院書記官　黃　義　明

法　　　官　李　水　源

現場略圖：

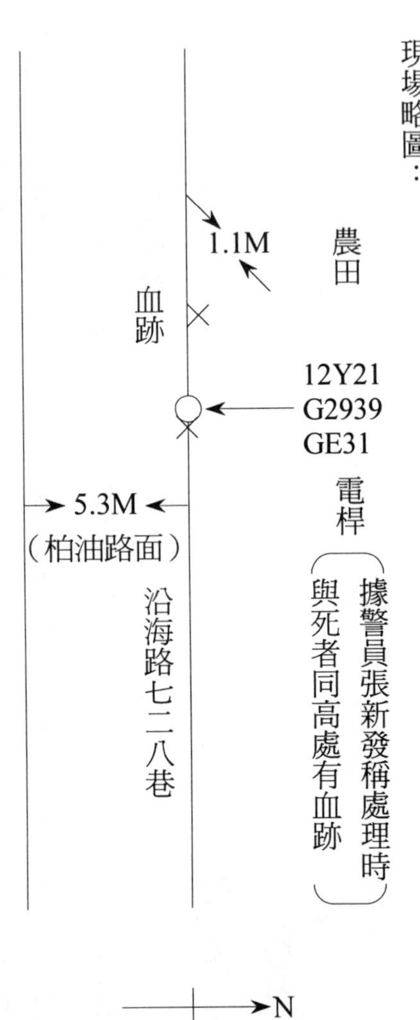

言詞辯論筆錄

原　告　楊○榮

被　告　國○人壽保險股份有限公司

右當事人間民國八十八年保險字第一三號給付保險金事件於民國八十九年四月十四日上午十時三十分在本院民事第六法庭公開辯論，出席職員如左：

法　官　李水源
法院書記官　黃義明
通　譯　李進成

朗讀案由

到庭關係人

原告訴訟代理人　林春鈴律師　到
複代理人　楊傳珍律師　到

本日辯論進行要領及記載明確之事項如左：

兩造：聲明陳述同前。

法官：提示和美分局八十九年三月二十二日函，問對訪筆錄、現場圖有何意見？

被告訴訟代理人：對和美分局函無意見。

原告訴訟代理人：和美分局訪查係針對晚上。餘如準備書狀所載（庭呈，繕本送被訴代收受）。

被告訴訟代理人：否認原訴代陳述，餘如辯論狀所載（庭呈，繕本送原訴代收受）。依現場及卷附資料所示顯非遭撞擊死亡，死者應係自殺。

原告訴訟代理人：許○童至死亡時尚係公司員工，檢驗報告並未檢驗死者屁股部分，該部分後來發現有淤血現象，死者並未騎機車出去。

被告訴訟代理人：原告已自認死者未騎機車出去。

法官：宣示本件改定八十九年四月二十八日上午十時十五分在本院第六法庭續行辯論，兩造自到不另通知。

台灣彰化地方法院民事第六庭

法院書記官　黃　義　明

法　　官　李　水　源

民事辯論狀

案號	八十八年度保險字第一三號	承辦股別	和
訴訟標的金額或價額	新台幣　萬　千　百　十　元　角		

稱謂	姓名或名稱 身分證統一編號 或營利事業統一編號	性別	出生年月日	職業	住居所或營業所、郵遞區號及電話號碼 電子郵件位址	送達代收人姓名、住址 郵遞區號及電話號碼
被告	國○人壽保險股份有限公司				均在卷	
法定代理人	蔡　○　圖					
訴訟代理人	吳　光　陸律師					

原　告	楊○榮			在卷	
訴訟代理人	林　春　鈴律師				

爲請求給付保險金事件依法提出辯論狀事：

甲、程序方面：

本件依要保書約定身故受益人爲楊○榮、許○均，茲由楊○榮一人爲原告起訴請求全部保險金，應非適格。雖原告主張許○均早已於投保前死亡，應舉證以實其說。況苟確早已於投保前死亡，則指定許○均爲受益人即無意義，似應依保險法第一百十三條「死亡保險契約未指定受益人者，其保險金額作爲被保險人遺產。」處理。按許○童尚有弟弟許○琳，何可由原告一人起訴，故本件應有當事人不適格。

乙、實體方面：

一、本件經調相驗附卷所證人許○琳（即許○童之弟）警訊筆錄，許○童係民國八十七年十一月十九日十六時許離家，其有酗酒習慣，患有肝病，有幻想症，前一天還打開家裡瓦斯想消滅魔鬼，並拿一張字條給伊，裡面寫著「老弟，我該死，你已和我一樣。」，有字條一紙在卷可稽（參見相驗卷第五頁、第一四頁），足見其已有自殺紀錄及傾向。再參酌：

(一)驗斷書所載，其上裸、短褲潮濕，其身體除頭部有1.右額部2×2公分血腫，1×3公分擦傷。2.左額部9×6公分與類似電杆之平面物碰撞傷血腫。3.鼻部2×2公分擦傷。4.口部流出水狀液體。四肢部分1.左三角肌部9×5公分擦傷。肘後部2×2公分擦傷。2.左大腿前部1×1公分擦傷。膝前部5×2公分、2×2公分擦傷各乙處。小腿前部2×2公分擦傷等傷外，並無其他任何外傷，死亡原因爲窒息，檢驗員記載兇器種類及傷害方法：「生前落水。相驗所見可判斷爲生前落水窒息死亡。頭部之傷究係自行碰撞電杆或是其他原因使其碰撞電杆，因無明顯可見之外力施加所致之外傷，故無法判斷，但電杆血跡高度與死者站立時之高度一致，研判死者生前站立時近距離踫撞到電杆的可能性較高。」（參見相驗卷第一七頁至第二一頁），足見其係生前落水窒息死亡，上開傷均與死亡無關。至此落水，並無其他原因，即係自殺投水所致。

㈡依伍倫醫院之病歷及出院病歷，許○童已患有酒精性肝病、肝硬化等多項病症，則其因病厭世自殺應有可能，即許○童先自行以頭撞電杆，再投水而窒息死亡。

㈢雖檢察官之相驗結果報告認係意外，生前落水窒息，並表示「本件死者係騎機車不慎撞及電線杆，摔落路旁水溝窒息死亡，查無其他人、車肇事或應負刑責之人，家屬無意見，擬簽結。」，然不僅遍查全卷並無許○童騎機車之資料，亦無機車置放現場，此觀檢察官訊問許○琳「現場均未留下其他車輛留下之痕跡或碎片，警方認無其他車輛撞擊有何意見」（參見相驗卷第三七頁背面），暨上開檢驗員所載可明。且其認意外，亦用括弧註明推定，顯不確定。再斟酌許○童上身赤裸，苟係被他人撞傷或自行撞電線杆，何以可能上身未著衣，足見上開檢察官認定爲意外落水，應非可採。

㈣依現場圖所示（參見相驗卷第一二頁），電線杆在路右側，排水溝在左側，中間爲馬路，豈有可能撞擊電線杆反彈如此巨大，益見檢察官上開推測不實。

㈤鈞院民國八十九年二月二十四日勘驗時，警員張新發稱，電線杆與死者同高處有血跡，核與上開檢驗員記載相符，益見上開檢察官表示「騎機車撞及電杆」不可採信。蓋依經驗法則，騎機車係用坐姿，坐立時之高度必不及於站立，苟有騎機車撞到電線杆，不可能撞到與站立時身高相同處位置而留血跡。

㈥依警方附近訪查訊問之許江中及許南三，均稱未聽到車輛撞擊聲，足見應無車輛肇事。

三、原告主張許○童如係跳水自殺，不需非到案發地點，附近即有水塘一節，不僅純係推測之詞，且依經驗法則及論理法則，自殺並非一定需在住宅附近，是此主張應不可採。

綜上所述，許○童應係自殺，依保險法第一百零九條第一項及契約第十六條第三款約定（附件一）被告不應理賠，請判決如聲明。

謹呈

台灣彰化地方法院　公鑒

證人姓名及其住居所	證物名稱及件數

中華民國八十九年四月十四日

具狀人　國○人壽保險股份有限公司　簽名蓋章
　　　　法定代理人　蔡○圖
　　　　訴訟代理人　吳光陸律師
撰狀人　簽名蓋章
住址及電話

民事 準備書(二) 狀

案號	八十八年度保險字第一三號	承辦股別	和
訴訟標的金額或價額	新台幣　萬　千　百　十　元　角		

稱謂	姓名或名稱 身分證統一編號或營利事業統一編號	性別	出生年月日	職業	住居所或營業所、郵遞區號及電話號碼 電子郵件位址	送達代收人姓名、住址 郵遞區號及電話號碼
原告	楊○榮				詳卷	
訴訟代理人	林春鈴律師					
被告	國○人壽保險股份有限公司				詳卷	
法定代理人	蔡○圖					

為續提出準備書狀事：

一、被告一再主張僅由原告一人起訴，依法不合云云，然保險法第一百十三條所規定「死亡保險契約未指定受益人者，其保險金額作為被保險人遺產。」，乃係指保險契約未約定保險受益人，或所約定之保險受益人於死亡保險事故發生時已不生存者而言，故如保險契約所載之保險受益人中同順位已有人死亡者，即應僅以尚生存之人爲保險受益人，此觀乎保險法第一百十條第二項規定「指定之受益人，以於請求保險金額時生存者爲限。」即明。本件系爭保險契約之要保書既已明載受益人爲原告楊○榮與許○均，而許○均早於民國（下同）八十四年六月三十日即已死亡，其自不可能爲受益人，且系爭保險金係在八十七年十一月二十日被保險人許○童因意外身亡才發生，自不能屬許○均之遺產，更無可能屬許○均之繼承人之財產，被告所辯顯無足採。

二、又被告於八十九年一月十九日之準備書㈠狀主張證人許○琳（即許○童之弟）於八十七年十月十九日十六時許離家，其有酗酒習慣，患有肝病，有幻想症，前一天還打開瓦斯想消滅魔鬼，並拿一張紙條給伊……足見其有自殺紀錄及傾向。並以相驗卷之驗斷書之記載主張許○童係「生前落水窒息死亡，上開傷均與死亡無關」，依伍倫醫院之病歷及出院病歷，其已患有酒精性肝病肝硬化等多項病症，則其因病厭世自殺應有可能，即許○童先自行以頭撞電杆，再投水而窒息死亡云云，然：

㈠詳查許○琳之警訊並未記載許○童係八十七年十一月十九日十六時許離家，且據許○琳稱法醫驗屍時曾告知許○童之死亡時間應係在八十七年十一月十九日中午十一、二點左右，而許○琳八十七年十一月二十日檢察官偵訊時稱「（你哥昨天何時出門？）午餐還有買便當給他吃」，而查案發之地點並非人煙稀少之道路，白天仍有相當多之汽車來往，且許○童住家前即有一大池塘，其如真有自殺之念頭，豈可能不就近跳入大池塘，而選擇去撞電杆再投水自殺呢（以頭撞電線杆係相當疼痛的）？況由卷內之照片（八十七年度相字第九四七號相驗卷第一一頁）即可明顯看出，許○童陳屍之水溝的水不深、有淤泥，且長滿雜草及野生空心菜，於此自殺亦不可能致死，許○童也不可能會選擇此水淺之水溝自殺，而查案發地是在線西鄉，於秋、冬季時風速會相當大，且許○童於頭部受傷跌入電線杆旁之田裡後，其仍想辦法要爬上道路（田裡之雜草可看出許○童有來回走動之情形，且道路邊坡有許○童之血跡），其自無可能要自殺，其應係於爬上道路後，因重心不穩而遭風吹跌入水溝，無力掙扎後致溺斃，此應係屬意外死亡無誤。

㈡許○琳於警訊中雖曾稱許○童有酗酒習慣，患有肝病，有幻想症，前一天還打開瓦斯想消滅魔鬼，然其並未稱許○童有自殺之紀錄或情形，而許○童於八十六年早已知其患有肝病，其於死亡前並未有因肝病而厭世自殺之情形，且許○琳並非稱許○童打開瓦斯係要自殺，故此確不足以證明許○童有自殺之紀錄及傾向。

㈢被告既自認許○童係生前落水窒息死亡，上開傷均與死亡無關，而依台灣彰化地方法院檢察署相驗屍體證明書又記載直接引起死亡之原因「窒息、生前落水、意外（推定）」，如無其他積極之證據足以證明許○童係自殺，自應認定許○童係意外落水窒息死亡。

三、被告又稱許○童應係自殺，否則其繼承人許○琳迄未表示意見請求理賠云云，惟事實上，許○琳於許○童意外死亡後即曾向被告請求給付保險金（許○琳並不懂依保險要保書之記載內容，其並非保險受益人），否則被告豈會於八十八年三月八日行文予被保險人許○童之弟許○琳，稱「查本次事故非因意外所致，故礙難給付」呢？顯見被告所言不實在。

謹狀

台灣彰化地方法院 公鑒

證人姓名及其住居所	證物名稱及件數

中華民國 八十九 年 四 月 十四 日

具狀人 楊○榮 簽名蓋章

撰狀人 訴訟代理人 林春鈴律師 簽名蓋章

住址及電話

言詞辯論筆錄

原　告　楊○榮

被　告　國○人壽保險股份有限公司

右當事人間民國八十八年保險字第一三號給付保險金事件於民國八十九年四月二十八日上午十時十五分在本院民事第六法庭公開辯論，出席職員如左：

法　　官　李水源
法院書記官　黃義明
通　　譯　李進成

朗讀案由

到庭關係人

原告訴訟代理人　林　春　鈴律師　到
被告訴訟代理人　吳　光　陸律師　到

本日辯論進行要領及記載明確之事項如左：

兩造：聲明陳述同前。法官點呼證人入場並問其年籍、住所等事項：

許○琳　男　民國五十三年二月四日生
住　彰化縣線西鄉溝內村○○路一二四號

問：你與兩造有無親屬或僱傭等關係？

證人答：死者之弟，願爲本案具結作證。

法官：諭知證人具結之義務及僞證處罰後朗讀結文由證人具結。

對證人之陳述如左：

問：對相驗卷內之字條何人交你？（提示）

答：是我哥拿給我的，是我哥死後警察在他房間內找到的，但在約去世前一星期我曾看過，當時是爲了阻止他喝酒才搜查他房間。

問：警訊中說曾開瓦斯是何時？

答：因十八日當天晚上他有喝酒我不放心，一直跟著他未睡覺，十九日那天淸晨天色微暗，確實時間不知道，當時我聽到他開瓦斯的聲音，他說要打擊魔鬼，要保護我們，當時只有開開關，沒有拉斷瓦斯管，我當時關掉瓦斯拉他回客廳，他只說要換工作。我後來去買便當給他吃之後我去睡覺，之後發生什麼事我不知道，等醒後我大嫂的媳婦告訴我十一點時就看見我大哥外出。

問：曾否去現場看過？

答：有。見他額頭傷勢有血、撞擊痕跡。我侄媳婦曾看見他跑出去，邊跑邊脫衣服，衣服在距沾有血跡的電杆約五十公尺的另一電杆（較靠近住宅）邊發現。衣服有無沾血或水我不淸楚。

問：有無見死者之前有自殺之傾向？爲何說死者屁股有傷痕？

答：沒有。他平時很怕死，連打針都要人家強迫，不可能去撞頭自殺。

是入殮時家人幫換衣服，弟弟許程棋看見及火化時工作人員說我大哥的屁股有傷。

法醫驗屍時並未脫掉其內褲。

問：法醫推斷死亡時間爲何？

答：他說約十一時死亡的。

問：看見他屁股有傷時有無報警？

答：沒有。

問：十一月二十日警訊筆錄是否實在？（提示）

答：正確。

問：發現開瓦斯時至其死亡間之一星期你大哥有無正常作息？

答：有。吃、睡、工作均正常，只是出事前二天表示工作較重，要換工作，出事前一天晚上死者沒睡。

問：爲何未申請保險理賠？

答：因我們不知道有保險。連大哥也不知道。

問：要保書是否許○童親自塡的？（提示要保書）

答：時間太久了不記得了。

問：何時知道他有保險？爲何知道後不請求理賠？

答：過世後半年公司老板告知的。我需工作養家沒有時間，起訴由公司出面，有必要才由我出面作證。

問：原告有無告知取得保險金額後，願分一半錢給你？

答：沒有。

原告訴訟代理人：對證人陳述無意見。依其所述死者顯無自殺之意。

被告訴訟代理人：否認證人陳述。餘另具狀陳述。

法官：宣示本件改定八十九年五月十二日上午十時四十五分在本院第七法庭續行辯論，兩造自行到庭，不另通知。

台灣彰化地方法院民事第二庭

法院書記官　黃　義　明

言詞辯論筆錄

原　告　楊〇榮

被　告　國〇人壽保險股份有限公司

右當事人間民國八十八年保險字第一三號給付保險金事件於民國八十九年五月十二日上午十時四十五分在本院民事第六法庭公開辯論，出席職員如左：

法　　官　李水源

法院書記官　黃義明

通　　譯　劉銘輝

朗讀案由

到庭關係人

原告訴訟代理人　林春鈴律師　到

被告訴訟代理人　吳光陸律師　到

本日辯論進行要領及記載明確之事項如左：

兩造：聲明陳述同前。法官點呼證人入場並訊其年籍、住所等事項：

謝萌芳　女　民國六十二年八月二十日生

住　彰化縣線西鄉溝內村〇〇路一二三號

問：你與兩造有無親屬或僱傭等關係？

證人答：無。

法官諭知證人具結之義務及僞證處罰後朗讀結文由證人具結。

對證人之陳述如左：

問：（謝萌芳）八十七年十一月十九日何時看見許○童？

答：我是看見他跑一段路後邊跑邊脫衣服，並未聽到有何言語，也沒有看到表情。

兩造：對證人陳述無意見。

法官：宣示本件改定八十九年五月二十六日上午九時四十分在本院第六法庭續行辯論，兩造應自行到庭，不另通知。

民事辯論(二)狀

案號	八十八年度保險字第一三號	承辦股別	和
訴訟標的金額或價額	新台幣　萬　千　百　十　元　角		

稱謂	姓名或名稱 身分證統一編號或營利事業統一編號	性別	出生年月日	職業	住居所或營業所、郵遞區號及電話號碼 電子郵件位址	送達代收人姓名、住址 郵遞區號及電話號碼
被告	國○人壽保險股份有限公司				均在卷	

法定代理人	蔡 ○ 圖
訴訟代理人	吳 光 陸律師
原　　告	楊 ○ 榮
訴訟代理人	林 春 鈴律師
	在卷

請求給付保險金事件續提辯論狀事：

一、本件保險契約無效

按由第三人訂立之死亡保險契約，未經被保險人書面承認，並約定保險金額，其契約無效，保險法第一百零五條定有明文。本件契約依原告主張，係由伊以許○童為被保險人訂立，但依證人許○琳證稱，許○童不知有此保險（參見四月二十八日筆錄），要保書上許○童簽名是否真正不知，參酌要保書上所載另一受益人許○均，依原告陳稱早於訂約日民國八十七年八月二十日以前之民國八十四年六月三十日死亡，而許○均為許○童之父，如許○童有同意並親自簽名，焉有可能不知許○均已死亡而仍以其為受益人，足見本件保險許○童並不知悉，從而亦無同意，依上開說明，本件保險無效，被告自無理賠責任。

二、許○童確係自殺

依證人許○琳在　鈞院所述，許○童死亡前一夜，許○童整晚未睡，並有開瓦斯，說要打擊魔鬼，要保護許○琳等人，足見許○童當晚已異於平常，參諸許○琳在　鈞院證稱「當天晚上他有喝酒，我不放心，一直跟著他未睡覺……」及先前許○琳已看過許○童所寫「老弟，我該死，你已和我一樣。」字條，則就經驗法則觀之，其心中應有警覺，恐其自尋死路，所以陪著以看住許〇童，防止發生事故，故能即時在許〇童打開瓦斯時予以關閉阻止，足見許〇童應係自殺。再參酌：㈠許〇琳知悉本件保險後，在被告以非意外為由拒絕其理賠請求，並未訴訟，足見其心知肚明此為自殺，否則依經驗法則及論理法則，既已向被告請求，何以被拒絕後未起訴？雖稱「我需工作養家沒有時間，起訴由公司出面，有必要才由我出面作證。」，然訴訟可委由律師代理，茲原告已委任訴訟代理人，何以不一併為之，僅願為證人？又許〇琳稱原告未說打贏訴訟分一半給伊，則其何以仍不訴訟，卻一樣需花時間到法院為證人？是其應知此為自殺，始未訴訟。㈡證人許〇琳證稱許〇童有自殺可能，但不會撞電線杆，因為怕痛（按：此段筆錄漏載），足見有自殺傾向，至於是否一定因怕痛而未撞電線杆，實屬臆測之詞。事實上就死亡現場觀之，雖有撞擊電線杆痕跡，但因未用大力，在流血後尚未死亡，改而投水溢死，仍符合許〇琳所述，是許〇童應係自殺。

謹呈

台灣彰化地方法院公鑒

證人姓名及其住居所	證物名稱及件數

中華民國八十九年五月十二日

具狀人 國○人壽保險股份有限公司

法定代理人 蔡○圖 簽名蓋章

訴訟代理人 吳光陸律師 簽名蓋章

撰狀人

住址及電話

言詞辯論筆錄

原　告　楊○榮

被　告　國○人壽保險股份有限公司

右當事人間民國八十八年保險字第一三號給付保險金事件於民國八十九年五月二十六日上午九時四十分在本院民事第六法庭公開辯論，出席職員如左：

法　　官　李水源

法院書記官　黃義明

通　　譯　劉銘輝

朗讀案由

到庭關係人

原告訴訟代理人　林　春　鈴律師　到

被告訴訟代理人　吳　光　陸律師　到

本日辯論進行要領及記載明確之事項如左：

兩造：聲明陳述同前。法官點呼證人入場並訊其年籍、住所等事項：

王薔媚　女　民國五十六年一月二十六日生

住　彰化縣線西鄉〇〇路二四號

問：你與兩造有無親屬或僱傭等關係？

證人答：被告員工。

法官：諭毋庸具結仍應據實陳述。

對證人之陳述如左：

問：系爭保險是由妳承辦？（提示）

答：是的。

問：承保經過情形如何？

答：我是將保單交小姐由被保險人許○童親自簽名，蓋章，他是頂替一名離職人員，他在公司已工作半年，我常常看到這個人，我知道這個人。

問：受益人欄何人填的？

答：公司規定受益人要並列親屬及公司負責人。

問：有無告訴妳他父親已過世了？

答：他當時表明列父親可不可以，我說可以，他未再表示意見，所以我不知他父親已過世。

問：楊○榮部分是否妳要求公司小姐填上的？

答：是的。

問：公司之規定在何處？

答：是主管教的。

問：其他團體保險個案之受益人是否親屬與公司負責人並列？

答：是的，團體保險均如此。

原告訴訟代理人：證人陳述沒意見。

被告訴訟代理人：否認證人陳述，不合理。

法官：提示本案有關狀證予兩造，命為答辯。

兩造：無其他主張及舉證，就調查證據之結果為辯論。

法官：宣示本件辯論終結定八十九年六月九日下午四時宣判，兩造請回。

八十八年度保險字第一三號

台灣彰化地方法院民事判決

原　　告　楊○榮　　住彰化縣線西鄉線西村○○路三十號

訴訟代理人　林春鈴律師

被　　告　國○人壽保險股份有限公司　　設台北市○○路四段二九六號

法定代理人　蔡○圖　　住台北市○○路四段二九六號

訴訟代理人　吳光陸律師

右當事人間請求給付保險金事件，本院判決如左：

主　文

被告應給付原告新台幣二百萬元，及自民國八十八年十一月二十三日起至清償日止，按年息百分之五計算之利息。

訴訟費用由被告負擔。

本判決第一項於原告以新台幣六十六萬七千元供擔保後得假執行。但被告如於假執行實施前以新台幣二百萬元預供擔保，得免爲假執行。

事　實

甲、原告方面：

壹、聲明：求爲判決如主文第一項所示及以供擔保爲條件之假執行宣告。

貳、陳述：

一、緣原告爲富群紡織股份有限公司（以下簡稱富群公司）之法定代理人，於民國八十一年八月二十五日與被告公司訂定保險契約，爲富群公司之受僱人投保「國○萬代福一○一團體終身壽險」（以下簡稱主契約），被保險人共有十二人，保險金額新台幣（下同）一千二百萬元，每個被保險人並附加有個人意外險（國○附加傷害保險給付特約條款，以下簡稱附加契約）。被保險人許○童於八十六年十二月二十四日至富群公司上班，由於其於公司表現優良，富群公司爲獎勵許○童，乃同意將原被保險人離職後之團體保險由許○童參加，並於八十七年八月十九日向被告公司提出加保要約書，被告公司批准加保自八十七年八月二十日生效，被保險人許○童所投保之主契約保險金額爲一百萬元，附加契約個人意外險一百萬元，原告與許○均（被保險人許○童之父）爲被保險人身故時之保險受益人，此有保險單號碼 3762001291 之國○團體壽險要保書及保險單可證。嗣被保險人許○童於八十七年十一月二十日上午八時四十分許被人發現跌進彰化縣線西鄉溝內村溝內路一二四號附近之水溝內，當他人將其救上岸即已死亡，經台灣彰化地方法院檢察署檢察官偕同法醫相驗結果，被保險人之死亡原因⑴直接引起死亡之原因：甲窒息，引起上述死因之因素或病症：乙生前落水；丙意外（推定）E883.2。⑵其他對死亡有影響之疾病或身體狀況爲不明原因頭部外傷，此有台灣彰化地方法院檢察署相驗屍體證明書可證。由於被保險人係意外死亡，被告公司依保險契約即應給付二百萬元之保險金與受益人，經查契約上之受益人許○均於八十四年六月三十日即已死亡，原告爲唯一之受益人，自得請求被告公司給付保險金。被告公司於被保險人許○童死亡後拒不給付保險金，係以被保險人非因意外死亡，然被保險人死亡經台灣彰化地方法院檢察署檢察官偕同法醫相驗結果爲意外死亡，且被保險人尚有頭部及其他外傷，被告公司豈可單方稱被保險人非因意外死亡，拒不給付保險金？爰依主保險契約第八條及附加契約第七條之規定請求被告給付保險金二百萬元及法定遲延利息。

二、被告抗辯稱依要保書約定身故受益人爲原告與許○均，由原告一人起訴請求全部保險金，應有不當，縱許○均死亡，亦屬其繼承人之財產，非原告一人所可請求，故原告訴之聲明應有不妥云云。惟如起訴狀所載，許○均早於八十四年六月三十日即已死亡，亦即於被保險人許○童加保被告公司系爭保險契約前即已死亡，其自不可能爲受益人，且系爭保險金係在八十七年十一月二十日被保險人許○童因意外身亡才發生，自不能屬許○均之遺產，更無可能屬許○均之繼承人之財產，此依保險法第一百十條第二項規定「指定之受益人，以於請求保險金額時生存者爲限。」，比照同法第一百十三條規定「死亡保險契約未指定受益人者，其保險金額作爲被保險人遺產。」，更可確知系爭保險契約之受益人僅有原告一人無誤，被告所辯顯無足採。

三、又被告抗辯被保險人許○童於投保前離婚、酗酒，有酒精性肝病，曾在伍倫綜合醫院及彰化基督教醫院治療，出院後復在淡水泓安療養院戒酒一年，然其不僅於投保時，就此均未據實陳述，且事前有自殺紀錄，本事故當係自殺云云。原告否認許○童有自殺紀錄，本件事故並非自殺所致，因被保險人許○童與妻子離婚是投保前數年之事，而其雖曾因酒精性肝炎住院，但其時間係在八十六年二月十四日至同年二月十八日止，與投保時間已相差一年六個月，且許○童在到原告所經營之富群公司上班前即已戒酒（被告於答辯狀中亦自陳許○童曾於淡水泓安療養院戒酒）。又查被告所提出之被證三許○童於伍倫醫院之病歷摘要，其上雖記載有「頭部外傷併枕部血腫」，然詳查伍倫醫院檢送　鈞院之許○童病歷資料，可確定許○童該頭部外傷與枕部血腫係其於八十六年二月十四日在伍倫醫院治療時上廁所不慎跌倒所致，並非係因自殺而造成，故被告自應就其主張許○童有自殺紀錄負舉證責任，不得以被保險人有就醫紀錄即逕推定被保險人係自殺死亡。

四、再被保險人於投保時縱未就其患有肝炎爲據實告知，但本件純屬意外死亡之事件，非因未告知之事項所致，自不足於變更或減少被告公司對於危險之估計，依保險法第六十四條第二項之規定，被告公司自不得以此對抗原告。退步言，縱被保險人未據實告知曾患有肝病，足以影響被告對於危險之估計，然依保險法第六十四條第二項之規定，被告公司僅得解除保險契約，而依同條第三項之規定，被告公司應於得知後一個月之除斥期間內行使解除權，但查被告公司於八十八年二月三日即自伍倫醫院調取被保險人許○童之病歷摘要（見被告於八十八年十二月十日提出之答辯狀內被證三），於八十八年二月十一日又自彰化縣基督教醫院調取許○童之病歷內容摘要，並於八十八年三月八日即行文予被保險人許○童之弟許○琳，稱「查本次事故非因意外所致，故礙難給付」，且至今未見被告曾為解除契約之意思表示，被告公司既未於得知後之一個月內解除契約之意思表示，其自不得再以之為抗辯事由，仍應依保險契約給付保險金與原告。

五、保險法第一百十三條所規定「死亡保險契約未指定受益人者，其保險金額作為被保險人遺產。」乃係指保險契約未約定保險受益人，或所約定之保險受益人於死亡保險事故發生時已不生存者而言，故如保險契約所載之保險受益人中同順位已有人死亡者，即應僅以尚生存之人為保險受益人，此觀乎保險法第一百十條第二項規定「指定之受益人，以於請求保險金額時生存者為限。」即明，而許○均早於八十四年六月三十日即已死亡，其自不可能為受益人，且系爭保險金係在八十七年十一月二十日被保險人許○童因意外身亡才發生，自不能屬許○均之遺產，更無可能屬許○均之繼承人之財產，被告所辯顯無足採。

六、詳查許○琳之警訊筆錄並未記載許○童係八十七年十一月十九日十六時許離家，且據許○琳稱法醫驗屍時曾告知許○童之死亡時間應係在八十七年十一月十九日中午十一、二點左右，而許○琳八十七年十一月二十日檢察官偵訊時稱「（你哥昨天何時出門？）午餐還有買便當給他吃」，而查案發之地點並非人煙稀少之道路，白天仍有相當多之汽車來往，且許家同住家前即有一大池塘，其如真有自殺之念頭，豈可能不就近跳入大池塘，而選擇去撞電線杆再投水自殺呢（以頭撞電線杆係相當疼痛的）？況由卷內之照片（八十七年度相字第九四七號相驗卷第一一頁）即可明顯看出，許○童陳屍之水溝的水不深、有淤泥，且長滿雜草及野生空心菜，於此自殺亦不可能致死，許○童也不可能會選擇此水淺之水溝自殺，而查案發地是在線西鄉，於秋、冬季時風速會相當大，且許○童於頭部受傷跌入電線杆旁之田裡後，其仍想辦法要爬上道路（田裡之雜草可看出許○童有來回走動之情形，且道路邊坡有許○童之血跡），其自無可能要自殺，其應係於爬上道路後，因重心不穩而遭風吹跌入水溝，無力掙扎後至溺斃，此應係屬意外死亡無誤。許○琳於警訊中雖曾稱許○童有酗酒之習慣，患有肝病，有幻想症，前一天還打開瓦斯想消滅魔鬼，然其並未稱許○童有自殺之紀錄或情形，而許○童於八十六年早已知其患有肝病，其於死亡前並未有因肝病而厭世自殺之情形，且許○琳並非稱許○童打開瓦斯係要自殺，故此確不足以證明許○童有自殺之紀錄及傾向。被告既自認許○童係生前落水窒息死亡，上開傷均與死亡無關，而依台灣彰化地方法院檢察署相驗屍體證明書又記載直接引起死亡之原因「窒息、生前落水、意外（推定）」，如無其他積極證據足以證明許○童係自殺，自應認定許○童係意外落水窒息死亡。

七、被告又稱許○童應係自殺，否則其繼承人許○琳迄未表示意見請求理賠云云，惟事實上許○琳於許○童意外死亡後即曾向被告請求給付保險金（許○琳並不懂依保險要保書之記載內容，其並非保險受益人），否則被告豈會於八十八年三月八日行文予被保險人許○童之弟許○琳，稱「查本次事故非因意外所致，故礙難給付」呢？顯見被告所言不實。

參、證據：提出勞工保險卡影本一份、國○萬代福一○一團體終身壽險保險單影本一份、國○附加傷害保險給付特約條款一份、國○團體壽險要保書影本一份、台灣彰化地方法院檢察署相驗屍體證明書影本一份、戶籍謄本二份、被告八十八年三月八日函、照片一張為證。

乙、被告方面：

壹、聲明：求為判決駁回原告之訴及其假執行之宣告。如受不利判決願供擔保請准宣告免為假執行。

貳、陳述：

一、程序方面：原告起訴狀誤載被告法定代理人，合先陳明。富群公司固以許○童為被保險人於八十七年八月十九日參加該公司原已投保之國○萬代福一○一終身壽險之團體保險，依要保書約定身故受益人為楊○榮、許○均，茲由楊○榮一人為原告起訴請求全部保險金，應有不當。縱許○均死亡，亦屬其繼承人之財產，非原告一人所可請求，故其訴之聲明應有不妥，合先敘明。

二、實體方面：經查許○童固於八十七年十一月二十日死亡，但就台灣彰化地方法院檢察署相驗屍體證明書所載直接引起死亡原因為「窒息」、「生前落水」，足見其係落水窒息死亡，雖該證明書尚載「意外」，但此不僅係針對有無他殺而寫，且此並無憑據，此可調閱該署八十七年相字第九四一號相驗卷以明事實，茲其既係落水死亡，苟無其他原因，應係自殺，蓋被保險人許○童在投保前離婚、酗酒，有酒精性肝病，曾在伍倫綜合醫院及彰化基督教醫院治療，此可向該院函查並調閱病歷（伍倫醫院之病歷一三一八二六號、彰基醫院病歷一四四一五○五二號），出院後復在淡水泓安療養院戒酒一年，然其不僅於投保時，就此均未據實陳述，且事前有自殺紀錄，本件事故當係自殺所致，故被告應無理賠責任。退一步言，縱非自殺，其死亡亦非意外事故所致，被告仍無需就意外部分理賠。

三、原告主張許○均早已死亡一事，應舉證以實其說，苟其確已死亡，則其指定許○均為受益人即無意義，似應依保險法第一百十三條「死亡保險契約未指定受益人者，其保險金額作為被保險人遺產。」處理，茲其尚有弟弟許○琳，故僅由原告一人起訴，應有不合，合先敘明。本件經調相驗卷所附證人許○琳（即許○童之弟）警訊筆錄，許○童係八十七年十一月十九日十六時許離家，其有酗酒習慣，患有肝病，有幻想症，前一天還打開家裡瓦斯想消滅魔鬼，並拿一張字條給伊，裡面寫著「老弟，我該死，你已和我一樣。」，有字條一紙在卷可稽（參見相驗卷第五頁、第一四頁），足見其已有自殺紀錄及傾向。再參酌：㈠驗斷書所載，其上裸、短褲潮濕，其身體除頭部有1.右額部2×2公分血腫，1×3公分擦傷。2.左額部9×6公分與類似電杆之平面物碰撞傷血腫。3.鼻部2×2公分擦傷。4.口部流出水狀液體。四肢部分1.左三角肌部9×5公分擦傷。肘後部2×2公分擦傷。2.左大腿前部1×1公分擦傷。膝前部5×2公分、2×2公分擦傷各乙處。小腿前部2×2公分擦傷等傷外，並無其他任何外傷，死亡原因為窒息，檢驗員記載兇器種類及傷害方法：「生前落水。相驗所見可判斷為生前落水窒息死亡。頭部之傷究係自行碰撞電杆或是其他原因使其碰撞電杆，因無明顯可見之外力施加所致之外傷，故無法判斷，但電杆血跡高度與死者站立時之高度一致，研判死者生前站立時近距離踫撞到電杆的可能性較高」，足見其係生前落水窒息死亡，上開傷均與死亡無關。至此落水，並無其他原因，即係自殺投水所致。依伍倫醫院之病歷及出院病歷，許○童已患有酒精性肝病、肝硬化等多項病症，則其因病厭世自殺應有可能，即許○童先自行以頭撞電杆，再投水而窒息死亡。雖檢察官之相驗結果報告認係意外，生前落水窒息，並表示本件死者係騎機車不慎撞及電線杆，摔落路旁水溝窒息死亡，查無其他人、車肇事或應負刑責之人，家屬亦無意見，擬簽結。」然不僅遍查全卷並無許○童騎機車之資料，亦無機車置放現場，此觀檢察官訊問許○琳「現場均未留下其他車輛留下之痕跡或碎片，警方認無其他車輛撞擊有何意見」，暨上開檢驗員所載可明。且其認意外，亦用括弧註明推定，顯不確定。再斟酌許○童上身赤裸，苟係被他人撞傷或自行撞電線杆，何以可能上身未著衣，足見上開檢察官認定為意外落水，應非可採。依現場圖所示，電線杆在路右側，排水溝在左側，中間為馬路，豈有可能撞擊電線杆反彈如此巨大，亦見檢察官上開推測不實。鈞院八十九年二月二十四日勘驗時，警員張新發稱，電線杆與死者同高處有血跡，核與上開檢驗員記載相符，益見上開檢察官表示「騎機車撞及電杆」不可採信。蓋依經驗法則，騎機車係用坐姿，坐立時之高度必不及於站立，苟有騎機車撞到電線杆，不可能撞到與站立時身高相同處位置而留血跡。依警方附近訪查訊問之許江中及許南三，均稱未聽到車輛撞擊聲，足見應無車輛肇事。原告主張許○童如係跳水自殺，不需非到案發地點，近即有水塘一節，不僅純係推測之詞，且依經驗法則及論理法則，自殺並非一定需在住宅附近，是此主張應不可採。綜上所述，許○童應係自殺，依保險法第一百零九條第一項及契約第十六條第三款約定，被告不應理賠等語置辯。

四、本件保險契約無效—按由第三人訂立之死亡保險契約，未經被保險人書面承認，並約定保險金額，其契約無效，保險法第一百零五條定有明文。本件契約依原告主張，係由伊以許○童為被保險人訂立，但依證人許○琳證稱，許○童不知有此保險（參見四月二十八日筆錄），要保書上許○童簽名是否真正不知，參酌要保書上所載另一受益人許○均，依原告陳稱早於訂約日八十七年八月二十日以前之八十四年六月三十日死亡，而許○均爲許○童之父，如許○童有同意並親自簽名，焉有可能不知許○均已死亡而仍以其爲受益人，足見本件保險許○童並不知悉，從而亦無同意，依上開說明，本件保險無效，被告自無理賠責任。

五、許○童確係自殺—依證人許○琳在　鈞院所述，許○童死亡前一夜，許○童整晚未睡，並有開瓦斯，說要打擊魔鬼，要保護許○琳等人，足見許○童當晚已異於平常，參諸許○琳在　鈞院證稱「當天晚上他有喝酒，我不放心，一直跟著他未睡覺……」及先前許○琳已看過許○童所寫「老弟，我該死，你已和我一樣。」字條，則就經驗法則觀之，其心中應有警覺，恐其自尋死路，所以陪著以看住許○童，防止發生事故，故能即時在許○童打開瓦斯時予以關閉阻止，足見許○童應係自殺。再參酌：許○琳知悉本件保險後，在被告以非意外爲由拒絕其理賠請求，並未訴訟，足見其心知肚明此爲自殺，否則依經驗法則及論理法則，既已向被告請求，何以被拒絕後未起訴？雖稱「我需工作養家沒有時間，起訴由公司出面，有必要才由我出面作證。」，然訴訟可委由律師代理，茲原告已委任訴訟代理人，何以不一併爲之，僅願爲證人？又許○琳稱原告未說打贏訴訟分一半給伊，則其何以仍不訴訟，卻一樣需花時間到法院爲證人？是其應知此爲自殺，始未訴訟。證人許○琳證稱許○童有自殺可能，但不會撞電線杆，因爲怕痛（按：此段筆錄漏載），足見有自殺傾向，至於是否一定因怕痛而未撞擊電線杆，實屬臆測之詞。事實上就死亡現場觀之，雖有撞擊電杆桿痕跡，但因未用大力，在流血後尚未死亡，改而投水溺死，仍符合許○琳所述，是許〇童應係自殺。

參、證據：提出要保書影本一件、戶籍謄本影本一件、伍倫綜合醫院病歷摘要及彰化基督教醫院病歷內容摘要影本各一件為證。

丙、本院依聲請函調財團法人彰化基督教醫院及伍倫綜合醫院許〇童病歷資料。調閱台灣彰化地方法院檢察署八十七年度相字第九四七號卷。函彰化縣警察局和美分局調現場照片、現場蒐證、訪談筆錄。依職權訊問證人許〇琳、王薔媚。

理　由

一、本件原告主張其為富群公司之法定代理人，於八十一年八月二十五日與被告公司訂定保險契約，為富群公司之受僱人投保「國〇萬代福一〇一團體終身壽險」，被保險人共有十二人，保險金額一千二百萬元，每個被保險人並附加有個人意外險。被保險人許〇童於八十六年十二月二十四日至富群公司上班，由於其於公司表現優良，富群公司為獎勵許〇童，乃同意將原被保險人離職後之團體保險由許〇童參加，並於八十七年八月十九日向被告公司提出加保要約書，被告公司批准加保自八十七年八月二十日生效，被保險人許〇童所投保之主契約保險金額為一百萬元，附加契約個人意外險一百萬元，原告與其父許〇均為被保險人身故時之保險受益人。嗣被保險人許〇童於八十七年十一月二十日上午八時四十分許被人發現跌進彰化縣線西鄉溝內村溝內路一二四號附近之水溝內，當他人將其救上岸即已死亡，經台灣彰化地方法院檢察署檢察官偕同法醫相驗結果，被保險人之死亡原因(1)直接引起死亡之原因：甲窒息，引起上述死因之因素或病症；

乙生前落水；丙意外（推定）E883.2。(2)其他對死亡有影響之疾病或身體狀況爲不明原因頭部外傷。由於被保險人係意外死亡，被告公司依保險契約即應給付二百萬元之保險金與受益人，經查契約上之受益人許○均於八十四年六月三十日即已死亡，原告爲唯一之受益人，自得請求被告公司給付保險金。被告公司於被保險人許○童死亡後拒不給付保險金，係以被保險人非因意外死亡，然被保險人死亡經台灣彰化地方法院檢察署檢察官偕同法醫相驗結果爲意外死亡，且被保險人尚有頭部及其他外傷，被告公司豈可單方稱被保險人非因意外死亡，拒不給付保險金？爰依主保險契約第八條及附加契約第七條之規定請求被告給付保險金二百萬元及法定遲延利息等語。被告則以程序方面——本件依要保書約定身故受益人爲楊○榮、許○均，茲由楊○榮一人爲原告起訴請求全部保險金，應非適格。雖原告主張許○均早已於投保前死亡，應舉證以實其說。況苟確早已於投保前死亡，則指定許○均爲受益人即無意義，似應依保險法第一百十三條「死亡保險契約未指定受益人者，其保險金額作爲被保險人遺產。」處理。按許○童尚有弟弟許○琳，何可由原告一人起訴，故本件應有當事人不適格。實體方面——本件經調相驗卷所附證人許○琳（即許○童之弟）警訊筆錄，許○童係八十七年十一月十九日十六時許離家，其有酗酒習慣，患有肝病，有幻想症，前一天還打開家裡瓦斯想消滅魔鬼，並拿一張字條給伊，裡面寫著「老弟，我該死，你已和我一樣。」，足見其已有自殺紀錄及傾向。再參酌：驗斷書所載，其上裸、短褲潮濕，其身體除頭部有1.右額部2×2公分血腫，1×3公分擦傷。2.左額部9×6公分與類似電杆之平面物碰撞傷血腫。3.鼻部2×2公分擦傷。4.口部流出水狀液體。四肢部分1.左三角肌部9×5

公分擦傷、肘後部2×2公分擦傷。2.左大腿前部1×1公分擦傷。膝前部5×2公分、2×2公分擦傷各乙處。小腿前部2×2公分擦傷等傷外，並無其他任何外傷，死亡原因爲窒息，檢驗員記載兇器種類及傷害方法：「生前落水。相驗所見可判斷爲生前落水窒息死亡。頭部之傷究係自行碰撞電杆或是其他原因使其碰撞電杆，因無明顯可見之外力施加所致之外傷，故無法判斷，但電杆血跡高度與死者站立時之高度一致，研判死者生前站立時近距離碰撞到電杆的可能性較高」，足見其係生前落水窒息死亡，上開傷均與死亡無關。至此落水，並無其他原因，即係自殺投水所致。依伍倫醫院之病歷及出院病歷，許○童已患有酒精性肝病、肝硬化等多項病症，則其因病厭世自殺應有可能，即許○童先自行以頭撞電杆，再投水而窒息死亡。雖檢察官之相驗結果報告認係意外，生前落水窒息，並表示本件死者係騎機車不慎撞及電線杆，摔落路旁水溝窒息死亡，查無其他人、車肇事或應負刑責之人，家屬亦無意見，擬簽結。然不僅遍查全卷並無許○童騎機車之資料，亦無機車置放現場，此觀檢察官訊問許○琳「現場均未留下其他車輛留下之痕跡或碎片，警方認無其他車輛撞擊有何意見」，暨上開檢驗員所載可明。且其認意外，亦用括弧註明推定，顯不確定。再斟酌許○童上身赤裸，苟係被他人撞傷或自行撞擊電線杆，何以可能上身未著衣，足見上開檢察官認定爲意外落水，應非可採。依現場圖所示，電線杆在路右側，排水溝在左側，中間爲馬路，豈有可能撞擊電線杆反彈如此巨大，益見檢察官上開推測不實。鈞院八十九年二月二十四日勘驗時，警員張新發稱，電線杆與死者同高處有血跡，核與上開檢驗員記載相符，益見上開檢察官表示「騎機車撞及電杆」不可採信。蓋依經驗法則，騎機車係用坐姿，坐立時之高度必不及於站立，苟有騎機車撞到電線杆，不可能撞到與站立時身高相同處位置而留血跡。依警方附近訪查訊問之許江中及許南三，均稱未聽到車輛撞擊聲，足見應無車輛肇事。原告主張許○童如係跳水自殺，不需非到案發地點，附近即有水塘一節，不僅純係推測之詞，且依經驗法則及論理法則，自殺並非一定需在住宅附近，是此主張應不可採。綜上所述，許○童應係自殺，依保險法第一百零九條第一項及契約第十六條第三款約定，被告不應理賠等語置辯。

二、原告主張其爲富群公司之法定代理人，於八十一年八月二十五日與被告公司訂定保險契約，爲富群公司之受僱人投保「國○萬代福一○一團體終身壽險」，被保險人共有十二人，保險金額一千二百萬元，每個被保險人並附加有個人意外險。被保險人許○童於八十六年十二月二十四日至富群公司上班，嗣於八十七年八月十九日向被告公司提出加保要約書，被告公司批准加保自八十七年八月二十日生效，被保險人許○童所投保之主契約保險金額爲一百萬元，附加契約個人意外險一百萬元，原告與其父許○均爲被保險人身故時之保險受益人。後被保險人許○童於八十七年十一月二十日上午八時四十分許被人發現跌進彰化縣線西鄉溝內村溝內路一二四號附近之水溝內，並已死亡之事實，已據其提出勞工保險卡影本一份、國○萬代福一○一團體終身壽險保險單影本一份、國○附加傷害保險給付特約條款一份、國○團體壽險要保書影本一份、台灣彰化地方法院檢察署相驗屍體證明書影本一份、戶籍謄本二份爲證，應認原告主張爲真實。

三、被告抗辯稱依要保書約定身故受益人爲原告與許○均，由原告一人起訴請求全部保險金，應有不當，縱許○均死亡，亦屬其繼承人之財產，非原告一人所可請求。況苟確早已於投保前死亡，則指定許○均爲受益人即無意義，似應依保險法第一百十三條「死亡保險契約未指定受益人者，其保險金額作爲被保險人遺產。」處理。按許○童尚有弟弟許○琳，何可由原告一人起訴，故本件應有當事人不適格，故原告訴之聲明應有不妥云云。惟查保險法第一百十三條所規定「死亡保險契約未指定受益人者，其保險金額作爲被保險人遺產。」乃係指保險契約未約定保險受益人，或所約定之保險受益人於死亡保險事故發生時已不生存者而言，故如保險契約所載之保險受益人係複數，其中同順位之受益人已有人死亡者，即應僅以尚生存之人爲保險受益人，此觀乎保險法第一百十條第二項規定「指定之受益人，以於請求保險金額時生存者爲限。」即明。而被保險人許○童之父許○均早於八十四年六月三十日即已死亡，此有戶籍謄本一份爲證，亦即於被保險人許○童加保被告公司系爭保險契約前即已死亡，其自不可能爲受益人，又系爭保險金係在八十七年十一月二十日被保險人許○童因身亡始發生，無從爲許○均之遺產，更無可能歸屬許○均之繼承人之財產，依前開說明，可知系爭保險契約之受益人僅有原告一人無誤，被告此部分所辯顯無足採。

四、又被告抗辯被保險人許○童於投保前離婚、酗酒，有酒精性肝病，曾在伍倫綜合醫院及彰化基督教醫院治療，出院後復在淡水泓安療養院戒酒一年，然其不僅於投保時，就此均未據實陳述，且事前有自殺紀錄，本事故當係自殺云云。原告則否認許○童有自殺紀錄，本件事故並非自殺所致等語。經查：

㈠因被保險人許○童與妻子離婚一事係投保前數年之事，而其雖曾因酒精性肝炎住院，但依病歷資料所載其時間係在八十六年二月十四日至同年二月十八日止，與投保時間已相差一年六個月。又查被告所提出之許○童於伍倫醫院之病歷摘要，其上雖記載有「頭部外傷併枕部血腫」，然詳查伍倫醫院檢送過院之許○童病歷資料，可確定許○童該頭部外傷與枕部血腫係其於八十六年二月十四日在伍倫醫院治療時上廁所不慎跌倒所致，並非係因自殺而造成。再被保險人於投保時縱未就其患有肝炎爲據實告知，但本件純屬意外死亡之事件，非因未告知之事項所致，自不足於變更或減少被告公司對於危險之估計，依保險法第六十四條第二項之規定，被告公司自不得以此對抗原告。退步言，縱被保險人未據實告知曾患有肝病，足以影響被告對於危險之估計，然依保險法第六十四條第二項之規定，被告公司僅得解除保險契約，而依同條第三項之規定，被告公司應於得知後一個月之除斥期間內行使解除權，但查被告公司於八十八年二月三日即自伍倫醫院調取被保險人許○童之病歷摘要，於八十八年二月十一日又自彰化縣基督教醫院調取許○童之病歷內容摘要，並於八十八年三月八日即行文予被保險人許○童之弟許○琳，被稱「查本次事故非因意外所致，故礙難給付」，且至今未見被告曾爲解除契約之意思表示，被告公司既未於得知後之一個月內解除契約之意思表示，其自不得再以之爲抗辯事由。

㈡詳查許○琳之警訊筆錄並未記載許○童係八十七年十一月十九日十六時許離家，而許○琳於八十七年十一月二十日檢察官偵訊時稱「（你哥昨天何時出門？）午餐還有買便當給他吃」，而查案發之地點並非人煙稀少之道路，白天仍有相當多之汽車來往，且許家同住家前即有一大池塘，其如真有自殺之念頭，豈可能不就近跳入大池塘，而選擇去撞電線杆再投水自殺呢（據證人許○琳於本院證稱，許○童怕痛，以頭撞電線杆係相當疼痛的）？況由卷內之照片（八十七年度相字第九四七號相驗卷第一一頁）即可明顯看出，許○童陳屍之水溝的水不深、有淤泥，且長滿雜草及野生空心菜，於此自殺亦不可能致死，許○童也不可能會選擇此水淺之水溝自殺，而查案發地是在彰化縣線西鄉，於秋、冬季時風速會相當大，且許○童於頭部受傷跌入電線杆旁之田裡後，其仍想辦法要爬上道路，此從卷附照片中田裡之雜草倒伏之情形可看出許○童有來回走動之舉止，且道路邊坡有許○童之血跡即可知，其自無可能要自殺，其應係於爬上道路後，不知何故跌入水溝，無力掙扎後至溺斃，此應係屬意外死亡無誤。許○琳於警訊中雖曾稱許○童有酗酒之習慣，患有肝病，有幻想症，前一天還打開瓦斯想消滅魔鬼，然其並未稱許○琳有自殺之紀錄或情形，而許○童於八十六年早已知其患有肝病，其於死亡前並未有因肝病而厭世自殺之情形，且許○琳並非稱許○童打開瓦斯係要自殺，故此確不足以證明許○童有自殺之紀錄及傾向。而依台灣彰化地方法院檢察署相驗屍體證明書又記載直接引起死亡之原因「窒息、生前落水、意外（推定）」，如無其他積極證據足以證明許○童係自殺，自應認定許○童係意外落水窒息死亡。

㈢被告又稱許○童應係自殺，否則其繼承人許○琳迄未表示意見請求理賠云云，惟事實上許○琳於許○童意外死亡後即曾向被告請求給付保險金，否則被告豈會於八十八年三月八日行文予被保險人許○童之弟許○琳，稱「查本次事故非因意外所致，故礙難給付」呢？顯見被告所言亦不足採。

㈣又被告辯稱本件契約依原告主張，係由伊以許○童爲被保險人訂立，但依證人許○琳證稱，許○童不知有此保險，要保書上許○童簽名是否真正不知，參酌要保書上所載另一受益人許○均，依原告陳稱早於訂約日八十七年八月二十日以前之八十四年六月三十日死亡，而許○均爲許○童之父，如許○童有同意並親自簽名，焉有可能不知許○均已死亡而仍以其爲受益人，足見本件保險許○童並不知悉，從而亦無同意，本件保險契約無效，被告自無理賠責任云云。惟依被告公司職員即負責承辦加保之證人王薔媚於本院證稱：保單係富群公司小姐交被保險人親自簽名蓋章等語，被保險人許○童並無「不知悉」之情，被告此部分之答辯亦不足採。

五、綜上所述，原告基於契約之法律關係，請求被告給付二百萬元及其自起訴狀送達翌日即八十八年十一月二十三日起至清償日止，按年息百分之五計算之法定遲延利息，洵屬正當，應予准許。另兩造各陳明願供擔保聲請宣告假執行及免爲假執行，均核無不合，爰分別酌定相當擔保金額准許之。

六、本件判決之基礎已臻明確，兩造其餘攻擊防禦方法，並不影響本判決之結果，自庸一一論述，併此敘明。

據上論結：原告之訴爲有理由，並依民事訴訟法第七十八條、第三百九十條第二項、第三百九十二條，判決如主文。

中　華　民　國　八十九　年　六　月　七　日

台灣彰化地方法院民事第二庭

右爲正本係照原本作成。

如對本判決上訴，應於判決送達後二十日內向本院提出上訴狀。

法　官　李水源

法院書記官　黃義明

中華民國八十九年六月十二日

民事聲明上訴狀

案號	原審案號：台灣彰化地方法院八十八年度保險字第一三號	承辦股別	和
訴訟標的金額或價額	新台幣　萬　千　百　十　元　角		

稱謂	姓名或名稱 身分證統一編號或營利事業統一編號	性別	出生年月日	職業	住居所或營業所、郵遞區號及電話號碼 電子郵件位址	送達代收人姓名、住址 郵遞區號及電話號碼
被告	國○人壽保險股份有限公司				設台北市○○路四段二九六號	吳光陸律師 台中市忠明南路四九九號八樓 04-23730158
法定代理人	蔡○圖				住同右	
訴訟代理人	吳光陸律師					
原告	楊○榮				住彰化縣線西鄉線西村○○路三十號	

請求給付保險金事件不服台灣彰化地方法院民國八十九年六月七日八十八年度保險字第十三號民事判決，依法聲明上訴事：

上訴聲明

一、原判決廢棄。

二、右開廢棄部分，被上訴人在第一審之訴及其假執行之聲請均駁回。

三、第一、二審訴訟費用由被上訴人負擔。

事實及理由

本件依證人許○琳在第一審法院所述，許○童死亡前一夜，許○童整晚未睡，並有開瓦斯，說要打擊魔鬼，要保護許○琳等人，足見許○童當晚已異於平常，參諸許○琳證稱「當天晚上他有喝酒，我不放心，一直跟著他未睡覺……」及先前許○琳已看過許○童所寫「老弟，我該死，你已和我一樣」字條，則就經驗法則觀之，其心中應有警覺，恐其自尋死路，所以陪著以看住許○童，防止發生事故，故能即時在許○童打開瓦斯時予以關閉阻止，足見許○童應係自殺。再參酌證人許○琳證稱許○童有自殺可能，但不會撞電線杆，因爲怕痛（按：此段筆錄漏載），足見有自殺傾向，至於是否一定因怕痛而未撞電線杆，實屬臆測之詞。事實上就死亡現場觀之，雖有撞擊電線杆痕跡，但因未用大力，在流血後尚未死亡，改而投水溢死，仍符合許○琳所述，是許○童應係自殺。原審法院以無證據證明爲自殺，判決上訴人敗訴，應有違誤。

其他理由，容後補呈。

謹呈

台灣彰化地方法院轉呈
台灣高等法院台中分院公鑒

證人姓名及其住居所	證物名稱及件數

中華民國八十九年六月二十日

具狀人　國〇人壽保險股份有限公司　簽名蓋章
法定代理人　蔡〇圖
訴訟代理人　吳光陸律師

撰狀人　簽名蓋章
住址及電話

民事上訴理由狀

案號	八十九年度保險上字第八號	承辦股別	目
訴訟標的金額或價額	新台幣　萬　千　百　十　元　角		

稱謂	姓名或名稱 身分證統一編號或營利事業統一編號	性別	出生年月日	職業	住居所或營業所、郵遞區號及電話號碼 電子郵件位址	送達代收人姓名、住址 郵遞區號及電話號碼
被告	國○人壽保險股份有限公司				均在卷	
法定代理人	蔡○圖					
訴訟代理人	吳光陸律師					
原告	楊○榮				均在卷	

爲請求給付保險金事件提出上訴理由事：

甲、程序方面：

一、本件依要保書約定身故受益人爲楊○榮、許○均，茲由被上訴人一人起訴請求全部保險金，應非適格。雖被上訴人主張許明均早已於投保前死亡，則其爲受益人，可以起訴請求。但受益人於訂約時死亡，指定即無意義，依保險法第一百十三條「死亡保險契約未指定受益人者，其保險金額作爲被保險人遺產。」或類推適用，自應作爲遺產。雖另有指定被上訴人爲受益人，然本件受益人既指定爲二人，參照民法第九十八條規定「解釋意思表示，應探求當事人之真意，不得拘泥於所用之辭句。」，應非僅以被上訴人一人爲受益人。苟許○童投保時，有以被上訴人一人爲受益人之意，何以不逕行指定受益人爲被上訴人，何庸贅列其先父許○均？尤其依證人王薔媚證稱「他當時表明列父親可不可以……」（參見第一審卷第一八四頁），足見無僅以被上訴人一人爲受益人意思。茲許○童尚有弟弟許○琳，許○琳亦曾向上訴人請求理賠，爲被上訴人所承認，並有上訴人函件可證（參見第一審卷被上訴人民國八十九年四月十四日準備書(二)狀及證物），足見不可由被上訴人一人起訴，故本件應有當事人不適格。縱認本件屬可分之債，可由被上訴人一人起訴，亦僅能請求保險金二分之一，而非全部。

二、本件依被上訴人起訴主張許○童受僱於富群紡織股份有限公司，因表現優良，公司爲獎勵而投保，而受益人楊○榮一欄之關係亦塡「雇主」，則受益人應爲公司，而非被上訴人個人，其提起本訴，仍有當事人不適格。

乙、實體方面：

一、本件保險契約無效

按由第三人訂立之死亡保險契約，未經被保險人書面承認，並約定保險金額，其契約無效，保險法第一百零五條定有明文。本件契約係以許○童爲被保險人訂立，但依證人許○琳在第一審法院證稱，許○童不知有此保險（參見第一審卷四月二十八日筆錄），要保書上許○童簽名是否眞正不知，參酌要保書上所載另一受益人許○均早於訂約日以前死亡，而許○均爲許○童之父，如許○童有同意並親自簽名，焉有可能不知許○均已死亡而仍以其爲受益人，足見本件保險許○童並不知悉，從而亦無同意，依上開說明，本件保險無效，上訴人自無理賠責任。

二、許○童確係自殺：

㈠本件經調相驗卷所附證人許○琳（即許○童之弟）警訊筆錄所述「他（按：指許○童）有幻想症，昨天他還打開家裡瓦斯想消滅魔鬼，並拿一張字條給我，裡面寫著老弟，我該死，你已和我一樣。」，並有字條一紙在卷可稽（參見相驗卷第五頁、第一四頁），足見其已有自殺紀錄及意思。

㈡依伍倫醫院之病歷及出院病歷，許○童已患有酒精性肝病、肝硬化等多項病症，則其因病厭世自殺應有可能。

㈢依驗斷書所載，許○童上裸、短褲潮濕，其身體除頭部有⑴右額部2×2公分血腫，1×3公分擦傷。⑵左額部9×6公分與類似電杆之平面物碰撞傷血腫。⑶鼻部2×2公分擦傷。⑷口部流出水狀液體。四肢部分⑴左三角肌部9×5公分擦傷。肘後部2×2公分擦傷。⑵左大腿前部1×1公分擦傷。膝前部5×2公分、2×2公分擦傷各乙處。小腿前部2×2公分擦傷等傷外，並無其他任何外傷，死亡原因爲窒息，檢驗員記載兇器種類及傷害方法：「生前落水。相驗所見可判斷爲生前落水窒息死亡。頭部之傷究係自行碰撞電杆或是其他原因使其碰撞電杆，因無明顯可見之外力施加所致之外傷，故無法判斷，但電杆血跡高度與死者站立時之高度一致，研判死者生前站立時近距離碰撞到電杆的可能性較高。」（參見相驗卷第一七頁至第二一頁），足見其係生前落水窒息死亡，上開傷均與死亡無關。在此落水之前，已站立用頭近距離撞擊電線杆，苟非自殺，何以如此？

㈣雖檢察官之相驗結果報告認係意外，認「本件死者係騎機車不慎撞及電線杆，摔落路旁水溝窒息死亡，查無其他人、車肇事或應負刑責之人，家屬亦無意見，擬簽結。」，然不僅遍查全卷並無許○童騎機車之資料，亦無機車置放現場，此觀檢察官訊問許○琳「現場均未留下其他車輛留下之痕跡或碎片，警方認無其他車輛撞擊有何意見」（參見相驗卷第三七頁背面）暨上開檢驗員所載可明。且其認意外，亦用括弧註明推定，顯不確定。再斟酌下列事實，顯見此推定有誤。

1. 第一審法院民國八十九年二月二十四日勘驗時，警員張新發稱，電線杆與死者同高處有血跡，核與上開檢驗員記載相符，是上開檢察官表示「騎機車撞及電杆」不可採信。蓋依經驗法則，騎機車係用坐姿，騎坐之高度必不及於站立時之高度，故許○童不可能騎機車撞到電線杆。

2. 依警方附近訪查訊問之許江中及許南三，均稱未聽到車輛撞擊聲，足見應無車輛肇事。

3. 被上訴人在第一審法院稱許○童未騎機車出去（參見第一審卷四月十四日筆錄），證人謝萌芳亦稱「我是看見他跑一段路後邊跑邊脫衣服……」（參見第一審卷第一七四頁），足見一方面未騎機車，無車禍發生，另一方面其當時狀況應已非尋常，則其落水，應係自殺。

㈤依證人許○琳在第一審法院所述：「因十八日當天晚上他有喝酒，我不放心，一直跟著他，未睡覺。十九日那天清晨天色微暗確實時間不知道，當時我聽到他開瓦斯的聲音，他說要打擊魔鬼，要保護我們，當時只有開開關，沒有拉斷瓦斯管，我當時關掉瓦斯拉他回客廳，他只說要換工作。我後來去買便當給他吃之後我去睡覺，之後發生什麼事我不知道，等醒後我大嫂的媳婦告訴我十一點時就看見我大哥外出。」、「有。見他額頭傷勢有血撞擊痕跡。我侄媳婦曾看見他跑出去，邊跑邊脫衣服，衣服在距沾血跡的電杆約五十公尺的另一電杆（較靠近住宅）邊發現。衣服有無沾血或水我不清楚。」（參見上開筆錄）及先前在警訊所述前一天已看過許○童給伊字條所寫「老弟，我該死，你已和我一樣」字條，則就經驗法則觀之，許○琳心中應有警覺，恐其自尋死路，所以一直陪著以看住許○童，防止發生事故，故能即時在許○童打開瓦斯時予以關閉阻止，足見許○童應係自殺。再參酌：

1.許○琳知悉本件保險後，在上訴人以非意外爲由拒絕其理賠請求，並未訴訟，足見其心知肚明此爲自殺，否則依經驗法則及論理法則，其既已向上訴人請求，何以被拒絕後未起訴請求給付？雖稱「我需工作養家沒有時間，起訴由公司出面，有必要才由我出面作證。」，然訴訟可委由律師代理，茲被上訴人已委任訴訟代理人，何以不一併爲之，僅願爲證人？又許○琳稱被上訴人未說打贏訴訟分一半給伊，則其何以仍不訴訟，卻一樣需花時間到法院爲證人？是其應知此爲自殺，始未訴訟，其有利被上訴人證言，應非可採。

2.證人許○琳證稱許○童有自殺可能，但不會撞電線杆，因爲怕痛（按：此段筆錄漏載，請調播第一審法院錄音帶），足見有自殺傾向，至於是否一定因怕痛而未撞電線杆，實屬臆測之詞。事實上就死亡現場觀之，確有撞擊電線杆痕跡，但因未用大力，在流血後尙未死亡，改而投水溢死，仍符合許○琳所述，是許○童應係自殺。

㈥被上訴人主張許○童如係跳水自殺，不需非到案發地點，附近即有水塘一節，不僅純係推測之詞，且依經驗法則及論理法則，自殺並非一定需要在住宅附近，是此主張應不可採。

(七)被上訴人另主張事發現場極容易發生擦撞（被保險人許○童頭部所撞擊之該電線杆上確有汽車撞之痕跡），且許○琳表示當時之雜叢草有被許○童來回踩過之明顯痕跡，道路邊坡亦有血跡，顯見被保險人係遭汽車撞擊跌落田裡，其仍企圖爬上路，在爬上道路後因重心不穩且當天風大而跌入水溝（參見被上訴人民國八十九年一月十九日狀及四月十四日狀）。但查如前所述，並無證據證明有車禍肇事，且電線杆與其站立同高處有血跡，並非汽車撞擊痕跡，自不可能有車禍肇事？是許○童不可能被撞落田裡，爬上道路，又被風吹落水溝。

(八)原審判決以「查案發之地點並非人煙稀少之道路，白天仍有相當多之汽車來往，且許家同住家前即有一大池塘，其如真有自殺之念頭，豈可能不就近跳入大池塘，而選擇去撞電線杆再投水自殺呢（據證人許○琳於本院證稱，許○童怕病以頭撞電線杆係相當疼痛的）？況由卷內之照片（八十七年相字第九四七號相驗卷第一一頁）即可明顯看出，許○童陳屍之水溝的水不深、有淤泥，且長滿雜草及野生空心菜，於此自殺亦不可能致死，許○童也不可能擇此水淺之水溝自殺，而查案發地是在彰化縣線西鄉，於秋、冬季時風速會相當大，且許○童於頭部受傷跌入電線杆旁之田裡後，其仍想辦法要爬上道路，此從卷照片中田裡之雜草倒伏之情形可看出許○童有來回走動之舉止，且道路邊坡有許○童之血跡即可知，其自無可能要自殺，其應係爬上道路後，不知何故跌入水溝，無力掙扎後至溺斃，此應係屬意外死亡。」為由，認係意外，非故意自殺。但查：

1.苟認許○童不可能擇此水淺之水溝自殺，何以跌落不自動爬起來？
2.苟許○童未撞電線杆，何以與其站立等高處之電線杆有血跡，且其頭部亦有血跡？道路邊地上何以有血跡？如非自殺，何以撞頭？
3.相驗卷之水溝照片之雜草及電線杆旁之雜草並無倒伏現象，縱或有之，或許風速過大，無法證明許○童有來回走動。再果有來回走動，亦不能證明其欲爬上岸，無自殺之意。
4.依現場圖，電線杆右側爲田，左側爲水溝，許○童何有可能落入右側田裡，再爬上道路竟又跌入左側水溝？

綜上所述，許○童應係自殺，依保險法第一百零九條第一項及契約第十六條第三款約定上訴人不應理賠，原審判決有誤，請判決如聲明。

謹狀

台灣高等法院台中分院　公鑒

證人姓名及其住居所	
證物名稱及件數	

中　華　民　國　八十九　年　九　月　十一　日

具狀人　國〇人壽保險股份有限公司　簽名蓋章
法定代理人　蔡〇圖
訴訟代理人　吳光陸律師　簽名蓋章
撰狀人
住址及電話

準備程序筆錄

上訴人　國〇人壽保險股份有限公司
被上訴人　楊〇榮

右當事人間民國八十九年度保險上字第八號給付保險金事件於中華民國八十九年九月二十二日下午三時三十五分，在本院民事第三十五法庭公開行準備程序出席職員如左：

受命法官　朱　樑
法院書記官　李妍嬅
通　　譯　趙　頊

朗讀案由

到庭關係人：
詳如報到單所載。

本日程序進行要領及記載明確之事項如左：

兩造：上訴聲明：如上訴狀之上訴聲明所載。

被上訴人訴訟代理人：辯聲明：引用今日所提答辯狀所載。（庭呈繕本並交付對造收受）

上訴人訴訟代理人：述上訴理由：如上訴理由狀所載。

被上訴人訴訟代理人：述答辯理由：如今日答辯狀所載。

法官：示本件候核辦。

台灣高等法院台中分院民事第五庭

書記官　李妍嬅

受命法官　朱樑

民事答辯狀

案號	八十九年度保險上字第八號	承辦股別	目
訴訟標的金額或價額	新台幣　萬　千　百　十　元　角		

稱謂	姓名或名稱、身分證統一編號或營利事業統一編號	性別	出生年月日	職業	住居所或營業所、郵遞區號及電話號碼、電子郵件位址	送達代收人姓名、住址、郵遞區號及電話號碼
被上訴人	楊○榮				詳卷	
訴訟代理人	洪永叡律師					

上訴人	國○人壽保險股份有限公司
法定代理人	蔡○圖
	詳卷

為給付保險金事件，具狀提出答辯事：

答辯之聲明

一、上訴駁回。

二、第一、二審訴訟費用由上訴人負擔。

答辯理由

甲、程序方面：

保險法第一百十三條規定「死亡保險契約未指定受益人者，其保險金額作為被保險人遺產。」乃係指保險契約未約定保險受益人，或所約定之保險受益人於死亡保險事故發生時已不生存者而言，故如保險契約所載之保險受益人係複數，其中同順位已有人死亡者，即應僅以尚生存之人為保險受益人，此觀乎保險法第一百十條第二項規定「指定之受益人，以於請求保險金額時生存者為限。」即明。本件受益人之一許○均於被保險人許○童加保上訴人公司系爭保險契約前即已死亡，其自不可能為受益人，又系爭保險金係在八十七年十一月二十日因被保險人許○童身亡始發生，無從為許○均之遺產，更無可能歸屬許○均之繼承人之財產，依前開說明，可知系爭保險契約之受益人僅有被上訴人一人無誤；故被上訴人一人起訴請求上訴人給付二百萬元保險金應非當事人不適格。

本件保險契約指定受益人載明為楊○榮，並非富群紡織股份有限公司（下稱富群公司），而楊○

榮爲富群公司之法定代理人，一般公司員工對外稱呼公司負責人通常以「雇主」或「老闆」稱之，故許○童在保險契約上表示指定受益人楊○榮爲伊之雇主，即屬正確，上訴人主張依「雇主」關係認定受益人應爲富群公司，顯無理由。

乙、實體方面：

一、本件依上訴人公司職員即負責承辦加保之證人王薔媚在原審證稱：保單係上訴人公司交被保險人許○童親自簽名、蓋章，足見本件保險許○童有同意。況且上訴人於上訴理由就引用證人王薔媚之證詞「他（即許○童）當時（即投保當時）表明列父親可不可以」作爲有利上訴人之主張，則上訴人即已自認本件保險許○童知悉並同意加保。

二、本被保險人許○童並非自殺，理由如左：

(一)原審以卷內之照片及勘驗現場後認爲「可明顯看出，許○童陳屍之水溝的水不深、有淤泥，且長滿雜草及野生空心菜，於此自殺亦不可能致死，許○童也不可能會選擇此水淺之水溝自殺，而查案發地是在線西鄉，於秋、冬季時風速會相當大，且許○童於頭部受傷跌入電線杆旁之田裡後，其仍想辦法要爬上道路，此從卷附照片中田裡之雜草倒伏之情形可看出許○童有來回走動之舉止，且道路邊坡有許○童之血跡即可知，其自無可能要自殺，其應係於爬上道路後，不知何故跌入水溝，無力掙扎後至溺斃，此應係屬意外死亡無誤。」，其採證論證符合經驗法則及論理法則，並無違誤。

(二)上訴人上訴理由主張就死亡現場觀之，許○童欲自殺而撞擊電線杆痕跡，但因未用大力，在流血後尚未死亡，改而投水溢死，故許○童應係自殺云云，惟若果真如此，許○童應僅有額頭受傷，其他身體部分應無傷痕，惟依驗斷書所載，許○童尚有鼻部擦傷，左三角肌擦傷、肘後部擦傷、左大腿前部擦傷、膝前部二處擦傷、小腿前部擦傷等，故上訴人上開主張與驗斷書所載不符。反而原審前揭認定許○童死亡之經過情形較符合驗斷書之記載。

㈢其他引用原審判決理由。

三、綜上所述，本件上訴無理由。

謹呈

台灣高等法院台中分院 公鑒

證人姓名及其住居所	證物名稱及件數

中華民國八十九年九月二十二日

具狀人 楊○榮 簽名蓋章

撰狀人 訴訟代理人 洪永叡律師 簽名蓋章

住址及電話

準備程序筆錄

上　訴　人　國○人壽保險股份有限公司

被上訴人　楊　○　榮

右當事人間民國八十九年度保險上字第八號給付保險金事件於中華民國八十九年十一月二十二日下午二時三十五分，在本院民事第三十五法庭公開行準備程序出席職員如左：

受　命法官　朱　　樑

法院書記官　李　姸　嬅

通　　　譯　林　淑　貞

朗讀案由

到庭關係人：

詳如報到單所載。

本日程序進行要領及記載明確之事項如左：

法官：提示刑事相驗卷，有何意見？

被上訴人訴訟代理人：無意見。

上訴人訴訟代理人：檢察官判斷是意外，我們認爲是錯誤的，應是自殺。他頭部的傷是本來他想撞電線杆自殺怕痛，後改爲跳水自殺。

法官：許○琳證言有何意見？

上訴人訴訟代理人：但警員勘驗時是額頭，且現場沒有車子。

被上訴訴訟代理人：否認。

上訴人訴訟代理人：許○童曾有自殺的傾向。且曾留下字條。

法官：宣示本件終結準備程序。

台灣高等法院台中分院民事第五庭

書記官 李妍嬅

受命法官 朱 樑

台灣高等法院台中分院民事判決

八十九年度保險上字第八號

上 訴 人 國○人壽保險股份有限公司 設台北市○○路四段二九六號

法定代理人 蔡 ○ 圖 住同右

訴訟代理人 吳 光 陸律師

複代理人　廖　瑞　鍠律師

被上訴人　楊　○　榮　住彰化縣線西鄉線西村○○路三○號

訴訟代理人　洪　永　叡律師

右當事人間請求給付保險金事件，上訴人對於中華民國八十九年六月七日台灣彰化地方法院八十八年度保險字第一三號第一審判決提起上訴，本院判決如左：

主　文

上訴駁回。

第二審訴訟費用由上訴人負擔。

事　實

甲、上訴人方面：

一、聲明：求爲判決：

(一)原判決廢棄。

(二)右廢棄部分，被上訴人在第一審之訴及其假執行之聲請均駁回。

二、陳述：除引用原判決書之記載外，補稱：

(一)程序方面：

本件依要保書約定身故受益人爲楊○榮、許○均，茲由被上訴人一人起訴請求全部保險金，應非適格。雖被上訴人主張許○均早已於投保前死亡，則其爲受益人，可以起訴請求，但受益人於訂約時死亡，指定即無意義，依保險法第一百十三條死亡保險契約未指定受益人者，其保險金額作爲被保險人遺產或類推適用，自應作爲遺產，雖另有指定被上訴人爲受益人，然本件受益人既指定爲二人，參照民法第九十八條規定，解釋意思表示，應探求當事人之真意，不得拘泥於所用之辭句，依證人王薔媚所證，本件被保險人應非僅被上訴人一人爲受益人，足見不可由被上訴人一人起訴，故本件應有當事人不適格，縱認本件屬可分之債，可由被上訴人一人起訴，亦僅能請求保險金二分之一，而非全部。又本件依被上訴人起訴主張許○童受僱於富群紡織股份有限公司，因表現優良，公司爲獎勵而投保，而受益人楊○榮一欄之關係亦塡雇主，則受益人應爲公司，而非被上訴人個人，其提起本訴，仍有當事人不適格。

(二)實體方面：

1.本件保險契約無效：按由第三人訂立之死亡保險契約，未經被保險人書面承認，並約定保險金額，其契約無效，保險法第一百零五條定有明文，本件契約係以許○童爲被保險人訂立，但依證人許○琳在第一審法院證稱，許○童不知有此保險，本件保險無效，上訴人自無理賠責任。

2.許○童係自殺：按第一審法院民國八十九年二月二十四日勘驗時，警員張新發稱，電線杆與死者同高處有血跡，核與上開檢驗員記載相符，是上開檢察官表示騎機車撞及電杆，不可採信，蓋依經驗法則，騎機車係用坐姿，騎坐之高度必不及於站立時之高度，故許○童不可能騎機車撞到電線杆，又依警方附近訪查訊問之許江中及許南三，均稱未聽到車輛撞擊聲，足見應無車輛肇事。被上訴人在第一審法院稱許〇童未騎機車出去，證人謝萌芳亦稱，我是看見他跑一段路後邊跑邊脫衣服，足見一方面未騎機車，無車禍發生，另一方面其當時狀況應已非尋常，則其落水，應係自殺。許〇琳知悉本件保險後，在上訴人以非意外為由拒絕其理賠請求，並未訴訟，足見其心知肚明此為自殺，否則依經驗法則及論理法則，其既已向上訴人請求，何以被拒絕後未起訴請求給付，雖稱我需工作養家沒有時間，起訴由公司出面，有必要才由我出面作證，然訴訟可委由律師代理，茲被上訴人已委任訴訟代理人，何以不一併為之，僅願為證人？又許〇琳稱被上訴人未說打贏訴訟分一半給伊，則其何以仍不訴訟，卻一樣需花時間到法院為證人，是其應知此為自殺，始未訴訟，其有利被上訴人證言，應非可採。

3. 原審認許〇童應係屬意外死亡，非故意自殺云云，但查：

(1)認許〇童不可能擇此水淺之水溝自殺，何以跌落不自動爬起來？

(2)苟許〇童未撞電線杆，何以與其站立等高處之電線杆有血跡，且其頭部亦有血跡？道路邊地上何以有血跡？如非自殺，何以撞頭？

(3)相驗卷之水溝照片之雜草及電線杆旁之雜草並無倒伏現象，縱或有之，或許風速過大，無法證明許〇童有來回走動，再果有來回走動，亦不能證明其欲爬上岸，無自殺之意。

(4)依現場圖，電線杆右側為田，左側為水溝，許〇童何有可能落入右側田裡，再爬上道路竟又跌入左側水溝？

綜上所述，許○童應係自殺，依保險法第一百零九條第一項及契約第十六條第三款約定上訴人不應理賠，原審判決有誤，請判決如聲明。

乙、被上訴人方面：

一、聲明：求為判決：駁回上訴。

二、陳述：除引用原判決書之記載外，補稱：

㈠程序方面：保險法第一百十三條所規定「死亡保險契約未指定受益人者，其保險金額作為被保險人遺產。」乃係只保險契約未約定保險受益人，或所約定之保險受益人於死亡保險是由發生時已不存在者而言，如保險契約之保險受益人有數人，其中同順位之受益人已有人死亡者，即應僅以尚生存之人為保險受益人，本件許○均於被保險人加保上訴人公司系爭保險契約前已死亡，而系爭保險金係在八十七年十一月二日因被保險人許○童身亡始發生，無從為許○均之遺產，更無可能為許○均之繼承人遺產，則系爭保險契約之受益人僅存被上訴人一人無誤，本件無當事人不適格問題。又本件保險契約指定受益人載明為楊○榮，而非富群紡織股份有限公司（下稱富群公司），而楊○榮為富群公司之法定代理人，一般公司員工對外稱呼負責人均以「雇主」或「老闆」稱之，上訴人主張依「雇主」關係認定受益人應為富群公司，顯無理由。

㈡本件依上訴人公司職員即負責承辦加保之證人王薔媚：保單係上訴人公司交被保險人許○童親自簽名、蓋章，足見許○童有同意，被保險人許○童應已知悉並同意加保。

㈢許○童並非自殺：原審論證符合經驗法則及論理法則，並無違誤。又上訴人上訴理由主張就死亡現場觀之，許○童欲自殺而撞擊電線杆，因未用大力，流血後尚未死亡，改而投水溢死，故許○童應係自殺云云，若果如此，許○童應僅有額頭擦傷，其他部分應無損傷，惟依驗斷書所載，許○童尚有鼻部擦傷，左三角肌擦傷，肘後部、左大腿前部、膝前部、小腿前部等處擦傷，上訴人之主張與驗斷書所載不符，顯無理由。

丙、本院依職權調閱台灣彰化地方法院檢察署八十七年度相字第九四七號相驗卷。

理　由

一、本件被上訴人主張：伊為富群公司之法定代理人，於八十一年八月二十五日與上訴人公司訂定保險契約，為富群公司之受僱人投保「國○萬代福一○一團體終身壽險」，被保險人共有十二人，保險金額一千二百萬元，每個被保險人並附加有個人意外險。被保險人許○童於八十六年十二月二十四日至富群公司上班，由於其於公司表現優良，富群公司為獎勵許○童，乃同意將原被保險人離職後之團體保險由許○童參加，並於八十七年八月十九日向上訴人公司提出加保要約書，上訴人公司批准加保自八十七年八月二十日生效，被保險人許○童所投保之主契約保險金額為一百萬元，附加契約個人意外險一百萬元，伊與其父許○均為被保險人身故時之保險受益人。嗣被保險人許○童於八十七年十一月二十日上午八時四十分許被人發現跌進彰化縣線西鄉溝內村溝內路一二四號附近之水溝內，當他人將其救上岸即已死亡，經台灣彰化地方法院檢察署檢察官偕同法醫相驗結果，被保險人之死亡原因⑴直接引起死亡之原因：甲窒息，引起上述死因之因素或病症；乙生前落水；丙意外（推定）E883.2。⑵其他對死亡有影響之疾病或身體狀況爲不明原因頭部外傷。由於被保險人係意外死亡，上訴人公司依保險契約即應給付二百萬元之保險金與受益人，經查契約上之受益人許○均於八十四年六月三十日即已死亡，伊爲唯一之受益人，自得請求上訴人公司給付保險金。上訴人公司於被保險人許○童死亡後拒不給付保險金，係以被保險人非因意外死亡，然被保險人死亡經台灣彰化地方法院檢察署檢察官偕同法醫相驗結果爲意外死亡，且被保險人尚有頭部及其他外傷，上訴人公司豈可單方稱被保險人非因意外死亡，拒不給付保險金？爰依主保險契約第八條及附加契約第七條之規定，求爲判命上訴人給付理賠予伊上述之二百萬元及自本件起訴狀繕本送達翌日起算法定遲延利息之判決。

二、被上訴人則以：㈠程序方面：本件依要保書約定身故受益人爲楊○榮、許○均，茲由楊○榮一人爲原告起訴請求全部保險金，應非適格。雖被上訴人主張許○均早已於投保前死亡，應舉證以實其說。況苟確早已於投保前死亡，則指定許○均爲受益人即無意義，似應依保險法第一百十三條「死亡保險契約未指定受益人者，其保險金額作爲被保險人遺產。」處理。按許○童尚有弟弟許○琳，本人自應併列爲其遺產，不能逕由被上訴人一人起訴請求，苟僅由其一人起訴請求，亦只能請求二分之一。又本件係富群紡織公司爲許○童保險，而受益人一欄之關係亦記明爲雇主，則受益人應爲公司，而非被上訴人個人，其提起本訴，即屬當事人不適格。㈡實件方面：1.本件契約係以許○童爲被保險人而訂立，但依證人許○琳所證：許○童不知有此保險等語，本件契約違反保險法第一百零五條之規定，應爲無效。2.本件經調相驗卷所附證人許○琳之警訊筆錄查明，許〇童係八十七年十一月十九日十六時許離家，其有酗酒習慣，患有肝病，有幻想症，前一天還打開家裡瓦斯想消滅魔鬼，並拿一張字條給伊，裡面寫著「老弟，我該死，你已和我一樣」，足見其已有自殺紀錄及傾向。再參酌：驗斷書所載「其頭部有擦傷，現場電杆血跡高度與死者站立時之高度一致，研判死者生前站立時近距離碰撞到電杆的可能性較高」等情，足見其係自行以頭撞電杆，再投水而窒息死亡。許〇童應係自殺，依保險法第一百零九條第一項及契約第十六條第三款約定，上訴人不應理賠等情，資為抗辯。

三、被上訴人主張其為富群公司之法定代理人，於八十一年八月二十五日與上訴人公司訂定保險契約，為富群公司之受僱人投保「國〇萬代福一〇一團體終身壽險」，被保險人共有十二人，保險金額一千二百萬元，每個被保險人並附加有個人意外險。被保險人許〇童於八十六年十二月二十四日至富群公司上班，嗣於八十七年八月十九日向上訴人公司提出加保要約書，上訴人公司批准加保自八十七年八月二十日生效，被保險人許〇童所投保之主契約保險金額為一百萬元，附加契約個人意外險一百萬元，伊與其父許〇均為被保險人身故時之保險受益人。後被保險人許〇童於八十七年十一月二十日上午八時四十分許被人發現跌進彰化縣線西鄉溝內村溝內路一二四號附近之水溝內，並已死亡之事實，已據其提出勞工保險卡影本一份、國〇萬代福一〇一團體終身壽險保險單影本一份、國〇附加傷害保險給付特約條款一份、國〇團體壽險要保書影本一份、台灣彰化地方法院檢察署相驗屍體證明書影本一份、戶籍謄本二份為證，應認被上訴人主張為真實。

四、上訴人抗辯稱依要保書約定身故受益人為被上訴人與許〇均，由被上訴人一人起訴請求全部保險金，應有不當，縱許○均死亡，亦屬其繼承人之財產，非被上訴人一人所可請求。況苟確早已於投保前死亡，則指定許明均爲受益人即無意義，似應依保險法第一百十三條「死亡保險契約未指定受益人者，其保險金額作爲被保險人遺產。」處理。按許○童尚有弟弟許○琳，自不能由被上訴人一人起訴，且本件保險契約受益人欄記明其與被保險人之關係爲雇主，是受益人應係富群公司，而非被上訴人，逕由被上訴人起訴，其當事人顯不適格云云。惟查：㈠保險法第一百十三條所規定「死亡保險契約未指定受益人者，其保險金額作爲被保險人遺產」，乃指保險契約未約定保險受益人，或所約定之保險受益人於死亡保險事故發生時已不生存者而言，故如保險契約所載之保險受益人係複數，其中同順位之受益人已有人死亡者，即應僅以尚生存之人爲保險受益人，此觀乎保險法第一百十條第二項規定「指定之受益人，以於請求保險金額時生存者爲限。」即明。而被保險人許○童之父許○均早於八十四年六月三十日即已死亡，此有戶籍謄本一份爲證，亦即於被保險人許○童加保上訴人公司系爭保險契約前即已死亡，其自不可能爲受益人，又系爭保險金係在八十七年十一月二十日被保險人許○童因身亡始發生，無從爲許○均之遺產，更無可能歸屬許○均之繼承人之財產，依前開說明，可知系爭保險契約之受益人僅有被上訴人一人無誤。㈡本件保險契約指定受益人欄已記明其指定受益人爲「楊○榮」，有該保險契約影本在卷可稽，雖其後之「關係」一欄，記載爲「被保險人之雇主」，亦當然指被上訴人「楊○榮」而言，此爲其明示之表意，不容曲解，上訴人辯稱其受益人應爲富群公司云云，亦無可取。綜上，本件由被上訴人一人起訴，其自屬當事人適格。

五、又上訴人辯稱本件契約依被上訴人主張，係由伊以許○童爲被保險人訂立，但依證人許○琳證稱，許○童不知有此保險，要保書上許○童簽名是否真正不知，參酌要保書上所載另一受益人許○均，依被上訴人陳稱早於訂約日八十七年八月二十日以前之八十四年六月三十日死亡，而許○均爲許○童之父，如許○童有同意並親自簽名，焉有可能不知許○均已死亡而仍以其爲受益人，足見本件保險許○童並不知悉，從而亦無同意，本件保險契約無效，上訴人自無理賠責任云云。惟依證人即上訴人公司職員即負責承辦加保之證人王薔媚於原審法院證稱：保單係富群公司小姐交被保險人親自簽名蓋章等語，被保險人許○童並無「不知悉」之情，上訴人此部分之答辯亦不足採，是本件保險契約自屬有效。

六、又上訴人抗辯被保險人許○童於投保前離婚、酗酒，有酒精性肝病，曾在伍倫綜合醫院及彰化基督教醫院治療，出院後復在淡水泓安療養院戒酒一年，然其不僅於投保時，就此均未據實陳述，且事前有自殺紀錄，本事故當係自殺云云。被上訴人則否認許○童有自殺紀錄，本件事故並非自殺所致等語。經查：

㈠因被保險人許○童與妻子離婚一事係投保前數年之事，而其雖曾因酒精性肝炎住院，但依病歷資料所載其時間係在八十六年二月十四日至同年二月十八日止，與投保時間已相差一年六個月。又查上訴人所提出之許○童於伍倫醫院之病歷摘要，其上雖記載有「頭部外傷併枕部血腫」，然詳查伍倫醫院檢送過院之許○童病歷資料，可確定許○童該頭部外傷與枕部血腫係其於八十六年二月十四日在伍倫醫院治療時上廁所不慎跌倒所致，並非係因自殺而造成。再被保險人於投保時縱未就其患有肝炎爲據實告知，但本件純屬意外死亡之事件，非因未告知之事項所致，自不足變更或減少上訴人公司對於危險之估計，依保險法第六十四條第二項之規定，上訴人公司自不得以此對抗被上訴人。退步言，縱被保險人未據實告知曾患有肝病，足以影響被告對於危險之估計，然依保險法第六十四條第二項之規定，上訴人公司僅得解除保險契約，而依同條第三項之規定，上訴人公司應於得知後一個月之除斥期間內行使解除權，但查上訴人公司於八十八年二月三日即自伍倫醫院調取被保險人許○童之病歷摘要，於八十八年二月十一日又自彰化縣基督教醫院調取許○童之病歷內容摘要，並於八十八年三月八日即行文予被保險人許○童之弟許○琳，稱「查本次事故非因意外所致，故礙難給付」，且至今未見上訴人曾爲解除契約之意思表示，上訴人公司既未於得知後之一個月內解除契約之意思表示，其再以之爲抗辯事由，對於本件保險契約之效力亦不生影響。

(二)許○琳於警訊中雖曾稱許○童有酗酒之習慣，患有肝病，有幻想症，前一天還打開瓦斯想消滅魔鬼，然其並未稱許○琳有自殺之紀錄或情形，而許○童於八十六年早已知其患有肝病，其於死亡前並未有因肝病而厭世自殺之情形，且許○琳並非稱許○童打開瓦斯係要自殺，故此確不足以證明許○童有自殺之紀錄及傾向。又許○琳在警訊雖供稱：「他（指許○童）有幻想症，昨天他還打開家裡瓦斯想消滅魔鬼，並拿一張紙條給我，裡面寫著老弟，我該死，你已和我一樣。」等語，並有其所謂之字條一紙附於相驗卷可稽，惟證人許○琳在原審法院復結稱：「當時我聽到他開瓦斯的聲音，他說要打擊魔鬼，要保護我們」等語，可見許○童打開瓦斯係要消滅打擊魔鬼，以保護其家人，顯非企圖自殺。且欲與魔鬼決戰，足見其戰鬥意志甚強，難認有自殺之傾向。又「我該死」一語，其一般意涵爲自我責備之意，難謂即指要自殺之意，況其既有消滅魔鬼之壯志，又如何能解爲心志衰弱而有自殺之傾向？是上訴人以上開情形強指許○童有自殺之可能，亦不足採。

㈢詳查許○琳之警訊筆錄並未記載許○童係八十七年十一月十九日十六時許離家，而許○琳於八十七年十一月二十日檢察官偵訊時稱「（你哥昨天何時出門？）午餐還有買便當給他吃」，而查案發之地點並非人煙稀少之道路，白天仍有相當多之汽車來往，且許家住家前即有一大池塘，許○童如真有自殺之念頭，何不就近跳入大池塘，而選擇去撞電線杆再投水自殺？凡此均啓人疑竇，而難爲正確之解釋。況據證人許○琳在原審證稱：許○童怕痛，而撞電線杆是相當痛的等語，是其如欲自殺，選擇頭撞電線杆乃極不可能。另檢察官於相驗時所爲之驗斷，固記載現場電線杆所留血跡之高度與死者站立時之高度一致，惟此只能證明其係身軀挺直之情形下撞及電線杆而已，尙難證明即係以站立之姿故意以頭撞擊電線杆。蓋其既有幻想症，甚至打開瓦斯要消滅魔鬼，行爲乖常，則於精神亢奮之際，疾奔快走，驅邪打鬼之中，亦可能撞到電線杆。易言之，在其發狂之情形下，任何出於一般人想像之外之意外情況均可能發生。再者，由卷內之現場照片觀之，即可明顯看出許○童陳屍之水溝水並不深，有淤泥，且長滿雜草及野生空心菜，於此自殺衡情亦難以致死。蓋其水極淺，而又易於上岸，將頭自埋於此，痛苦難堪之時，而不掙扎以求生，乃殊難想像。況現場農田內草地上及路邊水泥地上均遺有血跡，該草地且有經踩過之痕跡，此有現場照片可查，並經證人即處理現場之警員張新發在原審勘驗現場時供述明確，且據原審法院製有現場略圖在卷可稽，可見許○童於頭部撞及電線杆後，復上下於農田與道路之間，其後不知何故跌入水溝，無力掙扎後終至溺斃，以前述其有消滅魔鬼之壯志相互推論，其應係意外死亡，殆無疑問，而台灣彰化地方法院檢察署檢察官相驗屍體證明書中，關於直接引起死亡之原因，亦推定為「意外」。此外，又無其他積極確切之證據足以證明許○童係自殺，是被上訴人主張許○童係意外落水窒息死亡乙節，堪以認定。

(四)上訴人又稱許○童應係自殺，否則其繼承人許○琳何以迄未表示意見請求理賠或訴請給付云云，惟事實上許○琳於許○童意外死亡後即曾向上訴人請求給付保險金之事實，此從上訴人曾於八十八年三月八日行文予被保險人許○童之弟許○琳，稱「查本次事故非因意外所致，故礙難給付」云云觀之，即可明瞭。況其主觀上是否懷疑許○童是否自殺，亦僅限於一己之臆測，尚難據此即可據以認定許○童確屬自殺，是上訴人此部分之抗辯亦不足採。

七、綜上所述，被上訴人基於契約之法律關係，請求上訴人給付二百萬元及其自起訴狀送達翌日即八十八年十一月二十三日起至清償日止，按年息百分之五計算之法定遲延利息，洵屬正當，應予准許。原審因而為其勝訴之判決，而命上訴人應如數給付，且認兩造既陳明願供擔保聲請宣告假執行及免為假執行，均核無不合，為此分別酌定相當之擔保金額准許之，依法均無違誤，上訴意旨仍執陳詞，指摘原判決不當，求予廢棄改判，為無理由，應予駁回。

八、本件判決之基礎已臻明確，兩造其餘攻擊防禦方法，並不影響本判決之結果，自毋庸一一論述，併此敘明。

九、據上論結，本件上訴為無理由，依民事訴訟法第四百四十九條第一項、第七十八條，判決如主文。

中　華　民　國　八十九　年　十二　月　三十　日

民事第五庭審判長法官　陳　滿　賢
法官　林　松　虎
法官　朱　樑

右為正本係照原本作成。

如對本判決上訴，須於收受判決送達後二十日內向本院提出上訴書狀，其未表明上訴理由者，應於提出上訴後二十日內向本院提出上訴理由書（須按他造人數附具繕本），並繳納送達用雙掛號郵票十份（每份三十四元）。

上訴時應提出委任律師或具有律師資格之人之委任狀；委任有律師資格者，另應附具律師及格證書及釋明委任人與受任人有民事訴訟法第四百六十六條之一第一項但書或第二項（詳附註）所定關係之釋明文書影本。

書記官　李　妍　嬅

中　華　民　國　九十　年　一　月　五　日

附註：

民事訴訟法第四百六十六條之一（第一項、第二項）對於第二審判決上訴，上訴人應委任律師為訴訟代理人。但上訴人或其法定代理人具有律師資格者，不在此限。

上訴人之配偶、三親等內之血親、二親等內之姻親，或上訴人為法人、中央或地方機關時，其所屬專任人員具有律師資格並經法院認為適當者，亦得為第三審訴訟代理人。

民事上訴狀

案號	原審案號：台灣高等法院台中分院八十九年度保險上字第八號	承辦股別	目
訴訟標的金額或價額	新台幣　萬　千　百　十　元　角		

稱謂	姓名或名稱 身分證統一編號或營利事業統一編號	性別	出生年月日	職業	住居所或營業所、郵遞區號及電話號碼電子郵件位址	送達代收人姓名、住址郵遞區號及電話號碼
上訴人	國○人壽保險股份有限公司				均在卷	
法定代理人	蔡○圖					
訴訟代理人	吳光陸律師					
被上訴人	楊○榮				均在卷	

為請求給付保險金事件，不服台灣高等法院台中分院民國八十九年十二月三十日八十九年度保險上字第八號民事判決，依法上訴事：

上訴聲明

一、原判決廢棄。

二、右開廢棄部分被上訴人在第一審之訴駁回或發回台灣高等法院台中分院更為審理。
三、第一、二、三審訴訟費用由被上訴人負擔。

上訴理由

容後補呈。

謹呈

台灣高等法院台中分院　轉呈

最　高　法　院　公鑒

證人姓名及其住居所	證物名稱及件數

中　華　民　國　九十　年　二　月　七　日

具狀人　國○人壽保險股份有限公司　簽名蓋章

法定代理人　蔡○圖

撰狀人　訴訟代理人　吳光陸律師　簽名蓋章

住址及電話

民事上訴理由狀

案號		原審案號：台灣高等法院台中分院八十九年度保險上字第八號	承辦股別	目
訴訟標的金額或價額		新台幣　萬　千　百　十　元　角		

稱謂	姓名或名稱身分證統一編號或營利事業統一編號	性別	出生年月日	職業	住居所或營業所、郵遞區號及電話號碼電子郵件位址	送達代收人姓名、住址郵遞區號及電話號碼
上訴人	國○人壽保險股份有限公司				均在卷	
法定代理人	蔡○圖					
訴訟代理人	吳光陸律師					
被上訴人	楊○榮				均在卷	

爲請求給付保險金事件，提出上訴理由事：

本件被上訴人起訴主張：伊爲富群公司之法定代理人，於民國八十一年八月二十五日爲富群公司之受僱人向上訴人投保國泰萬代福一○一團體終身壽險，被保險人共十二人，保險金額一千二百萬元。每一被保險人並附加個人意外險，被保險人許○童於民國八十六年十二月二十四日至富群公司上班，爲獎勵許○童，同意將原被保險人離職後之團體保險由許○童參加，並於民國八十七年八月十九日向上訴人提出加保要約書，上訴人批准自同年十月二十日生效，許○童之主契約保險金額爲一百萬元，附加個人意外險一百萬元，被上訴人與許○童均爲受益人。嗣許○童於民國八十七年十一月二十日上午八時四十分許，被人發現跌進彰化縣線西鄉溝內路一二四號附近水溝內，救上岸時已死亡，經檢察官相驗結果，認屬意外，是許○童爲意外死亡，上訴人應給付二百萬元之保險金予受益人。因另一受益人許○均早於民國八十四年六月二十日即已死亡，被上訴人爲唯一受益人，因上訴人拒不給付，爲此提起本訴，請求給付二百萬元及法定遲延利息。

上訴人則以本件保險契約，因許○琳在第一審法院證稱許○童不知悉，依法應屬無效。又本件許○童死亡並非意外，應屬自殺，不應理賠。退一步言，縱應理賠，既指定許○均爲受益人，被上訴人一人起訴請求不適格，縱認適格，探求真意，亦只能請求二分之一之一百萬元等語爲辯。

原審判決維持第一審不利上訴人之判決，認被上訴人起訴並無不適格，可請求全部，保險契約有效，許○童非自殺而係意外死亡。但查：

一、原審判決有不適用法規及適用不當之違背法令情事：

㈠依民事訴訟法第四百六十八條規定「判決不適用法規或適用不當者，爲違背法令。」，是判決有不適用法規或適用不當情事者，爲違背法令。

㈡按當事人主張有利於己之事實者，就其事實有舉證之責任，民事訴訟法第二百七十七條前段定有明文。本件保險之附加部分，即意外險一項，必須係意外事故所致之死亡始予理賠，上訴人在第一審已否認爲意外，此觀上訴人在第一審民國八十八年十二月十日答辯狀主張「退一步言，縱非自殺，其死亡亦非意外事故所致，被告仍無需就意外部分理賠。」（參見該狀末尾），則被上訴人應就許○童跌入水溝窒息死亡係意外所致負舉證之責。蓋跌入水溝之原因甚多，並非一定爲意外，雖其提出相驗屍體證明書爲證，依此證明書記載引起死因一欄之丙註記爲意外，但不僅該處已用括弧註明爲推定，足見並非確爲意外，且參照最高法院四十年台上字第一五六一號判例「刑事判決所爲事實之認定，於爲獨立民事訴訟之裁判時本不受其拘束，而民事法院雖得依自由心證，以刑事判決認定之事實爲民事判決之基礎，然依民事訴訟法第二百二十二條第二項規定，應就其斟酌調查該刑事判決認定事實之結果所得心證之理由，記明於判決，未記明於判決者，即爲同法第四百六十六條第六款所謂判決不備理由。」，民事訴訟本不受刑事判決之拘束，是否意外仍需法院依證據判斷，故果否意外，不可以此證明書爲據。況上訴人就此已於原審具狀指出「雖檢察官之相驗結果報告認係意外，認『本件死者係騎機車不慎撞及電線杆，摔落路旁水溝窒息死亡，查無其他人、車肇事或應負刑責之人，家屬亦無意見，擬簽結。』，然不僅遍查全卷並無許○童騎機車之資料，亦無機車置放現場，此觀檢察官訊問許○琳『現場均未留下其他車輛留下之痕跡或碎片，警方認無其他車輛撞擊有何意見。』暨上開檢驗員所載（按：即電線杆與許○童站立等高處有血跡）可明。且其認意外，亦用括弧註明推定，顯不確定。再斟酌下列事實，顯見此推定有誤。

1. 第一審法院民國八十九年二月二十四日勘驗時，警員張新發稱，電線杆與死者同高處有血跡，核與上開檢驗員記載相符，是上開檢察官表示『騎機車撞及電杆』不可採信。蓋依經驗法則，騎機車係用坐姿，騎坐之高度必不及於站立時之高度，故許○童不可能騎機車撞到電線杆。
2. 依警方附近訪查訊問之許江中及許南三，均稱未聽到車輛撞擊聲，足見應無車輛肇事。
3. 被上訴人在第一審法院稱許○童未騎機車出去（參見第一審卷四月十四日筆錄），證人謝萌芳亦稱『我是看見他跑一段路後邊跑邊脫衣服……』（參見第一審卷第一七四頁），足見一方面未騎機車，無車禍發生，另一方面其當時狀況應已非尋常，則其落水，應係自殺。」，然原審判決不僅未就上訴人上開主張說明何以不採，已有判決不備理由，且未就此令被上訴人舉證證明，即以上開相驗屍體證明書已推定爲意外認係意外死亡，實有不適用上開民事訴訟法規定之違背法令。

㈢復按法院爲判決時，應斟酌全辯論意旨及調查證據之結果，依自由心證判斷事實之真僞。又法院依由心證判斷事實之真僞，不得違背論理及經驗法則，民事訴訟法第二百二十二條第一項前段及第三項分別定有明文，參照最高法院六十九年台上字第七七一號判例：「法院依調查證據之結果，雖得依自由心證，判斷事實之真僞，但其所爲之判斷如與經驗法則不符時，即屬於法有違。」及八十三年度台上字第二一一八號判例：「解釋契約固屬事實審法院之職權，惟其解釋如違背法令或有悖於論理法則或經驗法則，自非不得以其解釋爲不當，援爲上訴第三審之理由。」，是不僅解釋契約，應符經驗法則，即就證據取捨，亦應符合。經查：

1.本件原審判決採信王薔媚於第一審法院之證言，認許○童並無「不知悉」本件保險，認本件保險契約爲有效。惟依經驗法則及論理法則，苟許○童知悉此項保險，不可能指定早已死亡之父許○均爲受益人，其不可能不知悉死亡，許○均既早已死亡，無權利能力，不可能領取保險給付，此一指定有何意義。況許○琳於第一法院民國八十九年四月二十八日證稱許○童不知有此保險，然原審判決不僅就此許○琳證言何以不採及何以指定其死亡之父爲受益人，未於判決說明，已有判決不備理由之違背法令，且其認定，實有違背上開經驗法則及論理法則，是原審判決就此依上說明應有不適用法規之違背法令。

2.上訴人在第一、二審法院依下列事證主張許○童確係自殺（參見第二審卷上訴理由狀第四頁以下）：

(1)本件經調相驗卷所附證人許○琳（即許○童之弟）警訊筆錄所述「他（按：指許○童）有幻想症，昨天他還打開家裡瓦斯想消滅魔鬼，並拿一張字條給我，裡面寫著老弟，我該死，你已和我一樣。」，並有字條一紙在卷可稽（參見相驗卷第五頁、第一四頁），足見其已有自殺紀錄及意思。

(2)依伍倫醫院之病歷及出院病歷，許○童已患有酒精性肝病、肝硬化等多項病症，則其因病厭世自殺應有可能。

(3)依驗斷書所載，許○童上裸、短褲潮濕，其身體除頭部有⑴右額部2×2公分血腫，1×3公分擦傷。⑵左額部9×6公分與類似電杆之平面物碰撞傷血腫。⑶鼻部2×2公分擦傷。⑷口部流出水狀液體。四肢部分⑴左三角肌部9×5公分擦傷。肘後部2×2公分擦傷。⑵左大腿前部1×1公分擦傷。膝前部5×2公分、2×2公分擦傷各乙處。小腿前部2×2公分擦傷等傷外，並無其他任何外傷，死亡原因爲窒息，檢驗員記載兇器種類及傷害方法：「生前落水。相驗所見可判斷爲生前落水窒息死亡。頭部之傷究係自行碰撞電杆或是其他原因使其碰撞電杆因無明顯可見之外力施加所致之外傷，故無法判斷，但電杆血跡高度與死者站立時之高度一致，研判死者生前站立時近距離碰撞到電杆的可能性較高。」，足見其係生前落水窒息死亡，上開傷均與死亡無關。在此落水之前，已站立用頭近距離撞擊電線杆，苟非自殺，何以如此？

(4)依證人許○琳在第一審法院所述：「因十八日當天晚上他有喝酒，我不放心，一直跟著他，未睡覺。十九日那天清晨天色微暗確實時間不知道，當時我聽到他開瓦斯的聲音，他說要打擊魔鬼，要保護我們，當時只有開開關，沒有拉斷瓦斯管，我當時關掉瓦斯拉他回客廳，他只說要換工作。我後來去買便當給他吃之後我去睡覺，之後發生什麼事我不知道，等醒後我大嫂的媳婦告訴我十一點時就看見我大哥外出。」、「有。見他額頭傷勢有血、撞擊痕跡。我侄媳婦曾看見他跑出去，邊跑邊脫衣服，衣服在距沾血跡的電杆約五十公尺的另一電杆（較靠近住宅）邊發現。衣服有無沾血或水我不清楚。」及先前在警訊所述前一天已看過許○童給伊字條所寫「老弟，我該死，你已和我一樣」字條，則就經驗法則觀之，許○琳心中應有警覺，恐其自尋死路，所以一直陪著以看住許○童，防止發生事故，故能即時在許○童打開瓦斯時予以關閉阻止，足見許○童應係自殺。再參酌證人許○琳在第一審證稱許○童有自殺可能，但不會撞電線杆，因爲怕痛（按：此段筆錄漏載，請調播第一審法院錄音帶），足見有自殺傾向，至於是否一定因怕痛而未撞電線杆，實屬臆測之詞。事實上就死亡現場觀之，確有撞擊電線杆痕跡，但因未用大力，在流血後尚未死亡，改而投水溢死，仍符合許○琳所述，是許○童應係自殺。

3.然原審判決就上開主張未予採信，竟以：⑴許○童離婚及酒精性肝炎住院均係投保前之事。又在伍倫醫院之頭部外傷及枕部血腫係上廁所不慎跌倒所致，非係自殺。⑵許○琳於警訊中雖曾稱許○童有酗酒之習慣，患有肝病，有幻想症，前一天還打開瓦斯想消滅魔鬼，然其並未稱許○童有自殺之紀錄或情形，而許○童於死亡前並未有因肝病而厭世自殺之情形，且許○琳並非稱許○童打開瓦斯係要自殺，故此確不足以證明許○童有自殺之紀錄及傾向。又許○琳，在警訊雖有上開供稱惟證人許○琳在原審法院復結稱：「當時我聽到他開瓦斯的聲音，他說要打擊魔鬼，要保護我們」等語，可見許○童打開瓦斯係要消滅打擊魔鬼，以保護其家人，顯非企圖自殺。且欲與魔鬼決戰，足見其戰鬥意志甚強，難認有自殺之傾向。又「我該死」一語，其一般意涵為自我責備之意，難謂即指要自殺之意，況其既有消滅魔鬼之壯志，又如何能解為心智衰弱而有自殺之傾向？⑶查案發之地點並非人煙稀少之道路，白天仍有相當多之汽車來往，且許家住家前即有一大池塘，許○童如真有自殺之念頭，何不就近跳入大池塘，而選擇去撞電線杆再投水自殺？況據證人許○琳在原審證稱：許○童怕痛，而撞電線杆是相當痛的等語，是其如欲自殺，選擇頭撞電線杆乃極不可能。另檢察官於相驗時所為之驗斷，固記載現場電線杆所留血跡之高度與死者站立時之高度一致，惟此只能證明其係身軀挺直之情形下撞及電線杆而已，尚難證明即係以站立之姿故意以頭撞擊電線杆。蓋其既有幻想症，甚至打開瓦斯要消滅魔鬼，行為乖常，則於精神亢奮之際，疾奔快走，驅邪打鬼之中，亦可能撞到電線杆。易言之，在其發狂之情形下，任何出於一般人想像之外之意外情況均可能發生。再者，由卷內之現場照片觀之，即可明顯看出許○童陳屍之水溝水並不深，有淤泥，且長滿雜草及野生空心菜，於此自殺衡情亦難以致死。蓋其水極淺，而又易於上岸，將頭自埋於此，痛苦難堪之時，而不掙扎以求生，仍殊難想像。況現場農田內草地上及路邊水泥地上均遺有血跡，該草地且有經踩過之痕跡，此有現場照片可查，並經證人即處理現場之警員張新發在原審勘驗現場時供述明確，且據原審法院製有現場略圖在卷可稽，可見許○童於頭部撞及電線杆後，以前述其有消滅魔鬼之壯志相互推論，其應係意外死亡，殆無疑問，而台灣彰化地方法院檢察署檢察官相驗屍體證明書中，關於直接引起死亡之原因，亦推定爲「意外」。

4. 惟查：

(1)上訴人以伍倫醫院之病歷及其生前患病係主張其有因病厭世自殺之可能，並非以此主張解除契約。

(2)依許○童所寫字條，並由其死亡前一天晚間未睡，由許○琳陪同一晚，故許○童打開瓦斯，許○琳始可適時阻止，就此行爲依經驗法則觀之，應有其於求死跡相，否則許○琳何以陪同未睡？當是手足之情，見此跡相擔心其自殺，始陪同未睡以防止許○童有何舉動，故原審判決以許○琳未證稱其自殺及許○琳所述他要打擊魔鬼保護我們，認許○童打開瓦斯係與魔鬼決戰，足見戰鬥意志甚強，實有違反經驗法則及論理法則。又苟原審判決就此認定其稱保護家人打擊魔鬼一節可採，則其死亡當係意欲在另一世界保佑其家人，更屬自殺，而非意外。

(3)事實上許〇琳在第一審法院應訊時稱許〇童有自殺可能，僅不會撞電線杆而已，然筆錄漏載，上訴人已請求調播第一審法院錄音帶，然第一、二審法院均未爲之。

(4)依經驗法則，一人求死，少會選擇地點及因怕痛而不會選擇撞電線杆。事實上，許〇童確有撞電線杆，依相驗卷檢驗員所載，其確有用頭去撞，並非車禍所致，原審判決就此認定此項驗斷，只能證明其係身軀挺直之情形下撞及電線杆，不能證明其係以站立之姿故意以頭撞擊電線杆一節，實有違反經驗法則，蓋在正常情況下，尤其苟如許〇琳所述怕痛，豈有可能無緣無故「身軀挺直」以頭用力撞電線杆，以致電線杆上尚留有血跡，足見此係故意所爲，決非非故意之撞擊。

(5)又依經驗法則，落水窒息死亡，並非一定需水深，在面盆將頭埋入水中，亦可能死亡，原審判決以該水溝不深，長滿雜草等，認於此自殺難以致死，蓋水極淺，又易上岸，將頭自埋於此，痛若難堪之時，不掙扎以求生，難以想像一節，不僅理由前後矛盾，且與事實不符，更違反經驗法則，蓋苟不欲自殺，又痛苦難堪，何以不立即站立爬出水溝？又因水淺難以致死，則其死亡原因何以爲窒息，檢察官亦查明非係他殺，更未以此非死亡現場，則許〇童確係在此溺斃，亦爲原審判決所認定，就原審判決所述上情觀之，在無他殺情況下，苟非自爲，何以解釋，事實上，就其故意撞電線杆，足見其有求死之念，是其因係自行跳入水溝，將頭埋入水中以求死。

⑹警員張新發於第一審法院勘驗時所稱農地上之雜草，於現場處理時有踩過之痕跡，揆諸第一審勘驗筆錄，此農田在道路右邊，而死亡窒息之水溝爲左邊，二者不同，然原審判決竟據此認定「許○童於頭部撞擊電線杆後，復上下於農田與道路之間，其後不知何故跌入水溝，無力掙扎後終至溺斃。」，實屬無據，更與上開現場不符，蓋右邊之農田在道路下，必須爬上道路，行走數步始可能跌入水溝，既已爬上道路，焉有可能跌入水溝，是原審判決就此未詳予說明其認定之「不知何故跌入水溝」，除有判決不備理由，亦有違反經驗法則之違背法令。

二、原審判決有判決不備理由及理由矛盾之違背法令：

㈠按判決不備理由或理由矛盾者，其判決當然爲違背法令，民事訴訟法第四百六十七條第六款定有明文。

㈡原審判決如前所述，有判決不備理由及理由矛盾之處，亦有違背法令。

㈢第一審及原審均未調播第一審許○琳證詞之錄音帶，就上訴人主張許○琳已稱許○童有自殺之可能，未予詳查。又原審判決認定「不知何故跌入水溝」，亦未詳予說明跌入原因，豈可如此推詞謂「不知何故」，是有判決不備理由之違背法令。

綜上所述，原審判決應有違背法令，請判決如聲明。

謹呈

台灣高等法院台中分院　轉呈

最　高　法　院　公鑒

證人姓名及其住居所	證物名稱及件數

中華民國九十年二月十五日

具狀人 國○人壽保險股份有限公司

法定代理人 蔡○圖 簽名蓋章

訴訟代理人 吳光陸律師 簽名蓋章

撰狀人

住址及電話

民事第三審答辯狀

案號	原審案號：台灣高等法院台中分院八十九年度保險上字第八號	承辦股別	目
訴訟標的金額或價額	新台幣萬千百十元角		

稱謂	姓名或名稱、身分證統一編號或營利事業統一編號	性別	出生年月日	職業	住居所或營業所、郵遞區號及電話號碼電子郵件位址	送達代收人姓名、住址郵遞區號及電話號碼
被上訴人	楊○榮				彰化縣線西鄉線西村○○路三○號	
訴訟代理人	洪永叡律師				台中市○○路一段一○一號一三樓之一	
上訴人	國○人壽保險股份有限公司				台北市○○路四段二九六號	
法定代理人	蔡○圖					

為給付保險金事件，提出第三審答辯理由事：

答辯之聲明

一、上訴駁回。

二、上訴費用由上訴人負擔。

答辯理由

一、原審判決未違背民事訴訟法第二百七十七條舉證責任分配之規定。兩造所簽訂之「國○萬代福一○一終身壽險契約條款」（下稱主契約）第八條規定「被保險人（即許○童）於本契約有效期間內身故時，本公司按保險金額（新台幣一百萬元）給付身故保險金」。第十六條除外責任規定「被保險人有下列情形之一，本公司（即上訴人）不負給付保險金的責任。……三、被保險人在契約訂立或復效之日起二年內故意自殺或自成殘廢」；另兩造所簽訂之「國○附加傷害保險給付特約條款」（下稱附加契約）第三條規定「被保險人於本特約有效期間內，因遭遇外來、突發的意外傷害事故，並以此意外傷害事故為直接且單獨原因，致其身體蒙受傷害或因而殘廢或死亡時，依照本特約的約定，給付保險金」第十四條除外責任規定「被保險人直接因下列事由致成死亡、殘廢或傷害時，本公司不負給付保險金的責任。……三、被保險人的故意自殺。」，依上開契約條款觀之，本件受益人（即被上訴人）請求保險人（即上訴人）給付主契約身故保險金及附契約意外事故死亡保險金各新台幣（下同）一百萬元，祇須證明被保險人許○童死亡及意外事故死亡即已盡舉證責任，上訴人欲主張除外責任，必須證明被保險人係自殺死亡，始可免負給付保險金之責任。「本件被保險人許○童於八十七年十一月二十日上午八時四十分許被人發現跌進彰化縣線西鄉溝內村溝內路一二四號附近之水溝內，當他人將其救上岸即已死亡，經台灣彰化地方法院檢察署檢察官偕同法醫相驗結果，被保險人之死亡原因(1)直接引起死亡之原因：甲窒息，引起上述死因之因素或病症；乙生前落水；丙意外（推定）。(2)其他對死亡有影響之疾病或身體狀況為不明原因頭部外傷。」，有相驗屍體證明書卷可稽。依上開記載即可證明被保險許○童係系爭保險附加契約所載之意外事故死亡。查被保險人只要不是因疾病、細菌、病毒致死，無論係意外死亡或遭他人殺害或傷害死亡，均屬保險契約上所載之意外事故死亡，保險人均應負給付保險金之責任。前揭相驗屍體證明書既記載被險許○童係因生前落水窒息死亡，頭部有外傷，則許○童顯非因疾病、細菌或病毒致死，自屬保險契約上所載之意外事故死亡，雖相驗屍體證明書有記載推定意外死亡，但所謂推定當係指其落水窒息死亡之原因係死者自己不小心、或遭他人推下或自殺落水等情形在沒有其他確切證據證明係遭他人推下或自殺之情形下，故推定為自己不小心意外落水窒息死亡，並非對死者死亡原因係生前落水窒息死亡或其他原因如疾病等有所懷疑而推定為生前落水窒息死亡，此不可不辨。本件被保險人許○童係生前落水窒息死亡非因疾病等原因死亡之事實，應無疑義，上訴人在第一審及原審對此亦不爭執，僅爭執被保險人係投水自殺死亡。若然，依前揭說明，被上訴人既就保險人係意外事故死亡，已善盡舉證責任，上訴人主張除外免責，自應就被保險人係自殺死亡負完全之舉證責任。原審經兩造充分攻擊防禦，依卷內證據資料自由心證後認為上訴人無積極切之證據足以證明被保險人確屬自殺，進而認為上訴人應依保險契約之法律關係給付被上訴人保險金二百萬元及利息，其所為舉證責任分配之論斷並未違背民事訴訟法第二百七十七條之規定。

二、原審證據取捨未違背經驗法則

按原審認定被保險人許○童知悉並同意簽訂本件系爭保險契約，除以保險契約上被保險人簽章處有許○童之簽名及印章外，另以上訴人公司職員即負責承辦本件加保契約之證人王薔媚於第一審法院證稱：「我是將保單交小姐由被保險人親自簽名蓋章。他（被保險）在公司已工作半年，我常看到這個人，我知道這個人。」（第一審卷第一八四頁）作為判斷。上訴人於原審八十九年九月十一日所提出之上訴理由狀亦引用證人王薔媚之證詞「他（即許○童）當時（即投保當時）表明列父親可不可以作爲有利上訴人之主張，則上訴人於原審對證人王薔媚之證詞已不爭執，並可認爲上訴人對許○童知悉並同意加保之事實不爭執，足證原審前揭論斷符合證據法則，未違背經驗法則或論理法則。至於許○童爲何要指定已死亡之許○均爲受益人，是否伊投保當時不知許○均已經死亡，或有其他原因，因許○童已經死亡，原審亦無法傳訊調查，上訴人復未提供調查證據之方法聲請原審法官調查證據，故原審法官就此未予說明，並無判決不備理由之違法。

三、原審認定被保險人許○童非自殺死亡，已詳述理由，未有判決不備理由及違反經驗法則之違背法令。

㈠原審認爲以「由卷內之現場照片觀之，即可明顯看出許○童陳屍之水溝水並不深，有淤泥，且長滿雜草及野生空心菜，於此自殺衡情亦難以致死。蓋其水極淺，而又易於上岸，將頭自埋於此，痛苦難堪之時，而不掙扎以求生，乃殊難想像。況現場農田內草地上及路邊水泥地上均遺有血跡，該草地且有經踩過之痕跡，此有現場照片可查，並經證人即處理現場之警員張新發在第一審勘驗現場時供述明確，且據第一審法院製有現場略圖在卷可稽，可見許○童於頭部撞及電線杆後，復上下於農田與道路之間，其後不知何故跌入水溝，無力掙扎後終至溺斃，其應係意外死亡，殆無疑問。」，其所爲之論斷，符合經驗法則及論理法則，並無違誤。雖判決理由記載「許○童不知何故跌入水溝」，惟第一審判決理由有提到「案發地是在彰化縣線西鄉，於秋、冬季時風速會相當大。」案發時間爲八十七年十一月二十日，正值秋、冬季節，故許○童於頭部撞及電線杆受傷後，身體重心自會不穩，再遭強風吹襲，自有可能跌入水溝。上訴人既無法舉證許○童係自殺投入該水溝，原審判決就此未詳細說明許○童「不知何故跌入水溝」，對判決結果之認定亦無影響。

㈡上訴人主張就死亡現場觀之，許○童欲自殺而撞擊電線杆痕跡，但因未用大力，流血後尚未死亡，改而投水溢死，故許○童應係自殺云云，惟若果真如此，許○童應僅有額頭受傷，其他身體部分應無傷痕，惟依驗斷書所載，許○童尚有鼻部擦傷，左三角肌擦傷、肘後部擦傷、左大腿前部擦傷、膝前部二處擦傷、小腿前部擦傷等，故上訴人上開主張與驗斷書所載不符。反而原審前揭認定許○童意外死亡之經過情形較符合驗斷書之記載。

㈢至於上訴人主張許○童生前患病有因病厭世自殺之可能及打開瓦斯想消滅魔鬼及書寫「老弟，我該死，你已和我一樣」字條足以證明許○童係自殺死亡等，原審判決已詳細說明上訴人上開主張不足以證明許○童係自殺死亡，其論斷並無判決不備理由或違背經驗法則之情形。

㈣上訴人主張第一審及原審未調播第一審許○琳證詞之錄音帶，就上訴人主張許○琳已稱許○童有自殺之可能，但不會撞電線杆，因為怕痛等情，未予詳查。微論本案第一審開庭之錄音帶依現行規定可能已經銷毀不存在，縱認許○琳在第一審有證述上開證詞，許○琳亦認為許○童不會以撞電線杆之方式自殺，故本案許○童絕非因要自殺而撞電線杆，而係因意外或其他原因撞到電線杆。故上訴人上開主張亦不影響本件判決結果之認定。且依現有之筆錄記載，許○琳係證稱「沒有見死者之前有自殺之傾向，他（死者）平時很怕死，連打針都要人家強迫，不可能去撞頭自殺。」（第一審卷第一六四頁），故上訴人前述主張不可採信。

四、綜上所述，本件上訴為無理由，應予駁回。

謹狀

台灣高等法院台中分院 轉呈

最高法院民事庭 公鑒

證人姓名及其住居所	證物名稱及件數

中華民國九十年三月十九日

具狀人 楊○榮 簽名蓋章

訴訟代理人 洪永叡律師

撰狀人 簽名蓋章

住址及電話

最高法院民事裁定　九十年度台上字第一二七四號

上　訴　人　國○人壽保險股份有限公司　設台北市○○路四段二九四號
法定代理人　蔡　○　圖　住同右
訴訟代理人　吳　光　陸律師
被 上訴 人　楊　○　榮　住彰化縣線西鄉線西村○○路三○號
訴訟代理人　洪　永　叡律師

右當事人間請求給付保險金事件，上訴人對於中華民國八十九年十二月三十日台灣高等法院台中分院第二審判決（八十九年度保險上字第八號），提起上訴，本院裁定如左：

主　文

上訴駁回。

第三審訴訟費用由上訴人負擔。

理　由

按對於第二審判決上訴，非以其違背法令爲理由，不得爲之。民事訴訟法第四百六十七條定有明文。依同法第四百六十八條規定，判決不適用法規或適用不當者，爲違背法令。而判決有同法第四百六十九條所列各款情形之一者，爲當然違背法令。是當事人提起上訴，如依民事訴訟法第四百六十八條規定，以第二審判決有不適用法規或適用法規不當為理由時，其上訴狀或理由書應有具體之指摘，並揭示該法規之條項或其內容。若係成文法以外之法則，應揭示該法則之旨趣。倘為司法院解釋、或本院之判例，則應揭示該判解之字號或其內容。如以民事訴訟法第四百六十九條所列各款情形為理由時，其上訴狀或理由書，應揭示合於該條款之事實。上訴狀或理由書如未依此項方法表明，或其所表明者顯與上開法條規定之情形不相合時，即難認為已對第二審判決之違背法令有具體之指摘，其上訴自難認為合法。本件上訴人對第二審判決提起上訴，雖以該判決違背法令為由，惟核其上訴理由狀所載內容，係就原審取捨證據、認定事實之職權行使，及依職權解釋契約，指摘其為不當，並就原審所為論斷，泛言未論斷或論斷矛盾，而未具體表明合於不適用法規、適用法規不當、或民事訴訟法第四百六十九條所列各款之情形，難認對該判決之如何違背法令已有具體之指摘，依首揭說明，應認其上訴為不合法。

據上論結，本件上訴為不合法。依民事訴訟法第四百八十一條、第四百四十四條第一項、第九十五條、第七十八條，裁定如主文。

中　華　民　國　九十　年　七　月　二十六　日

最高法院民事第三庭

審判長法官　林　奇　福

法官　陳　國　禎

法官　李　彥　文

右正本證明與原本無異。

法官陳重瑜
法官楊鼎章
書記官鍾文宏

中華民國九十年八月九日

參、檢討與分析

一、本件最初之爭執點僅在原告可否一人請求全部給付及被保險人死亡是否為意外。嗣因許○琳證言，被告始認有保險契約無效情形，再為抗辯。

二、關於保險契約是否無效，涉及被保險人許○童是否同意，蓋保險法第一百零五條規定「由第三人訂立之死亡保險契約，未經被保險人書面承認，並約定保險金額，其契約無效。」，苟許○童未同意，此保險即屬無效。訴訟結果，法院依證人即保險公司業務員王薔媚證言，認許○童有同意。雖被告主張依許○琳證稱許○童不知有此保險，苟如知悉，何以列亡父為受益人不合情理，然法院不採。此涉及證據證明力判斷，法院固可依自由心證採信王某證言，惟何以列死者為受益人？許○琳證言何以不採？實有爭議。事實上，要保人以第三人為保險對象，自己為受益人，易生道德危險。又許○童如果同意，並以亡父為受益人，因此受益人無意義，致保險金全由原告一人領取，是否符合許○童當初投保之意思，實待商榷，故被告一再否認應由原告一人請求，至多亦僅能請求二分一，始符投保之初衷。

三、至於是否爲意外，因死亡事實經過，無人見及，全由書面之形式證據判斷，雖依民事訴訟法第二百二十二條第一項規定「法院爲判決時，應斟酌全辯論意旨及調查證據之結果，依自由心證判斷事實之真僞。但別有規定者，不在此限。」，法院可自由心證，認定事實。但依第三項規定「法院依自由心證判斷事實之真僞，不得違背論理及經驗法則。」，本件法院認定許○童係意外死亡，是否符合經驗法則及論理法則？按溺斃係死亡之原因，但何以溺斃，涉及是否爲意外，蓋溺斃有係他人所爲，亦有自爲，自爲有故意及不慎，玆許○童既無外力造成（非他殺），則其落水究爲故意或不慎？就許○童跌落淺水溝中不站起來而窒息死亡，依經驗法則及論理法則，實難認無不求死亡之意，否則爲何不輕而易舉站立起來，尤其許○童先前之紙條有表示「不惜一死」，並用頭碰撞電線杆，被告一再指明，可惜法院均未採信。至於紙條之詮釋，二審法院認有壯志，似屬神來之筆，不能苟同。

四、至於檢察官之認定，全與事實不符，蓋現場既無機車痕跡，亦無人見及有機車，且許○童頭部受傷，其高度經檢察員載明與站立時之電線杆等高處之血跡相符，足見無許○童騎機車撞擊電線杆一事，然檢察官竟認定許○童騎機車撞電線杆，實屬令人驚訝！

五、在意外保險，保險事故必須係意外始符合理賠條件，保險人應予理賠，自殺是免責條件，而死亡如係他殺固屬意外，在自爲者究係故意或不慎，有時爲一事之兩面，是意外一節應由何人舉證，迭有爭議。有認爲如係故意，屬免責條件，故應由保險人舉證，但免責事由以保險人有理賠責任爲前提，即保險人應負責時，主張有免責事由不理賠，始需舉證，故一般均應爲由受益人舉證，蓋此爲積極有利於己之事實，必須舉證後，保險人始就免責事由舉證，故保險人少以自殺抗辯，以免陷入自己舉證之困境。

但受益人於意外舉證之程度到何處，實有爭議，事實上，法院多係就雙方舉證判斷。

附記：因獲林春鈴法官（按：現已爲法官）及洪永叡律師同意使用其書狀，故予全部引用，併此感謝。